医学教育理论系列丛书

医学教育研究概论

Researching Medical Education

原　　著　［英］Jennifer Cleland
　　　　　［美］Steven J. Durning

主　　译　**王维民**
副 主 译　**谢阿娜　吴红斌**

审校（按章节顺序）
王维民　谢阿娜　程化琴　由　由　侯建林　廖凯举
周舒艾君　贾娜丽　毕　丽　仇冠楠　吴红斌　郑兰斌

翻译（按章节顺序）
刘　华　王　超　张丽媛　夏雨奇　凡玉杰　于正珩
樊碧娆　李志存　李文卓　廖　鹏　杜　鹃　代锦岳
秦思源　吕泽平　林　琳　李文龙　孙斯曼　董芮岚
高田敬

北京大学医学出版社

YIXUE JIAOYU YANJIU GAILUN
图书在版编目（CIP）数据

医学教育研究概论 /（英）詹妮弗·克莱兰（Jennifer Cleland），（美）史蒂文·德宁（Steven J. Durning）原著；王维民主译 . —北京：北京大学医学出版社，2020.6（2021.11 重印）
书名原文：Researching Medical Education
ISBN 978-7-5659-2207-7

Ⅰ. ①医… Ⅱ. ①詹… ②史… ③王… Ⅲ. ①医学教育—教育研究 Ⅳ. ① R

中国版本图书馆 CIP 数据核字（2020）第 104478 号

北京市版权局著作权合同登记号：图字：01-2019-1765

Researching Medical Education
ISBN 9781118839201

医学教育研究概论

主　　译：王维民
出版发行：北京大学医学出版社
地　　址：（100191）北京市海淀区学院路 38 号　北京大学医学部院内
电　　话：发行部 010-82802230；图书邮购 010-82802495
网　　址：http://www.pumpress.com.cn
E-mail：booksale@bjmu.edu.cn
印　　刷：中煤（北京）印务有限公司
经　　销：新华书店
责任编辑：赵　欣　　责任校对：靳新强　　责任印制：李　啸
开　　本：787 mm×1092 mm　1/16　　印张：22.25　　字数：448 千字
版　　次：2020 年 6 月第 1 版　2021 年 11 月第 2 次印刷
书　　号：ISBN 978-7-5659-2207-7
定　　价：120.00 元

译者前言

医学教育是提高医疗卫生服务水平、深化医药卫生体制改革的基础，也是实现健康中国战略的重要保障。教育部《关于加强新时代教育科学研究工作的意见》指出，教育科学研究是教育事业的重要组成部分，对教育改革发展具有重要的支撑、驱动和引领作用。以医学教育研究支撑、驱动和引领医学教育事业，推动医学教育改革与发展，已是医学教育领域的共识。

全国医学教育发展中心自 2018 年 5 月 16 日成立以来，一直致力于推动医学教育研究发展与医学教育学科建设。2019 年 5 月，中心发起成立的全国高等院校医学教育研究联盟，旨在凝聚各高等院校医学教育研究力量，推动中国医学教育研究的专业化、科学化与可持续发展，促进医学教育研究成果转化与实践推广，引领和推动中国医学教育发展。

我国的医学教育研究较国外医学教育发达国家有不小的差距，引进国际权威、经典的医学教育专业书籍有助于拓宽我们的视野，是提升医学教育研究水平的一种行之有效的方法。自 2018 年底翻译出版《医学教师必读——实用教学指导》（第 5 版）之后，我们一直希望有机会翻译 *Researching Medical Education* 一书，作为对医学教育研究的参考。

Researching Medical Education 由国际医学教育研究协会（ASME）和欧洲医学教育联盟（AMEE）联合编著，ASME 主席 Jennifer Cleland 和 AMEE 研究委员会主席 Steven J. Durning 共同担任本书主编，来自世界各地的 50 位医学教育研究专家参与了撰写，使本书的学术价值不菲。本书主要篇幅用于对医学教育相关理论进行论述，并结合医学教育现象进行分析，从而实现基于理论的医学教育研究，对读者提升医学教育研究水平和研究成果的质量大有裨益。

近年来，随着医学教育研究的快速发展，医学教育研究机构、医学教育项目不断增多，迫切需要加强对医学教育研究的指导，*Researching Medical Education* 及时满足了这一需求。正如原著序中指出的，此书的出版对于医学教育研究的发展是一个兴奋和难忘的时刻，它对于推进医学教育事业、提升医学教育科学研究水平具有重要价值。

鉴于此，全国医学教育发展中心和北京大学医学部教师发展中心几位热心的老师和医学教育学系的学生们走到一起，师生同心，使本书得以顺利翻译。在出版过程中，得到北京大学医学出版社领导和编辑同志的鼎力相助，在此深表感谢！

由于译校者水平有限，错误与不当之处在所难免，恳请读者批评指正。

王维民
北京大学医学部
全国医学教育发展中心
2020 年 3 月

原著序言

在早期职业生涯中，一位导师问我在学术生涯中会从事什么样的研究。我回答道：“教育。”导师的脸上露出困惑的神色，耐心地说：“大学里人人都从事教育工作，但你的研究领域是什么？”“教育。”我重复道。

他盯着地板，探询地说：“我想要寻求一些更像是这样的答案……‘我将研究下丘脑 - 垂体轴’或者‘我对甲状腺功能和抑郁症感兴趣’。”

“教育。”我又重复了一遍，并明白我们的谈话结束了。

在短短几十年里，医疗与健康专业教育（medical and health professions education，在这里简化为“医学教育”）研究领域得到了巨大的发展，许多大学创办期刊、召开国际会议、建立富有成效的研究中心并开辟了促进研究的明确路径。更重要的是，该研究本身在理论的复杂性和方法的严密性方面迅速成熟。医学教育被简单的考试心理测量学研究和一些描述性课程报告所主导的时代已经一去不复返了。现在，当我告诉一位学者（或捐赠人）我正在研究医学教育时，大家的表情是感兴趣的，而不是困惑的。

也许，这本神奇的新教材最有趣的地方在于它提供了医学教育作为一个研究领域进展程度的写照。*Researching Medical Education* 共 24 章，作者来自四大洲许多国家，涵盖了知名人士和学术新星。现在，我们参与研究的作者包括社会学、历史学、人类学、语言学、实验学、神经生理学、经济学等方面的专家和各专业临床医生。与许多其他领域不同，我们包容理论和方法的多样化，并在很大程度上避免学科边界上毫无意义、削弱许多学术领域的活力和创造力的冲突。医学教育研究以其丰富的定量和定性研究方法，以及各种三角互证和一体化的研究方式而丰富多彩。

Cleland 和 Durning 主编的这本教材是医学教育研究领域的一份不可或缺的资源，该教材通过故事阐述了复杂的想法，说明了实践中的应用，并提供必要的阅读资料以指导进一步的学习，尤其是提供给新手一个开启研究和深入研究的过程。对于经验更丰富的研究者，它展示了该领域现状的概貌，并说明了医学教育研究经历的过程和面临的挑战。这本教材对于在教育研究领域对教师发展方面研究有日益增长需求的人来说将是无价的：它将非常适合作为纵向的硕士或培训项目的教学大纲。*Researching Medical Education* 的出现归功于一个优秀的组织：医学教育研究协会（Association for the Study of Medical Education，ASME）。通过其优秀的期刊和高水平的会议可以看出，ASME 是全球高质量医学教育研究的领军者。这本教材扩大了ASME的影响范围，提高了声誉。此外，这本教材体现了ASME和欧洲医学教育联盟（Association for Medical Education in Europe，AMEE）之间的合作，反映了合作共享知识和网络的益处。

也许最重要的是，*Researching Medical Education* 作为一个指南，让我们知道 Lingard 所说的“指导我们想要加入哪个对话”。几十年前，我努力倾听医学教育研究的微弱声音——如今，它已成为一种包容多种声音的对话。*Researching Medical Education* 的到来恰好抓住了这一最佳时机。

Brian D. Hodges

多伦多，2015

ASME 的序言

出版这本令人兴奋的书的灵感产生于医学教育研究协会（ASME）组织的医学教育研究（Researching Medical Education，RME）研讨会，该会议已经举办了 7 年。从一开始，RME 就取得了巨大的成功，很明显，它充分利用了医学教育研究的新参与者日益增长的需求，并为该领域经验丰富的研究人员持续的专业发展提供帮助。

Researching Medical Education 一书忠于其起源，它以广博和热情的状态，汇集了医学教育研究人员对于医学教育领域广泛主题和相关理论的介绍、解释和说明。我们很高兴看到，这个想法从开始相对弱小发展到像 Jen 和 Steve 共同期待的那样，创建了一个权威的资源来激励和支持研究人员推进医学教育的科学和学术。

在医学教育方面，这是一个令人兴奋的时代。在全球范围内，医学教育研究领域的硕士课程和博士学位数量正在迅速增加。这一领域正在严谨、稳健、积累和知识构建的语境下，不断向前发展。总之，对于 *Researching Medical Education* 而言，这一机遇无疑是非常难得的。

Dr Jane Stewart

医学教育研究协会（ASME）教育研究组

（Education Research Group，ERG）主席

AMEE 的序言

有人说："医学过去曾经是简单、无效和相对安全的；现在它是复杂、有效和潜在危险的。"[①]如果是这样的话，我们如何让学生和受训者为独立实践做好准备呢？20 年前，循证医学还是一种新事物。如今，循证医学已成为常态。因此，医学教育家研究其学科内容，以确保未来的医生得到循证的培训与教育，也就不足为奇了。一支新的受过专业训练的医学教育研究队伍正在形成，这一出版物恰逢其时，帮助和支持他们的发展。*Researching Medical Education* 一书不仅对个体研究者是及时的，而且可以支持整个医学教育学科的发展。理论与实践相联系将使医学教育学科从以前"展示和讲述"的时代转变为成熟的学术学科，而这对于有效地对未来健康专业人员和最终改善患者进行照护是非常必要的。我们赞赏编委们在这项工作中的远见卓识，并认为它将为研究人员在其专业生涯的各个阶段带来巨大裨益。

Trudie Roberts

欧洲医学教育联盟主席

Ronald Harden

欧洲医学教育联盟秘书长

① C. Chantler. The role and education of doctors in the delivery of health care. *Lancet* 1999;353 (9159):1178-1181.

原著前言

Researching Medical Education 一书的目的是提供权威的指导，以促进医学教育（包括临床医学、护理学、口腔医学和其他领域教育）研究的卓越发展。

健康卫生专业严谨而独特的教育研究对医学教育的未来，以及最终对患者的照护都是至关重要的。我们鼓励通过研究进行思考、发现、评估、创新、教学、学习和改进，由此可以解决最佳实践与医学教育（和其他健康卫生专业教育）实际情况之间的差距。这样，研究可以为教育和实践提供信息，而教育和实践反过来又可以为未来的研究提供信息，促进深入研究。

我们必须找出真正值得研究的问题，并通过研究领域所采用的正确方法做出回答，才能使研究取得进展。要做到这一点，不仅需要借鉴健康卫生专业领域现有的教育文献，而且需要借鉴更广泛的教育学、社会学、认知和心理学文献。这些不同的理论和方法以及对研究基本性质的不同看法，能使我们拓展不同的思维方式和工作方式。为此，*Researching Medical Education* 的目标是为读者提供研究的基础构架，介绍一系列的理论和如何使用一个理论来支撑研究，提供多种方法及其使用的案例和说明，最终，对研究人员实践与发展给予指导。通过将医学教育研究中的理论、设计和方法联系在一起，本书能够对医学教育领域内的质量提升、能力构建和知识生成提供支持。这将使我们工作的重点从局部评价、评估和审查转移到更广泛的问题，这些问题将有助于学习、教学和教育方面新知识的呈现。

目前，有许多介绍与医学教育研究相关的理论、研究设计和方法的教材。然而，大多数都不是专门针对这一领域的研究而写，这可能会限制它们的影响力。相比之下，这本教材定位于医学教育领域，并通过国际视野下源于医学教育、源于专业发展的教与学的选择举例来加以说明，使用的语言和隐喻对从事和希望从事医学教育研究的人来说也是容易理解的。这本书中的大多数例子来自医学教育领域，这反映了我们的专业背景以及这本书和畅销书《理解医学教育》（*Understanding Medical Education*）的关系。然而，这本书的宗旨和关键信息可以推广到任何健康卫生行业或任何其他行业。其中，知识、技能和态度的获得是专业发展的中心。

Researching Medical Education 为如下人员提供指导：医学教育的硕士、博士研究生及其导师，医学教育领域新人，研究经验不足者，对教育研究不熟悉但之前有临床或生物医学领域研究经历者，以及寻求探索思维和工作新方法的有经验的研究人员等。考虑到读者的广泛需求，我们力

求使本书对攻读学位的学生和教师有价值，同时兼顾医疗、教学和科研工作者以及少数专注于研究的人。为了实现这些目标，本书的作者来自于医学教育领域，代表不同学科背景的临床医生和具有博士学位（PhD）的研究人员。他们的贡献在于给出如何提出和解决研究问题的蓝图，并通过从简到繁的实例加以说明。许多实例说明了目前医学教育和相关研究如何在该领域取得进展。即使不同国家的医学教育结构、体系和过程各不相同，但国际范例选择确保了本书中的信息与所有医学教育工作者都相关。

Researching Medical Education 分为三个部分。第一部分是“初入医学教育研究”。本部分系统地介绍了研究过程中的基本步骤。它首先由 Cleland 概述了与医学教育研究相关的两种主要研究哲学，以及它们对世界的假设、科学应该如何实施和合理问题的构成、解决方案和标准方面有什么不同。然后 McMillan 考虑了个体研究者的偏好或“世界观”对研究过程的影响，并介绍和解释了研究中有关本体论、认识论和反身性的重要概念。Wong 介绍了研究过程的下一步，对特定主题的现有文献的质量、方法和（或）理论贡献进行确认及批判性地审视，并解释撰写文献综述的不同目的和方法。在第 4 章中，Bezuidenhout 和 van Schalkwyk 描述了如何从一个想法或一个问题转化为一个研究问题，运用具体的工作实例说明了这一过程中的步骤。在此基础上，Stansfield 和 Gruppen 讨论了如何进行有效分析，以帮助确保你的定量研究有足够多的参与者而产生效果，如干预的影响、教育结果或变量之间的关系。

Researching Medical Education 第二部分介绍了理论，这对于需要坚实基础的任何研究都是至关重要的。一个好的理论（一个内部一致和连贯的理论）应该做到描述、解释、能够解释（不仅说明是什么，而且还要说明为什么和怎么做），并产生可验证的假设或研究问题。理论的运用应该产生新的研究路径——概念上相关的路径，并建立在先前的研究基础上。理论可以根据它们的范围来描述，更广泛的范围反映了知识层次结构中更高层级的抽象性。Mann 和 MacLeod 在这一部分的开头介绍了一个“宏大的理论”（一个为学科的性质和目标提供框架的非常普遍的理论），即社会建构主义。他们提倡与建构主义及其哲学基础相关的世界观、理论框架和研究路径（方法）的一致性。

在本部分，接着介绍了一些旨在指导实证研究、行动或实践的具体理论。我们首先关注那些强调环境、人与物之间关系的集体或社会关系的理论。Fenwick 和 Nimmo 概述了不同的社会物质性理论和方法中共享的一些主要观点，这些是有前景的物质性材料——主体、客体、物质、设施、技术等——以检验它们如何应对人类活动和思想。Bleakley 和 Cleland 将复杂性理论作为一个总体框架，以告知和指导医学教育研究人员如何有意义地参与高度复杂的环境，如临床团队或教育体系。在这些环境中，相互作用的结果并不总是可预测的。然后，Johnson 和 Dornan 介绍了活动理论，这是一种社会文化的视角，将一个人的社会文化环境和历史作为他们所做事情的中心。这个体系水平上的重点可以用来分析情境并使变化超越个人层面。接下来是 Torre 和 Durning 的一章，他们讨论了社会认知理论，这些理论认为学习和行为表现是天生具有社会性的，每种情况的独特性（在环境、参与者、互动方面）往往会在学习和行为表现方面导致不同的经验和结果。我们与 Sweet 和 Billett 一起完成了这一部分，他们介绍了参与性实践的概念，以理解、支持和发展基于工作场所的学习，即在健康卫生工作场所环境中提供了哪些学习机会，以及个人如何选择通过这些实践进行参与和学习。

接下来的一章介绍丰富的理论体系，其中许多不同的理论对相同的现象提供了不同的视角。这并不奇怪，但有趣的是，每个主题领域都包含一些从关注个人层面 [信仰、过程和（或）表现] 到提供社会或环境视角来观察相同现象的理论。Monrouxe 和 Rees 考虑了职业认同的问题，并呈现了一系列的身份认同理论，从承认个人身份认同在社会世界中发展的理论，到将身份认同概念化为个人属性的个人主义方法。Cilliers 和他的同事们概述了许多不同的健康行为理论，并举例说明了无论是基于校园的还是基于实践的，这些理论如何在教学环境中作为一种阐述、解释和改变行为的方法。接下来，Artino 和他的同事介绍了自主学习理论，该理论描述了个体优化其策略、追求其学习目标的过程。这些展现了对自主学习是从社会性描述到认知描述的连续统一体过程。和本书的所有章节一样，这些章节的作者阐述了如何有效地利用这些不同的理论来规划研究、分析研究结果，以及使不同研究的结果可能联系起来。

然后，我们进入那些主要关注个人层面的信念、过程和（或）行为表现的理论领域。Patterson 及其同事介绍了与学生选拔相关的价值观的概念，并请我们思考价值观的理论基础，以及价值观如何与人格、动机和行为等概念相联系。McConnell 和 Eva 提供了对情绪在临床医生的培训、评估和发展中所起作用的理解，并使用认知心理学的视角，介绍了研究情绪所固有的常见理论结构和关键的方法论问题。van Merrienboer 和 Dolmans 介绍了教学设计研究领域，这一领域旨在为教学设计制订循证指南和教学设计模型，范围包括了从简单课程、特定的教学材料到完整系统的课程。Leppink 和同事对认知负荷理论在医学教育和实践中用于促进学习和解决问题的有效教学设计进行了全面的概述。McGaghie 和 Kristopaitis 对刻意练习和临床技能获取的知识现状，包括在医学教育实验室获得的临床技能如何迁移到患者照护实践和患者治疗结局中的知识，进行了批判现实主义的评论。

最后，我们用两章来检验运用理论的不同方法。Nicholson 和 Cleland 使用扩大入学机会的主题来说明如何使用不同的理论或概念框架来促进理解并提高一个领域的经验性工作的复杂性。Varpio 和他的同事们把重点放在了承认定性方法差异的必要性上，这些差异有很大的影响，因为这些差异能详细地指导研究。他们介绍和解释了定性研究中方法借鉴、方法转变和方法引入的概念。

总之，理论被认为是世界观的重要方面，有助于更好地理解周围的世界。每一章都包含了一个理论应用的例子，但有些章节更强调解释而不是应用，或刚好相反，这取决于主题和该主题研究的性质。其中一些理论已经被广泛应用于医学教育研究，而另一些理论则更为新颖，但前景广阔。当你阅读不同的理论方法时，你会发现它们更符合某些研究设计和方法：在某些章节中，研究主要是定量的，以测量因果关系；而在其他章节中，方法论和方法通常是定性的，反映了现象的本质，因而反映研究问题。

这些并不是唯一的理论，也没有应用特定理论的方法，它们可能适用于医学教育研究，其他合适的可能没有呈现，没有其他原因，只是因为没有一本书可以涵盖所有内容。*Researching Medical Education* 是对计算科学、心理学、社会学、教育学等领域理论的广泛介绍，有助于在医学教育研究方面设计研究问题、指导相关数据的选择、说明数据、解释潜在原因或影响。此外，每章还提供了额外的推荐参考资料，以帮助读者更详细地探索感兴趣的主题。大多数章节都是以概要观点开始和结束，我们已经把重点放在了本书所讨论的理论的实践方面。不管你的问题是什么，不管你倾向于什么理论流派，都要仔细考虑不同的理论和方法。不要太快地、有意识地或无意识地跳到一个选项上，而不去探索其他选项。在研究过程的早期，花时间思考哪种理论和方法适合你的目的是值得的。

到目前为止，这些章节为计划和从事高质量的医学教育研究提供了必要的阅读材料。然而，确保我们所做的是卓越的，只是教育研究的一部分。如果没有人知道这个研究，或者如果它只是一个单独的研究，那么最好的研究也不会有什么影响力。因此，*Researching Medical Education* 的第三部分为你作为教育研究者的实践发展提供了指导。Driessen 和 Lingard 专注于传播，用修辞的方法让作者和演讲者思考如何讲述一个让人印象深刻的来源于其研究工作的故事。McKimm 和 O'Sullivan 研究了教育研究的一个关键要素：如何领导和管理研究过程以及领导力和管理理论如何使你（和他人）的研究管理更顺畅。最后，Taylor 和 Gibbs 解释了规划研究在确保可持续性和长期有效性方面的重要性。

我们希望 *Researching Medical Education* 能激发医学和健康卫生专业教育研究的新思维和新理念，并鼓励你进一步参与这里介绍的许多令人兴奋的理论、模型、方法和分析路径，这些方法的使用将推进我们的医学教育研究。

Jennifer Cleland
Steven J. Durning

致　谢

感谢 *Researching Medical Education* 国际编委会成员对本书理论、模型和方法的指导。我们也感谢他们帮助审核提交的内容。

Professor Peter Cantillon, Chair of the Irish Network of Medical Educators (INMeD) and Primary Care, Department of General Practice, Clinical Science Institute, National University of Ireland, Galway, Ireland

Professor Gudrun Edgren, Director of the Centre for Teaching and Learning, Lund University, Lund, Sweden

Professor Trevor Gibbs, WHO Consultant in Medical Education, Adolescent Health and Primary Care and Association for the Study of Medical Education (AMEE) Development Officer, AMEE, Dundee, UK

Professor Shipra Ginsberg, Associate Professor and cross-appointed Scientist in the Wilson Centre, University of Toronto, Toronto, Canada

Professor Judy McKimm, Director of Strategic Educational Development, Swansea University, UK

Professor Stewart Mennin, Mennin Consulting and Associates, Sao Paulo, Brazil

Professor Debra Nestal, Professor of Simulation Education in Healthcare, Monash University, Melbourne, Australia

Dr Mark Newman, Reader in Evidence-informed Policy and Practice in Education and Social Policy, Institute of Education, University of London, London, UK

Professor Patricia O'Sullivan, Department of Medicine and Director of Research and Development in Medical Education, Office of Medical Education, University of California, San Francisco, USA

Professor Daniel Pratt, Professor Emeritus (Education) and Senior Scholar (Medicine), Department of Educational Studies, Faculty of Education, University of British Columbia, Canada

Professor Jereon van Merrienboer, Chair in Learning and Instruction and Research Program Director of the Graduate School of Health Professions Education, University of Maastricht, Maastricht, The Netherlands

Professor Tim Wilkinson, Director, MB ChB programme (Faculty of Medicine) and Deputy Dean (Christchurch), University of Otago, New Zealand

Dr Kath Woolf, Senior Lecturer in Medical Education, University College London, London, UK

目　录

第 1 部分　初入医学教育研究

第 2 部分　基于理论的教育研究

第 3 部分 作为医学教育研究者的实践实施

第 1 部分

初入医学教育研究

A primer of healthcare education research

第 1 章 Chapter 1

探究还是测量：定性研究与定量研究的本质区别

Exploring versus measuring: considering the fundamental differences between qualitative and quantitative research

Jennifer Cleland
（翻译：王　超　张丽媛　　审校：程化琴）

我无意中听到一些实习医师/住院医师谈论起对于职业决策方面来说很重要的事情。令我震惊的是，他们与"我当年"的想法有点不同：例如，他们似乎更关心工作与生活的平衡。在查阅文献之后，我和一位同事发现影响英国医学生和实习医师职业决策的因素中存在各种差距，特别是自大约10年前培训模式发生变化以来更为明显。我们想进一步探讨这个问题，所以首先进行了一些电话采访，来收集医学生和实习医师的意见。受访者提出了一些我们没有想到的因素，而这些因素在他们的职业决策中尤为重要。因此，我们想进一步探讨对大多数人而言哪些因素最重要，以及在不同培训阶段的医学生和实习医师之间是否存在差异。为探究这个问题，我们使用文献和访谈中的数据设计了一份调查问卷，并发放给全国所有的医学生和实习医师。

引言

这是一个真实的情境，迄今为止已经为一项为期5年的工作项目[1-3]提供了资料支持。它突出了定量研究和定性研究之间的一些差异，以及它们应当如何应用于同一项研究中以互为补充。

人们很容易认为定量研究和定性研究之间的差异仅仅是关于如何收集数据——随机对照试验（randomised controlled trial，RCT）区别于人群实地调查，队列研究区别于半结构化访谈。然而，这些只是研究工具而不是方法论的区别。选择一种特定的方法论（不论是隐然地还是明确地选择）来指导和呈现研究实践或个案研究，这一点非常重要。定量和定性两种不同方法论对世界做出了不同的假设[4-5]，关乎科学研究应该如何开展，以及由什么构成了合理问题、解决方案和"证据"标准[6]。另外，二者所使用的语言也完全不同（图1.1）。

> 当我们谈到"定量"或"定性"的方法论时，其实我们是在围绕一组关于社会世界的相互关联的假设进行最终的分析，这些假设涉及理念、思想方法与认识论，而不仅仅是数据收集方法的问题。（Rist, 1977, p. 62[7]）

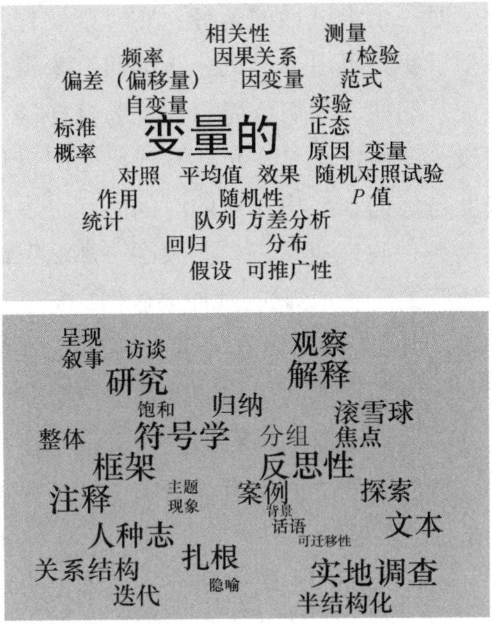

图 1.1 定量研究与定性研究的词汇云

在本章中，借鉴 Bryman 的观点[8]，我将讨论这些假设及其对研究实践的影响。然后，我将从研究设计与方法即工具、分析与解释等方面对两种方法进行比较和对照。我将借鉴医学教育研究中的例子来说明。我还将讨论混合方法（mixed-methods）研究。本章内容更加偏重定量研究，但会与相应的定性研究的关键信息进行交叉引用，后者将会在本书的其他章节进行详细介绍。

理念上的差异

研究理念在研究目标和实现这些目标的方法上有所不同。例如，目的是检验理论并发现一般原理，还是描述并解释复杂情况？定量研究和定性研究的方法选择来自于对现实（本体论）和知识（认识论）的不同基本假设（另见 McMillan、Mann 和 Macleod 在本书中所著章节）。

定量研究的理念

定量研究最初来自实证主义范式。这种范式的基本前提（基本信念系统，换言之，即提供理解和决策制订的背景并且被普遍接受的模型）是：认知的目标仅仅是描述我们经历的现象，因此可以观察和测量（即客观性）。研究人员和研究的问题相互独立，研究人员对研究过程没有影响。在实证主义的世界观中，认知的目标是观察、测量和描述所经历的现象。实证主义观点建立在现实是有形并且可测量的观念之上。超出此范围的任何事情（如果实证主义者试图研究）都是不可被认知的。在实证主义中，科学被视为了解真相的方法，去充分理解世界，以便我们能够预测和控制它。这对我们来说似乎有点极端，可以说定量研究已经从纯粹的实证主义观点转向了后实证主义。后实证主义并不拒绝观察和测量的基本原则，但它承认所有观察都是可能会出错的，所有理论都是可修改的。后实证主义的特征还在于接受这一观点，即研究者的理论、背景、知识和价值观可以影响所观察的事物。

在后实证主义中，各种认识论支撑着定量研究中的理论和实践[9]。最常见的后实证主义立场之一是批判现实主义（或称为批判性）。批判现实主义者认为，有一个独立于我们思考之外的现实，人们可以对其进行科学的研究并质疑（因此被贴上“批判性”标签）观察和理论的绝对可靠性。此外，他们还认为，虽然每个人都受到自身文化经历、世界观等的影响，但研究人员可以抛开他们的偏见和信念来力求客观性。MacMillan在本书后面的章节中将进一步讨论实证主义和批判现实主义之间的差异。然而，在本章中，笔者希望大家知道，那些站在（后）实证主义立场的研究者们相信科学方法（即化学、生物学和物理学等自然科学的方法和程序）适于研究社会现象（例如学习）。

定性研究的理念

定性研究的前提是主观性[10]。定性研究关注的是社会世界如何被解释、理解、体验或制造。现实无法直接测量，它因人们和观察者的感知而存在。现实是相对的、多重的，通过社会建构和主观解释被感知[11]。有许多结构化的方法来理解这些现实，但自然科学的方法和程序（通常）不适合这样做（详见后文）。定性研究历来也受到许多不同理论的支持。这些理论为研究人员提供了不同的“概念视角”，来查看复杂问题和社会问题，不同理论的注意力集中在数据的不同方面，并提供分析框架[12]。其中许多内容在本书的其他章节有所描述（例如，参见Mann和McLeod、Monrouxe和Rees、Varpio及其同事所著章节），另外可以参考Reeves等[13]所撰写的一篇非常有用的综述。

这些差异在实践中意味着什么？

从广义上讲，定量研究涉及假设的检验和验证，而定性研究涉及假设的产生和理解（表1.1）。在此基础上，定量研究倾向于演绎推理，试图通过进行实验并以数字的方式分析结果，来验证观点或理论（表1.1）。通常认为从理论中可以提出假设，即一个尝试性的解释，它可以解释一系列事实并可以通过进一步的研究来得到验证。例如，我们可能想要检验这样一个假设（零假设）：学生对考试技能的自信程度与他们在病房花费的时间之间存在相关关系。假设通常以“如果……那么”语句的形式出现，例如，“如果我们进行洗手宣教，那么感染率就会降低”。假设总是暂时的，因为可能会出现新的数据导致我们拒绝零假设（即如果数据表明自信与在病房花费的时间之间没有显著关系，结果可能是拒绝零假设）。

这样来看，在定量研究中，理论决定了问题（研究由从理论到数据的演绎推理而展开），继而产生假设，通常是关于因果关系。另一方面，理论在定性研究中的运用往往是归纳性的。也就是说，根据发现的内容从头开始构建解释（尽管可能有更多的演绎性定性研究[14]）。为了提出相应假设、验证某个模型或理论，归纳推理从具体的观察和测量出发，以归纳一般性结论或理论作为结束。

最后，有必要就定性和定量研究如何“使用”理论做最后一点说明。在定量研究中理论通常被“假设”，在定性研究的惯例中，理论的使用则相对更明确。因此，在医学教育研究中，我们不太可能在定量研究里看到对理论立场的陈述，而在定性研究中则常常出现[15]。

比较定量研究与定性研究的研究设计

如果定量研究是建立偶然的联系，而

表 1.1　假设

在定性研究中使用假设这个词是不合适的（图 1.1）。然而，所有研究都有一个研究问题。如何确定、描述这个问题，因研究的理念而异。例如，以下是医学教育研究中定量研究假设的一个非常典型的例子：“这项研究的目的是确定早期医学专业课程评估学生的不良表现是否与后期医学学士学位（MBChB）评估相一致”（[16]，p. 677）。在这项研究中，我们想知道 x（早期表现不佳）是否能够预测 y（后期表现不佳）。而同年发表的一篇定性研究的研究问题是这样表述的：“我们的研究旨在回答这一研究问题：为什么评估者不能报告医学生的表现不佳？”（[17]，p. 802）。相比而言，这是一个更加开放、更具探索性的方法，适用于探索支持评估者行为的观点和信念的研究。请参阅 Bezuidenhout 和 Schalkwyk 在本书中所著章节，来深入讨论该研究问题

定性研究是描述自然环境中的现象，那么就需要不同的研究设计。

定量研究设计

定量研究设计有四种广泛应用的方法：描述性的、相关性的、准实验的和实验的方法。表 1.2 进行了简要描述并举例说明。下文讨论了每种研究设计已发表的案例。

描述性研究用于描述人群或现象的特征。例如，有多少学生未通过某项评估、学生对特定教学活动的评价态度、哪些因素对医学生职业决策很重要等。描述性研究不回答问题怎样发生、在什么时间发生、为什么发生，只是回答问题“是什么”（所研究的人群或情况的特征是什么？[18]）。

相关性研究用于分析数据中的趋势和模式。例如，Husbands 等[19] 考察了英国医学院入学能力测试（UKCAT）对预测医学院高年级学生表现的有效性，并将其与传统的选拔方法（如个人面试表现）进行比较。他们使用统计检验考察入学考试、学习考试成绩、性别和年龄之间的关系，发现 UKCAT 对于学生入读医学院后的表现的预测功能优于其他选拔方法。

准实验性研究经常用于医学教育研究，因为受实际条件和伦理的限制，研究的随机分配通常很困难（例如，减少或降低“对照组”学生群体的教学课时或教学质量是不符合伦理的）。然而，这使得准实验性研究对于干预和结果之间关系的结论存在偏倚和混杂因素（或“效度威胁”）[20]。例如，在基于问题的学习（PBL）开展的早

表1.2　定量研究类型

描述性研究描述所研究变量的当前状态（“是什么”）。旨在提供有关现象的系统性信息 示例：医学和护理学生饮酒的描述性研究	**相关性研究**使用统计数据探索研究变量之间的关系（关联）。这种类型的研究会分析数据中的趋势和模式，但在分析中并不证明这些观察模式的原因 示例：学位评估的早期表现和晚期表现之间的关系（参见前面的部分）	**准实验性研究**试图在变量之间建立因果关系。研究分组是自然形成的或预先存在的，而不是随机的 示例：参加额外临床技能课程对考试成绩的影响	**实验性研究**旨在确定研究中一组变量之间的因果关系。通过改变自变量以确定对因变量的影响。研究样本被随机分配到不同组别中 示例：不同类型的课程设计对学生实践能力的影响

期阶段，Distlehorst 和 Robb[21] 将采用 PBL 课程中学生的学业成绩（美国医师执照考试、临床见习和临床实践考试）与同一医学院采用标准课程学生的学业成绩进行了比较。他们发现，采用 PBL 课程的学生成绩不劣于采用标准课程的学生，并得出结论，认为采用 PBL 课程的学生没有处于劣势地位。这表面上令人信服，但结论并未说明可能存在的混杂因素，例如 PBL 课程所吸引到的学生可能是某些特定的类型（具有某些特质）。如果使用准实验设计，需要仔细考虑对特定研究的效度威胁（混杂因素）可能有哪些并证明其可以被排除。例如，如果希望通过准实验研究验证外科（实习）的经验将影响学生在特定任务中的表现，请确保所有参与者都是在外科轮转之前来完成这项任务。

最后，实验性研究测试自变量（由研究人员控制）是否影响因变量（检测其变化的变量）（表 1.3）。如上述 PBL 案例中，实验研究需要尝试控制外部变量，以确保变化确实是由自变量引起的。RCT 是实验研究的一种。Watson 等 [22] 曾做过一项优秀的 RCT 医学教育研究，他们使用 RCT 设计来调查模拟学习环境（simulated learning environments，SLEs）教育是否可以替代物理治疗学专业学生的部分传统临床教育。他们设计了两个 SLE 模型，并随机分配学生（按学业成绩分层）接受 SLE（实验组）或“传统”（对照组）教学。主要结果指标（见后文）是对学生的两项临床检查能力进行盲评及结构化评估。他们发现，SLE 组学生的临床能力并不劣于传统组。基于研究的设计（如将学生随机分配到 SLE 组或传统教学组，且评估人员不知道学生接受了哪种教学），作者可以自信地说他们提供的证据表明 SLE 临床教育可以部分取代通过真实患者进行学习的临床教育，而不会影响学生获得专业胜任力。Leppink 等在本书中所著的“认知负荷理论”一章也是很好的例证，其中大部分证据都基于 RCT。

RCT 是一项很艰巨的工作，但所幸有现成的指南讲解 RCT 该如何设计并呈现。Sibbald 和 Roland[23] 总结了“金标准”RCT 的重要特征，包括随机化和“双盲”的方法。报告试验的综合标准（consolidated standards of reporting trials，CONSORT）提供了一系列报告随机试验的建议、检查表和流程图，称为 CONSORT 声明（http://www.consort-statement.org/，另见 [24]）。大多数期刊和基金机构都要求随机试验的论文同时提交 CONSORT 声明和流程图。

可以说，对于设计其他的定量研究，如描述性、相关性或准实验性研究，可用的指导较少，批判性评估工具是有用的指导来源之一。这些工具可以指导我们设计研究中应包括或关注哪些内容这种基本结构问题，例如，参见批判性评估技能计划（critical appraisal skills programme，CASP）

表 1.3　定量研究中的自变量与因变量

自变量，如字面意思所示，不受其他变量改变的影响。例如年龄或性别可以归为自变量，其他因素（如饮食、学习或锻炼时间、病房出勤率等）并不改变人的年龄或性别。关键是要看自变量是否会导致其他变量或因变量发生某种变化。因变量包括考试结果、在一项任务中的表现等可以通过其他因素（如学习或练习了多少）改变的因素。因此，自变量会引起因变量的变化

(http://www.casp-uk.net/)。

定量研究的一个关键特征是计划性和规范性。在收集数据之前，研究的所有内容都要经过精心设计，研究方案、参与者、数据收集工具、数据收集程序（如随访时间）和数据分析等每个细节都是预先制订出来的。之所以需要预先对定量研究过程进行详细设计，是为确保每一次、每一个步骤都以同样的方式进行。这也意味着在其他时间或不同的研究人员可以使用相同的方案开展重复研究，并且得出相同的结论。研究方案或计划需要非常详细，甚至定量研究计划本身就可供发表。

定性研究设计

将上述内容与 Becker 等 [25] 关于医学生的经典定性研究中的设计描述进行比较：

> 从某种意义上说，我们的研究没有设计。也就是说，我们没有经过精心设计的假设以待检验，没有专门设计的数据收集工具来收集与这些假设相关的信息，也没有预先指定的一套分析程序。只要与“设计”或预先精心规划相关的这些特征，我们的研究都没有。但如果我们从更广泛、更宽松的意义上考量“设计”这一概念，来评价我们这项研究的秩序、系统性和一致性这些要素，我们的研究就有了设计。我们可以通过描述我们对问题的原始观点、我们在理论和方法论方面做出的努力，以及这些随着研究的进展而影响我们研究的以及我们的研究会影响到的方面，来说明我们的研究设计是什么。(p. 17)

在定性研究中，设计主要由研究的问题决定，因此，对研究问题的理解随着设疑和求证而一步步展开 [26]。要做到这一点，需要提前确定项目的范围并考虑需要收集哪些数据，并将研究设计为一个“自反性（reflexive）的过程”贯穿于项目的每个阶段 [27]。自反性是指对影响研究决策的因素进行仔细考虑和反复检验，如提问的措辞或者解释数据的方法等（Mann 和 MacLeod 在第 6 章中对研究过程中的自反关系进行了更全面的解释）。在定性研究中，收集并分析数据、完善并修订理论、阐述或重新设定研究问题等行为通常或多或少地同时进行、彼此影响（参见 Maxwell[28] 的定性研究设计模型，p. 216）。研究人员可能需要在研究期间重新考虑或修改研究设计以适应新的发现。从这个角度来讲，定性研究的线性过程不如定量研究，后者更具阶段性及固定性。

然而，这些差异不过是程度问题。大多数定性研究都会有一些预先的设计，类似于研究方案，列出正在做什么（目的和目标）、为什么要做（为什么重要）以及如何开展（理论基础、计划、方法、分析等）。然而，一般而言，定性研究计划不如定量研究计划固定，但它仍然是研究过程的关键组成部分。有几本优秀的教材进行了更详细的介绍 [26,29-31]，在其中可以学习到不同的定性研究设计的案例。

数据收集方法

定量或定性研究的数据收集没有一种最佳的方法，具体方法取决于研究所需获知的内容。这里仅提供不同类型方法的一般概述。更多详细信息请参考本章末尾推荐的主要教材。

定量数据收集方法

定量数据收集方法利用结构化数据收集工具进行客观测量，这种工具将各种经验融入到预定的响应类别（response categories）中。最常用的定量数据收集工具包括：

- 调查（如问卷调查、结构化访谈）
- 观察（如6—8时之间到体育馆锻炼的学生数量）
- 测量（如毕业排名、在放射科受训的医生数量）

问卷或调查（这些术语经常互换使用）通常看起来是一种相对简单的数据收集方式。其实不然，设计一份好的问卷通常需要浏览文献，收集一些探索性或共识性数据，针对可读性和可接受性进行预调查，检验问卷的统计质量，然后再在研究中实际使用。除非问卷的设计是这项研究的重点，否则通常使用已发表的调查问卷，最好是使用与自己的研究人群（参与者）相似的既往研究所使用过的调查问卷。

定量研究中的观察目标是预先确定的，并且不随研究的进展而改变（与定性研究中更具流动性的研究过程相比）。收集观察数据可以根据事实（例如课堂中的学生数量）、事件（例如课堂中学生之间协作工作的数量）、行为（例如课堂中反社会行为事件的数量）或技能（例如正确置入维氟隆穿刺针所需尝试的次数、检查表中的表现评级）来进行。数据收集需要易于记录，例如，“完成”或“未完成”，“优秀”“良好”或“合格”。基于工作场所的评估工具，如Mini-CEX是结构化观察工具的优秀例证[32]。

需要记住的是，定量研究中的分析是关于数字的“运算”和统计。值得强调的是，简单的文本资料可以转换为数字数据进行分析。例如，“完成”或“未完成”可以转换为0和1进行分析，“优秀”“良好”和“合格”可以转换为1、2和3。这种方式在调查研究中特别有用，前提是要求受访者在特定选项或评级之间做出不同的选择，例如“强烈同意”“同意”“不同意”或“强烈反对”，并给出不同答案所对应的数字（例如1代表“强烈反对”，4代表“强烈同意”）。请注意，问卷通常使用混合设计，包括封闭性选项选择和开放性问题，例如“请解释您做出此种回答的原因”。混合设计方法将在后文进行详细讨论。

就数据收集程序而言，与定性研究相比，定量研究往往涉及相对较大的数据量。定性研究也需要具有足够大的样本量以进行统计分析，并证明变量之间的关联或因果关系（详见后文）。可推广性是定量研究的最终目标之一，抽样的代表性至关重要。代表性样本应当无偏倚地反映人群总体的情况。例如，在撰写本文时，苏格兰医学生女性与男性的比例为60:40。因此，苏格兰医学生的代表性样本应当具有同样的男女比例。遗憾的是，大量的医学教育类定量研究仍然是单中心的，所有数据都收集自单一机构或单一亚组（例如，一家医院的外科实习医师/住院医师，甚至限于特定的外科亚专业），从而限制了其可推广性。有关定量和定性研究抽样方法的比较，请参见表 1.4。

定性数据收集方法

本章将非常简要地介绍最常用的科学研究的定性数据收集方法，本书的其他章节将会对此做更为详细的阐述。这些数据收集方法包括：

- 访谈（个人或团体）
- 观察法
- 文件回顾

研究者们试图通过定性研究访谈来描述和理解被试者现实生活中的特定问题。访谈可以以一对一交流的形式进行，也可以以小组讨论（焦点小组）的形式进行，具体取决于研究主题、研究目的和研究所处的文化背景。定性研究中观察性数据的收集涉及对人和事件的详细观察，以了解自然情境下人的行为以及人与事件之间的相互作用[34]。当我们期望了解某种情境或现象的文化方面时[35]，或当感兴趣的情境尚不清楚，或当被试者的观点与其他组的被试者观点有显著差异时，这种数据收集方法很有用。书面材料或文件，如机构记录、个人日记和历史公开文件，也可以作为二级资料的宝贵来源，以加强对被试者生活和经历的深入了解。请参阅 Browen[36] 的文章，它详细介绍了定性研究数据收集中文件回顾法的使用目的和实践应用。

请参阅 Dicicoo-Bloom 和 Crabtree[37] 的文章，其中总结了有关定性研究访谈的内容和程序。Creswell[31] 在文章中进一步讨论定性研究中的许多不同方法及它们共同的特征，并且本书后文将结合实例进一步阐述定性访谈和观察的不同方法。

表 1.4　样本量

定量研究使用公式计算样本量，以确定从目标群体中需要多大的样本量方能使结果具有可接受的准确度。一般来说，研究者设定的样本量，其结果至少有 95% 的置信区间（即如果重复研究 100 次，有 95 次可以得到相同的结果），双边显著水平为 5%。有关计算样本量和效能计算（power calculations）的指导，请参见 Stansfield 和 Gruppen 所著的第 5 章
定性研究中样本的选取则是有目的的，这意味着对其从样本到人群的可推广性的重视程度要低得多，并且更加注重“有目的地”选择样本，因为它的启发性和丰富的资料来源可以给我们提供更多的信息（33，p. 40）。有关定性研究取样的详细讨论，请参阅本书中 Mann 和 MacLead、Rees 和 Monrouxe 以及 Varpio 等所著的章节

数据管理

不同的研究方法会产生不同类型的数据。定量研究产生数值数据，这些数据是可量化的，也就是说如果抽样策略是恰当的，这些数据可被推广并用于分析更大范围的样本。Aliaga 和 Gunderson[38] 总结定量研究是“通过收集数值数据，并用数学方法（特别是统计学）分析数据，来解释特定的现象”的研究方式（p. 1）。定性研究也可以使用某种形式的量化数据，但不会将统计分析量化数据作为研究的中心（[39]，p. 4）。相反，定性数据分析（qualitative data analysis，QDA）旨在揭示新兴的主题、模式、概念、观点和理解[33]。通过展现概念类别和描述性主题，定性数据分析可以允许数据“为自己说话”。如果研究者们试图强行将叙述性语言转化成表格（如 0 和 1），将会导致语境丢失、叙事断层。研究人员必须将自己沉浸到数据中，才能看到有意义的模式和主题。同时，他们在收集数据和分析数据的过程中必须做注释，并用这些注释来指导数据分析的策略。

在这两种方法中，研究者们都必须先管理数据，然后才能对数据进行分析。除非样本量非常小，否则，管理和分析数值数据和定性数据的软件在这个阶段非常重要。如果研究资料是数值或数据，这些资料可以被合理地编码为数字形式，这时需要一个用于存储和分析数值数据的数据库。最好将数据直接输入统计软件包，以避免将数据从一个统计软件包（例如电子表格）转移到另一个统计软件包所带来的问题[40]。SPSS 是最常用的统计软件包之一。另一方面，如果研究采用定性研究的方法，那么数据形式将会是“词语”和文本，或是图像和视频资料，这时可能需要专业的定性数据库，以便于管理和分析数据。NVivo 是一个著名的 QDA 软件包（请注意，通过使用定性软件包，能够制作和存储注释以及对代码的解释，因此无需再忙碌于处理大量纸张和电子数据文件夹）。可以通过商业渠道（即付费）获得 NVivo 和其他类似的数据库的使用权限，这些数据库在大学里面被广泛使用。对于数据库的选择可能取决于研究者所在机构的资源、个人喜好和（或）当地可用的技术支持类型。

需要注意的是，数据管理软件不会为研究者描述或分析数据。研究者需要以合适的方式输入和管理数据，以促进描述和分析的进程。可以在研究进程的早期就考虑数据分析，这可以在以后的过程中节省大量时间。请参阅 Cleland[40] 等人的文章，查看关于教育研究中使用定量和定性数据库的全面指导。

数据分析

如上文提到的，不同的研究方法会产生不同类型的数据，而不同类型的数据需要不同的分析方法。

定量数据分析

定量数据分析是呈现和解释数值型数据的过程。统计分析是定量研究所固有的。定量数据分析通常包括描述性统计和推断性统计。描述性统计描述数据在一些方面的特征，例如男性和女性被试者的数量、被试者的年龄、特定回答的频率，并描述数据的模式，例如平均值、中位数和众数，并度量平均值变化的数据（范围和标准差）。参阅 Cleland[40] 等人的文章，可找到有关描述性数据以及如何呈现描述性数据的概述。

推断性统计是统计检验的结果，有助于研究者们通过收集数据、检验假说并将研究结果与样本或群体联系起来，从而得到一个推论结果。在选择统计检验方面，最重要的问题是“主要研究假设和（或）研究问题是什么？”你是在寻找 x 和 y 之间的关联或关系，还是 a 和 b 之间的差异？不同的统计检验适用于测试不同类型的问题，并且在每种类型的问题中，可以根据研究设计的确切性质使用不同的统计检验。接下来的问题是“测量的数据是什么类型的？”数据是以频率的形式还是以尺度的形式（如高度）测量的？或者数据是二进制吗（例如通过 / 失败）？数据是来自两个独立的被试群体还是来自同一群体接受干预（如某种训练）的前后？它来自两个以上的群体吗？将在分析中输入多少个自变量吗（见前文）？如何确定要包含哪些变量？

确定恰当的定量分析统计检验可能很难，但幸运的是，大多数统计分析书籍都提供了方便的决策流程来帮助解决这个问题。可参阅 Foster 等人、Norman 和 Stryner，以及 Bryman 和 Cramer[41-43] 有关社会科学研究中统计学的书籍。McCrum-Gardner[44] 的文章“该使用哪种统计检验？”也很有用。常见的统计软件包都有纸质版和电子版使用手册，这些手册非常宝贵。

最后，非常重要的是，在计划研究课题时，向统计学家、擅长统计的主管或能干的同事寻求建议和支持。在分析数据时，这将不仅节省不少时间，还会消除挫败感。事实上，这一点在定性研究中同样适用。初学者的定性研究的论文通常会被拒绝接受，因为他们研究的不同组成部分——理论、设计、方法和分析——不能恰当地对应起来。因此我们应该尽早寻求擅长定性理论、研究设计和方法以及数据分析的同事的建议、支持和合作。

定性数据分析

考虑到定性数据收集和分析过程是迭代的而不是线性的（见上文），Miles 和 Huberman[45] 将 QDA 的过程解释如下：

- 简化数据 / 减少数据（提炼数据的精华）
- 展示数据（以意义为核心对数据进行重组）
- 得出结论（对研究发现加以解释）

虽然可以说定量研究也遵循这些过程，但是如果通过统计分析来简化数据，QDA 的过程就会略有不同。它通常遵循归纳法，即允许数据通过展现概念类别和描述性主题来“为自己说话”。研究者必须对多种可能性或思考问题的方式持开放态度，使用“边缘追踪”或“锯齿式”等多种刺激进行“脑力远足”，改变思维模式，在“看似无关联”和“玩”之间建立联系，来“让世界在某种程度上向我们打开”（[33]，p. 544）。研究者必须将自己沉浸到数据中，才能看到有意义的模式和主题，他们在收集数据和分析数据的过程中必须做注释，并用这些注释来指导分析数据的策略和编码框架的建立。

在这种情况下，良好的定性研究具有清晰的逻辑推理链和多种来源整合的证据来支持某种解释，并通过令人信服的论证和可靠的数据来排除竞争性的假设。随着数据分析过程的开展，研究者们会应用更广泛的文献和理论来建立数据分析的框架，并且在最终论证建立之前，他们可能会考虑对研究数据的不同解释方式。例如，我们自己的一项研究[15]旨在医学院校层面上探讨各个医学院校如何解释和实施扩大招生政策。我们通过对主要工作人员进行个人访谈来收集定性数据。我们先进行了初级水平的主题分析以确定主题。在确认主题并进一步的团队讨论之后，我们还探索了大量相关文献、识别并有深度地思考了各种不同的理论，最终我们才确定了最恰当的进一步的理论驱动的数据分析框架。

有一些详细讨论 QDA 的优质的书籍[9,31,46]。

评价研究质量

你可以应用不同的标准来评价定量研究和定性研究的质量（表 1.5）。

效度（validity）是指测量能够测量到它想要测量的事物的程度。例如，问卷调查要求学生对课程满意度评分，评价的是满意度如何（而不是课程的有用性，这是一个不同的概念）。另一方面，可信性（credibility）是指该研究是否执行得很好并且研究结果是否合理。外部有效性（external validity）是指研究结果可以推广到其他情况和其他群体的程度。例如，如果发现第一年解剖学中的基于同伴的学习是有效的，那么当它被安排在学生临床学习的其他年份，或者当学习同伴来自另一个有不同课程安排的机构时，也是有效的吗（这时抽样标准是至关重要的，参见上文）？同样，可迁移性（transferability）标准评价的是研究结果是否可用于其他相似的背景。信度（reliability）是指某种测量方式的精度和稳定程度，而稳定程度指重复试验是否可以获得相同的结果。研究结果的可靠性（dependability）指的是推进试验研究进程所使用的方式可以被另一项研究所重复的程度。最后，在定量研究中，客观性（objectivity）指的是研究结果不受偏倚的影响。根据 Lodico[47] 的观点，当研究者与被试者互动的机会越少时，研究的客观性越强，就像使用定量方法如统计检验来检验假设一样。定性研究中概念等价的可验证性（confirmability）是指研究者提供足够的数据收集和分析的细节，使读者可以明白他们的结论是如何达成的。评价定性研究的标准将在第 6 章进一步讨论。

表 1.5 评价研究的标准

定量研究评价标准	定性研究评价标准
内部有效性	可信性
外部有效性	可迁移性
信度	可靠性
客观性	可验证性

混合方法研究

尽管有一部分人依然坚持传统观念，但现在人们普遍认为，定量和定性的研究设计和研究方法是可以同时存在于同一研究计划中的。虽然大多数研究者会根据自己的理念，偏爱某种研究方法，但许多研究者会采用实用主义的方法，根据不同的研究问题来选择不同的研究方法，并在同一个研究中，将不同的研究方法结合使用。这种想法可能与本章开头的引文相悖，但实用主义本身就是一种理念[47-50]。

实用主义认为关键问题不是“是真的吗？”或“它是对的吗？”，而是“它有用吗？”。例如，约翰 • 杜威认为，当我们第一次遇到某个问题时，我们的首要任务是通过描述它的组成元素并确定各个元素之间的关系，以理解问题。而从中找出一个需要回答的具体问题表明我们已经取得了进展。关于杜威已经有很多文献，一个很好的开端是《杜威：新手指南》[51]。

如果我们在研究方法中采用实用主义的立场，那么主要问题就是“什么样的方法能更好地回答研究问题？”混合方法研究设计结合了定量和定性方法，与实用主义的立场具有很好的契合性。混合方法研究是一种灵活的研究方法，它的研究设计取决于我们想要发现的东西，而不是任何已经定论的认识论立场。Lingard 等人 [52] 总结了在一个研究项目中或者几个不同的研究之间使用混合方法的一些有用的考虑因素。他们强调，混合方法研究有效性的核心是不同方法之间的明确的关系，这样可以确保数据的聚焦或三角互证，从而产生比单个研究方法更好的研究结果。好的混合方法研究通过阐明为什么定性研究和定量研究需要整合和如何整合，来协调二者在理念、设计、方法和分析等方面的差异。请参阅 Creswell 和 Plano Clarks[53] 的著作以获得设计和执行混合方法研究的更好的指南。

因此，回到本章开篇的例子，我们通过探究影响医学生和实习医师 / 学习者职业决策的重要因素，开启了医学职业研究项目。对被试者的选择取决于他们所代表人群的基本特征的多样性程度。我们使用框架分析对这些数据进行了分析，并使用这些结果来为苏格兰各地医学生的初步调查中的问题提供信息。这些调查包括封闭式选择题和开放式问题。我们在分析调查数据和访谈数据时采用了三角互证策略，以便产生比单一方法更好的研究结果。例如，虽然访谈结果强调了工作地点在职业决策中的重要性，但调查结果表明，工作与生活的平衡或生活质量是职业决策中的首要因素，并且特定的生活质量相关的影响因素因所处培训阶段不同而异。

小结

在本章中，我已经阐述了定性研究和定量研究方法之间的根本区别，并在表 1.6

表 1.6　定量研究和定性研究的关键特征

方法或理念	定量研究	定性研究
假设	• 实证主义 / 后实证主义 • 社会现象和事件是具客观性的 • 变量可以被识别和测量 • 研究者独立于研究之外，是客观的	• 建构主义 / 解释主义 • 现实是社会性的建构 • 变量是复杂的、交织在一起的 • 研究者是研究过程的一部分
目的	• 可推广性 • 预测 • 解释	• 语境化 • 解释 • 理解
方法	• 假设检验 • 演绎、确认和推理——从理论到数据 • 操纵和控制变量 • 样本代表整个群体，因此结果可以推广 • 数据是数值型的或可以转换成数值 • 计数 / 还原 • 统计分析	• 假设生成 • 归纳和探索——从数据到理论 • 呈现和描绘数据 • 兴趣的焦点是样本（独一无二的） • 数据是单词或语言，很少使用数字 • 探究 / 整体 • 分析以提出模式和意义

中进行了总结。从本文可以清楚地看出，我的个人立场是定量研究和定性研究都在医学教育研究中占有一席之地（至少在英国），都是医学教育的一部分。定性和定量研究都可以用于产生可推广 / 可迁移化的知识，这些知识可以为医学教育相关理论、实践和政策提供信息，并有助于该领域的方法论和理论的发展。

实践要点

- 所有研究都需要理念思考、研究问题、研究设计、数据收集和数据分析。
- 定量研究和定性研究在研究过程的每个步骤都有根本的不同。
- 对于阅读和评判研究，任何研究项目在不同阶段的不同都是明显的。
- 所有的研究设计和研究方法都有其优点和缺点，在考虑如何最好地达到特定的研究目标时，了解这些优点和缺点是至关重要的。

拓展阅读

Miles, M.B., Huberman, M. & Saldana, J.（2013）*Qualitative Data Analysis: A Methods Sourcebook*, 3rd edn. Sage Publications, Thousand Oaks. 这篇文章更新了 Miles 和 Huberman 的经典研究方法，提供了研究设计和数据管理的基础知识，并阐述了五种不同的分析方法——探索、描述、排序、解释和预测。

Creswell, J.W.（2013）*Educational Research: Planning, Conducting, and Evaluating Quantitative and Qualitative Research*, 4th edn. Pearson, Boston. 一本非常实用且有帮助的书，是许多课程的推荐教材。

参考文献

1 Cleland, J.A., Johnston, P., French, F.H. & Needham, G. (2012a) Associations between medical school and career preferences in Year 1 medical students in Scotland. *Medical Education*, **46**, 473–484.
2 Cleland, J.A., Johnston, P.W., Walker, L. & Needham, G. (2012b) Attracting healthcare professionals to remote and rural medicine: learning from doctors in training in the north of Scotland. *Medical Teacher*, **34**, e476–e482.
3 Cleland, J.A., Johnston, P.W., Michael, A., Khan, N. & Scott, N.W. (2014) A survey of factors influencing career preference in new-entrant and exiting medical students from four UK medical schools. *BMC Medical Education*, **14**, 151. doi:10.1186/1472-6920-14-151
4 Guba, E. & Lincoln, Y. (1981) *Effective Evaluation*. Jossey-Bass, San Francisco.
5 Guba, E.G. (1978) *Toward a Methodology of Naturalistic Inquiry in Educational Evaluation. Monograph 8*. UCLA Center for the Study of Evaluation, Los Angeles.
6 Kuhn, T. (1970) *The structure of scientific revolution*, 2nd edn. University of Chicago Press, Chicago.
7 Rist, R. (1977) On the relation among educational research paradigms: from disdain to détente. *Anthropology and Education Quarterly*, **8**, 42–69.
8 Bryman, A. (1988) *Quantity and Quality in Social Research (Contemporary Social Research)*. Routledge.
9 Savin-Baden, M. & Major, C. (2013) *Qualitative Research: The Essential Guide to Theory and Practice*. Routledge, London.
10 Carson, D., Gilmore, A., Perry, C., & Gronhaug, K. (Eds.). (2001). *Qualitative Marketing Research*. London, England: SAGE Publications, Ltd.
11 Carson, D., Gilmore, A., Perry, C. & Gronhaug, K. (2001) *Qualitative Marketing Research*. Sage Publications, London.
12 Bordage, G. (2009) Conceptual frameworks to illuminate and magnify. *Medical Education*, **43**, 312–319.
13 Reeves, S., Mathieu, A., Kupar, A. & Hodges, B.D. (2008) Why use theories in qualitative research? *BMJ;*, **337**, e949.
14 Yin, R.K. (2009) *Case Study Research: Design and Methods*. Sage Publications, Thousand Oaks, CA.
15 Cleland, J.A., Nicholson, S., Kelly, N. & Moffat, M. (in press) Taking context seriously: explaining widening access policy enactments in UK medical schools. *Medical Education* 2015, **49**: 25–35.
16 Cleland, J.A., Milne, A., Sinclair, H. & Lee, A.J. (2008a) Cohort study on predicting grades: is performance on

early MBChB assessments predictive of later undergraduate grades? *Medical Education*, **42**, 676–683.

17 Cleland, J.A., Knight, L.V., Rees, C.E., Tracey, S. & Bond, C.M. (2008b) Is it me or is it them? Factors that influence the passing of underperforming students. *Medical Education*, **42**, 800–809.

18 Brickman, L. & Roy, D.J. (eds) (1998) *Handbook of Applied Social Research Methods*. Sage Publications, Thousand Oaks, CA.

19 Husbands, A., Mathieson, A., Dowell, J., Cleland, J.A. & MacKenzie, R. (2014) Predictive validity of the UK Clinical Aptitude Test in the final years of medical school: a prospective cohort study. *BMC Medical Education*, **14**, 88 http://www.biomedcentral.com/1472-6920/14/88.

20 Cook, T.D. & Campbell, D.T. (1979) *Quasi-Experimentation: Design and Analysis Issues for Field Settings*. Rand McNally, Chicago.

21 Distlehorst, L.H. & Robbs, R.S. (1998) A comparison of problem-based learning and standard curriculum students: Three years of retrospective data. *Teaching and Learning in Medicine*, **10**, 131–137.

22 Watson, K., Wright, A., Morris, N. *et al.* (2012) Can simulation replace part of clinical time? Two parallel randomised controlled trials. *Medical Education*, **46**, 657–667.

23 Sibbald, B. & Roland, M. (1998) Understanding controlled trials: Why are randomised controlled trials important? *BMJ*, **316**, 201 doi: http://dx.doi.org/10.1136/bmj.316.7126.201.

24 Togerson, D. & Togerson, C. (2008) *Designing Randomised Trials in Health, Education and the Social Sciences*. Palgrave MacMillan, Basingstoke.

25 Becker, H.S., Greer, B. & Hughes, E.C. (1961) *Boys in White: Student Culture in Medical School*. Transaction Publishers, London.

26 Denzin, N.K. & Lincoln, Y.S. (2011) *The SAGE Handbook of Qualitative Research*, 4th edn. Sage Publications, Thousand Oaks.

27 Hammersley, M. & Atkinson, P. (1995) *Ethnography: Principles in Practice*, 2nd edn. Routledge, London.

28 Maxwell, J. (2008) Designing a qualitative study. In: Bickman, L. & Rog, D.J. (eds), *The Handbook of Applied Social Research Methods*, 2nd edn. Sage Publications, Thousand Oaks, CA.

29 O'Brien, B., Harris, I., Beckman, T., Reed, D. & Cook, D. (2014) Standards for Reporting Qualitative Research: A Synthesis of Recommendations. *Academic Medicine*, **89**, 1245–1251.

30 Silverman, D. (2012) *Interpreting Qualitative Data*, 4th edn. Sage Publications, Thousand Oaks, CA.

31 Creswell, J.W. (2013) *Educational Research: Planning, Conducting, and Evaluating Quantitative and Qualitative Research*, 4th edn. Pearson, Boston.

32 Norcini, J.J., Blank, L.L., Arnold, G.K. & Kimball, H.R. (1995) The Mini-CEX (Clinical Evaluation Exercise): a preliminary investigation. *Ann Intern Med*, **123**, 795–799.

33 Patten, M.Q. (2002) *Qualitative Research and Evaluation Methods*. Sage Publications, Thousand Oaks, CA.

34 Pope, C. & Mays, N. (1995) Reaching the parts other methods cannot reach: an introduction to qualitative methods in health and health services research. *BMJ*, **311**, 42–45.

35 Lambert, H. & McKevitt, C. (2002) Anthropology in health research: from qualitative methods to multidisciplinarity. *BMJ*, **325**, 210–213.

36 Bowen, G.A. (2009) Document analysis as a qualitative research method. *Qualitative Research Journal*, **9**, 27–40.

37 Dicicco-Bloom, B. & Crabtree, B.F. (2006) The qualitative research interview. *Medical Education*, **40**, 314–21.

38 Aliaga, M. & Gunderson, B. (2000) *Interactive Statistics*. Prentice Hall, Upper Saddle River, NJ.

39 Mason, J. (1996) *Qualitative Researching*. Sage Publications, Thousand Oaks, CA.

40 Cleland, J.A., Scott, H., Harrild, K. & Moffat, M. (2013) Using databases in medical education research. AMEE Guide 77. *Medical Teacher*, **25**, e1100–e1122.

41 Foster, L., Diamond, I. & Jefferies, J. (2014) *Beginning Statistics: An Introduction for Social Scientists*, 2nd edn. Sage Publications, Thousand Oaks, CA.

42 Norman, G.R. & Streiner, D.L. (2008) *Biostatistics: The Bare Essentials*, 3rd edn. BC Decker, Hamilton, Ontario.

43 Bryman, A. & Cramer, D. (2012) *Quantitative Data Analysis with IBM SPSS 17, 18 & 19: A Guide for Social Scientists*. Routledge.

44 McCrum-Gardner, E. (2008) Which is the correct statistical test to use? *British Journal of Oral and Maxillofacial Surgery;*, **46**, 38–41.

45 Miles, M.B. & Huberman, M. (1994) *Qualitative Data Analysis: An Expanded Source Book*, 2nd edn. Sage Publications, Thousand Oaks, CA.

46 Higgs, J., Cherry, N., Macklin, R. & Ajjawi, R. (2010) *Researching Practice: A Discourse on Qualitative Methodologies*. Sense Publishers, Rotterdam, The Netherlands.

47 Lodico, M., Spaulding, D. & Voegtle, K. (2010) *Methods in Educational Research: From Theory to Practice*. John Wiley & Sons, San Francisco.

48 Dewey, J. (1910) *How We Think*. Heath, Lexington, MA. Reprinted, Prometheus Books, Buffalo, NY, 1991

49 James, W. (1907) *Pragmatism, A New Name for Some Old Ways of Thinking, Popular Lectures on Philosophy*. Longmans, Green, and Company, New York, NY.

50 Peirce, C.S. (1958). In: Hartshorne, C. & Weiss, P. (eds),, vols. 7–8, Arthur W. Burks (ed.) *Collected Papers of Charles Sanders Peirce*, vols. 1–6. Harvard University Press, Cambridge, 1931–1935.

51 Hildebrand, D. (2008) *Dewey: A Beginner's Guide*. One World Publications, London.

52 Lingard, L., Albert, M. & Levison, W. (2008) Grounded theory, mixed methods, and action research. *BMJ*, **337**, a567.

53 Creswell, J.W. & Plano Clark, V.L. (2010) *Designing and Conducting Mixed Methods Research*. Sage Publications, Thousand Oaks, CA.

第2章 医学教育研究的理论：世界观的重要性

Chapter 2

Theory in healthcare education research: the importance of worldview

Wendy McMillan

（翻译：夏雨奇　　审校：由　由）

Geoff 教三年级牙科学专业的学生。令他感到困惑的是，学生们经常会问他，现在教的内容会不会出现在期末考试中——因为他会仔细地将他的教学内容与课程目标联系起来，并将这些联系明确地告诉学生们。他决定研究这个问题的根源，以便帮助学生们更好地学习。一位来自他所在学院教学部门的同事认为，他应该在开始这项研究之前，弄清楚自己对考核的观点。Geoff 从未真正思考过这一点——他觉得考核只是用来看看学生是否理解了老师所教的内容。当 Geoff 开始去了解其他人对于考核的看法时，他开始困惑了，因为不同的人对考核有不同的理解。他注意到这些理解甚至影响了研究设计。一些研究者认为，学生经历的考核像是一种奖励或者惩罚。这类研究分析的是考核作为奖惩机制对学生学习的影响。另一种观点认为，学生是学习的积极参与者，并在不断地使他们学习的内容有意义。这类研究分析的是学生如何利用考核的机会帮助他们构建学习的意义。Geoff 注意到，研究者们似乎是将自己对考核的假设视为理所当然，而且通常忽略了向读者详细说明这些假设。

引言

这篇关于考核的小短文强调了假设在教育研究中的重要地位。我们的假设受世界观的影响——即受我们如何理解世界的影响。世界观影响我们对身边所发生事情的解释。本章将解读假设如何起作用，如何影响教育研究的设计、分析和阐述。到本章结束时，读者应该能够解释：

- 教育研究的目的
- 理论在研究的设计、方法、分析中所起的作用，以及理论如何指导可能得出的结论类型
- 研究者的世界观对研究产生影响的途径
- 世界观如何被本体论和认识论假设影响
- 反思在研究中的重要性
- 对现有文献的总结如何与世界观或理论相区别
- 理论可以被用以促进知识生产的不

同路径

教育研究的目的

为什么想要开展教育研究？Geoff 清楚他的目的是想了解他的牙医学学生的考核体验，以便帮助他们更好地学习，从而成为“好”的牙科医生。改善患者的治疗结局 / 治疗效果是医学教育和医学教育研究的最终目标[1]。因此医学教育研究的目的是生产医学教育者理解并改进教与学所需的各类信息——最终目标是改善医疗实践、患者照护和患者结局[1]。如果研究的目的在于深入理解，仅仅描述是不够的[2]。例如，如果对学生怎样诠释考核没有深入的理解，考核计划将仅仅是基于教师的假设和猜想[2]。通过理解学生的考核体验及其对学生学习的影响，作为教学过程一部分的考核计划才是有证可循的[2]。理解不仅需要描述正在发生的事情，还需要思考它为什么发生——换句话说，就是对正在发生的事情的解释。因此，对于 Geoff 来说，知道有多少学生通过了（或没通过）某项评估表现的特定考核的帮助可能是不大的。为了了解学生为什么想知道期末考试中是否要考某些内容，Geoff 需要弄清楚学生的动机、经历、感受、观点、理解和选择[3]。定性研究（qualitative research）最适合于回答关于人们行为的问题[3]。

定性研究致力于通过研究人的经历和人们对于这些经历的解释，从而产生出人们对所处社会世界的“解释性理解”（p. xii）[4]。Whitley[5] 认为定性研究和定量研究（quantitative research）之间存在三个基本区别。第一，定性研究的目的是提供数据帮助在研究问题框架下探究感兴趣的主题，而不是检验一个假设。因此，Geoff 的研究可以从收集数据着手，来帮助他解答“学生对考核的理解如何影响他们的学习行为”这一研究问题，而不是检验“奖惩观念影响学生学习”这一假设[5]。第二，定性研究的样本量通常很小——一般为 20 ～ 40 名参与者[5]——因为定性研究的重点是收集详细数据（detailed data），以便能够对精心挑选出来的代表性样本中人们的生活体验进行深入的理解。因此，Geoff 很可能会选择他教的三年级牙医学专业班级中的学生作为参与者，而不是研究各种院校的牙医学学生。如果他的牙医学专业班级非常大，他可能会通过学生的表现分组，选择班里包含 20 ～ 40 名学生作为他的研究队列。第三，定性研究的研究设计比定量研究更有可变性。根据研究发现修改研究设计在质性研究中是普遍被接受的做法[5]。因此，Geoff 可能在他的研究中发现，学生只会学习他们认为与临床情景直接相关的内容。这个发现可能使他决定对三年级全部 120 名学生做一次开放式问卷调查，弄清楚他们认为课程中有哪些方面对于临床应用很重要。这些信息对他是有帮助的，因为学生们未必能够认识到教学内容与临床相关，他可以利用这些信息在制订课程计划时注意突出所教内容的临床相关性。这些差异在第 1 章中有更为详细的讨论。

世界观对于研究设计的重要性

定性研究能够为帮助理解教与学提供真正有用的信息，因此具有潜在的优势。

然而，大量的医学教育研究没能真正有助于理解这方面内容，大多数仅仅停留在描述的阶段[2]。分析只停留在对人们所说和所做的表面描述上[3]。仅仅描述学生对考核的看法并不能帮助Geoff建构出更有助于牙医学学生的学习和专业发展的教学环境。为了创造这样的环境，Geoff需要知道他收集的所有数据的含义——换句话说，作为教师，他需要理解所有数据告诉他是什么激励了学生学习，以及不同的教学策略、学习活动和考核任务如何促使学生对如何学与学什么做出不同的决定。

然而，为了能够做出这样的理解，Geoff需要明确自己对学习和考核的观点。他需要一种关于学习和考核的理论以支持他的分析[6]。Geoff已经知道两种基于不同世界观的考核的理论（表2.1[7-24]）——即学生从奖惩角度看待所经历的考核［这借鉴了实证主义（positivism）的世界观[12]及其相关的行为主义（behaviourism）理论[12]来理解考核］，以及学生是自己学习的积极参与者，并且不断努力理解自己的学习经历并使其变得有意义［这借鉴了解释主义（interpretivism）[10-11,25]的世界观及其相关的建构主义（constructivist）学习理论[13-14]来理解考核］。正如Geoff的发现，还有更多的理论，每个理论都是由一组关于世界是什么样的特定假设形成的。换句话说，世界观（以及由它产生的理论）决定了研究什么、如何研究、如何解释数据，以及什么是符合逻辑的发现（见第1章）[7]。

两个例子说明了这种关系：如果Geoff认为学生视考核为一种奖惩机制，他的研究将集中在考核的奖惩机制这一方面。他可能会决定使用焦点小组访谈，因为相比于一对一的访谈，在小组中与其他人交谈更容易让人们思考和阐明自己的观点及隐含的假设[26]。他可以让学生探讨考核活动到底是关于什么的，是如何组织的，参加考核的经历是积极的还是消极的。然而，虽然他可能会调查作为奖励或者惩罚的考核是如何影响学生选择学习内容以及学习方式的，但他不太可能去探究学生是否意识到为考核做准备与学习成为合格的医疗专业人员之间的关系，以及他们如何理解这种关系。另一方面，如果Geoff相信学生是自主学习的积极参与者，学生利用考核机会帮助自己明确学习的意义，他将采用不同的访谈问题并以不同的方式开展访谈、收集数据。他可能会采访个体学生，了解他们如何学习以及如何利用考核的机会来促进和指导自己的学习。他可能会要学生分享学习笔记，甚至可能会试图分析他们在笔记上做的注释。他可能会物色一起学习的学生小组，并与他们进行焦点小组访谈，了解他们如何一起构建和分享知识，以及考核在这个过程中所起的作用。换句话说，Geoff研究的重点将决定他如何收集数据，以及收集什么样的数据。

此外，对于这两项研究来说，不仅是数据收集的方式和性质不同。对数据的分析和解释也会受Geoff对学习和考核的观点的影响。从奖惩的视角出发研究考核是借鉴了行为主义的学习理论。行为主义认为学习是通过刺激反应来实现的[12]。对数据的分析将着手于寻找证据，证明考核是如何作为一种正向或负向的刺激物影响学生的行为反应的。这一研究的结论将围绕

表 2.1　三种世界观的总结 [7-11]

	实证主义	解释主义	批判主义
本体论（关于事实本质的假设）	● 存在一个“就在那里”的事实，并且是可以知道的 ● 规则和机制支配着该事实的运作 ● 研究可以（原则上）找出事实的真实状态	● 意义以经验为基础，因此存在多重现实 ● 知识可以从感官以外的来源获得 ● 现实是复杂的，与具体情境有关	● 现实可能是客观或主观的，但不同群体或派别不断地对事实产生争议
认识论（关于知识本质的假设）	● 研究者和研究对象是两个独立的实体 ● 对研究对象进行研究而不影响它是可能的 ● 好的研究的标准之一是尽可能减少或消除影响 ● 可复制的发现即是真实的 ● 研究者可以认为“当前的事实是真实的”，但背后的假设是：通过正确的技术、信息或研究问题是可以找到“真实”的	● 知识来源于人们的经验——既包括研究者的经验，也包括研究参与者的经验 ● 研究者和研究参与者的感知和经验共同影响所见与观念 ● 存在多种认知的方式	● 权力关系决定了什么知识（以及谁的知识）重要 ● 权力与研究者和被研究者间的关系密切相连 ● 什么是可知的与研究者和被研究者之间的互动是密不可分的
相关理论	● 行为主义 [12] ● 可见第 20 章	● 社会建构理论（social constructivism，social constructionist theory）（强调意义构建）[13-14] ● 社会文化理论（强调复杂社会环境的背景）[15] ● 社会唯物主义（socio-materialism），包括行动者网络理论（actor-network theory）[16] 和复杂性理论（complexity theory）[17]（强调一个体系内所有方面的相互关系）	● 批判理论（critical theory）[18] ● 批判现实主义（critical realism）[19,20] ● 种族/阶层理论（race[21]/class[22] theory）[23]
研究问题举例	实证主义研究通常是检验一个假说，而不提出研究问题： ● “对奖惩的看法影响学生学习的内容”	● 学生对考核的理解如何影响他们的学习行为？	● 多样性和教育环境对塑造牙医学专业学生的临床能力的影响是什么？

何种考核激发学生的哪些学习反应展开。建议部分可以提出一些调整改进考核的办法，从而确保考核能够激发学生的正向行为反应。

与之相反，从学生进行知识建构的视角研究考核活动是借鉴了建构主义的学习理论。建构主义认为，学生是学习的积极参与者，并且不断努力使他们的学习经历有意义 [13-14]。对数据的分析将着手于寻找证据，证明学生在学习过程中所参与的各种活动以及参与的方式与考核之间是有联系的。这一研究的结论可以指出哪些考核最能够促进学生积极专注于学科的知识、技能和结构安排，并从中促进学生自己对意义的建构。建议部分中可以建议教师怎样来促进这种积极参与，并把考核作为整个教学和学习环境的一部分，对其提出改进建议。

显然，即便是研究的主题相同，或者希望解决的课堂中的问题相同，基于不同世界观的研究也会具有不同的研究设计，而且会有不同的解释和建议。

个人假设与世界观

在设计研究之前，Geoff 面临着一个挑战，那就是他必须明确地表达自己对学习和考核的看法。我们每个人都有对世界的看法和假设。通常，我们没有意识到这些看法和假设，直到他人似乎以一种“奇怪”的方式思考或行事——或者像 Geoff 一样，面对似乎与他的研究概念相矛盾的理解。

关于这个世界，有两类基本假设，我们往往认为这是理所当然的，很少去进行确认或检验 [25]。我们对现实的性质和什么是可知的有一些假设，即什么是“真实” [25]，以及什么是我们所相信的“现实” [27]。例如，那些为了检验“奖惩观念影响学生的学习内容”这一假设而进行研究的研究者可能会假定，“事实”（或“真相”）就在那里，等待他们去发现。换句话说，他们会假设现实是静态的、固定的，并且是依照至高无上且公正的“真理”而井然有序的 [25]。他们持有实证主义的世界观（表 2.1）。相反，如果有人问“学生对考核的理解如何塑造他们的学习行为”，他会假设不同的学生对学习的理解不同，如果不了解学生的想法，就无法回答这个问题。对于持有解释主义世界观的人来说，现实是主观的、变化的，没有终极真相——只是人们对此有不同的体验。这些关于什么是真相的假设被称为本体论假设（ontological assumptions）[25]。

在教育研究中，本体论假设将决定研究者认为什么是教学和学习本质的证据，同时也将决定研究者就教学和学习的现实能够提出哪些问题，以及何种答案被认为是合理有效的 [25]。关于知识本质的假设被称为认识论假设（epistemological assumptions）[7,26,12,25,8-10,28]。例如，如果研究者的世界观假定现实是由至高真理（即实证主义世界观）安排好的，那么研究的目的将会是形成能够准确描述现实的理论——并且关于现实的知识只有可以被证明是客观和中立的，才会被认为是有效的 [25]。因此，有“奖惩观念影响学生的学习内容”这一假设的研究者将试图在不产生任何影响的情况下研究学生的学习行为，并致力于想办法来减少甚至消除研究者对研究主题与研究对象（学生）的影响 [25,8-11]。研究的有效性将取决于它是否能被重复 [25,8-11]。相反，“学生对考核的理解如何影响他们的学习行为”这个问题的研究者将会假设知识来源于人们的经验。因此，研究者会期望有多种理解考核的方式，并且各种理解均被认为是同等合理有效的 [25,10-11]。

总的来说，可以概括出三种世界观——实证主义、解释主义和批判主义 [25,8-11]。每一种世界观都是由特定信念决定的，这些世界观进而会决定研究问题的提出、什么是有效信息以及可以得出什么样的结论。表 2.1 总结了三种世界观、相关本体论、认识论和教育理论。表中还举出了每种世界观可能产生的研究问题。

实证主义

医疗从业者应该会熟悉实证主义或实证主义世界观关于现实和知识的假设 [7-10,25]（见第 1 章）。Hodges 和 McIlroy[28] 关于客观结构化临床考试（objective structured clinical examinations，OSCEs）评分的全球评级有效性的研究是一个基于实证主义本体论和认识论假设进行设计的医学教育研究的例子。

然而，现实的某些方面很难找到真相——尤其是与人相关的事情，比如人们的动机、经历、感觉以及做或不做某些事情的原因。由于对教学的领悟通常是理解学生与教师的行为和动机，实证主义可能并不是理解这些方面的一个非常有效或合适的框架。其他的世界观可能会更好地帮助教育研究者了解学生和大学教师的世界、经历和假设。

解释主义

作为一种世界观，解释主义认为现实是主观的，因此不存在终极真理 [10-11,25]。对于持有实证主义世界观的研究者来说，他们有时很难理解隐含在解释主义世界观中的假设。Frost 和 Regehr[14] 的文章是基于社会建构主义理论的，对理解解释主义世界观很有帮助。社会建构主义是一种解释主义理论，它假设那些被研究者的经历都是独特的，并且对这种经历有独特的、主观的解释（参见 Mann 和 MacLeod 在本书中的章节）。Frost 和 Regehr[14] 的研究强调了医生的身份认同是如何通过多重方式构建的，最终在同一个研究群体中存在许多不同的身份认同。作者研究了这些不同的构建，得出的结论是，解释主义的世界观允许对具有多重身份认同的构建进行研究，这对于诸如实证主义这样假设只有一个事实的世界观是不可能的。类似地，Govaerts 和 Van der Vleuten[15] 利用社会文化理论（socio-cultural theory）来理解学生和评估者如何理解工作环境中的学习和能力。Bleakley[16-17] 分别在两篇文章中提出，社会唯物主义理论 [如行动者网络理论（actor-network theory）[16] 和复杂性理论（complexity theory）[17]] 可以用来理解医学教育的一些方面。

批判主义

解释主义允许听到个体观点，并且允许医学教育研究者考察个体视角下对特定教学和学习活动或环境的理解。而批判主义 [9,25] 尽管也假设个人观点很重要，但同时还认为并非所有的经验都应该被一视同仁，因为有些经验是其他更有权者偏见、歧视和剥削的结果。南非种族隔离地区获得医疗保健的经历，是权力决定经历的一个例子。

基于批判主义假设的研究关注权力以及权力如何作用使一些参与者在社会交往中被边缘化。批判主义已经用于研究患者照护 [18-21] 和医学生经历 [22-23]。根据对一年级牙医学专业学生的定性访谈，McMillan[23]

用种族和阶级理论来研究学生们升入大学过渡阶段的经历、他们第一年学习成绩，以及大学对大一学生的期望之间的关系。她展示了大学的期望是如何对来自很少甚至没有大学经历家庭的学生造成歧视的。她的研究显示，虽然每个学生都有个人主观的大学经历，但种族和社会阶层形成了学生们共同的经历。Beagan[22] 运用阶级理论揭示了工人阶级医学生被排斥和边缘化的经历。

在世界观上“走在前面”

不管研究者是否明确这一点，在本体论和认识论假设支撑下的世界观都将成为他们研究教与学的视角。这些假设之间的差异不仅影响研究设计，而且影响什么可以当作数据、分析这些数据的方法，甚至可以影响研究得出的结论和建议。然而，研究人员却经常忽视对研究所依据的世界观和假设进行明确 [3,9]。

为了评估一项研究的重要性、有效性和可靠性——也为了确保读者理解“研究来自哪里”——研究者必须“坦白”他的世界观及其相关假设。当Geoff面对对于考核不同的观点时，他感到很困惑，因为作者没有指出他们认为理所当然的假设和世界观，而这些假设和世界观影响了他们如何看待考核。

对于那些通常已经受过教育和培训、并且继续在实证主义（或者通常被称为是“科学的”）的世界观内工作和研究的医疗卫生从业者来说，这种要求具有挑战性。结果，实证主义世界观看似是观察世界唯一可能的方式。然而，前面关于本体论和认识论的讨论已经强调了世界观的多样化。在不同的研究背景和不同的世界观下，对于围绕现实提出的研究问题，以及什么是回答这些问题有说服力的证据等存在不同理解都是正常的。

那么，研究人员如何能够清晰地说明医学教育研究呢？一种方法是让研究人员仔细考虑他们对知识和现实的假设，并考虑什么世界观将提供最合适的视角和工具来理解要研究的特定医学教育问题。反思 [30] 是确保严谨研究的一种机制 [31]。反思涉及缜密的分析或受控的自我反思 [31]。它包括研究人员不断评估他们的假设，以及不断检查这些假设是否适合于研究情境、研究问题、所采用的方法论和方法。因此，Geoff需要问自己，他对考核有什么看法？他是否认为考核是在学习之后的？考核是与学习分开的吗？——在这种情况下，基于奖惩视角的行为主义理解很可能是他研究问题和研究设计的基石。或者，他是否认为考核是学习不可或缺的一个部分？学生是学习的积极参与者吗？——在这种情况下，“建构意义”这种建构主义理解很可能会塑造他的研究问题和研究设计。Geoff需要注意这些理论背后的世界观。

Geoff可以通过多种机制确保这个过程的严密性——不断进行自我评估以及对研究过程中各方面一致性的评估。审查跟踪，即追踪在研究过程中的决策制订，就是其中一种机制 [32]。这种对思维过程的审查跟踪，对于研究设计、实施以及随后的分析和报告来说是不可或缺的，可以以反思日志的形式记录下来 [32]。日志能够使研究人员思考他们正在做的事情及其原因，同时也能使他们思考在此背后研究人员所持的假设。日志也是捕捉研究者个人产生的不一致、偏倚甚至偏见的极好的机制 [32-33]。这些反思在之后对研究有效性和可靠性的阐述中会很重要 [33-34]。

现在可以明显地看出，承认自身持有某种世界观或采纳某个理论并不等同于回顾文献（参见本书后面的第 3 章，以获得更多关于文献回顾的信息）。研究者可以将持有不同世界观的许多文章纳入文献综述，这种做法是恰当的，因为文献综述的目的在于为人们展示目前围绕特定主题所讨论的和研究的内容。而谈到设计研究的时候，研究者需要清楚自身的世界观，即对世界如何运转的假设。对世界观的这种意识将成为恰当选取研究理论的基础——也将使研究问题得到充分的研究和阐述。

理论和研究的关系

本章开头指出，医学教育研究的目的是产生医学教育者需要的各种信息，以便于理解并改进教学和学习，从而提高医疗卫生服务质量。目前为止的讨论强调了理解本体论和认识论假设对塑造研究设计的重要性。表 2.1 表明本体论和认识论假设与研究者可能选择的理论类型之间存在某种关系。本节关注的是理论如何有助于理解和改进教学与学习的知识生产。研究的现象、研究者关于本体论和认识论的假设，以及研究问题，通常决定了理论是如何被用来生产知识的。

研究中的理论以两种不同的方式促进知识生产。归纳调查利用理论指导研究设计和分析。在设计研究之前，先采用一个具体的理论。研究设计的所有方面——包括研究问题的框架——都受该理论的影响。最重要的是，在分析中使用理论所定义的核心概念。将研究定位在现有理论中使研究者能够利用现有的概念，阐明研究重点和开展研究所用技术的合理性，并组织、分析和解读所收集的数据 [35]。在这种方式中，理论为解释数据和展示数据分析提供了一个组织框架 [29]。例如，McMillan[36] 利用自主学习理论（self-regulated learning theory）来研究专业成绩优秀的牙医学专业学生的学习策略。她运用理论的核心概念——认知策略、元认知策略、动机——来解释数据。根据她的发现，她提出的建议是，专业成绩优秀的学生身上所体现的上述概念的具体方式，也许能够在专业成绩不理想的学生身上进行培养发展。

另一方面，演绎推断有助于理论的发展 [37-38]。虽然在进行研究之前已经确定了研究者所持本体论和认识论的定位，但是此类研究通常并没有一个具体的理论。研究人员等待从数据中产生概念。扎根理论（grounded theory）采用了这种方法 [39-41]。一些扎根理论研究明确地发展了理论——例如 Pratt[38] 的研究提出了外科医生职业身份认同发展的理论。其他人则利用研究结果来产生模型或框架，以了解某一学科的特定方面——如 Sbaraini 等人的研究 [37] 利用扎根理论来建立将预防性方案应用于牙科实践的过程模型。

小结

本章强调了世界观——以及相关的本体论和认识论假设——是如何影响研究者理解世界、提出研究问题以及收集什么样的信息回答这些问题。本章还提到了世界观影响着从研究问题的形成到收集、分析数据过程中实际的研究设计。作为研究方法论的一部分，反思的重要性也得到了强调。在撰写研究计划和文章的过程中，研究者越来越多地被要求“坦白”他们的世界观和理论立场。例如，Frost 和 Regehr[14] 在他们文章的开头描述文章结构的时候，首先陈述了其理论立场：“然后，我们调查社会科学的文献，在此基础上描述社会建构主义关于身份认同理论的一些原则。我们借用这一理论来探讨多元化与标准化争论之间的紧张关系对医学生可能意味着什么，以及他们如何构建自己的职业身份认同”。与之类似，Clarke[42] 描述了她在研究慢性疼痛患者的经历时，如何使用反思日志来理解她的研究过程，“当我意识到延缓判断的重要性以及我的信念和价值观的影响时，我的所学被清楚地勾勒出来。这在某一情况下很难，有时日记帮助我从自己角度理解某种情况，然后它也同时允许我从患者的角度关注同样的情况”。Geoff 在他关于考核的研究中需要做的第一步是定义他自己的本体论和认识论假设——因为只有当这些假设被确定之后，他才能够设计出一个研究去解决他的问题，从而帮助学生们在学习时更好地集中注意力。

实践要点

- 教育研究的目的在于解释教学和学习行为。
- 研究设计、数据收集和分析以及对研究发现的解释，都取决于研究人员对现实本质的假设。这些假设决定了可以研究问题的种类和什么才算是可接受的回答。
- 教育研究者需要弄清楚并“坦白”他们的假设，且在研究写作中阐明他们的假设。
- 世界观、研究设计、数据收集和分析要紧密结合起来，才能得出对教学和学习的真实可信和有用的解释——从而有助于改善医学教育实践。

参考文献

1 McGaghie, W.C. (2010) Medical education research as translational science. *Science Translational Medicine*, **2**, 19cm8. Available: http://www.newzet.com/d/16508/content/2/19/19cm8. full (Accessed 1 July 2014).

2 McMillan, W. (2010) Moving beyond description: research that helps improve teaching and learning. *African Journal of Health Professions Education*, **1**, 3–7.

3 Kelly, M. (2010) The role of theory in qualitative health research. *Family Practice*, **27**, 285–290.

4 Ritchie, J. & Lewis, J. (2003) *Qualitative Research in Practice*. Sage, London.

5 Whitley, R. (2009) Introducing psychiatrists to qualitative research: a guide for instructors. *Academic Psychiatry*, **33**, 252–255.

6 Reeves, S., Albert, M., Kuper, A. & Hodges, B.D. (2008) Why use theories in qualitative research? *British Medical Journal*, **337**, 631–634.

7 Carter, S.M. & Little, M. (2007) Justifying knowledge, justifying method, taking action: epistemologies, methodologies, and methods in qualitative research. *Qualitative Health Research*, **17**, 1316–1328.

8 Weaver, K. & Olson, J.K. (2006) Understanding

paradigms used for nursing research. *Journal of Advanced Nursing*, **53**, 459–469.
9 Guba, E.G. & Lincoln, Y.S. (1994) Competing paradigms in qualitative research. In: Denzin, N.K. & Lincoln, Y.S. (eds), *Handbook of Qualitative Research*. Thousand Oaks, California, pp. 105–117.
10 Tavakol, M. & Zeinaloo, A.A. (2004) Medical research paradigms: positivistic inquiry paradigm versus naturalistic inquiry paradigm. *Journal of Medical Education*, **5**, 75–80.
11 Monti, E.J. & Tingen, M.S. (1992) Multiple paradigms of nursing science. *Advances in Nursing Science*, **21**, 64–80.
12 Conole, G., Dyke, M., Olivier, M. & Seale, J. (2004) Mapping pedagogy and tools for effective learning design. *Computers and Education*, **43**, 17–33.
13 Appleton, J.V. & King, L. (1997) Constructivism: a naturalistic methodology for nursing inquiry. *Advances in Nursing Science*, **20**, 13–22.
14 Frost, H.D. & Regehr, G. (2013) "I AM a doctor": negotiating the discourses of standardisation and diversity in professional identity construction. *Academic Medicine*, **88**, 1–8.
15 Govaerts, M. & Van der Vleuten, C.P.M. (2013) Validity in work-based assessment: expanding our horizons. *Medical Education*, **47**, 1164–1174.
16 Bleakley, A. (2012) The proof is in the pudding: putting actor-network-theory to work in medical education. *Medical Teacher*, **34**, 462–467.
17 Bleakley, A. (2010) Blunting Occam's Razor: aligning medical education with studies in complexity. *Journal of Evaluation in Clinical Practice*, **16**, 849–855.
18 Waitzkin, H. (1989) A critical theory of medical discourse: ideology, social control, and the processing of social context in medical encounters. *Journal of Health and Social Behaviour*, **30**, 220–239.
19 Connelly, J. (2001) Critical realism and health promotion: effective practice needs an effective theory. *Health Education Research*, **16**, 115–120.
20 Kontos, P.C. & Poland, B.D. (2009) Mapping new theoretical and methodological terrain for knowledge translation: contributions from critical realism and the arts. *Implementation Science*, **4**, 1. Available: http://www.implementationscience.com/content/4/1/1 (Accessed 20 December 2013).
21 Brown, T.N. (2003) Critical race theory speaks to the sociology of mental health: mental health problems produced by racial stratification. *Journal of Health and Social Behaviour*, **44**, 292–301.
22 Beagan, B. (2005) Everyday classism in medical school: experiencing marginality and resistance. *Medical Education*, **39**, 777–784.
23 McMillan, W. (2007) Understanding diversity as a framework for improving student throughput. *Education for Health*, **20**, 71–81. Available http://www.educationforhealth.net/ (Accessed 10 November 2007).
24 Brijlal P. (2014) *The influence of diversity and the educational climate in shaping clinical competence of oral health students*. Unpublished doctoral dissertation. Cape Town: University of the Western Cape.
25 Bunniss, S. & Kelly, D.R. (2010) Research paradigms in medical education research. *Medical Education*, **44**, 358–366.
26 Kitzinger, J. (1995) Introducing focus groups. *British Medical Journal*, **311**, 299–302.
27 Tuffin, K. (2005) *Understanding Critical Social Psychology*. Sage, London.
28 Hodges, B. & McIlroy, J.H. (2003) Analytic global OSCE ratings are sensitive to level of training. *Medical Education*, **37**, 1012–1016.
29 Sandelowski, M. (1993) Theory unmasked: the uses and guises of theory in qualitative research. *Research in Nursing and Health*, **16**, 213–218.
30 Finlay, L. (1998) Reflexivity: an essential component for all research. *British Journal of Occupational Therapy*, **61**, 453–456.
31 Jensen, G.M. (1989) Qualitative methods in physical therapy research: a form of disciplined inquiry. *Physical Therapy*, **6**, 492–500.
32 Bradbury-Jones, C. (2007) Enhancing rigour in qualitative health research: exploring subjectivity through Peshkin's I's. *Journal of Advanced Nursing*, **59**, 290–298.
33 Fischer, C.T. (2009) Bracketing in qualitative research: conceptual and practical matters. *Psychotherapy Research*, **19**, 583–590.
34 Williams, E.N. & Morrow, S.L. (2009) Achieving trustworthiness in qualitative research: a pan-paradigmatic perspective. *Psychotherapy Research*, **19**, 576–582.
35 Charmaz, K. (1990) 'Discovering' chronic illness: using grounded theory. *Social Science and Medicine*, **30**, 1161–1172.
36 McMillan, W. (2010) "Your thrust is to understand" – how academically successful students learn. *Teaching in Higher Education*, **15**, 1–13.
37 Sbaraini, A., Carter, S.M., Evans, R.W. & Blinkhorn, A. (2011) How to do a grounded theory study: a worked example of a study of dental practices. *BMC Medical Research Methodology*, **11**, **28**. doi: 10.1186/1471-2288-11-128. Available http://www.biomedcentral.com/content/pdf/1471-2288-11-128.pdf Accessed 20 January 2014.
38 Pratt, M.G., Rockmann, K.W. & Kaufmann, J.B. (2006) Constructing professional identity: the role of work and identity learning cycles in the customization of identity among medical residents. *Academy of Management Journal*, **49**, 235–262.
39 McMillan, W.J. (2009) Finding a method to analyse qualitative data: using a system of conceptual learning. *Journal of Dental Education*, **73**, 53–64.
40 Boychuk Duchscher, J.E. (2004) Grounded theory: reflections on the emergence vs. forcing debate. *Journal of Advanced Nursing*, **48**, 605–612.
41 Kennedy, T.T. & Lingard, L.A. (2006) Making sense of grounded theory in medical education. *Medical Education*, **40**, 101–108.
42 Clarke, K. (2009) Uses of a reflective diary: learning reflectively, developing understanding and establishing transparency. *Nurse Researcher*, **17**, 68–76.

第3章 文献综述：谁是读者？

Chapter 3 Literature reviews: who is the audience?

Geoff Wong

（翻译：夏雨奇　　审校：侯建林）

Scarlet博士认为他有一个好主意——用智能手机来教心音听诊。他想做一些研究以证明这种方法不仅和已有的教学方法一样好，而且甚至会有更好的效果。他与系里一位在教育研究方面有经验和专长的同事讨论他的想法。他惊讶地发现，同事似乎并不像他那样对这个想法感兴趣。在他们的讨论中，Scarlet博士的同事认为，他去进行一次文献综述也许是有价值的——去找出这个主题领域目前已知的内容。同事认为这可能会有助于他进一步完善研究重点（例如，关于这个领域目前已知和未知的内容、研究差距是什么）。同事向他解释，进行文献综述可能会花费一些时间，但如果他发现这个主题已经得到了充分的研究，最终会避免他在该主题的研究上浪费时间。Scarlet博士立刻想到了一些问题：我是否真的需要去做一次文献综述？我应该做什么类型的文献综述？我在哪里可以学习做文献综述？我如何知道所做的文献综述足够好了？

引言

绝大多数医疗卫生专业人员在他们职业生涯中的某些时刻都会阅读或进行文献综述。事实上，任何类型的研究，包括医学教育研究，几乎都不可能避免文献综述。一旦开始文献综述，你不久就会注意到进行文献综述有许多不同的方法。本章探讨了文献综述研究方法的范畴，并就如何确定哪一种方法最适合研究目的提供了指导。

什么是文献综述?

关于什么是文献综述，有很多定义[1]。这些定义的范围包括：从对某一主题领域内已发表作品的讨论或叙述，到对现有知识的总结，一直到批判性地审视现有文献的质量、方法和（或）理论贡献。换句话说，进行文献综述有很多不同的目的，例如介绍某个主题的背景；对某个主题领域中已知的知识进行总结；审视、分析和理解与某个特定主题相关的数据，并回答特定的研究问题。随着文献综述目的的不同，进行综述所需的过程或方法也存在差异。本章使用了常用综述方法的示例来说明这种差异。

此外，文献综述中所包含的适宜的文献类型也各不相同。一些文献综述只包括特定类型的研究，另外一些包括已发表和未发表的文献。在文献被认为值得纳入综述之前，它们的“质量”可能会也可能不会被审查。

对于用不同方法进行的文献综述，另一个不同方面是对潜在相关文献的搜索程度。例如，综述是否只包括特定设计的研究、特定时间内发表的研究论文，还是包括了未发表文献和灰色文献（grey literature）?（灰色文献指未以常规方式出版的书面材料，如政府报告和一些其他报告，很难通过同行评议文献的摘要引文数据库等常规渠道鉴别和获取。在更广泛的定义上，灰色文献指未被 Medline 所接受且未经同行评议的书籍和期刊内容。）用不同方式进行文献综述的基本原理以及综述中包含的论文类型，取决于综述的目的，而这又与研究问题相关（更多关于研究问题的内容，见本书后面 Bezuidenhout 和 Schalkwyk 撰写的第 4 章）。

由此得出的结论是，文献综述对不同的人来说不尽相同，文献综述的方法也不同。本章将通过用一些简单的经验法则来帮助理解这些不同。到本章结束，读者将能够做到以下几点：

- 解释读者视角在文献综述中的重要性。
- 通过应用 5 条经验法则，开始进行文献综述工作。

目的和读者的重要性

文献综述是为特定目的而进行的。例如，作为一篇学位论文的一部分、为了通过竞争而获得项目资助、作为一项研究调查的背景或者本身就作为一个研究项目。在一项科学研究、学位论文和项目申请书中，文献综述的作用是展示对某个主题领域目前知识的详细认识，并对为什么所选择的研究是必要的提供充分的理由。当文献综述本身作为一个研究项目被实施时，其目的往往是为做决策提供证据——例如，由临床医生选择药物或教育者选择最适合客观结构化临床考试（OSCE）的标准程序。

进行文献综述的原因或目的方面的差异，解释了为什么有如此多的方法进行文献综述。针对不同的目的，人们开发出了不同的文献综述方法。对于任何想要进行文献综述的研究者来说，一个关键的决定因素是确保所选择的方法适合于综述的目的。本章中的建议是，这种选择应该考虑到谁是文献综述的读者。

以 Scarlet 博士为例，除非他打算进行自己的文献综述而不向任何人展示自己的工作成果，否则他的综述将被其他人阅读。在选择文献综述方法的时候，他应该一直询问自己该综述所针对的对象是谁。换句话说，谁将会读这篇综述？读者是谁？为什么？原因在于，正是文献综述的读者决定了他是否选择了正确的综述方法。读者将决定他所选择的方法是“对的”还是“错的”。此外，他们还将决定该方法的应用效果——也就是说，他的综述是否是“好的”“坏的”“严谨的”“高质量的”、值得资助或出版，还是“草率的”等。他的读者将是他的法官、陪审团和执行者——既包括他对文献方法的选择，也包括他在写作文献综述中所做工作的质量。换句话说，读者将判断他是否为所列出的研究目的选择了正确的文献综述方法，以及在所使用的综述过程中是否恰当。

为了说明文献综述的过程，请想一想博士学位论文。对于处于培训学习期的历史学者和医生来说，在博士论文中需要提供文献综述的目的可能是相同的——对相关文献进行批判性评定。但途径（即开展文献综述的过程）不一定是相同的。就一个过程方面的差异来说，两篇文献综述中所包含的适当的文献可能有所不同。对于历史学者所撰写综述的读者来说，由某一个人所撰写且与博士论文相关的同时期书面资料可能是无比珍贵的。然而，对于医学研究者所撰写综述的读者来说，他们在生物医学研究中需要广泛使用更高等级的研究证据（框3.1）。前文中所提到的个人作品可能是可获得的最低等级的研究证据——与专家意见处于同一等级，因此可能不会被包括在综述之内。

框3.1 生物医学研究中所用研究证据的等级

等级	证据性质的描述
1++	高质量的荟萃（meta）分析、随机对照试验（RCTs）的系统综述或具有低偏倚风险的RCTs
1+	严格实施的meta分析、系统综述或具有低偏倚风险的RCTs
1 –	meta分析、系统综述或具有高偏倚风险的RCTs
2++	病例对照或队列研究的高质量系统综述，高质量病例对照或队列研究，混杂或偏倚风险很低，并且变量之间的关系大概率是因果关系
2+	严格实施的病例对照或队列研究，混杂或偏倚风险低，并且变量之间的关系中度概率是因果关系
2 –	病例对照或队列研究，混杂或偏倚风险高，并且变量之间的关系有很大概率不是因果关系
3	非分析性研究，比如病历报告、病例系列研究
4	专家意见

资料来源：http://www.sign.ac.uk/guidelines/fulltext/50/a nnexoldb.html

不同读者对文献综述的期望通常是公开的（比如出现在公开出版物或培训手册中）或在相关课程中被教授。正是根据这些标准和规范，读者才会对文献综述进行评判。本章的后面部分，将使用一些更为常用的综述方法作为示例来说明这一点。

然而，当从读者的视角来选择综述方法的时候，需要警醒两件事。一方面，一篇文献综述可能有不止一类读者。例如，文献综述可以作为科研项目申请书的一部分，但随后将被用于公开发表。因此，两种读者将成为同行评议者，但其中一个从资助者的角度使用相关标准进行评议，另一个则从该领域专家的角度进行评议。对于资助机构的评议者一方，可能需要判定该文献综述是否足以支持所申报的项目值得资助，而这一点对于期刊的审稿人员来说并不十分重要。另一方面，在确认读者在阅读综述时会采用什么标准和期望方面，可能存在挑战。这两个难题看似无法解决，但可能的解决办法将（再次）在下一节中讨论。

从读者的角度选择文献综述的方法

文献综述有很多不同的“类型”或方

法。本节介绍了一些较主流的方法。请注意，虽然一些文献综述方法被纳入或排除，但是并不意味着一种方法比另一种方法更好或更差。相反，本章中的纳入标准和相关讨论会更务实——下面列出的方法是在医学教育研究工作中可能遇到的方法。这些方法也都经过了充分的方法论发展，因此更容易确定此种方法更适合于什么研究目的、什么构成高质量研究的要素。稍后，将对本章尚未提及的方法提供一些指导。

迄今为止，已经避免使用“系统综述”（systematic review）一词，因为它可能会引起很大的混乱。对于一些人来说，系统综述让他们想起一种特定的综述方法——最常见的是 Cochrane 系统综述（稍后将详细讨论该方法）。对于其他人来说，这个术语更接近于系统（systematic）一词在词典中的定义——即一个综述是有结构的、有方法的、有序的、有组织的，等等。因此，任何综述都可能被认为是系统性的，但读者是否认为是系统综述则是重要的考虑因素。当在本章中使用“系统综述”时，我们会说明综述的“类型”是什么。

Cochrane 和其他相关的系统综述方法

Cochrane 综述可能是最被广泛认可的系统综述的方法之一，因此应该尽早提及。在短短 20 多年的时间里，这种方法已经发展成为医疗卫生综述中高质量和可信赖的代名词 [2]。

Cochrane 综述试图识别、评价和整合所有符合预设标准的研究证据，以回答给定的研究问题。研究者使用明确的方法以减少偏倚，从而产生他们的发现。Cochrane 综述有三种类型：

- 评估干预的好处和危害的干预性综述。
- 诊断试验准确性的综述。
- 方法论综述。

Cochrane 综述的研究发现基于符合一定质量标准的试验结果。在 Cochrane 综述中，实施了一些流程减少综述过程中偏倚的影响。这些流程包括：从多个不同来源详尽地搜索相关研究；使用明确的预先设定的标准来挑选和判断被纳入研究的质量；系统地收集数据；适当地整合数据。

通过国家和国际合作（通常是自愿的），经由考科蓝（Cochrane）协作组织，采用这种方法的研究者已经开发出了培训课程和资料、Cochrane 综述的刊物、撰写综述的透明的流程。撰写一个 Cochrane 系统综述是一个贯穿始终的“从开始到完成”（start to finish）的过程。例如，从提交某个综述主题的研究草案开始，进行同行评议且获得对草案的反馈，最后在 Cochrane 图书馆发表之前获得对所完成综述的最终同行评议。

这种合作为那些有兴趣使用其方法的人提供了一系列令人印象深刻的可参考资源。例如，新手可以访问信息简介网页（http://www.cochrane.org/about-us/newcomers-guide）获得非常详细的培训手册——Cochrane 手册（http://handbook.cochrane.org/）以及不同语言和国家的一系列培训课程（http://www.cochrane.org/training）。此外，还有一个活跃的研究者社区，对此方法感兴趣的人可以参与（http://www.cochrane.org/about-us/get-involved）。

从读者的角度来看，对撰写 Cochrane 综述的研究者的期望是十分明确的。Cochrane 协作组织清楚地说明了综述的整个过程。对于一个 Cochrane 综述来说，“第一个”和“最后一个”读者是将要对你的研究草案进行同行评议（非常有帮助的）、提供反馈，并且最终决定是否能在 Cochrane 图书馆（http://www.thecochranelibrary.com）发表的人。读者的期望也延伸到了 Cochrane 综述的目的（即干预性综述、诊断试验准确性的综述和方法论综述）。例如，当涉及综述方法对于所研究问题的适用性时，Cochrane 手册提供了明确指导，从而使任何研究者都能够确定待解决的研究问题是否适合 Cochrane 方法。Cochrane 手册中指出，“即使没有更好的研究证据可供采用，在综述中纳入具有高偏倚风险的证据也是没有帮助的”。如果某个主题领域的研究存在“质量差”的问题（意味着可能存在高偏倚风险），那么 Cochrane 方法就可能不适用于该领域。例如，在一个题为“社区范围内增加体育锻炼的干预措施”的 Cochrane 综述之中（http://onlinelibrary.wiley.com/doi/10.1002/14651858.CD008366.pub2/full），确定和纳入的大部分研究是低质量或质量不明的。作者得出的结论是，“可以假定，考虑到相互矛盾的研究发现，社区范围内的干预措施缺乏有效性。但是，鉴于现有研究的质量较差，我们认为，得出这样的结论可能还为时过早”。换句话说，虽然在研究证据质量不高的情况下可以进行严谨的 Cochrane 综述，但限于可纳入综述的研究水平，只能得出有限的结论。因此，这种情况引发了一个问题：为了进行综述所投入的时间和努力是否合理？

此外，Cochrane 手册建议，研究问题应该是某种形式的 PICO[即参与者（<u>p</u>articipants）、干预措施（<u>i</u>nterventions）、对照（<u>c</u>omparisons）和结果（<u>o</u>utcomes）]。因此，如果问题不能用这种格式表达，那么采用其他的文献综述方法可能更合适（后文中可以了解文献综述的不同方式）。一个具有 PICO 形式研究问题的例子如下：在医学生（参与者，P）中，与面对面授课（对照，C）相比，基于互联网的学习模式（干预措施，I）对知识获得（结果，O）有什么影响？一个非 PICO 形式的研究问题是：为什么一些医学生不喜欢使用基于互联网的学习模式？

如果仅有你一位单独工作的研究者，几乎不可能开展 Cochrane 综述，原因在于它有特定的格式和流程。从 Cochrane 网站上的资料和已经发表的 Cochrane 综述来看，撰写一篇此类综述显然不是一件轻松的事情——这是一项非常重要的工作。框 3.2 概括了开展 Cochrane 综述的两个“最佳实例情景”，一个来自医疗卫生服务，另一个来自医学教育。

从 Cochrane 系统综述的示例中可以总结出以下 4 条经验法则：

1. 阅读说明性资料。如果一种文献综述的方法提供了指导和文献资料，你要确保熟悉相关内容。换句话说，确保你读懂了所提供的“说明”。
2. 做好你应该做的。对于一个拥有众多经过质量审查的已发表综述的综述研究方法来说，如果你对构成

框 3.2　关于如何开展 Cochrane 综述的两个假设性案例研究

Green 博士经常定期地治疗肥胖症患者。她知道，有一种刚进入市场的新药 zipese，宣称可以帮助患者减轻体重。她想知道这种药的效果是否像宣传的那样好。她花了一些时间在网上（包括 Cochrane 图书馆）寻找关于这种新药的综述，但没有找到。然而，她注意到关于这种新药至少有 6 个已发表的随机对照试验。

她知道有位同事之前进行过研究，就向他询问自己如何开始进行文献综述。

他们在几个月内组建了一个小型团队，成员对于评估 zipese 的疗效很感兴趣。他们首先提出了一个 PICO 问题——在肥胖患者中，与减肥的常规治疗措施相比，zipese 的疗效是什么？他们探讨了以下问题：综述方法、团队成员在综述方面的专业特长、寻找经费、个人在综述中的角色、已公开发表的有关 zipese 的文献。

团队中的一名成员建议他们可以进行一次 Cochrane 综述。他熟悉这种方法，并向团队中的其他成员解释：他们综述的目的能够与 Cochrane 协作组织同行评议的期望相符。例如，他解释说他们能够明确一个 PICO 问题，所进行的综述是关于一个明确的干预措施并且已经有了已发表的试验。他还说，如果团队的其他成员想证实自己的建议是否符合 Cochrane 综述的期望要求，他们可以访问 Cochrane 协作组织的在线资源。

经过核实，团队同意了这种方法。然而，他们发现需要吸纳一位资深的图书馆馆员，而且他们之中需要有一个人进一步学习 Cochrane 综述。

然后，团队开始分配任务，并使用来自 Cochrane 协作组织的详细而免费的资源来帮助他们了解需要做什么。

在医学教育中，Green 博士经常使用标准化病人（standardized patients，SPs）进行教学。她想知道，对于学生的学习成果来说，使用标准化病人是否和使用真正的患者效果一样好。她花了一些时间在网上（包括 Cochrane 图书馆）寻找相关的综述。虽然没有找到，但她注意到关于这个主题领域有一些试验数据。

她知道有位同事之前进行过研究，就向这位同事询问自己如何开始撰写一篇综述。

这位同事对此充满热情，并支持查找关于在医学教育中使用标准化病人的文献的提议。他们在几个月内组建了一个小型团队，成员对于一起研究并撰写这个主题的综述很感兴趣。他们首先提出了一个 PICO 问题——当教授医学生的时候，与真实的患者相比，模拟病人对学习成果的影响如何？他们探讨了以下问题：综述的方法、团队成员在综述方面的专业特长、寻找经费、个人在综述中的角色、已公开发表的有关模拟病人的文献。

团队中的一名成员建议他们可以进行一次 Cochrane 综述。他熟悉这种方法，并向团队中的其他成员解释：他们综述的目的能够与 Cochrane 协作组织同行评议的期望相符。例如，他解释说他们能够明确一个 PICO 问题，所进行的综述是关于一个明确的干预措施并且已经有了已发表的试验。在 Cochrane 网站上核实了 Cochrane 综述的期望要求后，团队成员们同意使用这种方法。不过，他们发现需要吸纳资深的图书馆馆员以弥补团队现有的技能，而且他们之中需要有一个人进一步学习 Cochrane 综述。

然后，团队开始分配任务，并使用来自 Cochrane 协作组织的详细且免费的资源来帮助他们了解在完成 Cochrane 综述的过程中需要做什么。

“高质量”综述的要素有任何疑问，那么你应该阅读并从中学习已发表的综述。它们非常清楚地阐释了此种综述方法的期望。

3. 接受培训。如果资助机构推荐具体的方法或认可某些特定的文献综述方法，那么如果需要的话，你应该参加培训工作坊去学习这种方法。培训可能会产生额外费用，同时参加培训意味着远离你的“日常工作”，但预先在培训上投资可以避免浪费大量时间和精力，进一步可以降低成本。

4. 寻求合作与帮助。很多研究者在使用某些综述方法（如 Cochrane 综述）方面拥有经验。如果你需要帮助，你可以在本地找到一些可以求助的人。如果没有本地人选，请在类似文献综述的作者中寻找你潜在的指导者，或通过在线医学教育社区如 MedEdWorld（http://www.mededworld.org/Home.aspx）寻求联系。

这4条经验法则应该足以让任何研究者弄清楚他们的研究目的是否与特定的综述研究方法相匹配。此外，在使用 Cochrane 或任何其他系统综述研究方法时，应该可以推断出预期结果。这些经验法则的主要目的是鼓励打算进行文献综述的研究者在最新的方法论文献中寻找答案——而不是依赖任何一位作者的意见。对于一些综述的研究途径，如 Cochrane 协作组织、Campbell 协作组织和 BEME（框 3.3），世界各地的研究者们不断地进行方法论研究，由此产生了一系列经过定期同行评议和更新的免费在线资源。关于这些资源的更新工作从未停止，但在任何时候，它们都代表了集体智慧和共识，分别体现了对 Cochrane、Campbell 或 BEME 综述的期待（即读者的期待）。

总而言之，理解以下两点很重要：

- 不同文献综述方法论者的观点不同。这意味着，对于希望使用文献综述方法的研究者来说，找出综述中各种流程的当前共识十分重要。
- 每种综述方法都在不断发展，现在被接受的标准在1年后可能会发生变化。因此，定期更新、可信的在线资源通常是最新的。

框 3.3 采用和改用 Cochrane 协作组织研究方法的组织

Cochrane 协作组织制订的一些文献综述的研究过程和标准已经被其他组织所采用。

Campbell 协作组织（http://www.campbellcollaboration.org/）的目的是提供教育、犯罪和司法、社会福利和国际发展等方面的系统综述。其中很多综述的研究流程与 Cochrane 协作组织的流程相似。和 Cochrane 协作组织一样，它提供对研究者进行 Campbell 综述的指导（http://www.campbellcollaboration.org/resources/research/the_production.php）并提供培训课程和资源（http://www.campbellcollaboration.org/resources/training.php）。

在医学教育中，BEME 协作组织（http://www.bemecollaboration.org）通过其他方式，包括系统综述，致力于在医学教育和卫生专业人员教育领域发展循证教育。许多 BEME 协作组织的综述研究过程受益于 Cochrane 协作组织和其他文献综述方面的学者。该机构对希望发表 BEME 综述的研究者提供明确的指导（http://www.bemecollaboration.org/BEME+Reviews+General+Information/），以确保此类综述读者的期望能够得到满足。

研究者可能会为他们的文献综述寻求资助。在此种情况下，读者是资助机构的评审人员以及各种决策委员会。一些人决定采用 Cochrane 协作组织制订的文献综述的标准——可以参见英国国家卫生研究院网站资源的示例（http://www.nets.nihr.ac.uk/resources/systematic-reviews）。对于前文中所提到的4条简单的经验法则中提出的原则，可以加以适当调整，以帮助增加获得资助的机会——记住现在读者已经变成资助者了。

现实主义综述和元叙事综述

相比于 Cochrane 和其他相关的文献综述方法来说，现实主义综述（realist syntheses）[3]和元叙事综述（meta-narrative reviews）[4]是两种相对较新的文献综述方法。与 Cochrane 综述相比，元叙事综述和现实主义综述在很多方面都不一样。其中，最重要的区别是对待已发表（和未发表）研究的方式。框 3.4 提供了这两种类型综述的简要概述。

这两种综述方法可用于说明使用读者视角时的一个重点。那些已发展和使用时间较长的综述方法（如 Cochrane 方法）往往在许多方面有更大的共识——从它们更适合什么样的研究目的，一直到方法学的发展。实际上，读者的期待更加清楚——正如上文 Cochrane 方法所阐明的。

当一种综述方法（如 2004 年综述中的元叙述法）是最近发展起来的或是从一个学科引入另外一个学科（如 2006 年的现实主义综述法），对该方法的效果几乎没有把握——这就是它的目的。例如，一些人认为 Cochrane 综述中的亚组分析已经能让研究者回答"对哪些人产生影响"的问题了。因此，如果一个综述的目的聚焦于特定而小范围的问题，现实主义综述就不合适。通常用来反驳的观点：在评价干预措施的效果时，"对哪些人产生影响"的问题只是现实主义综述寻求回答的问题之一。

随着越来越多的文献研究方法得到应

框 3.4 元叙事综述和现实主义综述的简要概述

不同研究者团体对于某些主题有不同的理解和研究，这些主题的综述采用元叙事综述。例如，许多团体在不同的国家和专业团体里研究跨专业学习。有些人将跨专业学习定义为两个或两个以上的专业一起学习、相互学习以提高协作和医疗质量；另外一些人将其定义为打破专业壁垒的一种手段；还有一些人将其定义为对专业身份特性的威胁；等等。如果我们以一种忠实于每个团队不同定义的方式来总结这个主题领域，我们必须首先询问他们每个人采用了什么方法研究这个主题、选择研究"跨专业学习"的哪些方面以及如何进行研究。为了理解这些，我们必须有意识、自发地跳出我们自己的世界观（见本书前面 MacMillan 所写的章节），学习新的词汇和方法，并尝试通过多种不同的角度看待"跨专业学习"的主题。当我们开始理解不同的观点时，我们可以用一个总体的叙述来概括它们，突出强调不同的研究团队可能从彼此的方法中学习到什么。

另一方面，现实主义综述试图通过分析和理解环境对观察结果的影响来弄清楚研究。该方法的原理可以用"在何种环境下什么干预对哪些人群产生什么样的影响？作用机理和原因是什么？"等研究问题来简单概括。现实主义研究考虑了环境、机制和结果之间的相互作用。在现实主义的世界中，不认为干预措施 X 在可信区间 Z 内具有效果 Y。相反，干预措施 X（例如，毕业后培训政策制订者提出一个具有特定目标的方案，如提高外科实习医生的腹腔镜技能）改变了环境（例如，通过提供新的可用资源——如资助每个培训中心一台腹腔镜模拟器），然后触发了产生预期和非预期结果的机制[例如，实习生进行更多的模拟练习（预期结果），但模拟器资源更加紧张，因此实习生们抱怨无法公平地使用模拟器（非预期结果）]。干预措施 X 在一种情景下可能非常有效，但在另一种环境中可能效果很差甚至没有效果。现实主义研究试图解开环境 - 机制 - 结果之间的关系，从而解释成功、失败和各种可能发生的例子。这类理论解释被称为"中距理论"（middle-range theories)(即涉及抽象的事物，但与观察到的数据足够接近，能够纳入可被实证检验的定理之中)。

用，诸如一种综述方法适用于何种目的以及(在任何时间点的)共识可能是什么等问题将继续演变。如果存在不确定性[比如在目的和(或)综述过程中]，读者的"反应"将不会统一，并且通常集中于文献综述方法和综述研究过程之间存在"争议"之处。经验法则2(做好你应该做的)特别重要——使用该种方法阅读已公开发表的综述并从中学习——但是，还有一点：

5. 希望受到挑战。如果你采用了较新或使用较少的文献综述方法，那么你应该期待经常被要求证明和辩护你综述的多个方面——从目的和综述方法之间的匹配到其间使用该方法的流程。

对于较新或使用较少的文献综述方法的支持者来说，可以帮助其同行的一种方式是开始制订质量和出版标准、编制培训材料和课程。例如，现实主义综述和元叙事综述的支持者就是如此，他们在2013年创建了RAMESES项目网站(http://www.ramesesproject.org/)。此外，必须认识到：当任何新的倡议开发此类资源时，很可能需要做更多的开发工作，但它们是构建和充当研究者资源库的一个重要锚定点。框3.5提供了关于何时可能合适使用元叙事综述或现实主义综述的假设性例子。

框3.5 关于何时进行元叙事综述和现实主义综述的两个假设性案例研究

元叙事综述

Black博士有兴趣向医学生讲授有关医学上无法解释的症状。然而，他发现不同的研究流派对这一主题的定义不同。例如，一些研究者认为，这些症状并不是医学上无法解释的，而只是在等待医学科学来解释它们——也就是说需要更多的研究来帮助更好地理解这种疾病。对其他人来说，这种诊断被看作一种定期就诊的患者承担着的"垃圾箱"诊断。为了确保他的教学考虑到了这些不同的观点，Black博士决定进行一次文献综述。由于不同的研究团队对此主题有不同的概念和研究，因此适合于使用元叙事方法。

现实主义综述

White博士对改变医生处方行为的教育干预措施很感兴趣。他一直在阅读有关这个主题的文献，而且发现已经进行了大量的试验。此外，他还注意到有许多文献综述。他的总体结论是，一些教育干预措施似乎有时能在某些医生身上起作用。换句话说，用于改变医生处方行为的教育干预措施似乎具有环境敏感性，而且效果可能具有个体差异性。他想知道什么样的综述方法可能是合适的。由于White博士希望了解环境(除其他因素以外)对结果(在本例中为处方行为)的影响，现实主义综述方法将是一个合适的选择。

元人种志方法和混合方法途径

对于定性研究的文献综述，还没有一个标准的方法[5]。在卫生服务研究中，最为公认和广泛使用的方法是元人种学方法(meta-ethnography)[6]。在该种文献综述方法中，对被纳入研究中定性数据的归纳和解释得到应用。在综合过程中，研究启示的构建来源于研究的转化——观点、概念和隐喻等在不同的研究之间被理解和传递。框3.6提供了何时适宜于使用元人种志的启示。

还有一些其他方法，但对这些方法的

框 3.6 一个关于何时采用元人种志综述的假设性案例研究

Ochre 博士是一个研究团队的成员。他们正调查来自弱势家庭的医学生进入医学院第一年的经历。研究团队希望撰写一篇文献综述，以了解此类医学生的经历。最终目的是借助于综述发现为这群医学生提供特定的服务。

研究团队在综述中必须处理的数据性质是定性的。Ochre 博士的问题是，他们应该采用什么样的综述方法。她的同事们提出了元人种志的概念，因为这是一种可以很好地整合定性研究数据的方法。

Ochre 博士的任务是寻找该方法的更多信息。她参考了已公开发表的方法论文献和综述案例，并且找到了一门她可能要学习的课程。

更详细讨论不在本章的范围之内。不过，在约克大学综述与传播中心（University of York's Centre for Reviews and Dissemination，CRD）关于开展医疗保健综述的指导方针（https://www.york.ac.uk/inst/crd/SysRev/!SSL!/WebHelp/6_5_SYNTHESIS_OF_QUALITATIVE_RESEARCH.htm）中，可以找到包含各种方法简要描述的一个有用的总结。

在对定性数据进行文献综述时，有不同的方法可供选择。然而，对方法的选择意味着需要证明所选择方法的合理性。在此过程中，上文提到的经验法则 5 以更为显著的方式发挥作用。例如，如果选择元人种志方法对定性数据进行更高程度的整合，那么应该可以预料到同行评议专家或评审人员（读者）会问为什么使用这种综述方法而不是其他方法。目前，还没有公开发表的关于元人种志综述的"质量"标准，因此研究者必须参考最初发表的方法论著作和采用该种方法的例子，以便构建有利于选择该种方法的论点。由此，研究者需要做更多的工作以向读者证明使用该种方法的合理性。如果这种方法更加适用于解决综述的目的，那么这也是值得做的。

关于文献综述的过程和目的有所不同的另一个例子是混合方法综述的兴起。从广义上讲，这些综述方法都是通过同时使用定量和定性数据来理解一些相关文献[7]。在文献综述中使用混合方法是一个快速发展的领域，因此很难提供很多建议。然而，经验法则 2、3、4 和 5 可以帮助那些想要使用此种方法的人，即以连贯和合理的理由来论证使用此种方法的必要性。

加拿大卫生研究整合资源研究院网站（http://www.cihr-irsc.gc.ca/e/36331.html）提供了一个比较全面的文献综述方法的概述。该网页提供了一个更为常用的文献综述方法的列表，并为每个方法提供了一个方法论资源的关键列表。

关于研究问题

研究者经常被问到他们的研究问题是什么，并且被告知提出一个"好"的研究问题是研究者的一项重要技能[8]（也见本书中 Bezuidenhout 和 Schalkwyk 撰写的部分）。文献综述可以用来回答研究问题，但这只是它们可以达到的众多目的之一。就本章所提倡的观点而言，是由读者来判断一个研究问题是否是"好的"，以及是否可以用所选定的综述方法恰当地回答研究问题。换句话说，研究者可以提出一个研究问题，并选择一种文献综述的方法来解决它，但判断所选择的方法能否回答研究问题的不仅是研究者自己。例如，一个研究问题可能是估计教育干预措施对特定学习成果的效果，并为此撰写了项目申请书。为了回答这个问题，研究者决定采用 Cochrane 系统综述法，并可能对数据进行数值总结（meta 分析）。读者——接受项目申请书的资助机构——将判断所选择的文献综述方法能否回答所提出的研究问题，而判断所用的标准通常公开且可得。

未来发展

该领域未来的挑战在于：在有关干预措施的文献综述之中，干预措施要么更“杂乱”，要么（有些可能是被认为）更复杂[9]，难以对干预措施的实施[10]或制订和设计复杂干预措施等提供有价值的信息[11]。正是研究团体的愿望促使并继续推动现有文献综述方法的方法论发展和新方法的诞生，以应对复杂干预措施和（或）实施过程所带来的挑战。文献综述中的方法论发展是一个令人振奋的学术前沿。对于那些对该研究领域感兴趣的人来说，有许多机会参与其中——主要是通过接触从事方法论研究的各种组织。

小结

文献综述是一种重要的研究方法。可能很难决定使用哪种方法进行文献综述。解决这个难题的办法可能在于考虑综述研究结果的读者是谁。在进行文献综述的过程中，不同时点可能会有不同的读者，因此在决策过程中要考虑到这一点。借助于读者的视角，不仅有可能判定他们是否会同意所选择的文献综述方法最适合所研究的问题，而且还可以判定撰写一篇严谨的综述需要什么过程。

实践要点

- 存在多种形式的文献综述研究方法。
- 某些方法的方法论得到了很好的发展，这使得人们对某一方法是否适合某个特定目的达成了一定程度的共识。
- 对于其他方法来说，关于在何时使用这些方法以及什么要素构成了严谨的综述研究过程的共识较少。
- 站在读者的角度进行文献综述可能是解决综述目的和过程适用性问题的一种方法。
- 如果对综述的适当使用和过程达成了很高的共识，则更容易确定读者的期待。如果共识较少，则需要更多的时间和精力来证明所选择的方法和综述流程的合理性。

参考文献

1 Gough, D., Oliver, S. & Thomas, J. (2012) *An Introduction to Systematic Reviews*. Sage, London.
2 Stern, C. (2014) In honour of Archie Cochrane: Twenty years of providing high-quality information based on the evidence [online]. *Journal of Stomal Therapy Australia*, 34.
3 Pawson, R. (2006) *Evidence-Based Policy: A Realist Perspective*. Sage, London.
4 Greenhalgh, T., Robert, G., Macfarlane, F., Bate, P., Kyriakidou, O. & Peacock, R. (2005) Storylines of research in diffusion of innovation: a meta-narrative approach to systematic review. *Social Science and Medicine*, **61**,

417–430.

5 Britten, N., Campbell, R., Pope, C., Donovan, J., Morgan, M. & Pill, R. (2002) Using meta ethnography to synthesis qualitative research: a worked example. *Journal of Health Services Research & Policy*, **7**, 209–15.

6 Noblit, G. & Hare, R. (1988) *Meta-Ethnography: Synthesizing Qualitative Studies*. Sage, Newbury Park.

7 Harden, A. & Thomas, J. (2010) Mixed methods and systematic reviews: examples and emerging issues. In: Tashakkori, A. & Teddie, C. (eds), *Handbook of Mixed Methods in the Social and Behavioral Sciences*. Sage, Thousand Oaks, pp. 749–774.

8 Greenhalgh, T. (2010) *How to read a paper: the basics of evidence-based medicine*, 4th edn. Wiley-Blackwell/BMJ Books, Oxford.

9 Wong, G. (2013) Is complexity just too complex? *Journal of Clinical Epidemiology*, **66**, 1199–201.

10 Eccles, M., Armstrong, D., Baker, R. *et al.* (2009) An implementation research agenda. *Implementation Science*, **4**, 18.

11 Craig, P., Dieppe, P., Macintyre, S., Michie, S., Nazareth, I. & Petticrew, M. (2008) Developing and evaluating complex interventions: the new Medical Research Council guidance. *BMJ*, **337**, a1655.

第4章 Chapter 4

发展研究问题：为研究之旅规划路线

Developing the research question: setting the course for your research travels

Juanita Bezuidenhout and Susan van Schalkwyk
（翻译：凡玉杰　　审校：程化琴）

你多久一次走出教室、离开课堂或与一群学生一起完成一次查房？你在多大程度上想知道学生实际上已经掌握了你希望与他们分享的内容？又或者，批改了一次作业，或观察了一名学生参加OSCE，却感到困惑，因为他们所给的答案与你之前与他们讨论过的没有任何相似之处。这种由我们天生的好奇心所引发的思考，促使我们开始对我们的教学和学生的学习提出质疑。当我们以学术的方式处理这些问题时，我们就开始了医学教育研究。这类研究活动的关键驱动因素是研究问题，这是本章的重点。

引言

在之前的章节中探讨了理论在医学教育研究中的作用以及理论和概念框架的发展。现在我们进入研究过程的核心，即研究问题。一旦你对一个有趣的现象产生了好奇心，需要做进一步调查，即研究，你将经历一个迭代过程（iterative process），并由此来发展研究问题。在本章的第一部分，随着研究问题的发展，我们揭示它的特点，包括它的作用和功能。之后，我们将带你经历一次你自己研究问题发展的过程。

研究问题的发展可以描述为经过一次"三重蒸馏"的过程。蒸馏被定义为"通过加热和冷却过程净化液体的行为"或"提取某事物的本质意义或最重要方面"[1]。通过反复蒸馏，馏出物变得更加纯净和浓缩。通常液体会被蒸馏两次，但在极少数情况下会被蒸馏三次，从而提高纯度和浓度。在每一种情况下，蒸馏过程最终产生一种精炼的产品，所有无关的和不必要的内容被去除。每一次蒸馏都需要研究人员反复工作，直到最终产品出现。考虑到本章的重点，我们将回顾蒸馏过程（图 4.1）并将其作为比喻来指导我们的讨论。此外，我们参考了一个实际的医学教育（HPE）研究项目（框 4.1），来提供具体的和实际的例子。

到本章结束时，你将能够做到以下几点：

- 确定一个"好"的研究问题的原则。
- 描述不同类型的问题及其对研究过程的影响。
- 解释发展研究问题的过程。
- 发展你自己的研究问题。

框 4.1　一个实际的医学教育研究项目的情景，将作为背景来提供研究问题的具体和实际的例子

南非的一所医学院建立了一所农村临床学校（rural clinical school，RCS），将医学院学生从教学医院带走，在一所地区或区域医院度过他们的最后 1 年（为期 1 年的纵向乡村实习）。这种干预需要改变课程，并为学生和临床医生带来不同的教学和学习经历。许多问题立即浮现在脑海中。干预有效吗？学生们如何体验乡村平台？学生学习方面取得了哪些成果？等等。这些问题都是教育研究的催化剂。

为什么需要有研究问题?

为什么需要有研究问题？仅仅有一个主题或一个想法并据此制订目的和目标不够吗？无论如何，研究问题对于任何教育研究项目来说都是至关重要的，并且在研究工作中有一个特殊的目的——即为阅读相关文献和选择数据收集方法提供方向[2-3]。从本质上说，研究问题是研究过程中指导所有其他活动的指南，它将决定研究设计、结果的呈现以及对结果的解释和讨论的方式[4-5]。研究问题的质量（图 4.1H）决定了研究的质量。

无论研究性质如何，对研究主题感兴趣是至关重要的[3,6]。你的热情，尤其是其与你的实践相一致的时候，可以激发其他潜在合作者的兴趣。此外，随着专业经验的增加和对主题理解的加深，你将确立

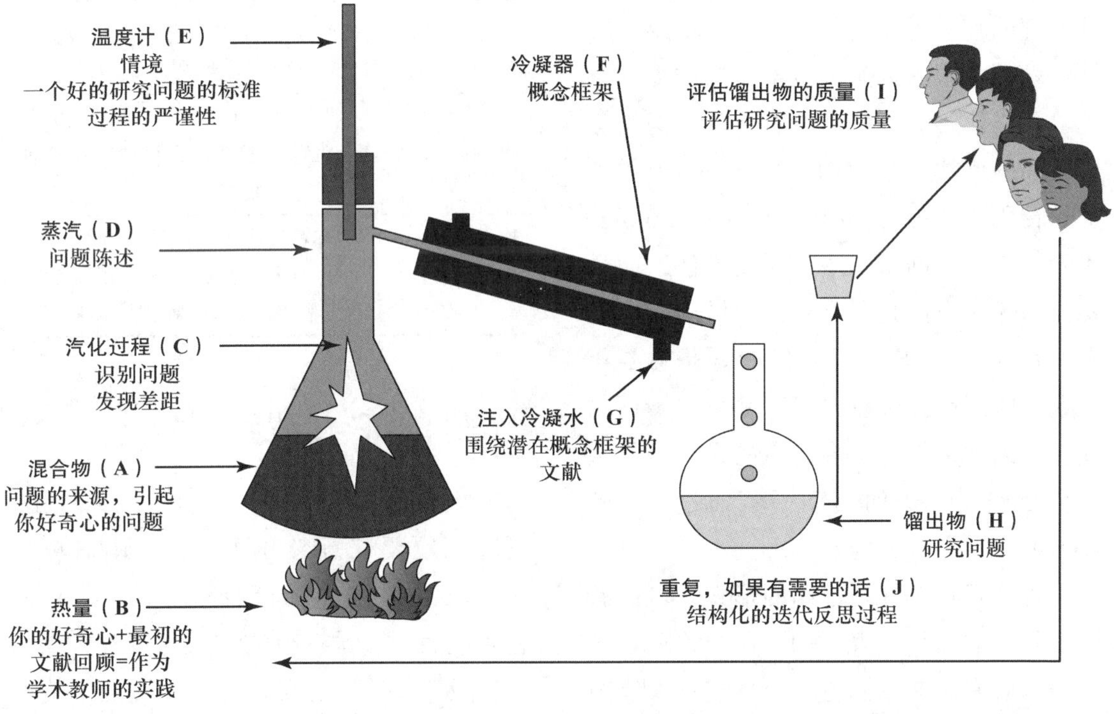

图 4.1　蒸馏的目的是从液体和其他成分的混合物（A）中分离特定液体——馏出物（H）。混合物被加热（B），产生一系列的反应（C），从而产生蒸汽（D）。蒸馏过程中精确的温度（E）控制是重要的，可以确保只有待分离物的分子得到汽化，杂质和多余的组分被留在容器中。蒸汽随后被引导通过冷凝器（F），在这里进行冷凝水循环（G）。蒸汽被浓缩，并且馏出物（H）被收集。然后评估馏出物和确保它的质量（I）。如果有必要，这一过程将被重复（J）。在这幅图示中，发展一个研究问题的组成部分等同于蒸馏过程的步骤

自己作为充分理解主题进而能有效研究的地位[6]。

从微观视角看研究问题

如本章开篇所述，无论是在临床环境中还是在理论问题上，医学教育研究问题的一个重要来源（图 4.1A）在于教师的实践 / 活动[7-8]。对文献的阅读也会引发研究问题。例如，你可能对基于问题的学习（PBL）特别感兴趣，并且在你最近的课程中应用了它。然而，当你阅读这种方法的文章时，你会想知道其他人在应用 PBL 时遇到并记录下的挑战，你可能就会反问，这些挑战在你自己的教学情境中是如何体现的[7]。研究问题的第三个重要来源是，教师希望确定某种教学方法在促进学生学习方面多大程度上是有效的。医学教育面临的挑战是采用创新的方法，促进学生的转化式学习（transformative learning）体验[9]。采用创新方法需要负责任，而且要证明这些方法是否有用，并做出相应反应。在实施 RCS 时，部分计划是做 5 年的纵向队列研究，以调查这种特定干预的影响。因此，你想更多知道的是：是什么产生了热量，进而启动了蒸馏过程（图 4.1B）。

研究问题有许多不同的形式，可以有许多不同的目标（表 4.1）。在开始医学教育项目研究时，人们通常会关注不太复杂的研究问题。然而，这一领域的研究很少是单一维度的，并且经常呈现为矩阵式的“分层问题”[10]，这需要发展子问题来支持总体问题（见表 4.1 中的第一个例子）。

表 4.1　研究问题的表述和目的：就某一特定现象或事件而言，研究问题通常典型地用于解决下面描述的某一种行为

目的		范例
描述		RCS 项目中，医学院最后一年的课程是什么样的？
	子问题	课程包含哪些内容？
		学生多久上一次课？
		学生与讲师 / 导师之间的互动模式是什么？
		如何进行评估？
解释		“为什么学生选择在最后一年参加 RCS 项目？”
探索		“最后一年的医学生如何体验一年的实习？”
调查		“RCS 项目在促进农村医疗卫生从业者留在当地工作方面有什么潜在优势？”
结果预测		“最后一年进入 RCS 项目的医学生是否会在农村地区从事他们的职业？”
比较 / 证明		“RCS 项目中最后一年医学生的表现与在教学医院的最后一年医学生的表现相比如何？”

“好”的研究问题

什么是“好”的研究问题？关键是，研究问题要有意义和相关性。RCS 项目成立时，它是南非首例此类研究。此外，它还代表了大学在财政和人力资源方面的大量投资。因此，确定这种干预的影响在制度和国家两个层面都有意义。教育研究问题也应促进教育理论和实践的发展[7]。他们应该事先围绕各种方法进行讨论，重点关注并提供发现真实的问题。好的问题是简洁、集中、直接、没有歧义、不言自明、不带偏见、恰当、精炼、简单、适时和理论上是丰富的 [2,7-8]。它们应该是清晰的、可检验的——换句话说，它们是可以被回答的 [7]。解决文献中的研究空白也是一个好的研究问题的基本标准 [7]。最后，正如前面提到的，一个好的研究问题应该能引起研究者的兴趣。总的来说，这些标准作为蒸馏过程的温度计，可以用来仔细测量被界定的研究问题的质量（图 4.1E）。

因此，研究问题应当具有上述特征。它至少包含三个部分，即：变量，研究人员应该判别正在研究的变量，如干预或特定情况（自变量）；结果，如表现、态度或行为（因变量）；以及要研究的对象（人群）[12-13]。在 RCS 项目研究中，实施 RCS 为自变量，干预的影响为因变量，学生和临床医生为人群。当想比较两种或两种以上的干预措施时，问题将包含四个部分，即人群、干预措施、对照或替代的干预措施和结果（PICO：参与者、干预、对照和结果）[14]。在一个复杂的环境中，比如教育，经常会有其他一些重要的变量，包括调节变量和中介变量。调节变量决定了干预对不同群体的影响，例如在 RCS 研究中，干预对农村背景的学生的影响可能与对城市背景的学生的影响不同 [15]。中介变量解释了干预是如何发生作用的，并描述了干预达到其效果的过程。在 RCS 的案例中，学生们开始形成职业认同，因为他们成为当地社区实践的一部分。调节变量和中介变量在定量研究中比定性研究更常见 [15]。

发展研究问题

尽管有如上所述的关于研究问题的所有信息，还是有许多医学教育研究新手感到发展一个研究问题具有挑战性。至此，我们希望上述阅读在你的脑海中播下了研究问题印象的种子。在接下来的几部分中，我们将重点讨论初始研究问题的发展。在这种情况下，Morrison 关于医学教育研究问题发展的看法——作为一门科学和一门艺术——将成为我们思考的中心 [16]。

辨别一个“问题”

引起好奇心的内容（图 4.1A）通常被标记为“问题”[8]。研究问题可以由许多方面产生，例如从可调查的前期、值得进一步研究的方面、可以改进的教学实践、对与人们的生活经验不一致的已发表的研究成果的关注、现有发现和概念或理论焦点的本质认识的不同等 [17]。清楚地辨别出问题，将强调研究问题可能填补的空白。然后，进行相关问题的阐述，来指导研究问题的构建。

辨别一个问题（图 4.1B+C）可以通过一系列问题来引导，从需要知道的重要内容开始。这与问题的普遍性和（或）严重性以及结果可能对更广泛的受众有益的可能性有关。研究的意义还与研究能为文献增添什么有关，例如，调查一个及时的、研究较少的主题，挑战现有的教条，改进方法或在不同的环境中探索关键问题，如 RCS 研究中的案例 [18-19]。

要确定问题所在，就必须接触与该主题相关的现有文献，尤其是下一步确定现有知识中是否存在研究空白以及空白是什么[13]。如何发现研究空白？很明显，沉浸在知识体系中有助于定义研究领域。如果文献回顾（详细内容将在下一章中介绍）不能回答你设想的研究问题，那么你已经发现了一个研究空白。在这个阶段，重新阅读前一章可能是明智的，特别是关于世界观的章节。必须意识到对现实的本质（本体论）和知识的本质（认识论）的假设将如何影响对文献的回顾，以及为什么相信存在知识的空白、如何证明它。这将为研究问题的形成和后续的研究设计提供依据。RCS 项目的研究是独特的，因为纵向乡村实习的概念是首次在非洲背景下进行研究的。因此，这项研究试图通过确定在这一特定背景下起作用的机制来填补这一研究空白。

这一部分要回答的最后一个问题是为什么研究空白还没有被填补。这通常与可行性有关，也与研究设计的各个方面有关，例如设定现实的目标。影响可行性的挑战包括时间范围、可获得的资源、伦理问题以及数据收集和分析[6]。

通过产生的“热量”（图 4.1B），应该能够形成一个问题描述。描述语句通常是结构化地来陈述研究背景，例如“越来越多的医学生分布在不同的农村地区接受培训……”，紧随着的是意向的描述，经常使用转折，如“然而”或它的同义词之一[19]：“……然而，很少有人知道这在非洲是如何实施的，以及它如何影响学生的临床学习经历”。这个问题陈述是蒸馏过程中的“蒸汽”。

建立概念框架

继问题陈述之后，概念框架（图 4.1F）为研究问题奠定了基础，推动了研究并为研究提供了发展视角，研究由此得以推进[4]。概念框架是对一系列概念、假设、期望、信念和理论的解释，支持你的研究，并为研究提供思路[21]，它可能包括一个理论、方法或模型，代表一种思考问题的方式，并有助于解释复杂事物的运作方式[20]。因此，它将帮助理清问题。概念框架可以以叙述或图示的形式构建，可能包括关键元素、概念、理论和变量，这些元素、概念、理论和变量为研究提供信息，以及它们之间的潜在关系[22]。它甚至可以包括你对研究的想法和信念。因此，概念框架是如何看待正在研究的现象的一种非常个性化的表达[21]。

正如在之前的章节中所述，研究通常会处于一个特定的范式中，例如实证主义、解释主义或批判主义，尽管可以将不同范式的各个方面结合在一起，但是要小心谨慎[21]。这一定位将有助于指导概念框架的构建、研究问题的制订和研究的设计。

在开发概念框架时，可以从以下四个主要来源获得信息，包括经验知识、现有的文献（理论和调查）、探索性或试点研究和实验研究[21]。因此，概念框架将在特定的理论背景下澄清和定位研究问题，并指导形成问题，选择变量和解释结果。构建概念框架的过程需要在最终确定之前多方面进行考虑[23]。这可以为研究增加深度，并鼓励在不同层面上开展研究，例如，从描述性或验证性研究转向澄清性的工作[24]。一个强有力的概念框架也将使未来的研究人员能够使用此研究。

在 RCS 项目研究案例中（图 4.2），将研究定位在解释主义范式中。干预措施的设计依据是社会责任和以患者为中心的理念，并发表了关于类似干预措施在其他情况下影响的研究报告。在这一过程中扮演重要角色的理论包括转化学习[25]、社区实践、情境学习[26]和职业认同发展[27]，所有这些理论都说明了干预对研究人群的潜在影响。图 4.2 提供了一个基于这些不同视角的框架示例。

提炼研究问题

让我们回到研究问题上来。正如所述，问题陈述、开发概念框架和阐明研究问题的过程本质上是迭代的。每个阶段都有助于蒸馏过程对研究问题的精炼（图 4.1H）。在 RCS 研究项目中，我们最初的研究问题非常宽泛，仅仅是探讨干预是否成功。然而，随着不断地完善，研究问题变得更加集中，因为我们发现了需要调查的关键问题。

现在，应该适时检查在发展研究问题时所做选择的质量（图 4.1I）。我们之前讨论了一系列好的研究问题的标准。检查研究问题并判断它是否符合这些标准。与他人进行非正式接触，或参加会议和研讨会，以获取有关研究问题的价值和适当性的信息。重新回顾文献，确认研究问题填补了

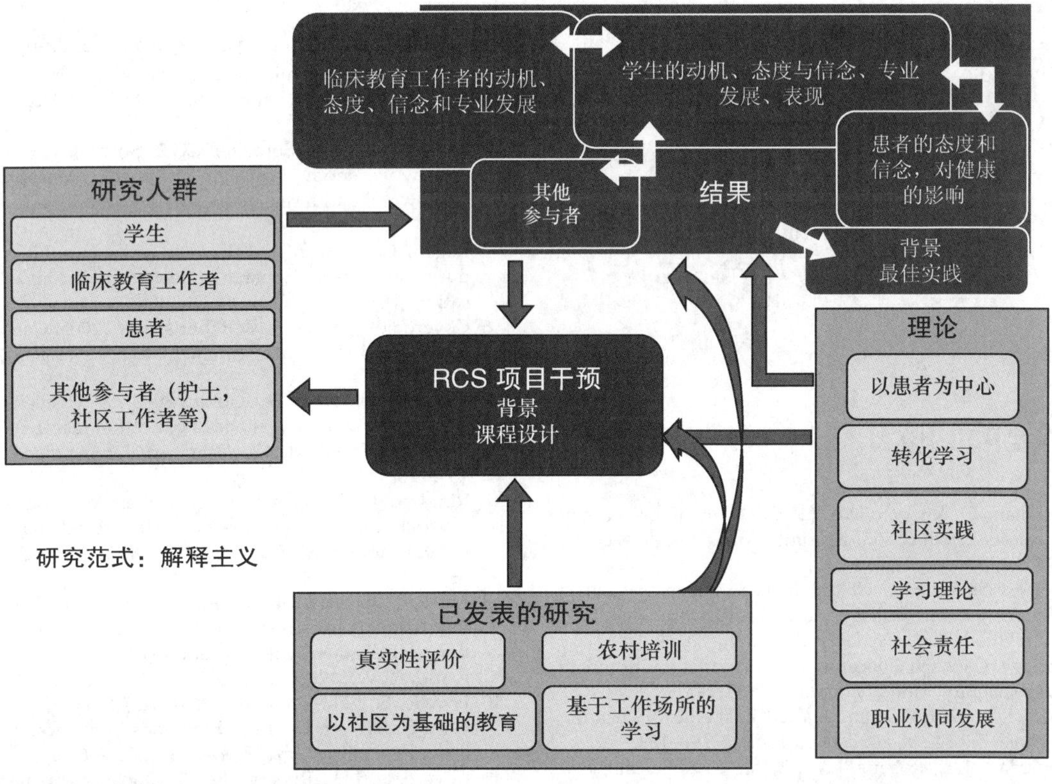

图 4.2　概念框架图

为研究者提供了对有助于研究问题发展的各种元素进行可视化的机会。这个例子呈现了 RCS 干预的一个潜在的概念框架。在这一框架中，揭示了概念化的研究范式、理论和已发表的研究，同时，研究背景以及各种群体和变量均被呈现

最初发现的研究空白（图 4.1J）。

小结

在本章的开始，我们认为研究问题是任何研究的基石。我们还提出，研究问题的发展既是一门科学，也是一门艺术。科学性反映在三重蒸馏过程中，每一步和每个组成部分都强调蒸馏的作用，直到最终产品出现。艺术性体现在对检查、修改和批判性反思的反复应用中，这些都影响着学术决策的制订。在接下来的章节中，重点将是把研究问题付诸实践，并设计出一个有效的研究。

实践要点

- 在实践中找到真正感兴趣的研究问题。
- 进行问题陈述。
- 确定概念框架。
- 接受形成研究问题的迭代性质。
- 批判性地考虑好的研究问题的标准。

必要的阅读

Beckman, T.J. & Cook, D.A. (2007) Developing scholarly projects in education: a primer for medical teachers. *Medical Teacher*, **29**, 210–218.

Boet, S., Sharma, S., Goldman, J. & Reeves, S. (2012) Review article: medical education research: an overview of methods. *Canadian Journal of Anesthesia*, **59**, 159–170.

Bordage, G. (2009) Conceptual frameworks to illuminate and magnify. *Medical Education*, **43**, 312–319.

Cook, D.A. (2010) Getting started in medical education scholarship. *Keio Journal of Medicine*, **59**, 96–103.

Coverdale, J.H., Roberts, L.W., Balon, R. & Beresin, E.V. (2013) Writing for academia: getting your research into print: AMEE Guide No. 74. *Medical Teacher*, **35**, e926–e934.

建议阅读

Cohen, L., Manion, L. & Morrison, K. (2011) *Research methods in education*, 7th edn. Routledge, Oxon.

Cook, D.A., Bordage, G. & Schmidt, H.G. (2008) Description, justification and clarification: a framework for classifying the purposes of research in medical education. *Medical Education*, **42**, 128–33.

Ringsted, C., Hodges, B. & Scherpbier, A. (2011) The research compass': an introduction to research in medical education: AMEE Guide no. 56. *Medical Teacher*, **33**, 695–709.

Bickman, L. & Rog, D.J. (2009) *The SAGE Handbook of Applied Social Research Methods*. SAGE Publications, Inc., Thousand Oaks, CA.

Miles, M.B. & Huberman, A.M. (1994) *Qualitative data analysis: an expanded sourcebook*. SAGE Publications, Inc., Thousand Oaks, CA.

参考文献

1 Oxford Dictionaries. (2014) http://www.oxforddictionaries.com/definition/english/distillation?q=distillation. (Accessed 7 July 2014).

2 Maree, K. (2007) *First Steps in Research*. Van Schaik, Pretoria.

3 Shea, J.A., Arnold, L. & Mann, K.V. (2004) A RIME perspective on the quality and relevance of current and future medical education research. *Academic Medicine*, **79**, 931–938.

4 McGaghie, W.C., Bordage, G. & Shea, J.A. (2001) Review Criteria. Problem statement, conceptual framework, and research question. *Academic Medicine*, **76**, 923–924.

5 Regehr G. (2010) It's NOT rocket science: rethinking our metaphors for research in health professions education. *Medical Education*, **44**, 31–39.

6 Coverdale, J., Louie, A. & Roberts, L.W. (2005) Getting started in educational research. *Academic Psychiatry*, **29**, 14–21.

7 Boet, S., Sharma, S., Goldman, J. & Reeves, S. (2012) Review article: medical education research: an overview of methods. *Canadian Journal of Anesthesia*, **59**, 159–170.

8 Ringsted, C., Hodges, B. & Scherpbier, A. (2011) 'The research compass': an introduction to research in medical education: AMEE Guide no. 56. *Medical Teacher*, **33**, 695–709.

9 Frenk, J., Chen, L., Bhutta, Z.A. *et al.* (2010) Health professionals for a new century: transforming education to strengthen health systems in an interdependent world. *Lancet*, **376**, 1923–1958.

10 Lavelle, E., Vuk, J. & Barber, C. (2013) Twelve tips for getting started using mixed methods in medical education research. *Medical Teacher*, **35**, 272–276.

11 Coverdale, J.H., Roberts, L.W., Balon, R. & Beresin, E.V. (2013) Writing for academia: Getting your research into print: AMEE Guide No. 74. *Medical Teacher*, **35**, e926–e934.

12 Bordage, G. & Dawson, B. (2003) Experimental study design and grant writing in eight steps and 28 questions. *Medical Education*, **37**, 376–385.
13 Cook, D.A. (2010) Getting started in medical education scholarship. *Keio Journal of Medicine*, **59**, 96–103.
14 Glasziou, P., Irwig, L., Bain, C. & Colditz, G. (2001) *Systematic Reviews in Health Care: A Practical Guide*. Cambridge University Press, Cambridge, UK.
15 MacKinnon, P. (2011) Integrating mediators and moderators in research design. *Research on Social Work Practice*, **21**, 675–681.
16 Morrison, J. (2002) Developing research questions in medical education: the science and the art. *Medical Education*, **36**, 596–597.
17 Cohen, L., Manion, L. & Morrison, K. (2011) *Research methods in education*, 7th edn. Routledge, Oxon.
18 Van Schalkwyk, S.C., Bezuidenhout, J., Conradie, H.H. *et al.* (2014) 'Going rural': driving change through a rural medical education innovation. *Rural and Remote Health*, **14**, 2493. (Online). Available: http://www.rrh.org.au
19 Blitz, J., Bezuidenhout, J., Conradie, H., de Villiers, M. & van Schalkwyk, S. (2014) 'I felt colonised': emerging clinical teachers on a new rural teaching platform. *Rural and Remote Health*, **14**, 2511. (Online). Available: http://www.rrh.org.au
20 Beckman, T.J. & Cook, D.A. (2007) Developing scholarly projects in education: a primer for medical teachers. *Medical Teacher*, **29**, 210–218.
21 Bickman, L. & Rog, D.J. (2009) *The SAGE Handbook of Applied Social Research Methods*. SAGE Publications, Inc., Thousand Oaks, CA.
22 Miles, M.B. & Huberman, A.M. (1994) *Qualitative Data Analysis: An Expanded Sourcebook*. SAGE Publications, Inc, Thousand Oaks, CA.
23 Bordage, G. (2009) Conceptual frameworks to illuminate and magnify. *Medical Education*, **43**, 312–319.
24 Cook, D.A., Bordage, G. & Schmidt, H.G. (2008) Description, justification and clarification: a framework for classifying the purposes of research in medical education. *Medical Education*, **42**, 128–133.
25 Mezirow, J. (2003) Transformative learning as discourse. *Journal of Transformative Education*, **1**, 58–63.
26 Wenger E. 2000. Communities of practice and social learning systems. *Organisation*, **7**, 225–246.
27 Dall'Alba, G. & Barnacle, R. (2007) An ontological turn for higher education. *Studies in Higher Education*, **32**, 679–691.

第5章

Chapter 5

效能分析：规划、实施和评估教育研究

Power analyses: planning, conducting and evaluating education research

R. Brent Stansfield, Larry Gruppen

（翻译：于正珩　　审校：廖凯举）

在过去的几年里，Steve一直在教授一门课程，但他的学生觉得课程材料很难。去年夏天，为了帮助学生，他采用了一个新的学习模式——加强阅读、练习和间隔测验。他认为这个模式正在产生积极的作用，因为他目前所教授的学生的表现比他以前所教过的学生的表现更好，因此他想发表一篇证明该学习模式有效性的论文。Steve有去年的35名学生（没有采用该学习模式）和目前的35名学生（采用了该学习模式）的考试成绩。他知道需要进行独立样本 t 检验，但他不知道他是否有足够的数据来得出可靠的结果。如果还不够，他可以向学校相关管理部门索要前几年没有采用该学习模式的学生成绩数据，也可以在未来几年收集更多的采用该学习模式的学生成绩数据，但他不愿意不必要地延迟发表论文。Steve需要多少学生的成绩记录才能获得可靠的结论？

引言

正如本书第1章中所讨论的，定量研究必然包含数值数据的统计分析。效能分析（power analysis）是决定定量研究中需要多少受试者或数据点的重要步骤。效能分析有助于确保研究设计能够发现相关效应，如干预措施的作用、某种教育结果或变量之间的关系等。如本书第1章中所提，在一项定量研究开始之前，制订详细的研究规划和效能计算（例如确定必要的受试者数量）是任何定量研究的关键步骤。如果你正在申请研究资助，效能分析将是资助委员会重点关注的方法学内容之一；同时，效能分析也是在撰写研究论文并接受同行评议时重要的考虑因素。

那么，为什么效能计算很重要？效能分析的目的是关注效应量（effect size），这有助于理解和表达它的实际意义[1]。如果一项研究“效能不足”且结果是阴性（例如，在一项随机对照试验中治疗组和对照组之间没有发现差异），那么就无法确定阴性结果是由于样本量不足导致的，还是干预措施确实没有效果。

希望这个例子可以清楚地说明在收集或分析统计数据之前进行效能分析的重要性，在发表研究成果时要计算和报告效应量及置信区间。因此，本章的目的是熟悉效能计算的基本概念，以便提高教育研究的有效性，并更清楚地表达所发现的效应。

回到本章开头给出的例子，**效能分析**通过**估计必要的测量数量**提供答案，**以便统计测试有特定的机会找到特定的效应量**。效能分析有四个组成部分：

1. 效应量

2. Ⅰ类错误的概率

3. Ⅱ类错误的概率

4. 样本量（sample size）

1. **效应量**是在研究中被测量的关系或效应的强度，以统计单位（标准差或总方差的百分比）来衡量。在 Steve 的学习模式研究中，他感兴趣的效应是干预组（采用新学习模式）和非干预组（没有采用新学习模式）之间考试分数的差异。我们在后续部分中将描述几种最常见的效应量估计方法。较小的效应量难以检测，需要更多测量才能看到。

2. **Ⅰ类错误的概率**通常设定为 5%（0.05）。这是统计学上发现显著效应的概率（不正确的概率），而在实际情况下就是没有效应。这个概率被命名为 α，这是我们将统计检验的 p 值与确定统计显著性对比的数值。如果 Steve 的学习模式无效，他用来测试其有效性的任何 t 检验都有 5% 的概率提示一个统计学上的重要发现；Steve 的结论是假阳性的，称为Ⅰ类错误。

3. **Ⅱ类错误的概率**是当实际测试的效应存在时，未找到统计上显著结果的概率。这个概率被称为 β，它与效能（$1-\beta$）互为补数。β 通常设定为 20%，这意味着对于给定的效应量，p=20%（0.20）的实验具有 80% 的效能，因此如果存在效应，则效应量有 80% 的概率在统计学上有显著统计检验。如果 Steve 的学习模式实际上以中等效应量（大约 0.5 个标准差）提高了学生的表现，那么他每组 35 名学生的 t 检验为他的效应量提供了 80% 的效能。这意味着尽管新学习模式有效，但他有 20% 的机会没有找到具有统计显著性的效应。这个发现是假阴性，称为Ⅱ类错误。效应存在，但 Steve 没有找到它；如果他声称效应不存在，那他就错了。

4. **样本量**是研究中的参与者数量。参与者越多，提供的效能越大。效应量越小，必须具有足够的效能来检测效果所需的样本量就越大。

这些参数都是数学相关的。一旦定义了这些参数中的三个，利用效能分析可计算出第四个参数的值。由于前两个参数通常按惯例设置（$\alpha = 0.05$、$\beta = 0.20$），因此通常需要自己确定或估计最后两个中的一个。对于学习模式研究，已经知道样本量，即每组有 35 名学生。因此，你可以采用该样本大小，将效能设置为 0.80，将 α 设置为 0.05，并进行效能分析以估计可以检测到的最小效应量。

因为 Steve 希望对其两组设计进行 t 检验，他可以使用 Cohen's d 来估计他的效应量。Cohen's d 是两个样本之间差异的效应量。它是组内标准差与组均值之差的比率。Cohen 制订了一个经验法则来解释这个效应量：一个小的效应是 $d = 0.20$ 左右，中等效应是 $d = 0.50$ 左右，大的效应约为 $d = 0.80$[2]。

图 5.1 中的曲线显示了 80%的效能（$\alpha = 0.05$）分析时，Steve 样本值（每组学生数）对应的最小效应的函数。较大的样本允许用给定的效能水平检测较小的效应。Steve 可以在该图看到他的样本量为 35，他便有 80%的效能来检测 $d = 0.68$ 的效应。

如果 Steve 怀疑他的学习模式效应量的真实值小于它，他可以将 α 和效能设置在相同的水平（分别为 5%和 80%），并在定义他有兴趣检测的最小效应量后进行效能检验，计算他需要的每组中的最少学生人数：他所需的样本量。我们假设他认为实际效果大小是中等的（接近 $d = 0.50$）。他可以追踪图 5.1 中的曲线，发现每组需要 64 名学生才能达到 80%的效应量。在这种情况下，他应该再等 1 年，再测试另外 35 名学生，并向他学校的管理人员索要另外 1 年的未采用新学习模式学生的测试成绩。

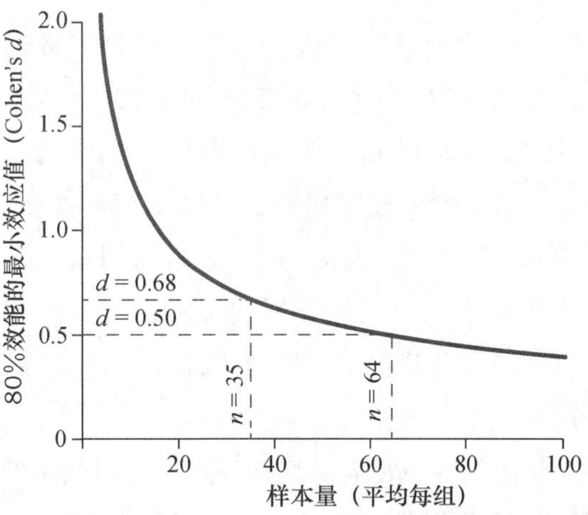

图 5.1 每组最高 100 个样本量可检测到 80%效能对应的最小效应值

我们假设 Steve 的学习模式实际上对学生学习有中等程度的积极影响，它将班级的平均考试成绩提高了标准差的一半（$d = 0.50$）。如果 Steve 忽略了效能检验并简单地对易于获得的数据进行 t 检验（每组 $n = 35$ 名学生），他将只得到 54%的效能：他的测试将有 46%的可能性是非显著的，尽管他的干预具有实际效用。这种Ⅱ类错误是悲剧性的：非显著结果可能注定永远不会被发表，Steve 可能会（错误地）断定他的学习模式是无效的。效能分析表明 Steve 将样本量增加 1 倍能大大降低出错的概率。

计算并报告效应量和置信区间

让我们快进 1 年。Steve 明智地进行了他的效能检验并决定将样本量增加 1 倍。现在每组有 70 名学生。他进行了 t 检验，发现采用了新的学习模式的学生成绩在统计学上显著高于没有采用新学习模式的学生（$p < 0.05$）。他查看了小组的平均值和标准差，并计算了他效应量：$d = 0.60$。有一个真实的效应量——如果可以在采用以及不采用新学习模式情况下得到无穷多的学生成绩，他将能精确地找到该模式提高学生考试成绩的程度。研究结果显示，每组只有 70 名学生（远小于无穷多），得出该精确量的一个估计值：他观察到的效应量有一定的不确定性。这种不确定性来自众多因素（学生的年龄、性别、教育背景、他们的情绪随机变化、考试当天的注意力以及无数无法解释的其他因素），如果能

够对不同组别的学生重新进行相同的分析，他肯定会得到某种程度上不同的效应量估计值。真实的效应量可能不是 0.60，而是某个相比其观察值更高或更低的值。因此，在报告效应量时，我们应该始终报告它的置信区间。置信区间对任何观察到的研究结果报告都是必不可少的 [3]。置信区间告诉你该研究得出的给定统计参数估计值的精确程度。

置信区间为我们提供了反映真实效应量的 d 值范围。具体来说，$d = 0.6$ 附近 95% 置信区间可以低至 0.4、高达 0.8。换句话说，置信区间内真实效应量的任何值都有超过 5% 的可能性以得到我们观察到的效应量。务必记住，置信区间不是真实效应量有 95% 可能性存在的区域。相反，它是一系列真实的效应量，让我们检验到的数据看似合理实则事实而非。范围为 0.3 ～ 0.5 的 95% 置信区间表示，如果真实效应量在该范围之外的任何地方，则估算出数据集产生效应量的可能性小于 5%。

这个例子还说明了统计测试中置信区间和 p 值之间的关系。在零假设显著性检验的逻辑中，我们需要确定在干预的真实效果为零（零假设）的情况下，观察到 d 值为 0.60 是否为显著的（概率为 5%）。如果是，我们可以拒绝真实效果为零的零假设。置信区间可以让你通过检查置信区间是否包含了零假设（没有关系，两种均值之间的差异 = 0.0 等），做出非常相似的判断。对于 95% 置信区间为 – 0.1 ～ 0.7 的情况，零结果（0.0）包含在区间内，因此真实的零效应量有可能产生我们观察到的结果，所以不应该拒绝真实情况相关性为零的可能性：你的统计检验不是“统计上显著”。而 0.1 ～ 0.5 的 95% 置信区间不包含 0.0。因此，本研究将使你得出结论，如果真实效应量为 0，观察结果不太可能发生（$p < 0.05$）。

在你发表的研究中报告效应量大小及置信区间可以让读者直接将你的结果和他人的比较。Steve 对效应量的估计为 $d = 0.60$（95%CI 0.40 ～ 0.80），可能比他同事用相似学习模式但没有间隔测验得到的结果大：同事的结果可能是 $d = 0.45$（95%CI 0.30 ～ 0.60）。这个信息可以帮助研究者生成新的假设（例如，间隔测验是该学习模式的重要组成部分）。如果 Steve 和他的同事只是报告了 t 检验和统计上的显著性结果，那么上面这种比较就不能实现了，并且也不会联想到关于间隔测验重要性的假设。

Cohen 的 d 值计算是和 Steve 一样的两组设计。它可以直接与其他以标准差为单位的效应量值进行比较。例如，Steve 的同事可能会问他的学生，他们在学习上花了多少小时，然后计算 Pearson 的 r 值来衡量效应。由于 r 值是标准化的、无单位的测量，它可以被转化为 d，因此 Steve 和他的同事可以很直接地比较结果。这种转化很直接：

$$d = 2r/\sqrt{1\text{-}r^2}$$

更复杂的研究设计需要不同类型的效应量测量方法，用于测量你的模型表明的方差百分比。η 平方（η^2）是最常用的一种方法。其他方法还包括 Ω^2、f^2、R^2。这些方法的计算方式都有些不同，但它们都估计了从 0（模型没有表示方差）到 1（模型表示全部方差）的效应量，同时给出置信区间。

那么，如何在一份报告的结果中提供更多的信息，而不只是传统的 $p < 0.05$？基本的要求是报告上文提到的所有元素。请注意：

- α、样本量和效能经常在方法部分提供。
- 效应量和置信区间一般在结果部分报告。

遵循这些准则的明显结果就是不再报告所观察到的 p 值（如 $p < 0.0035$ 或 $p < 0.0001$），而只是报告 p 值的判断标准（典型值有 $p < 0.05$ 或 0.01）并指明哪些结果符合标准。第二个结果就是报告效应量和对应的置信区间。通过纳入这些信息，读者可以更好地理解其临床意义，从而更好地理解报告的现实含义。

表 5.1[4] 展示了一些实践例子。总体的 p 值标准为 0.05。结果测量值的观察平均值（错误类型）与方差测量值（标准差）同观察到的平均值差异一起报告。效应量作为每个结果度量中所占的方差比例进行报告。置信区间提供了这些估计的精确度信息。p 值标准（0.05）作为脚注提供，适用于表中的所有变量。

作为效能分析和置信区间如何帮助我们理解研究结果的一个例子，我们可以查看在大多数发表研究中的一篇不包含二者的研究文章。一个已发表的研究描述了在以患者为中心的交流中培训医生的效果[5]。

表 5.1 用 95% 置信区间报告效应量的例子

错误类型	每个学生的平均频率及标准差			
	干预组（n=30）	对照组（n=53）	平均差（95%CI）	方差所占百分比（%）（95%CI）
缺少医学主题词（MeSH）激发	0.7（0.8）	1.3（1.0）	−0.6（−1.0，−0.2）*	7.7（0.9, 18.8）
缺少 MeSH 术语	0.7（0.8）	1.2（0.9）	−0.5（−0.9，−0.1）*	6.8（0.3, 18.8）
缺乏适当范围	0.8（0.7）	0.9（0.5）	−0.1（−0.4，0.2）	—†
不恰当布尔操作符 / 未能恰当地组合所有相关搜索概念	0.7（0.7）	0.6（0.5）	0.1（−0.2，0.4）	—†
未找到最佳证据	0.4（0.5）	0.7（0.5）	−0.3（−0.5，−0.1）*	6.8（0.3，18.8）
缺少一个或多个概念	0.6（0.6）	0.7（0.5）	−0.1（−0.3，0.1）	—†
不适当范围	0.2（0.4）	0.3（0.5）	−0.1（−0.3，0.1）	—†
搜索效率低下	0.1（0.4）	0.3（0.3）	−0.2（−0.4，−0.1）*	5.5（0.9，18.8）
不正确的搜索术语	0.1（0.3）	0.3（0.4）	−0.2（−0.4，−0.0）*	3.6（0.1，12.90）
总体搜索错误	4.4（3.3）	6.2（2.8）	−1.8（−0.4，−3.2）*	7.6（0.4，20.6）

83 名四年级医学生在循证医学选修课的选后搜索错误的类型和频率

密歇根大学医学院。密歇根州安娜堡，2001—2003

*p<0.05，独立 t 检验

† 对于没有统计学意义的差异，不计算方差所占百分比和置信区间

来源：Gruppen et al.，经 Wolters Kluwer Health 许可转载

他们使用了一种短期的培训形式，成功地培训了 15 名医生，并将另外 15 名作为对照组进行了测量。他们还进行了长期培训，培训了 20 名没有对照组的医生。每位医生都接受了两次测量：一次是在培训前不久（对照组缺乏训练），另一次是 1 个月后。主要的测量方法是从 5 个与真实的患者互动的录音带中，对他们交流中以患者为中心的程度进行编码；该编码为各种以患者为中心的沟通行为（提出开放式问题、心理社会谈话等）的发生率生成了一些分数。

他们规划的其中一组比较的是 15 名短期培训医生及 15 名对照组医生在培训前和培训后的沟通得分变化。他们采用独立样本 t 检验，比较干预组和对照组医生在培训前后沟通得分的变化，结果表明无统计学意义。虽然他们没有报告效能检验，但效能可以计算出来：每组 15 名受试者的独立样本 t 检验有 80% 的效能分析到 $d = 1.06$ 或更高的效应量。这是一个非常大的效应量，因此，如果培训对医生的沟通行为的影响很小，或至中等，我们就不需期望有统计学意义的结果。因此，负面结果并不令人惊讶，除了效应量可能小于 1 个标准差之外，几乎不包含有关真实效应量的信息。

他们规划的另一组是在以患者为中心的沟通在各个方面对所有三组（对照组、短期培训组和长期培训组）进行比较。其中一项比较发现，20 名长期训练的医生更多地使用开放式问题（培训前和培训后的平均差为 4.5），而 15 名短期培训医生的平均差为 3.0，对照组的平均差为 3.2。通过单因素方差分析（one-factor analysis of variance，ANOVA），该效应的 p 值高于但接近 α（$F = 2.8$，$p = 0.068$），因此被认为不显著。利用组均值和样本量对统计量进行逆向推算①，发现其观测效应量约为 $\eta^2 = 0.106$。按百分比解释的效应量衡量，他们本可以报道这是一个中到大的效应量。相反地，作者报告了不显著的差异，同时提到“有一些迹象表明，接受长期培训计划的医生参与了更多的开放性问题”。

上述的患者沟通文章描述了一种可能的强大的沟通技巧培训方法，但效应量应该能告诉他们，他们的样本量太小，并因效应量太大而无法找到统计学意义。由于他们的低效能，除了（或代替）显著性检验之外，他们还可以报告他们所观察到的效应量估计值以及置信区间，以更好地证明该工具的潜在有效性。然而，他们只报告了用他们的培训方法估计时是非常不稳定的，因为他们缺乏数据，而且观察到的许多估计值的 95% 置信区间（包括零）——他们的培训方法完全缺乏有效性——作为一个可信的真实效应量。

实用性和陷阱

希望上述段落已经证明了效能分析和样本量计算在任何类型的医学教育定量研究中的重要性（一个来自医学教育领域的

① 为了做到这一点，我们需要确定 F 检验的自由度，模型的自由度为 2df（组数减 1），残差自由度为 47（50 名受试者减 1 再减去模型 df）。然后我们确定模型的均方项作为模型参数估计值的方差（按组样本大小迭代的组均值），并使用它来确定残差的均方项（因为 F 是模型均方与残差均方的比值）。这些均方项乘以自由度，以确定模型和残差的平方和。η^2 是模型平方和与总平方和的比例。——原注

例子参见 Gruppen et al.,[4])。新手研究者提出的一个问题是，如果没有必要的样本量用以分析出可能的影响，他们是否应该或能够继续研究下去？例如，如果你需要在每组 100 人的实验中获得足够的数据，从而检验出效果，但你实际上只能在每组 50 人进行试验，那么这个研究是否仍是可行的？我们强烈建议不要进行这样的项目。你的结果很可能是不确定的和缺乏信息的。此外，为了收集不充分的数据而麻烦研究对象和浪费有限的资源是不符合伦理的；这种做法很可能会导致项目无法获得资助或没有可发表的结果。在这种情况下，回到你的研究问题，考虑是否另一种类型的研究设计将在同样的样本限制下提供更大的效能。

提高统计效能的方法之一是选择一种更可靠的结果测量法。记住，影响效应量的分母是模型中无法解释的方差。越可靠的测量方法方差越小，分母随之越小，因此效应量越大。这会增加观察到的效应量，从而提高检测到更大效应的统计能力。例如，先前引用的患者沟通文章中，如果作者将他们对不同类型的以患者为中心的沟通的测量合并到一个更稳定的总体评估中，他们也许可以减小测量误差，从而增加他们观察到的效应量。另一篇之前提到的文献中，如果他们将单因素方差分析的残差减小 10%，他们观察到的效应量将跃升至 η^2=0.116，因此结果可能具有统计学意义。

如果在不同的地点进行比较（例如比较导师培训的影响，而研究中的导师在不同的校园工作），那么你可以使用一种特殊的随机对照试验——分组随机试验[6]（cluster-randomized trial）。这在医学研究中很常见。在这种定量设计中，效能计算必须考虑场地的可能影响以及主要结果测量的质量。

小结

最后，你可能会很欣慰地听到，关于如何进行效能检验有很多可用的指导。Cohen[2]是一个开创性的参考。互联网是一个很好的资源库，有很多在线工具，允许你选择一个统计测试，代入参数并解决你的问题（必要的受试者数量或给定的样本量和效应量的统计效能）。正如 Cleland 在本书前面所指出的，统计学家在规划和分析定量研究中是很关键的。在早期的研究计划的各个方面寻求统计、计算和分析方面的建议，将为之后的研究省去大量的时间与顾虑。

实践要点

- 评估效应量和效能计算是研究设计的重要方面，有助于避免Ⅱ类错误的发生。无论是根据估计的效应量确定足够的样本量，还是为给定的样本量确定最小的可检测效应量，效能分析都会使研究人员提高发现统计学显著性的可能性。
- 报告观察到的效应量和置信区间来传达效应量强度，是一种很容易与其他研究结果进行比较的方式。
- 综上所述，效能分析和效应量报告提高了研究的效率及文献的有效性，有助于读者理解研究结果的临床意义并对不同研究进行比较。

参考文献和资源

1 Kirk, R.E. (1996) Practical significance: a concept whose time has come. *Educational and Psychological Measurement*, **56**, 746–759.

2 Cohen, J. (1988) *Statistical power analysis for the behavioral sciences*, 2nd edn. Erlbaum, Hillsdale, NJ.

3 Kirk, R.E. (2001) Promoting good statistical practices: some suggestions. *Educational and Psychological Measurement.*, **61**, 213–218.

4 Gruppen, L.D., Rana, G.K. & Arndt, T.S. (2005) A controlled comparison study of the efficacy of training medical students in evidence-based medicine literature searching skills. *Academic Medicine*, **80**, 940–944.

5 Levinson, W. & Roter, D. (1993) The effects of two continuing medical education programs on communication skills of practicing primary care physicians. *The Journal of General Internal Medicine*, **8**, 318–324.

6 Fayers, P.M., Jordhøy, M.S. & Kaasa, S. (2002) Cluster-randomized trials. *Palliative Medicine*, **16**, 69–70.

第2部分

基于理论的教育研究

Theory informing education research

第6章 Chapter 6

建构主义：学习理论和研究方法

Constructivism: learning theories and approaches to research

Karen Mann, Anna MacLeod
（翻译：樊碧娆　审校：周舒艾君）

在获取执业医师资格前的学生阶段，医学院与医疗卫生专业教育已开始为你实施跨专业教育计划。早期的举措是让来自不同学院的二年级学生聚在一起，讨论他们的专业角色和当前的医疗卫生问题。之后，学生需要完成一份标准化问卷，调查他们对该计划的态度、知识掌握情况和反馈。结果显示：学生对该计划的评价褒贬不一，班级中相当一部分学生对这段经历表达了不满，并且不感兴趣。

你认为理解这一结果背后的原因非常重要。并提出以下问题："学生如何理解'跨专业教育'及其目标？来自不同学院的学生是否持不同意见？他们的经历是什么？这些经历对于他们的问卷结果有何意义？"一位同事建议：你可能需要一种可以帮助你理解评价结果的方法。她建议将"建构主义"作为这种方法。于是你决定学习一些相关的内容……

引言

建构主义奠基了我们观察世界主要方式之一的基础（参见本书前文MacMillan所著章节）。Creswell[1]将世界观描述为"关于世界的一般认识和研究者所持的学术观点"（p.6）。与其他定义一样，世界观是关于知识本质以及我们如何认识世界的一组信念的基础。

"建构主义"这个术语有多层含义，不论是从集体还是社会层面上，所有这些含义在某种程度上都与我们生活的世界的意义建构、赋予意义的观点有关。这种对含义的关注是我们医疗卫生专业教育工作者和研究者工作中不可或缺的。首先，它支持了我们对人类学习方式的理解，并构成了所谓的"建构主义学习理论"的基础。相应地，这些理论引导出了特定的教学与学习方法；当我们努力升级教育实践、提高学生理解力时，这些理论为我们在学习和教学方面的问题提供了框架。其次，对意义的关注求诸研究方法，这有助于我们理解人们对其经历意义的解读。

在本章中，我们的目标是推进建构主义及其哲学基础在世界观、理论框架和研究方法方面的一致性。然后，我们转向建构主义学习理论的概述。在本章的第三部分，我们聚焦于建构主义的研究路径——传统和方法。在整个章节中，我们提供了来自不同学科的实例，包括临床医学、医学教育和护理学。

到本章结束时，你应该能够理解或进一步探索：

- 建构主义哲学
- 它如何产生我们日常实践中依赖的某些学习理论
- 建构主义研究方法及其内部五大研究传统
- 研究者在建构主义研究中的角色
- 这个研究是如何在建构主义下进行的以及它所使用的研究方法
- 确保质量和严谨性的方法；它们如何与其他范式中的此类标准相关联
- 一些重要的考量和常见的陷阱

建构主义作为一种理解世界的方式，已经成为实证主义（positivism）的替代词。从这个意义上说，它在某些重要且基本的方面与实证主义不同。这些不同点包括本体论、认识论和方法论[2]。我们将在以下章节中简要地解释这些内容。

本体论问道：“现实的本质是什么？可以知道什么？”实证主义观点认为存在一个现实世界和一个唯一的现实。它们虽然承认有一些不确定性，但可以通过细致的实验和度量一组明确的想法来理解这个世界的本质。相比之下，建构主义认为存在多种现实或“相对主义”观点。在这种观点中，这些现实中的每一个都源于意义和理解的“建构”，并基于个人的背景、以前的经验和知识、态度和信仰。

认识论问道：“知识与已知者之间关系的本质是什么？”[2]实证主义世界观采取“客观主义”的方法：作为研究者，我们可以将自己与我们描述的过程或事件分开，从而发现它真实的形式或过程。相比之下，在建构主义者的相对主义或“主观主义”观点中，研究者和被研究对象是密不可分的。研究者是带着他的信仰、偏见、经验和价值观去探索的。这些既影响了研究内容，还影响了观察结果的方式。

方法论问道：“我们怎样才能知道我们能够了解什么？”建构主义方法与实证主义方法的不同之处在于，建构主义方法论被认为是回答所提出问题的恰当方法。建构主义的理解方法主要是定性的，包括诸如事件和过程发生的原因和方式，以及个人和群体如何形成自己的意义等问题。虽然不排除定量方法，但它是对定性方法的补充。实证主义研究者主要依靠定量方法尽量减轻或减小主观性，目的是揭示真实世界的真理、知识，解释、预测因果关系。

表 6.1 总结了这两种方法。

实例可能有助于说明这些看待世界的不同方式。我们假设：我们感兴趣的是理解共情能力是如何习得的。使用实证主义方法，我们可能会通过文献检索来确定测量共情能力的方法。选择已经验证的量表后，我们可能会选择在教育期间的关键时刻测量一组学习者的共情能力，这些时刻可以是：课程开始阶段、过渡到主要的临床学习阶段，以及完成课程阶段。我们可以测量这段时间内量表指标的变化，并尝试通过获得的分数和量表设计意义来理解它们的含义。我们可以将这些分数与其他测量共情能力的量表上获得的分数进行比

表6.1 建构主义和实证主义世界观（本体论、认识论和方法论）的比较

	建构主义	实证主义
本体论	有多种现实 个人根据他们过去的经验和知识建构不同的理解	只有一个现实 通过仔细的测量和实验，可以了解现实的本质
认识论	研究者与被研究对象密不可分 研究者的信念和经历会影响所提出的问题以及如何理解研究结果	研究者与研究中的现象、事件或过程是分开的 可以采取措施消除偏见并最大限度地减小主观性
方法论	方法主要是定性的 目标是了解事件发生的方式和原因以及个人如何理解事件	方法主要是定量的 目标是揭示现实世界的本质，从而解释和预测因果关系和关联

较，进而确定这些量表之间是否存在相关性。相比之下，使用建构主义方法，我们可能希望更多地了解学习者如何理解共情能力、共情对他们的意义是什么以及共情如何在他们的经历中表现出来。这可能会涉及对不同层次学习者的访谈、收集他们对共情的理解以及他们如何习得共情能力的个人经历和观点。我们可能感兴趣的是理解学习者如何将共情与他们经历中的其他概念联系起来，或者是否会从我们的分析中产生一些对共情内涵和习得方法的新理解。（当然，实证主义者也可能会看到这些，但从他们的世界观来看，真理只有一个。）

从上述比较中可以看出，这些世界观或范例影响了教师、研究者以及个人或团体的选择和行动。现在，我们首先简要介绍建构主义学习理论。（这些将在本书的其他章节进行更深入的讨论。）接着，我们转向建构主义的研究方法。

建构主义学习理论

建构主义世界观催生了学习理论，这些理论与医学教育的关系日益密切[3-7]。深入研究这些学习理论，有助于了解它们如何反映建构主义本体论（对现实本质的看法）和认识论（知识与已知者之间关系的本质）[1]。在建构主义观点中，学习是在学习者根据他们以往的经验、知识、态度和价值观积极地建构新知识的意义的过程中发生的，在这个过程中，虽然人们已经达成了许多共识，但我们也认识到个人常以不同的方式建构或表达他们的认识。意义并非独立于语境，而是与语境密切相关。基于建构主义的学习理论通常分为两大类：个人（个体）的和社会的。个人建构主义方面通常包含在认知主义学习理论中，而社会建构主义一般被包含在社会学习理论中。这些内容将在下列各节进行简要介绍。

个人建构主义（personal constructivism）是20世纪前期皮亚杰（Piaget）提出的[8]。根据皮亚杰的认知发展理论，认知图式或心理结构是随着人们对环境的认识而发展的。随着人们的主动思考和解决问题为导向的学习，这些图式变得越来越复杂。个体通过测试他们当前的知识量，调整、扩展认知图式，并将新知识整合到现有的知

识结构中，来建构自己的知识和认知结构，扩展自己的认知图式。我们在医学教育中可以观察到这一现象：学生逐渐构建他们的临床知识，并不断增加新的知识和经验。围绕某一特定诊断的知识模式被称为“疾病脚本”（illness script）[9]。

在医学中，我们用于解决问题、建立知识体系、实践效果、发展专业知识和学习其他方面的大部分知识都是基于认知建构主义框架。医学教育研究领域的几位研究者的工作开拓了这一领域 [10-13]。实际上，医学学习者在吸收、内化知识的过程中产生的理解超出了认知心理学对医学教育的认识。这种认知主义 - 建构主义方法的基础和衍生的原则已经成为基于问题学习的主要理论基础 [13]。这些原则包括原有知识的重要性、原有知识的激活、知识的细化、学习知识的来龙去脉以及知识的前后贯通。成人学习的原则是建立在建构主义基础上的，这些基础包括借鉴过去的经验和知识、学习动机以及自主学习的能力。

反思、自我评价和临床推理的发展也是受建构主义影响的学习和发展的方法。每一个对学习的看法都引起了医学教育研究者的兴趣，因为这被认为是卫生专业人员的基本能力。事实证明，这些问题极其复杂，其中许多仍有待解答。例如，对反思的研究已经将其定义为一种认知和情感过程，学习是通过对经验的反思而发生的。然而，关于这种反思如何影响行为、学习和决策的问题仍在积极探索中。针对这些问题的研究采用了定性和定量方法，独立地和协同地采用混合方法进行研究。希望获得更多信息的读者会发现有大量文献可借鉴；有两篇综述文章 [14-15] 可能会提供一个有用的开端。

前面描述的理论强调个体学习者和知识内化的过程：在主动学习、总结经验和构建意义的过程中获得知识、技能和态度。近年来，当代的建构主义概念已经扩展到包括学习的社会层面，称为“社会建构主义”，其中强调了社会、文化和环境的重要性。在这种方法中，我们的学习是通过与他人、环境和其他人、事物、活动之间的动态交互来实现的。

社会建构主义（social constructivism）包含并以我们目前的理解的学习中的一些重要概念为基础。社会认知理论 [16] 和其他社会学习理论强调学习如何与他人和环境发生互动（参见本书中 Torre 和 Durning 所著的章节）。来源于社会学和人类学领域的社会文化学习理论也帮助我们理解学习这一社会过程。这些理论由 Lave 和 Wenger 等 [17] 学者进一步发展，由此出现了“实践社区”的概念。Lave 和 Wenger[17] 认为所有学习都是在一个情境中进行的，并且与情境紧密相关。他们使用术语“情境学习”（situated learning）来描述学习与情境的联系。在社会背景下，学习的概念从个体的内化过程拓展到通过参与社区真实的生活实践而发生的集体过程。个人学会“去做”和“正在做”；在这个过程中，他们开始了解如何构建、思考和谈论他们正在进入的职业。他们在集体理解和团体知识构建的过程中学习并为之做贡献。在这个概念中，建构主义包括知识、技能、态度、价值观和职业认同的发展。

在过去的二三十年中，“在实践社区

中学习”的概念通常用于描述如何通过积极参与社区工作来学习知识、技能、认知价值等[18]。医学教育研究者可以利用社会科学研究同事的专业知识，更好地了解学习如何在个人层面、集体或社区层面发生。学习和知识在社会建构主义上的概念也植根于建构主义世界观。

社会建构主义范式内的学习研究包括团队合作、跨专业学习、职业认同形成和临床学习的研究[19]。其他以建构主义为基础的学习理论包括文化历史活动理论（cultural historical activity theory，CHAT），通常称为活动理论（activity theory）、行动者网络理论（actor-network theory），以及最近的社会物质理论（socio-material theories）（参见本书第 7、8 和 9 章）。

总之，建构主义的学习观可以被视为包含那些关注个体学习者的观点，以及那些侧重于更多集体知识建构的观点。它们还包括一系列理论——从非常实用的理论到更抽象的理论。图 6.1 更有助于说明这些理论的范围和数量。

从这篇以建构主义为基础的学习理论的简要概述中，我们开始考虑如何在这种世界观中进行研究。

建构主义的研究方法

在建构主义世界观下进行研究时，通常会听到对以下三个术语的讨论：相对性、互动性和主观性。这些观点对建构主义研

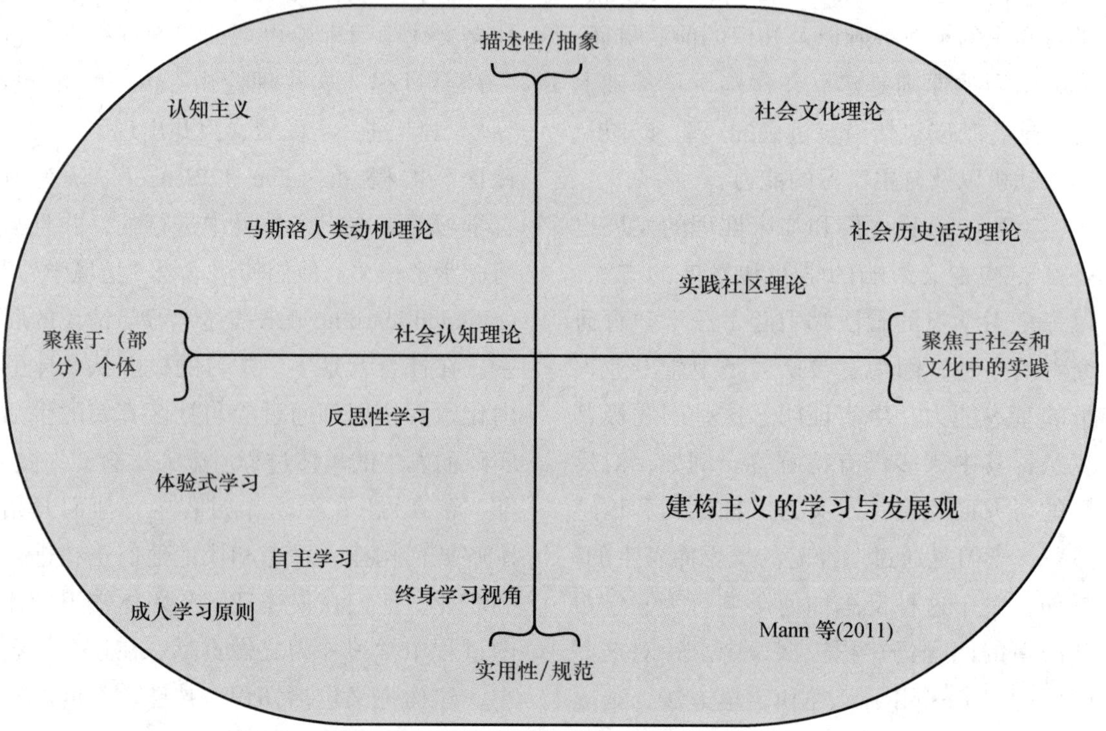

图 6.1 建构主义的学习与发展观

来源：Mann et al[3]. 得到 Elsevier 公司许可

究中实际进行的方式有很大影响。它们究竟是什么意思呢?

相对性:相对性的本体论影响建构主义的研究方法。简而言之,建构主义方法存在一种潜在的哲学假设,即"没有客观的真理是已知的"[20](p.278)。相对性强调可以应用于世界的各种各样的解释,这显然对建构主义研究过程的方法有重要影响。

互动性:互动性是建构主义认识论的核心,它处理事实问题。从建构主义的方法来看,事实是一种"互动",正是这些互动和个人思想的产物产生了所谓的"构建现实",或说成是个体如何构建他们对现实的理解。因此,互动性影响了建构主义研究项目的目标。

主观性:在建构主义认识论中,世界是不可预测的。它包括研究参与者的思想、感受和心理。因此,研究者的工作是对他们看到的世界进行建构,而不是揭示真相[21]。由于这些原因,反思(将在下面讨论)在建构主义方法中非常重要。

让我们在研究的背景下考虑相对性、互动性和主观性。建构主义者会积极与研究者进行访谈,希望从研究参与者那里获得洞察力而不是学习"真实故事",因为他知道没有单一的真理。这是相对性的例子。此外,建构主义研究者认同的信息来源于访谈过程中研究者和参与者之间交流的结果,而不是传达"纯粹的、未经过滤的"事实。这是互动性的例子。最后,用建构主义世界观构建的研究访谈将认识到人们(研究参与者和研究者)是不可预测的。例如,人们对问题的回答方式可能会有很大差异,具体取决于许多不同的因素。例如,参与者是否对当下的问题有热情,并朝着意想不到的方向进行访谈?研究者是否感到时间紧迫并试图尽快结束谈话?参与者是否经常就当下的主题进行咨询,并对谈论同样的问题感到"厌倦"?研究者是否与特定的参与者建立了特别良好的关系,而与另一位参与者关系不佳?这些是研究过程中主观性的例子,这些现象在建构主义世界观中得到了承认和考虑。

"相对性、互动性和主观性"在如何进行建构主义研究方面意味着什么?建构主义研究项目在实际执行中是什么样的?一般来说,建构主义研究将具有以下五个重要特征:

1. (通常)是定性的。
2. 文献并不一定能解释研究问题,但它能启发研究者。
3. 涉及自然主义方法(例如访谈、观察、文献分析)。
4. 包括研究者和研究参与者之间的对话,以便协作构建意义。
5. 意义通过研究过程得以体现。

建构主义基于这样一种信念,即现实是社会建构的,因此建构主义是流动的。建构主义者认为,在文化、社会问题和关系等重要因素的基础上,知识处于不断进化的过程中。因此,尽管存在多种竞争,甚至是冲突,但关于知识的有效论断仍然存在。我们在自己的学科中完全认同这一点。例如,客观结构化临床考试(OSCE)被誉为医学教育评价的金标准,并且有大量的研究支持这一主张[22]。然而,同时也有大量的文献资料将 OSCEs 描述为一种有问题的评价方法[23]。

对于那些主要从实证主义立场思考研究的人来说，从传统方法的规范性中解脱出来可能会令人不安或不适，传统方法的规范性是指通过既定的指导方针和流程来确定特定研究项目的严谨性和质量。为了应对这种不适和对规范的渴望，Angen[24]提出了一套标准来评估运用解释主义方法（如建构主义）进行的研究。其中包括：

- 经过仔细考虑和明确表达的研究问题。
- 证明研究是在充分尊重下进行的。
- 阐明研究者的选择和解释，并证明研究者对这些选择负责。
- 对研究有说服力和充分论证的说明。
- 对方法和分析的透彻描述。
- 传播结果的计划和评估。
- 阐述研究的有效性，重点是：
    - 伦理有效性：研究者应该清楚，在整个过程中做出的选择既有政治考虑，也有伦理考虑。
    - 实质有效性：研究者应评估解释性工作的实质内容。

如果研究者能够证明他在研究项目的设计、实施和分析中考虑了这些因素，那么作为受众这一角色，也是根据以上因素来确定研究项目质量的。我们将在本章的后面章节讨论如何确保建构主义研究质量的标准。但是现在，让我们用一个例子来思考上述原则。

Jordan 等人[25]的论文《思考每一步：脊髓损伤患者如何重新学习走路》证明了上述七点。作者对了解脊髓损伤患者的经历非常感兴趣；然而，这可能是一个相当广泛和艰难的领域。作者对自己的兴趣进行了微调，提出了一个明确的研究问题“如果医学可以提供部分恢复脊髓损伤和提高行走能力的治疗干预，这些努力会如何影响脊髓不完全损伤患者的日常生活？”问题的重点在于调查，才能使研究的参数清晰。

整篇文章都显示着对研究的尊重。例如，出于对招募参与者的尊重，研究者会一步到位。与参与者已建立良好关系的物理治疗师是招募的第一联系人。同样，文章的重点是参与者自己，鼓励他们无论好坏，都以敏感和深思熟虑的方式分享他们的故事和经历。鉴于该主题困难重重，以尊重的态度进行研究尤为重要。

作者详细描述了他们的分析过程，并说明了他们在参与者招募、数据收集、数据管理和解释方面的决策。实际的招募面试指南包含在附录中，还包括一组描述他们筛选参与者的笔记。作者不仅描述了这项研究的“由来和原因”，还描述了他们从实践到理论中一些选择的基本原理。论文中提供了他们研究过程的详细图片，并允许读者对研究过程的严谨性下结论。本文的“调查结果”部分对研究结果进行了有说服力的描述，以充分、简洁的方式将结论呈献给读者。

虽然我们在文章发表后才以书面形式看到了这项研究，但是，我们可以从中获得研究设计和发表评价的启示。本文发表在高影响因子实体期刊《定性健康研究》（*Qualitative Health Research*）上，该期刊旨在发表与健康相关的定性研究结果。此外，“讨论”部分重点介绍了几个可以直接转化为行动的研究结果。

建构主义研究传统的五个研究范例

作为医学教育工作者，我们经常会遇到一些我们想要探索的问题，以便更好地学习和理解。在接下来的章节中，我们使用了一个潜在的医学教育问题的例子，这一问题可以使用建构主义研究方法进行探索。具体而言，我们将考虑如何使用以下方法探索我们感兴趣的问题：①叙事法；②现象学；③扎根理论；④人种志；⑤案例研究。

我们为关于建构主义研究的每种传统给出了两个例子：一个假设的例子和一个文献中的实际例子。所有假设的例子都与一个感兴趣的领域有关：医学生如何处理他们本科教育阶段中的不安全感和不确定感？我们描述了这个问题是如何通过每种方法建构起来的，以阐明可用于探索建构主义框架内的单个问题的方法论途径的范围。有关总结请参阅表 6.2。

1. 叙事法：这种调查方法是在一段时间内重述某人的故事。它探讨了故事的含义以及可能吸取的一些潜在教训。叙事研究项目通常涉及访谈和参与者并以文本形式分享故事。以我们想要了解医学本科生的不确定性为例，叙事方法包含对医学生的一系列深度访谈，重点是他们在特定情况下对某些医学知识感到不确定的体验。

Bleakley[3] 为在临床教育中使用叙事研究提供了令人信服的论据。他强调了叙事方法可以阐明“硬”数据的事实。作为一个例子，Bleakley[3] 重点描述了 Rich 和 Gray[26] 对穿透性暴力中年轻黑人幸存者创伤手术后心理障碍的叙述性探索。研究者很有兴趣去了解暴力伤害的意义以及环境如何导致复发性伤害，他们认为这是一种令人不安但常见的情况，并指出除了数字之外还有许多值得学习的东西。这个由临床医生主导的研究项目包括他们在医院里

表 6.2　五个比较定性研究传统的维度

维度	叙事法	现象学	扎根理论	人种志	案例研究
焦点	探索个人的生活故事	描述有关现象的经验	基于田野中的数据发展理论	深入描述文化的和（或）社会的群体	提供对单个有界限案例或多个案例的深入分析
数据采集	访谈和文件	对大约 10 人的长访谈	对 20 ～ 30 个人进行“饱和”访谈	长时间观察和访谈	多种来源——文件、记录、访谈、观察等
数据分析	故事，感悟，历史内容	陈述，意义，意义主题，经历的一般描述	开放编码，轴向编码，选择性编码，条件矩阵	描述，分析，解释	描述，主题，论断
叙事形式	个人生活的详细描述	描述经历的“本质”	理论或理论模型	对文化行为的描述	对有界限的案例的深入描述

来源：Creswell[1]

招募的参与者，让他们有机会用广泛的对话性问题来讲述他们的故事，例如“告诉我你的遭遇”，以及“你受的伤怎么样了？影响你的家人了吗？”

2. **现象学**：现象学研究的目标是在特定的语境中描述参与者的经验，以便理解一种现象。例如，考虑到我们对不确定性的兴趣，我们可以探索具有非科学学科背景的医学生感到不确定的经历。为了探索这一点，现象学家可以使用访谈来收集参与者对他们自己经历的描述，或参与者的书面 / 口头报告，甚至他们的审美表达（即反思日志、诗歌）。

   来自医学教育文献的现象学研究的一个例子是 Dornan 及其同事关于临床教师对基于问题学习的看法的研究。研究小组对临床教师进行了半结构化的小组访谈，以了解他们对基于问题学习的看法[19]。研究者试探性地向他们的参与者提出了一个广泛的问题，即“从经验中学习的三年级学生的成功程度如何？”这个高度开放性问题允许参与者用自己的语言描述他们对基于问题学习现象的印象。访谈经过转录，并开启现象的还原，这意味着，将带有措辞的参与者的叙述还原为对关键概念的主题描述。

3. **扎根理论**：这种定性研究会迭代地探讨过程、行动或互动。研究的最终目的是提出一种理论。例如，扎根理论研究项目可能会探索临床工作中的不确定感。研究者可能会对学生进行访谈，对访谈的初步分析可能会提出“不确定性”的主题；这个主题可以通过访问不同临床工作阶段中的参与者来解决，他们可能会对不确定的含义提供不同的观点。后续阶段对收集的数据的分析将导致数据收集过程进一步的调整，以使新出现的不确定性理论完整化。

   Kennedy 和他的同事[27]对于接受临床训练的人对支持的需求所做的工作，是医学教育背景下严谨的扎根理论研究的一个例子。这些研究者打算对社会现象进行理论解释，在这种情况下，学习在何时以及如何寻求帮助的扎根方式是基于自然主义的数据。这些数据是通过对低年级和高年级的住院医师、医学生、护士和主治医师的观察和访谈获得的。扎根理论方法允许研究者建立关于许多因素的理论，这些因素不仅仅是临床因素，它们还影响着接受临床训练的人寻求支持的可能性。

4. **人种志**：民族志起源于早期文化人类学，是通过观察和其他数据收集方式“沉浸”在他们的文化中，进而对群体进行深入描述的过程。人种志研究可以探究特定教学场所（即特定临床病房）的文化。研究者将使用多种数据收集方法（其中一种方法必然是观察），以便对该病房中发生的正式和非正式教学实践建立丰富而细致的理解。研究者会寻找（即观察）医学生可能感到不确定的实例，并通过访谈更详细地探讨这些经历。

来自医学教育文献的人种志研究的一个例子，是 Hancock 和 Easen[28] 开展的一项针对护士对心脏术后患者是否拔管的决策过程的研究。研究小组在为期 16 个月的研究中花了很多时间观察手术室里的操作程序。观察结束之后，紧接着是对他们观察过的人进行访谈，目的是了解手术室文化如何影响护士的决策。人种志方法有助于阐明这样一个事实，即临床环境中经常出现的如关系、等级、权力、领导力、教育、经验和责任等，在决策的复杂过程中都非常重要。

5. **案例研究**：案例研究是在时间和环境限制的已定义框架内探索情节事件。选择适当的案例进行探讨是一个主要问题。案例研究通常侧重于“如何”的问题。案例研究的一个例子可能是探讨当学生对案例展示感到不确定时如何利用可用资源来获取信息。研究者必须系统地收集和管理有关信息和资源，以评估实践中的多种数据来源，并采取可引用和排序的格式，以便探索多种问询和模式。

   Crowe 和他的同事 [29] 讨论了在医学教育研究的背景下案例研究的益处，强调该方法允许在现实环境中深入探索复杂问题。他们重点介绍了 Pearson 等人 [30] 的工作，该工作使用案例研究作为一种机制来了解来自不同医疗卫生专业的学生如何了解患者安全。这组研究者从许多不同的医疗卫生专业教育计划中审查了与患者安全相关的课程文件或材料。然后他们访谈了每个专业的代表，并与来自不同专业的参与者一起探索案例研究，以探索学生和新的专业人员所面临的潜在的组织文化。

虽然每种传统都提供不同的方法论和分析过程，但在建构主义世界观中，每种方法都有共同的解释主义的认识论和本体论观点。具体而言，“调查人员和调查对象……以交互方式联系起来，以便随着调查的进行而逐渐地得到发现” [31]（p.207）。因此，建构主义研究中采用的认识论和本体论的立场不同于那些观点，即研究者的角色是发现调查对象内部的真理，进而发现现实是在任何意识之外自主存在的 [32]。建构主义方法挑战了数据是世界上存在的客观“事实”这样的假设，也挑战了研究者“发现”这些数据及其可能启示的相关理论。相反，正如 Charmaz[32] 所描述的那样，建构主义方法优先考虑研究现象，并将数据和分析视为共同的经历，是由参与者及其他来源的关系所创造的（p. 330）。此外，建构主义者可能在实际中认为更传统的客观主义的方法存在问题，因为这些方法通过将经历视为削弱“建构主义方法的力量” [32]（p. 331）。

牢记我们前面讨论过的相对性（不存在客观真理）、互动性（事实是共同构建的）和主观性（世界是不可预测的）的观点，研究是从建构主义的世界观进行的，并用叙事法、现象学、扎根理论、人种志或案例研究来搭建框架，尽管它们有各自的数据收集和分析方法，但仍有几个共同的主题。

1. 建构主义研究产生了“可以进行全面研究的多重建构现实；对这些多重现实的调查将不可避免地发生分歧（每次调查都会提出比答案更多的问题）”[31]（p. 37）。
2. 人类应该是主要的数据收集工具[31]，因为很难想象非人类实体（即无生命的工具）可以与参与者互动，从而可以探索他们所建构的多重现实。
3. 研究应该在与被探索的问题相关的自然环境中进行，因为“知晓者和已知内容是不可分割的”[31]（p. 37），“现实是一个整体，脱离其情境是无法被理解的”[31]（p. 39）。
4. “每一次观察行为都会影响所看到的内容”[31]（p. 39），这强调了研究者必须成为主要的数据收集工具，以便理解、回应和描述研究环境中发生的相互作用。
5. 每个研究参与者都有自己的观点和经验。因此，研究的重点是确定这些多视角的细微差别，以便从存在的多重现实中产生协作。这意味着研究参与者实际上是研究过程中的共同生产者。

建构主义研究中常用的方法

作为自然主义探究的一种形式，建构主义研究应该在自然情境中进行，因为语境对于意义构建的过程至关重要。我们在此强调三种自然主义探究的方法：访谈、观察和文本分析。

访谈

> 没有事实，只有解释。
>
> Friedrich Nietzsche

传统上，访谈被认为是一种媒介，通过这种媒介，将受访者的知识传递给采访者[33]。除了通过结构化询问之外，这两个截然不同的团体几乎没有交流互动。然而，在建构主义理论框架内，访谈被认为是具有多种目的的对话，其形式随着访谈的进展而构建。

建构主义的主观性概念集中在关于自我和个人主义概念的重要因素上，这些因素影响了研究者对访谈过程的思考方式。建构主义不认为研究参与者是未受实验影响且被动地持有关于事实、感受、经历和知识的人。同样，研究者，即访谈员的作用也不仅仅是提出问题和引导适当的回答。在建构主义的方法中，访谈是从承认参与者和研究者的主观性这一角度进行的，并认为参与者是积极的贡献者和知识的共同构造者，而不仅仅是“事实的来源”。

从这个角度来看，参与者不能“污染”他正在帮助构建的数据。相反，参与者主体总是在占据研究参与者的角色之前、期间和之后建立知识[34]。

研究参与者的主观性及其相关经验处于持续被收集和修改的过程中，因此，无法根据参与者提供的回答是否与所谓的客观对应来确定参与者回答的“真实性”。因此，在建构主义的方法中，访谈数据的价值不仅在于其意义，还在于批判性地接受参与者提出的意义和想法的范围[34]。

观察

没有比观察艺术更难获得的艺术。

William Osler 爵士

建构主义研究者可以选择以观察的形式参与研究，以便更多地了解自然情境中的特定场景。研究者可以将观察见闻整理为一组现场笔记。虽然这听起来相对简单，但它实际上是一个迭代过程，在此过程中我们观察的重点、方法和想法可能会发生变化。

假设存在单一的“准确”观察，将现场笔记概念化为固定的文本，旨在准确描述观察到的内容——这属于实证主义范畴。然而从建构主义的角度来看，不存在“唯一”正确或真实的描述。现场笔记不是真理，而是对社会生活话语的描述，它将社会现象的复杂性简化为书面记录，然后进行分析。

与主观性概念相关，研究者在进行观察时记录自己的活动、背景和情绪反应非常重要，因为这些因素会影响观察过程以及他们选择记录他人生活的方式。因此，建构主义研究者通常的做法是以规范的格式记录当天的观察结果。

然而，在建构主义方法中，区分现场观察数据和个人反应是错误的，因为解释具有互动性（由意义和事件的相互作用而发展）和相对性（反映多种现实）。虽然研究者可以明确地将自己的言行与所观察的内容区分开来，但是，这种区分在一些方面会误导对建构主义的探索。

首先，这种区分将数据视为“客观信息”，其具有固定的含义，与信息的引出或建立方式由谁完成无关。通过这种方式，研究者自己的行为，包括他的“个人感受和反应”，被视为与所涉及他人的事件或发生的事情不相关，而对他人的“发现”或“观察”在形成现场笔记时被记录下来。其次，这种“主观”反应和感知分离的假设，可以并且应该通过客观的记录分离开来并被控制。最后，这种控制被认为是必不可少的，因为如果客观数据是被污染的，而不是对环境中重要过程的洞察，个人和情感体验都会有所折损[35]（pp.11-12）。

建构主义者认为，包括个人反思在内，通过鼓励对所观察事件的欣赏和理解可以增强研究中解释和分析的过程。出于这个原因，建构主义研究者不会试图解释和限制对特定事件的强烈反应，而会将这些反应视为分析的关键点。

文本分析

我坐在这里，用我的笔管理（苏格兰的）一切：我写作，并且得偿所愿了。

詹姆斯六世（苏格兰）和

詹姆斯一世（英格兰）国王

正如引文所示，人们基于文本“做”事情，通过文本“做”事情，由于文本“做”事情。如果研究者正在寻求构建对特定现象的说明，那么他的角色就是了解相关文本现阶段如何影响研究情景。Atkinson

和 Coffey 证明[36]："文件记录材料应该被视为数据本身。他们经常会以不同的文件视角记录社会现实"（p.59）。

收集和审查构成自然环境组成部分的重要文本是一项特别有用的工作。在任何社会组织中，文本都不是孤立的。文本在某种意义上是"生物"，可以被"生产和操纵、使用或消费，还对创造者产生反作用——就像 Frankenstein 笔下的怪物试图回过头来对其创造者采取行动一样"[37]（p. 77）。正如 Foucault[38] 所论证的那样，人工制品（如文件）提供了对文化基本要素的洞察。

建构主义者将文本资料考虑在内，因为它们是有关所研究问题的信息来源。无论是课程文件、认证标准、课程网站还是能力列表，文本都是提供独特见解的重要组成部分。

研究者在建构主义范式中的作用

那些支持建构主义研究方法的人很欣赏研究者从反思的立场提出的要求。反思性是什么意思呢？

从建构主义的立场来看，知识是由社会和文化建构的，因此研究者有必要承认并考虑影响研究过程及其相关结果的许多假设和观点。相应地，反思性不是帮助研究者消除其主观性的机制，而是旨在支持研究者对"作为发展新理解的基础的个人解释框架"的使用和自己构建意义[39]（p.94）。反思性研究通过研究实践阐述了意义的形成方式，并且正如 Ruby[40] 所承认的那样，"在研究中，反思是研究实践中诚实和道德成熟的一部分"（p.154）。在建构主义的世界观中，中立性和客观性的立场被认为是有问题的，甚至被描述为"有污"和"不诚实"[40]。

在实践中反思是什么样子呢？以一个研究访谈为例。Alex 和 Hammarstrom[41] 提醒我们，在访谈的背景下，权力问题是一个核心考虑因素。访谈不是孤立的；访谈者和受访者的行动、说话、回应和互动都与他们对对方及相关权力的认知相一致。例如，这可能导致访谈者专注于访谈的特定方面而选择忽略或最小化其他方面。此外，年龄、性别、社会阶层、种族等问题也可能影响访谈的动力。因此，在建构主义框架内，重要的是要意识到权力等级，并考虑这些动力如何影响访谈环境中的相互作用。"尽管意图是好的，但访谈本身，可能还是一种权力的滥用。反思性实践是在访谈情景中降低这种体验的方法之一"（p. 170）[41]。鉴于以上原因或其他原因，应该在研究过程的所有阶段都实行反思。

实际场景中，反思性实践需要有意识的努力。根据表 6.3 中 Alvesson 和 Skoldberg[42] 的观点，实践反思性的建构主义研究者会批判性地思考以下四个要素。

反思性研究者会试图明确处理上述问题，以确定可能影响研究者解释和分析的观点。以这种方式明确什么应该是焦点、什么应该被忽视，以及哪些易遗漏。

确保研究质量和严谨性的方法

确保研究质量的方法存在于建构主义范式中，并且已有多位作者描述过[43-44]。

表 6.3　建构主义反思性研究实践的四个要素

要素	研究活动
与经验性材料的互动	考虑经验性材料。这包括具体事项，如访谈记录、现场笔记和其他相关材料
解释	特别注意并批判性地思考他构建意义的方式，并解释数据和组织会面
批判性解释	转向社会问题，包括意识形态、权力和社会等重要问题
关于文本生成和语言使用的思考	批判性地思考“所有权”问题。谁拥有正在构建的知识？谁有权威？谁决定可以听到哪些声音？

来源：Alvesson 和 Skoldberg[42]。已取得 Sage 出版公司的授权

作为医学教育领域的研究者，我们可能最熟悉用于判断更多定量方法的质量标准，这些标准来自实证主义范式。Lincoln 和 Guba[2] 以及 Guba 和 Lincoln[31] 提出了不同的术语和标准来评估建构主义研究的质量——可信度和真实性。这些将在以下部分进行说明。

可信度标准

已描述的可信度要素有四个：

可信性（credibility）：该标准提出问题：研究者提供的现实解释是否具有可信性？研究是否使用公认的做法进行？是否被其他人接受？研究参与者是否赞同研究者的解释？可信性被认为与实证主义范式中的内部有效性标准大体相似。建构主义范式的研究者使用两种主要方法来确保其发现的可信性。第一个是受访者检查，也称为受访者验证，其中研究者向参与者返回结果，参与者判断这些结果是否反映了他们对过程的理解并且与过程一致。第二种方法是通过三角互证。三角互证意味着对特定对象、事件或现象采取不同的观点。这有助于确保提供多种观点，并且未发生重大疏漏。它也可能涉及不止一种方法，例如，访谈可能与观察相结合。

可迁移性：可迁移性标准提出了一个问题：这项研究的结果是否可以用于其他类似的、某些方面有所不同的情况？实证研究中的相对应标准是外部有效性或可推广性。虽然建构主义研究者常常不愿意暗示他们的推论可能适用于他们所研究的范围之外，某些形式的建构主义研究，例如建构主义扎根理论，其目标是对可能解释的过程和关系进行合理的解释，进而发展理论本身。诸如此类的研究结果通常可以在存在类似情境的情况下具有效用。可迁移性与研究者提供丰富细节的能力有关，因此读者可以评估将研究环境中得出的结论迁移到另一个环境中的程度。

可靠性：建构主义研究中的可靠性类似于实证主义研究中的信度标准。虽然传统的可靠性概念假设研究环境中存在一定程度的稳定性，但定性研究者认为现实世界的环境是动态的和可变的，且复制是难以实现的[44]。对研究结果可靠性的判断考虑了研究过程以可能由另一方审查的方式进行的程度。例如，建立了“审查跟踪”，它可以清楚地描述招募的发生方式、询问参与者的问题、分析的方式。从分析中得出的解释及其与数据的关系也是建立可靠性的一部分。研究者试图区分作为研究背景这一部分的不稳定性和由该过程本身引入的不稳定性。

明确性：明确性是指研究者明确表达自己与研究和结果的个人关系的程度，以及任何个人观点对研究的贡献。在建构主义范式中进行的研究永远不能被解释为客观的。然而，研究者应该提供足够的细节，说明他们如何收集和分析他们的数据，读者可以看到他们的结论是如何合理地得出的 [44]。

真实性标准

真实性标准评估了建构主义领域内研究的公平性 [2,31,45]。他们关注的是研究是否增加了我们的意识（本体真实性）、教育了我们（教育真实性）、激发了变革（催化真实性）和赋权了利益相关者（策略真实性）。表 6.4 简要总结了这些标准。

King 和 Horrocks[44] 描述了他们所谓的“质量评估程序”。他们认为无论用何种标准来评估建构主义研究的质量，都必须与研究者的哲学和方法论立场保持一致。他们描述了四种主要方法：独立编码和专家小组，受访者反馈，三角互证，以及提供详细描述和审查跟踪。尽管前面已经提到过这些，但更详细的描述可能会有所帮助。

表 6.4 建构主义研究中质量和真实性标准的总结

标准	可提出的问题
可信性	研究者对现实的描述是否具有可信度？是否进行了适当的研究？
可迁移性	这项研究的结果可以在其他情况下应用吗？
可靠性	这项研究是否以其他人可以复制的方式进行？
明确性	研究者是否明确表达了其与研究的关系？
真实性	研究是否公平进行？它是否增加了我们的意识、教育了我们、激励了变革或赋权了利益相关者？

独立编码和专家小组：某种形式的独立编码经常被用作质量检查。这样做的目的不是证明可靠性（可能在定量方法中出现的情况），而是帮助研究者批判性地反映他们建构的主题结构和他们所采取的编码决策。它可以帮助研究者警惕对数据的不同解读。拥有由多人编码的数据也有助于鼓励对正在进行的解释进行反思。一种常用的方法是 King 和 Horrocks[44] 所描述的“代码定义”。在这种方法中，研究团队的成员先独立进行分析，然后开会比较讨论每个人产出的编码。这样，一个公认的编码结构可以指导进一步的分析。在某些情况下，组建一个具有丰富的研究知识的专家小组来仔细审查结果。但是，选择具有适当专业知识的个人对于有效地做到这一点是一个挑战。

受访者反馈：“受访者反馈”的过程，有时称为受访者验证或受访者检查，包括将分析反馈给参与者、询问研究者的解释与他们的经历的契合度有多高。这有时被视为伦理义务，以确保更好地听取参与者的声音。有人对这一环节表示了一定的担忧，因为可能会有两种情况——参与者可能否认会产生不适的解释，或者可能因为他们不希望与研究者意见不一致而同意这种解释。使用此方法需要事先向参与者提供对分析的解释，这种解释是清楚的、容易接受的，并且可以用来评估的。

三角互证：三角互证是指使用多种数据收集方法或多种数据源，例如，用来自教师和学习者的数据来研究特定现象。Denzin[46] 提出了以下方法：数据和方法论三角互证，是指使用一种以上的定性数据，或定性和定量方法的混合；研究者三角互证，其中数据由不同的研究者收集，他们有目的地选择不同的观点；理论三角互证，使用不同的理论模型来理解数据。正如 King 和 Horrocks[44] 所说，无论是定性还是定量导向的研究者，都在质疑是否可以成功地整合不同的方法论和世界观（交叉引用了 Cleland 和 McMillan 的文献）。

详细描述和审查跟踪：详细描述是指研究者对他们研究的内容和研究背景提供详细的描述。这有助于读者判断所呈现的解释是否与所描述的一致。详细描述有助于读者了解研究者如何从现有的数据中得出结论，以及分析是如何开展的。最后，它为读者提供了确定研究结果可以迁移到另一个情境的基础。审查跟踪涉及对研究的所有方面进行仔细记录，特别是在项目进行时发生的任何变化；该文件有助于判断研究的严谨性。

重点和常见陷阱

任何研究方法都有其弱点和具有挑战的地方：我们在这里介绍了在建构主义或任何研究方法工作中都需要牢记的五个常见的陷阱和要点。

不同范式中的语言陷阱：对于我们这些在医疗卫生行业工作的人来说，我们熟悉实证主义范式的语言——有效性、可推广性、受试者等。然而，建构主义和实证主义是截然不同的方法；与此相关的是，每种范式的语言也是独特的，并且代表了其相关的理论基础（参见本书第 1 章中的图 1.1）。例如，建构主义者常使用诸如研究“参与者”而不是“受试者”之类的术语。这个术语反映了参与建构主义研究的人实际共同参与建构意义的事实。另一个例子是“假设”这个词。建构主义研究是归纳性的，旨在理解特定背景下的现象。研究结果受特定情况的约束，并不能一概而论。因此，建构主义研究不是为了“测试”和（或）“证明”研究者的假设。

问题决定了方法：在实证主义理论框架内，特定方法被认为是“金标准”（即随机对照试验），因而是可取的。在建构主义范式中，没有金标准的方法论方法。相反，重点是制订一个概念化的研究问题 / 目标，并选择一种最能支持严格探索该问题 / 目标的方法。

文献的作用：实证主义范式中的研究者使用文献的目的非常明确，即基于先前发表的研究来建立假设。实证主义研究者希望能够开发一个知识库，以便提出一个可检验的假设，并从类似领域同事发表的方法论见解中获益。相比之下，文献为那些在建构主义范式中进行研究的人提供了不同的目的。建构主义研究者需要熟悉以前的相关研究，以便提出他们的问题并微调研究计划，以免与已有的研究重复。然而，建构主义者必须对新出现的观点持开放态度，并且必须小心谨慎，不要被现有文献过度说服，而应该更相信他们在自己的数据中所看到的。

保证时间的投入：建构主义研究很复杂，我们鼓励那些考虑建构主义方法的人分配大量时间来完成研究项目。它本质上是迭代的，这意味着该过程可能变得很耗时。严谨的建构主义研究也需要参与者的真实参与，这在逻辑上可能是复杂的。此外，多种方法论中的方法意味着通常会产生大量数据，这些数据反过来会导致复杂的分析过程。因此，建构主义方法可以带来丰富的见解和理解，但它们可能非常耗时。

反思性：鉴于建构主义研究侧重于现实世界的社会建构，这对于研究者而言是处于中心重要地位的考虑。并且研究者的知识、对世界（包括研究过程、数据和分析的方式）的理解均已经形成。反思性是建构主义的核心要素。它不是一种“自白写作”的形式；相反，它是一种严格的自我评估形式，旨在阐明理论和实践的差距。因此，反思性并不是一种可选择的策略，而是研究者的伦理义务。

小结

建构主义的研究方法提供了丰富多样的方式来建立知识并理解人们在真实世界中的经历。在使用这些方法时，研究者在建构主义研究中受到不同传统的指引，并受到方法论的影响。

在本章中，我们将建构主义作为一种哲学来介绍，并将建构主义的学习理论和建构主义的研究方法置于这种世界观之中。正如我们前面提到的，我们认为理论框架和概念以及研究方法之间的一致性至关重要。如果我们理解建构主义范式的基础，以及它如何产生学习理论和研究方法，我们的问题就可以更有效地引导新的理解，而这些理解可以对教学、学习和研究产生有益的影响。

实践要点

- 建构主义研究是自然主义的。这意味着它发生在自然环境中并使用自然主义方法（例如访谈、观察、文本分析）。
- 建构主义研究包括研究者和研究参与者之间的对话，以协作构建意义。
- 高质量的建构主义研究包括以下内容：
  - 经过深思熟虑的研究问题。
  - 证明研究是以充分尊重参与者的方式进行的。
  - 反思性研究者。
  - 对研究有说服力和充分论证的解释。
  - 发布结果的计划和评估。

参考文献

1 Creswell, J. (2009) *Research Design: Qualitative, Quantitative and Mixed Methods Approaches*, 3rd edn. Sage, London.
2 Lincoln, Y. & Guba, E. (1985) *Naturalistic Inquiry*. Sage, London.
3 Bleakley, A. (2005) Stories as data, data as stories: making sense of narrative inquiry in clinical education. *Medical Education*, **39**, 534–540.
4 Bleakley, A. (2012) The proof is in the pudding: putting Actor-Network-Theory to work in medical education. *Medical Teacher*, **34**, 462–467.
5 Bleakley, A. (2006) Broadening conceptions of learning in medical education: the message from teamworking. *Medical Education*, **40**, 150–157.
6 Hean, S., Craddock, D. & Hammick, M. (2012) Theoretical insights into interprofessional education: AMEE Guide No. 62. *Medical Teacher*, **34**, e78–e101.
7 Mann, K., Dornan, T. & Teunissen, P.W. (2011) Perspectives on learning. In: Dornan, T., Mann, K., Scherpbier, A. & Spencer, J. (eds), *Medical Education: Theory and Practice*. Churchill Livingstone, Elsevier, Edinburgh.

8 Piaget, J. (1929) *The Child's Conception of the World*. Harcourt, Brace Jovanovich, New York.

9 Schmidt, H.G. & Rikers, R.M. (2007) How expertise develops in medicine: knowledge encapsulation and illness script formation. *Medical Education*, **41**, 1133–1139.

10 Norman, G. (2005) From theory to application and back again: implications of research on medical expertise for psychological theory. *Canadian Journal of Experimental Psychology*, **59**, 35–40.

11 Ericsson, K.A. (2005) Deliberate practice and the acquisition and maintenance of expert performance in medicine and related domains. *Academic Medicine*, **79**, S70–S81.

12 Bordage, G. (1991) Semantic structures and diagnostic thinking of experts and novices. *Academic Medicine*, **66**, S70–S72.

13 Schmidt, H.G. (1993) Foundations of problem-based learning: some explanatory notes. *Medical Education*, **27**, 422–432.

14 Mann, K., Gordon, J. & Macleod, A. (2009) Reflection and reflective practice in health professions education: a systematic review. *Advances in Health Sciences Education Theory and Practice*, **14**, 595–621.

15 Sandars, J. (2009) The use of reflection in medical education: AMEE Guide 44. *Medical Teacher*, **31**, 685–695.

16 Bandura, A. (1986) *Social Foundations of Thought and Action: A Social Cognitive Theory*. Prentice-Hall, Englewood Cliffs, NJ.

17 Lave, J. & Wenger, E. (1991) *Situated Learning. Legitimate Peripheral Participation*. Cambridge University Press, Cambridge, UK.

18 Wenger, E. (1998) *Communities of Practice: Learning Meaning and Identity*. Cambridge University Press, Cambridge, UK.

19 Dornan, T., Scherpbier, A., King, N. & Boshuizen, H. (2005) Clinical teachers and problem-based learning; a phenomenological study. *Medical Education*, **39**, 163–170.

20 Hugly, P. & Sayward, C. (1987) Relativism and ontology. *Philosophy Quarterly*, **37**, 278–290.

21 Ratner, C. (2008) Subjectisim. In: Given, L. (ed), *The Sage Encyclopedia of Qualitative Research Methods*. Sage, London, pp. 840–844.

22 Schuwirth, L.W. & van der Vleuten, C.P. (2003) The use of clinical simulations in assessment. *Medical Education*, **37**, 65–71.

23 Hodges, B. (2003) Validity and the OSCE. *Medical Teacher*, **25**, 250–254.

24 Angen, M. (2000) Evaluating interpretive inquiry: reviewing the validity debate and opening the dialogue. *Qualitative Health Research*, **10**, 378–395.

25 Jordan, M.M., Berkowitz, D., Hannold, E., Velozo, C.A. & Behrman, A.L. (2013) Thinking through every step: how people with spinal cord injuries relearn to walk. *Qualitative Health Research*, **23**, 1027–1041.

26 Rich, J. & Grey, C. (2003) Qualitative research on trauma surgery: getting beyond the numbers. *World Journal of Surgery*, **27**, 957–961.

27 Kennedy, T., Regehr, G., Baker, G. & Lingard, L. (2009) Preserving professional credibility: grounded theory study of medical trainees' requests for clinical support. *British Medical Journal*, **9**, 1–7.

28 Hancock, C. & Easen, P. (2006) The decision making processes of nurses when extubating patients following cardiac surgery: an ethnographic study. *International Journal of Nursing Studies*, **43**, 693–705.

29 Crowe, S., Cresswell, K., Robertson, A. *et al.* (2011) The case study approach. *BMC Medical Research Methodology*, **27**, 1–9.

30 Pearson, P., Steven, A., Howe, A. *et al.* (2010) Learning about patient safety: organizational context and culture in the education of healthcare professionals. *Journal of Health Service Research & Policy*, **15**, 4–10.

31 Guba, E. & Lincoln, Y. (1994) Competing paradigms in qualitative research. In: Denzin, N.K. & Lincoln, Y.S. (eds), *Handbook of Qualitative Research*. Sage, Thousand Oaks CA, pp. 105–117.

32 Charmaz, K. (2006) *Constructing Grounded Theory: A Practical Guide through Qualitative Analysis*. Sage, London.

33 Grbich, C. (2004) *New Approaches in Social Research*. Sage, London.

34 Gubrium, J. & Holstein, J. (2003) From the individual interview to the interview society. In: Gubrium, J. & Holstein, J. (eds), *Postmodern interviewing*. Sage, London, pp. 21–49.

35 Emerson, R., Fretz, R. & Shaw, L. (1995) *Writing Ethnographic Field Notes*. University of Chicago Press, Chicago, IL.

36 Atkinson, P. & Coffey, A. (2004) Analysing documentary realities. In: Silverman, D. (ed), *Qualitative Research: Theory, Method and Practice*. Sage, London, pp. 56–75.

37 Prior, L. (2004) Doing things with document. In: Silverman, D. (ed), *Qualitative Research: Theory, Method and Practice*. Sage, London, pp. 76–94.

38 Foucault, M. (1970) *The Order of Things*. Vintage Books, New York.

39 Levy, P. (2003) A methodological framework for practice-based research in networked learning. *Instructional Science*, **31**, 87–109.

40 Ruby, D. (1980) Exposing yourself: reflexivity, anthropology and film. *Semiotica*, **30**, 153–179.

41 Alex, L. & Hammarstrom, A. (2008) Shift in power during an interview situation: methodological reflections inspired by Foucault and Bourdieu. *Nursing Inquiry*, **15**, 169–176.

42 Alvesson, M. & Skoldberg, K. (2000) *Reflexive Methodology: New Vistas for Qualitative Research*. Sage, London.

43 Bryman, A. (2008) *Social Research Methods*. Oxford University Press, Oxford.

44 King, N. & Horrocks, C. (2010) *Interviews in Qualitative Research*. Sage, London.

45 Lincoln, Y. & Guba, E. (2013) *The Constructivist Credo*. Left Coast Press, Walnut Creek, CA.

46 Denzin, N.K. (1978) *Sociological Methods*. McGraw-Hill, New York.

第7章 Chapter 7

使重要事物可见：医学教育研究与实践中的社会物质方法

Making visible what matters: sociomaterial approaches for research and practice in healthcare education

Tara Fenwick and Graham R. Nimmo
（翻译：李志存　　审校：贾娜丽）

早上8:30，通宵值班的医生正准备交班。房间里面有两名会诊医师和三名实习医生。咖啡和茶已经准备好，新的交接单也给所有人打印完成。所有人看着展示所有患者统计资料的墙面，使用电子病历中打印出来的交接班报告单对患者进行检查。

电脑和屏幕显示出患者的病史、诊断书、使用的药物、血液检查结果、CT图像和其他影像检查结果（例如X线片）。这些材料不仅仅是交接班时被用到的工具。正如本章后面所提到的，它们影响了交接班过程，也受到交接班过程的影响。

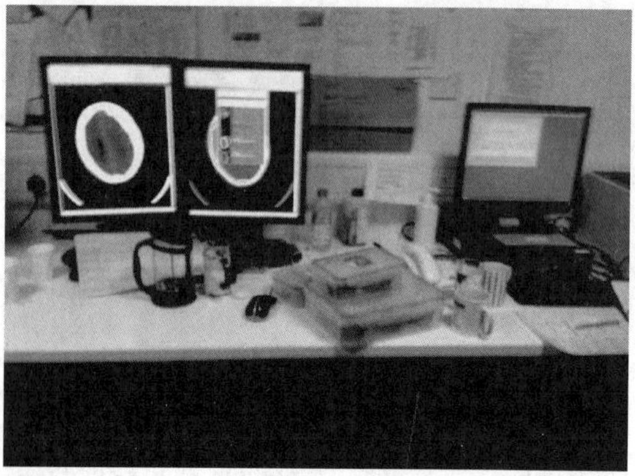

图7.1　交接班使用的人工制品和介质：办公用电脑、患者的CT图像、随时响应的值班表、电话簿、电话、咖啡、蛋糕、打印好的交接单以及交接班所在的房间

引言

医疗和教育实践从根本上说既是一种物质过程，也是一种社会过程。然而其物质性往往被认为是理所当然的或经常被忽视。以临床上的交接班为例，它不仅是临床上常见的行为[1]，也被其涉及的物质材料所影响（图7.1）。物质性在这里指的是贯穿于日常工作及生活的环境、人体、客体、技术和诸如从电线到文书工作在内的各种各样的物质。这些物质深刻地影响了人们的思维方式和行为模式。一些人认为，在我们活动中最为关键的部分已经物质化了；“物质”不仅是事物，而且还指事物形成的过程，这甚至可以被认为是一个重要的过程。物质和社会动力（social dynamics）（例如意义、互动和决策）交织在一起，二者不仅像两个独立的因素一样相互作用，而且在社会 - 物质网内相互联系[2]。医学教育工作者最感兴趣的问题就

是了解物质如何作用于社会、医疗和教育实践，特别是它如何影响学习和认知过程。本章将介绍社会物质方法（sociomaterial approaches）在医学教育与实践研究中的价值，并描述具体的研究实例。

什么是社会物质方法？它为什么有用？

社会物质方法可以使得在医学实践中的物质动力（material dynamics）变得直观可见，这里的物质动力指的是人体、工具、技术及环境与人的意图、专业知识和沟通之间的关系。值得注意的是，现阶段有许多社会物质方法，关于这些方法我们将进一步讨论。

在教育中，社会物质方法关注的重点不是单一学习者或个人的技能，而是整个集体。在这个集体中，我们需要认识到，不同活动的物质条件深刻影响着人们的思考和交流的方式及行为模式。物质有着重要的影响，并且是我们重点关注的问题。认知与能力不仅仅由人类产生和控制，它们还“超越”了人类；在它们中，至少有一部分认知和能力是通过外界事物作用于人的感知、情感和判断的方式产生的。

然而，之前针对学习的描述往往缺少物质因素。物质往往被简单地当作人类行为背景的一部分；人们专注于意识和思考而摒弃了物质，物质沦为屈从于人类意图和设计的野蛮工具。显然，在医疗实践中，一系列的物质塑造了医学实践和医学知识，这些物质包括教科书和课程、抗生素和镇痛药、喷雾器和心电图、导管和腹腔镜、拥挤的病房和不断出现的声音、传呼机和医疗政策、数据库和协议等。尽管大多数医疗从业者和教育工作者认识到他们的实践环境的重要性，但是这些环境实际上是由无数的技术的、自然的、人造的、符号的和实体的物质元素组成的，这些组成部分很容易被视为理所当然的存在。

Bleakley[3] 认为，缺乏对物质的关注常常会危及患者安全。在他的文章中展示了物质与患者、医护人员、日常工作等的相互关系，并指出这些关系如何相互转化，从而导致危险状况的发生。他举了一些例子——一个差点被落在腹腔内的瓣膜以及一名患者因为凝胶垫与倾斜的手术台之间没有摩擦力而差点摔下手术台的事故。这类事件不断发生，但我们似乎没有从中吸取教训。Bleakley 指出，医生，或者说是临床团队的每一位成员都需要更多地学习如何调节好物质对于医疗实践的细微影响。

从社会物质方法的角度来看，在教育研究和医疗实践中，我们需要全盘关注不同因素间的相互作用对于临床结果，特别是那些存在问题的临床结果的影响，这里所考察的因素包括人为因素和非人为因素在内的不同的实践主体。这方面的一个例子可以在关于手术清单的最近研究中找到。针对这些清单的研究[4]发现 53% ～ 70% 的手术错误发生在手术室外。这些研究人员强调把多个部门（病房医生、护士、外科医生、麻醉师和手术助理）以及手术期护理的不同阶段（术前、术中、恢复室、重症监护室和其他术后处理）加入到清单中。在这些阶段中，研究人员提醒人们应该注意包含在检查单内的各种物质网络。比如他们建议综合考虑患者影像学资料的回顾、所有必要设备和材料的核算、患者手术部位的标记、术后医嘱的交接以及在出院时向患者提供药物处方。

最近在临床实践中的关于专业学习的研究[5]都在使用社会物质方法来显示非人为元素以及与日常活动相关的人为元素之间的关系。这些研究认为专业知识，如临床实践甚至身份认同不单纯是一个人能力的体现。它通过一系列的物质、操作架构和技术加上个体的思考、决策和情感以及个体之间的讨论，在临床实践活动中表现出来。也就是说，研究人员现在更多地转向理解实践者不同的行为细节及意义，因为这些细节和意义与环境的物质性和生态性的日常细节密不可分。

不同社会物质观念的共同之处

有许多观点可以认为是社会物质观念，在下一节将简要介绍这些观点。虽然它们互不相同，其间有着显著差异，但我们认为它们至少有四个共同因素，现叙述如下。

1. **强调关注物质**。该关注点并没有一味地抹除人类活动，只是用以强调物质是塑造和扩展人类活动的方式。例如，在专业教育和学习中，我们往往关注认知及意义的形成，或者关注对话及反思，但是我们往往忽略了物理环境如何创造可行的价值和解决方案，我们往往忽略了工具如果根植于知识并引出使用它们的特定方式，以及特定的人如何给出特定形式的对话。我们也倾向于关注个体，就好像个体的行为与渗透于彼此的物质、技术和环境是分离的，“内部作用”[2]产生了看似坚实而独立的实体。这就是Orlikowski[6]所说的“日常生活中社会和物质的本质牵连”。Orlikowski展示了模拟教学是如何在各种参与者、物质和技术（设计师、工程师、学生、导师、人体模型、计算机、算法、网络等）之间实现动态的社会物质配置的。行动能力是相互关联的、分布的和扮演的。
2. **所有的现象都被看作社会物质的集合**。这是一个自然、技术、人为和非人为因素的异质集合。那些看起来相互独立的“对象”，例如外科手术清单和校准仪器，并不是拥有固定属性的静态事物。恰恰相反，它们是因许多事物先前的相互协商（negotiations）而生的，这也引出了它的设计思路和积累的使用方式。如果我们现在在一个特定的状况下审视这个检查单，我们会再次意识到检查单本身与使用检查单的特定方式并没有区别。这个检查单是在人为与非人为因素的集合中形成的，也就是说它是这些社会物质关系的结果。研究人员对这些集合进行了研究，探究这些元素是如何组合在一起的，为什么有些元素被包含在其中而有些元素被排除在外；最为关键的是，当不同元素组合在一起，即当它们相互作用时，元素是如何变化的。前面提到的Bleakley[3]例子展示了这些元素之间的关系如何在医疗实践中相互转换，从而导致危险的情况。他认为，社会物质分析如行动者网络理论（actor-network theory，ANT）对医学教育非常有用。令他惊讶的是，社会物质分析很少被用来强调不同元素之间的关系以及它们如何导致新问题产生。

3. **事物被看作联系和活动的结果**。所有事物均在关系网中表现出来，例如标准协议、职业认同和手术技巧以及与之相关的物体和环境。物质是能动的，不是惰性的；它们是问题所在，它们影响深刻。物质与其他类型的事物和力量一起活动来排斥、迎合和规范实践。但这并不等同于物体具有能动性（指行为能力），例如针头自己不会刺入静脉。但是在静脉插管的过程中，众多因素比如静脉的直径和深度、患者的移动、套管针的直径、先前穿刺次数增加困难程度、患者皮肤上的细菌、患者病情的紧迫程度、相互竞争的临床需求的优先级以及不适时的操作中断等[7]，都时刻与临床医生的手部操作密切协调。任何医疗实践，即使是像静脉插管这样常见的医疗实践，都是一种集体的社会物质行为，而不仅仅是个人的技能、认知和实践问题。

4. **实践与认知存在根本上的不确定性**。大多数社会物质观念把不确定性作为日常行为中的一个操作原则，同时也认同在知识、工具、环境和身份中不断产生的不确定性。不确定性不只是模糊不清，不确定性意味着事件的结局可能性与确定的构型密切相关，而这些确定的构型也开启了多种结局的可能性。

不可预测的新模式总是层出不穷。令 Mol[8] 惊讶的是，在临床实践中，任何合理的事情都会发生。他指出：“一旦我们开始在实践中解开本体，就不再有任何稳定的因素。所有的因素从一个部分到另一个部分都是不同的。我们要解释的奇迹就是实践的不同因素是以何种方式结合在一起的”（p.143。本体论指的是存在的本质，或理解“是什么”）。以上可能是一个熟悉的概念，但是社会物质理论给出了具体的分析工具，我们可以更精确地研究这些事物新的组合或事物的组合是如何出现的，理解它们为什么会组合在一起产生和引出特定的结局，以及它们什么时候不会引发结局。

不同社会物质观念的差异之处

尽管有着广泛的共同因素，不同的社会物质观念之间也存在不同的方法和观点。其中之一就是行动者网络理论（ANT）（包括 STS 或科学技术研究的广泛领域以及通常被称为后 ANT 的研究）。Fenwick 和 Edwards[9] 对于 ANT 在教育研究中的应用进行了全面概述，Latour 所著 *Reassembling the Social*[10] 在该方面也是一部开创性的著作。另一个社会物质观念的差异是复杂性理论，Davis 和 Sumara 在教育研究中对复杂性理论进行了深入研究，著成 *Complexity and Education*[11] 一书。该理论也在 Osberg 和 Biesta 所著的 *Complexity Theory and the Politics of Education*[12] 一书中有所涉及。在Coole和Frost所著的*New Materialisms: Ontology, Agency, and Politics*[13]一书中概述了“新唯物主义”（new materialisms）。活动理论（activity theory）也被认为是一种社会物质研究方法，提出该理论的医疗实践和教育的主要著者是Engestrom[14]。空间研究源自人文地理学，在此我们特别关注的是Massey[15]和她所著的书*For Space*。另一位影响教育研究的重要空间理论家是LeFebvre[16]。这些观点各有不同，理论和本体论的根源往往相互冲突，因此简单地将其指为“社会物质理论”是很有问题的。这个简短的章节不能为这么多广泛的理论提供详细的解释或例子，但是可以提供一些相关书目。我们鼓励有兴趣的读者查阅这些资源，以获得使用这些方法进行教育研究的详细描述和示例[4,12]。下列几段叙述的主要目的是进行简单的概述以阐明不同观点之间关键理论的区别。

ANT源于后结构取向和STS，与其说它是一种理论，不如说它是一种方法论。它提供了需要研究的问题和跟踪事物的工具，而不是解释它们的框架。ANT基于网络的现实视图，并将人为和非人为元素视为异质的“网络”平等贡献者，这些异质的“网络”不断重新组合以生成特定的活动、对象和知识[16]。当我们谈到一个系统或结构时，ANT会问：该系统或结构是如何编译的？它在哪里？是什么把它维系在一起？所有的事物都是系统的组件，它们在不稳定的网络中进行连接，这需要大量不间断的工作来维持它们的联系。ANT跟踪不同要素的组合是如何形成和维持的，它们如何影响行为、空间和实体对象以及它们是如何被破坏的。ANT还追踪反向网络（counter-networks）或其他形式的结构和空间是如何形成和发展壮大的。因此，ANT善于检查那些司空见惯的做法，例如外科检查单或病房查房；这可以检查出通过物质发生且被忽视的问题。

复杂性理论在方向上有很大的不同，它提供了一系列主要从进化生物学和物理学、控制论和一般系统理论中涌现出来的方法。例如Davis和Sumara[11]以及Osberg和Biesta[12]等教育方面的复杂性理论家认为的那样，我们应在认知实践中考察暴露及嵌套系统和自我组织系统的动态变化。他们将现象、事件和行动者看作相互依存、相互构成的；实际上这三者也是在动态结构中共同出现的。不同事件的出现需要不同元素之间存在较多的相互作用，这些相互作用有些重叠、存在约束规则或边界以及多个反馈循环。研究者关注的不是孤立的参与者和在某些背景下预先确定的对象，而是动态的、非线性的行为和所有这些部分之间的联系。然而，一切事物并非简单的联系；生命系统是不同的，它们以嵌套系统的形式在彼此之间移动。例如人体依赖高度专业化的子系统，这些子系统不仅能对不同的环境和不同的需求做出反应，而且学会了系统间共存和相互沟通。不同事件的出现不仅可以实现持续的适应性变化，还可以实现自我组织。通常按照局部的特定规则，而不是某种普适的模式，通过不同元素之间的多重互动，一个清晰且不受任何权威或者计划强加的结构出现了。复杂性理论在医学教育和实践研究中越来越明显[17-19]，更详细的叙述参见本书

Bleakley 和 Cleland 所著的部分。

新空间研究（new spatiality studies）考察了医学专业实践的物质空间和场所。它们指出空间如何帮助产生社会，同时指出空间也由人类活动和意义产生[20]。其中有关教育的讨论包括自然空间如何成为学习空间、空间如何使学习成为可能或阻碍学习、如何造成不公平或排斥，以及空间如何增加或限制新实践和知识产生的可能等内容。特别是在使用了迅速发展的媒体和通讯技术的新兴教育安排中，时空的次序对于分析课程和教与学将产生关键影响，并且已经成为一种分析方法。空间理论提出了这样的问题：知识的价值是什么？它在不同的时间空间中以什么方式出现？在哪里出现？认同是如何通过运动和位置进行平衡的？以及学习是如何作为空间的组成部分而融入其中的？例如，该理论的研究可能会考察不同的建筑环境和特定实践之间如何相互影响，并且会引出针对于专业人士的特定教育实践：可以考虑的是医学系学生的床边教学和病房查房，而商科学生学习在大型讲堂公开辩论进行案例分析的不同。

另一个在教育领域获得广泛关注的研究分支称自己为“新唯物主义”（new materialisms）[21]。他们对实体与各种物质的结合特别感兴趣。他们经常从哲学家 Gilles Deleuze 的持续“形成”（continuous “becoming”）的观点出发，来研究特定的社会和物质力量如何产生迥异的存在方式。最后，日益增长的对实践理论的教育兴趣非常重要。该理论从“实践中的认识”的概念出发，他们认为在实践中，认识是通过非人为因素的组合来持续不断实现的[21-22]。使用这些理论的广泛研究正在追踪不同组织的专业实践。相关研究会探究不同的专业团队受到不同逻辑、仪器、材料程序等的影响时协商合作的方式；或者说一项新技术的引进，例如腹腔镜机器人手术，如何重塑专业人士的工作方式、他们与患者之间的关系以及他们的身份和知识。

（文化 - 历史）活动理论（CHAT）在医学研究中，尤其是在跨部门单位或组织的学习中也变得非常普遍。该理论的重点是考察在实践中结合在一起的系统的内部矛盾和文化历史，以及系统中促使知识流通的人工介质。CHAT 强调了对人类活动的社会政治分析，包括劳动分工和社区规则建设等，这些结构是在特定的活动系统中长期发展起来的。依据 CHAT 理论进行的研究可能从人们认为的系统中的一个特定问题开始，比如长期的工作负荷过重问题。然后，研究人员将带领人们进行一系列实践以分析他们的日常工作，找出驱动系统运转的潜在目标（而不仅仅是陈述的目的）和矛盾是什么，进而分析物质和环境如何有趋向性地强化这些矛盾和分裂。达成以上目标后，人们可以一起在拓展学习的过程中为自己和系统重新构想并扩展系统的目的。许多医学教育研究人员已经使用基于 CHAT 开发的发展工作研究协议（developmental work research protocols）[23]。

总体来说，社会物质理论帮助我们检验那些已成为根深蒂固的黑盒子的、古老的、已经确立的实践，比如病房查房、手术操作清单、交接班和门诊事务等。其重点在于事物之间的联系，强调事物如何影响并以不断开放和排除新的可能性的方式改变彼此。出发点是假设学习和实践超越人为因素。为了理解这些教育过程，我们需要改变始终着眼于人类意义和人类能动性的行为方式。

社会物质方法的实践方式——重症监护病房中临床交接的物质性

本节简要摘录自一项临床实践的博士研究项目，旨在说明社会物质方法。该研究是在苏格兰一家三级转诊中心大学医院的一个繁忙的重症监护病房（ICU）进行的，其主要研究涉及不同专业的病房交接工作，同时研究病房的交接是如何实施的。病房交接是一种行为，或者说一次实践。在此期间，患者从一个临床医生或一组临床医生传递到另一个。病房交接被认为是一个对患者安全有影响的危险时期，同时它也是一个将患者就诊过程中的各个环节联系在一起、相互联系的节点。它在临床实践中普遍存在，并且在医疗保健系统的所有部门中不断进行。

Nimmo[24] 采用混合研究方法研究病房交接问题，并以患者人种志模式的方式进行了实地调查。也就是说 Nimmo 通过实地记录对临床医生在数周的日常实践，进行了系统的观察和记录。他还与现场医生进行对话，探讨他们对所观察情况的意义和经验的理解。同时对相关数据进行录音、抄录和分析，以探讨 ICU 医护人员对患者的临床交接情况。研究者对交接前后的两份交接文书进行了审查，并且对移交的人工制品和相关物品的位置进行了拍照和检查。本研究探究了物质性的人工制品和文本，例如基于重症监护的电子患者档案、医生办公室和病房的白板在交接班叙述中的作用。通过对数据的分析，研究者探讨交接过程中存在的一些物质阻碍，旨在了解交接过程中存在的困难，改进交接过程（图 7.2 ～图 7.5）。

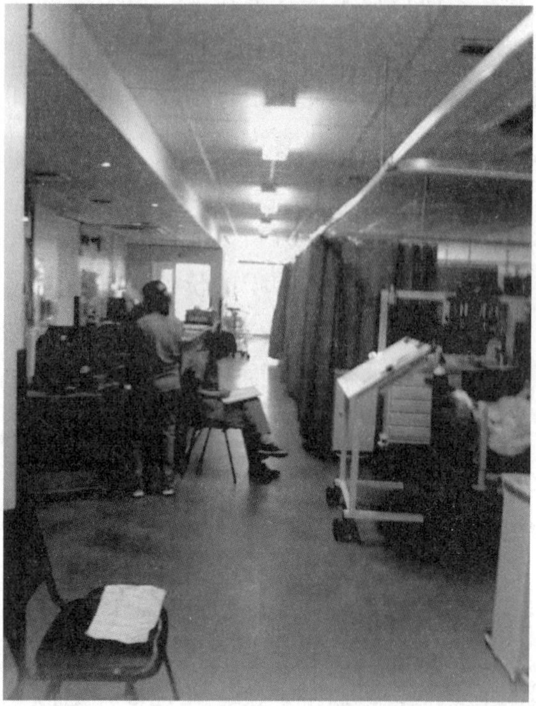

图 7.2 ICU 内的人工制品和文字标记

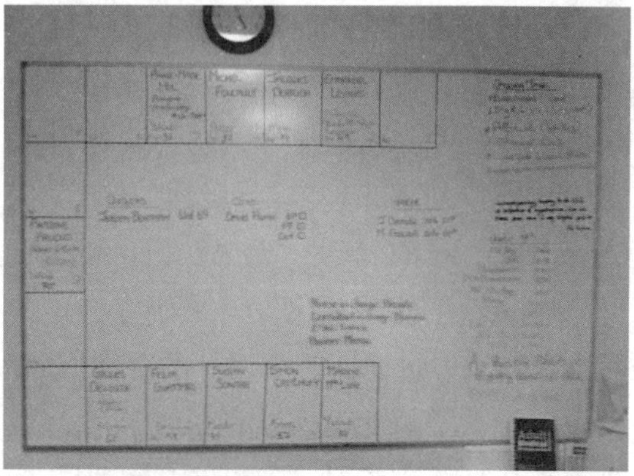

图 7.3 医生办公室内的白板。主管护士利用这个白板与医生进行交接班

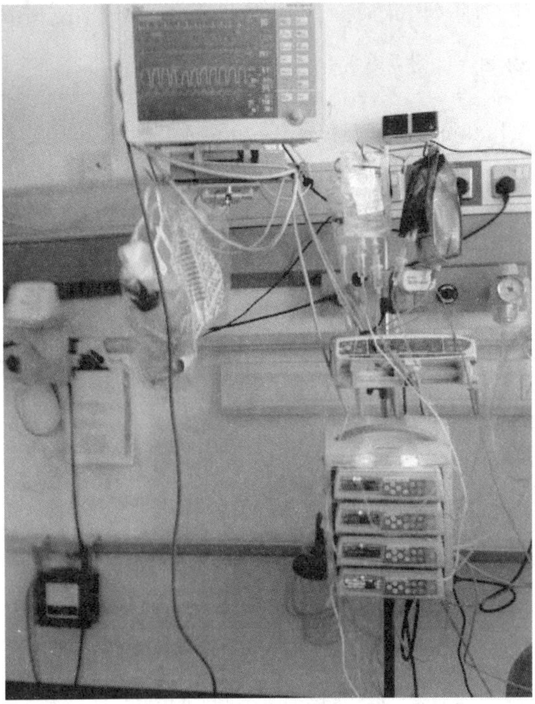

图 7.4 患者床旁的物品

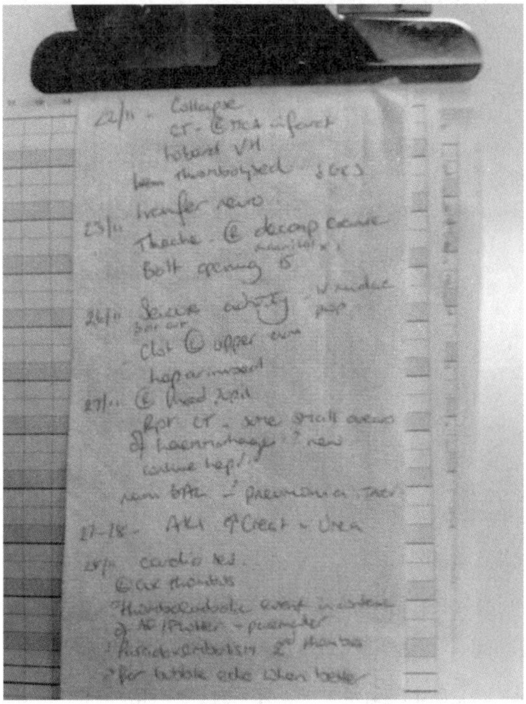

图 7.5 纸巾：流动着的交接班文字信息

危重患者交接班的多种本体

早上 8—9 时，ICU 内正在进行三组正式交接班。夜班工作人员传达患者和 ICU 内的情况。在他们的办公室，主管护士首先开始：

Jane：嗯……你下班时看过患者了么？

Heather：还没有。

Jane：13 加 1 是你的。

Heather：好的。

Jane：嗯……你有 6 个 3 级患者和 5 个 2 级患者。昨天晚上倒床了一些患者，这会儿在病房监控面板上更新。

Heather：好的。

Jane：我待会儿会做所有的杂事。

Heather：好的。

在隔壁的房间内，医生使用墙壁上提供的信息完成交接班：

Ian：嗯……我们刚去外科病房 21 床看了那位小伙子 Jim Carter，他在 3 月进行了直肠手术，术后进入 ICU，在 Y 医院恢复。现因直肠膀胱瘘入院。

David：是那个鸡胸的男孩么？

Angus：是那个鸡胸的男孩。

Ian：我知道了。

Angus：他回到普通病房几周了，现在出现了肺水肿。

在 ICU 患者的病床边，医护人员一边讨论着患者的生命体征、支持设备和治疗手段，一边看着通过人工制品实施的交接工作：

Mike：我从头开始。呼吸方面，患者在凌晨 2 时 15 分开始使用无创呼吸机，使用 CPAP 模式，PEEP 值为 eh 7.5（指的是调整呼吸支持），他在呼吸方面坚持得很好。现在氧浓度为 30%，他的氧饱和度和呼吸速率都很好。医生没有说让他使用呼吸机过夜，我也并没有把他送回去，现在他看起来还算平静吧？……

Callum：是的，还算平静。

主管护士立即关注 ICU 内的患者的护理级别和危重病的严重程度，按 1 级、2 级和 3 级的顺序依次递减。另一方面，医生们在讨论完病房内的所有患者后，转向医院周围的所谓的"边缘人员 / 局外人"。在交接班过程中使用的语言也不同于临床术语和生活语言的混合。危重疾病出现在诊断和标签上。管床护士通过生理和器官支持的交接班来处理危重症患者。在所有这些空间中，交接都是通过社会物质的不同组合实现的，比如打印交接报告单、患者、白板、工作人员、图表、电脑、笔和纸巾（图 7.5）。交接班的多个本体是由临床实体（即危重疾病）的不同实践实施的。

可以看到在 ICU 的不同物理空间内发生了多次交接班。但这不只是地理位置上的分离，同时，不同交接实践与从事交接的从业人员之间也存在临床、管理、哲学和专业方面的差异。在这些不同的空间，不同的事实正在发生。"人与人之间的鸿沟使得结构间的隔离加倍"[8]。临床实体的多样性，即危重疾病的多样性揭示了交接班的多重本体以及其分散的现实。

实习医生之间的晚间交接班涉及另一个实质性问题，即流动性的文本（floating texts）（图 7.6）。

Jackie：嗯……我不知道你知不知道，他现在感觉好点儿了。好吧，没有任何问题。因为他有轻微发热，我昨天回家之前给他送了血培养，微生物学工作人员打电话说他的血培养提示有革兰氏阴性菌。

Susan：噢。

Jackie：从我腿上写的东西开始为他处理，Meropenem，嗯……我认为这可能比较重要，因为这不是污染物。我的意思是这可能轻微支持这位患者的疑问，但是我也不确定这能不能解释他的癫痫症状。对于热性抽搐，他有些年长了。（笑）

实验室的微生物学工作人员打电话给 Jackie，让她知道血液培养出了革兰氏阴性细菌。与其他受训者（管床护士和会诊医师）一样，她穿着外科手术服（通常被称作"小蓝"或者"小绿"）。患者的相关信息通常被写在裤子上。开始使用一种强效广谱抗生素这一关键信息从交接班流动性

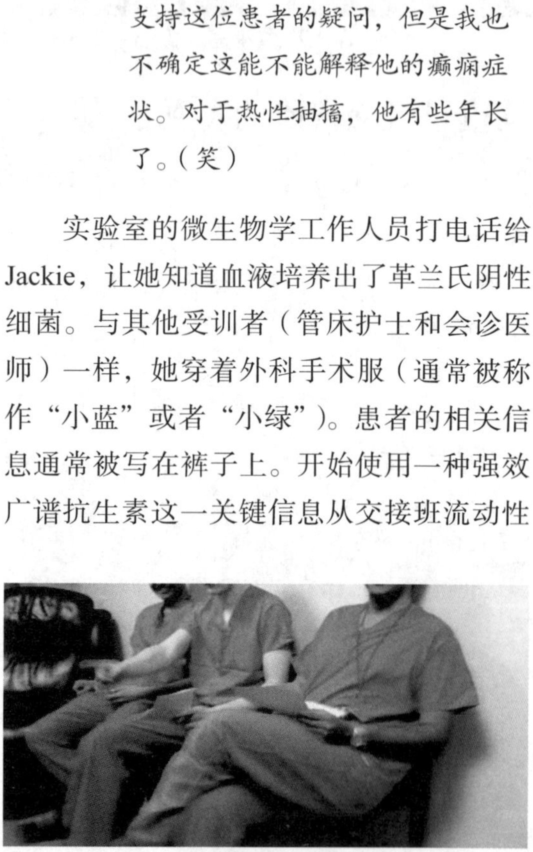

图 7.6 衣服在交接班中起的作用

的文本到了 Jackie 的裤子上。尽管人们可能会对这些和其他流动性的文本的实践提出质疑，但在热火朝天的临床处理中，这些问题并不少见。这项研究的部分目的是让人们看到临床医生做了多少“顺手”的工作，这些工作有时替代或补充了严格遵循已批准的方案的工作。轮班结束后，Jackie 会换上她平时的衣服，然后把她的手术服放到将被送洗的亚麻篮子里。清洗有可能会永久去除这些文字。这是在忙乱的临床实践中经常发生的事情。

对于临床教育的启示

根据对本研究的经验性数据的分析，Nimmo 提出在护士、医生和其他可能的人的职业发展中，我们应当将交接班作为一个反思空间予以重视。交接班也就因此被视为所有专业人员的潜在教育空间。交接班的相关汇报可以促进这一理念的形成。（这一点在文献中被广泛地讨论。相关完整的摘要和参考文献列表请参见 Nimmo[24]。）参加交接班的不同专业人员可以改善彼此之间的互动关系，通过日记、照片和其他有关他们生活的知识来源，将患者作为一个人来认识。作者反复强调事物、对象、正式文本和非正式文本在交接班中所起的关键作用，并且认为这些应纳入所有的教育活动中。临床研究生和参与涉及其他专业团体的交接工作的本科生，可以在不同专业之间和不同地点分享对于交接班工作的实施及制订的理解。

在实践中研究

正如在这些社会物质研究方法的例子中所见，进行实践研究存在许多挑战。第一个挑战相对简单，就是如何更密切地观察物质及其与学习的关系，对于这一联系，教育研究人员往往不曾关注。这个挑战不只要考虑如何关注在“社会物质”实践中时刻起作用的关键因素，还要理解这些因素是如何作用在正在开展的行动上的。第二个挑战是了解物质、技术、身体和环境与人类动力（human dynamics）之间的关系，后者如分析、决策（包括诊断）和情绪管理等。这些都十分复杂，难以计算出来。当然这些研究方法也存在局限性，在本章最后将其归纳为“注意事项”。

正如我们在上一节所见，最为常见的方法是从人种志研究中借鉴而来的：对于实践过程的系统观察和对于参与实践的人的深入访谈。（诸如非线性回归分析方法和推断统计学等定量方法也可以使用，这些方法通过递归或迭代的方式与复杂性理论相互联系，用以判断不同因素间的相互影响和共线性变量。）[25] 这两种方法在 Hammersley 和 Atkinson 等人种志研究的相关文章中都有详细的描述；同时他们还分析了许多关键性问题，比如观察者的部分感知和所处参照系的问题、观察者处于内部或外部的位置和对被观察活动的影响问题、观察他人行为的伦理学问题，以及分析了追踪这些问题和行为的重要性。在医学教育研究中，视频记录的实践活动很常见；即使观察者与被视频记录的实践行为者一同工作，观察者所看到的也受到其本身的期望、观察优先级、先前的经验和用以描述行为的语言等因素的影响。研究人员的任务是不断打破这样一种错觉，即我们通常所认为的观察到的“真实”，实际上是通过我们自己的参与建构出来的。

在社会物质研究中，这些人种志观察和非正式及正式访谈的方法往往通过其他收集材料数据的方法得到放大。接下来简单解释三个方法：照片启发、参与者绘图和替身访谈。这三个方法均来自于 Fenwick 及其同事 [26] 的研究。

照片启发（photo elicitation）

我们思考这样一个问题：在临床实践中，我们如何展示人为因素和非人为因素以及二者之间的关系？就像 Nimmo[24] 在重症监护病房中进行交接班研究中所做的那样，研究人员将那些看似普通但在实践中非常重要的材料拍摄下来，这是一种用来理解这种抽象关系的交流方式。Nimmo 拍摄了建筑环境的照片，照片内容包含诸如独立房间内的白板这些具体元素，也包含一些似乎与交接班有关的元素，例如打印好的交接单和纸巾等。研究者之后可以邀请交接班的参与者讨论这些材料。Harper[27] 建议研究人员在拍照时打破常规以启发出参与者的体验，并且要尽量避开或改变代表参与者每天所见或所用的图像。其目标是促使参与者对工作和集体的自认为理所当然的方面进行反思。许多研究人员还要求参与者在他们的实践中自己拍摄相关材料的照片，这些照片可能不被注意到，但会以某种方式影响参与者的行为。下面是 Scoles 主持的有关在实践中进行专业学习研究的一位参与者所述（来自 Fenwick 等人 [26] 的研究）。

> 这些都是我不会思考的，但是……我所肯定的是当你成为某个系统的一部分时，你不会真正地从外部去看它，你只能看到你所关注的一点点。你会说，这只是我的日常工作，只是不停地做这个和那个……当你真正开始观察你先前未曾关注过的地方，你会发现你所追求的全部目标背后还有更多的东西。

研究人员经常报告说，对不管是参与者还是研究人员制作的照片进行的讨论，都可能开启针对意外领域的访谈，并且在实践中经常会看到令人惊讶的新的实质性细节。

参与者绘图（participant mapping）

在与特定实践环境中的行动者进行对话式访谈时，研究者可能通过让参与者在访谈直接情境中绘图，从而理解参与者语言背后的含义。这些图画旨在显示实践参与者自身与各种各样的物体、技术、事件和其他影响他们日常生活的人之间的关系。研究人员可能会要求参与者简单地画一张思维导图，记录下他们为了完成工作在一天内或在一次特定实践内接触到的所有人和物体。就像 Fenwick 等人 [26] 在他们的研究中操作的那样，如果思维导图的绘制是在谈话中完成的，参与者通常会谈论他们自己与他们用来完成工作的物体之间的联系。此时许多参与者就会发现自己正在考虑以前从未思考过的物质。

替身访谈（interview to the double，ITTD）

这是 Nicolini[22] 开发的一项研究方法。

访谈者要求参与者详尽叙述他们在日常实践中所从事的内容，就好像是给第二个人详细的指导，使得其能完美地顶替自己不被同事察觉一样。Scoles 描述了她在研究中如何使用这个方法[26]。她给参与者的指导如下。

> 假设明天一个长得和你一模一样的外星人，即你的“替身”提出要来替你上班（这样你就有一天休假）。为了不泄露秘密，不让你的同事知道，哪怕是个人习惯这些小细节，外星人的行为都必须与你的行为完全一致。因此，请你把我假设成你的替身并且给我详细的指导，告诉我从我进入你的工作岗位的那一刻起，我应该做些什么。你必须以“首先，你必须……”开头。

Scoles 发现许多参与者很难使自己的叙述更为具体。因此，她指导他们描述一个特定的实践内容。可能是因为有分隔的具体时间框架提供的具体关注点和界限，这样指导后参与者会完成得更好，其谈话内容细节更为详细，指令也更为丰富。总的来说，Scoles 发现 ITTD 对于阐明构成实践者日常工作的小任务和连接材料非常有用，同时也能了解一些他们独特的且引以为豪地完成这些任务的方法。

在每一个案例中，研究人员都发现他们所研究的社会物质对于日常生活的理解与以人为中心的专业学习传统形成了强烈对比，这些传统方式往往强调认知、情感和社会维度。虽然这些维度十分重要，但是它们影响事物的特定方式和对于实践的特定影响为物质所包裹，有关人种志的工作可以使之可视化。

在研究中实践的启示

当然，以上方法和其他社会物质方法及概念只有在帮助我们研究相关教育问题时才有价值。最后，重要的不是我们使用的研究方法，而是我们提出的问题。在教育研究中，社会物质观点提出的问题如下。

- 这些物质的或虚拟的、人类的或非人类的参与者的范围是如何影响教育的？
- 哪种学习模式是由社会物质的不同组合促进的？哪种教学方法是由社会物质的不同组合促进的？
- 一些教育实践为何变得稳定而持久？为什么其他的教育实践无法这样？
- 社会物质的“黑匣子”在什么时候会产生负面问题？问题是如何产生的？（例如，如何被包含和排除的？）
- 什么物质因素限制了教育和学习的可能性？参与者何时会拒绝改变这些因素？为什么？这些因素是如何被忽视的？
- 社会物质组合如何产生特定的身份、边界和权力中心？

在社会物质视角下进行医学教育研究，可以采取以下途径。

1. 打破“人类参与者”这一看似不证自明的理念。相反，我们应该关注事物、空间、身体和计划与其共同产生的人类行为之间的关系。
2. 动摇其已有的偏见。例如像诊断、疾病、控制、临床标准、治疗、专业和患者一样已经确定了关注点和问题的特定因素。进行大的分类有助于一般性模式的描述，但它也有可能使得一些特定和模糊的要素被视而不见。

3. 尝试将注意力集中于那些似乎已经被排除在视野之外的内容。我们需要考虑有什么因素被视为不重要的东西而忽略，有什么因素因为研究的关注点或研究本身而成为“无关因素”。有时“看不到的”东西并不是被研究者主动忽视了，而是像家政人员或医院搬运工一样由于其工作过于简单而被忽视。（根据 Fuller 等人[28] 的研究，这些人掌握着有关患者的一些很少被接触到的重要信息。）
4. 打破整体，强调无论是人类还是非人类参与者所扮演的角色。

在教育中实践的启示

在社会物质的观念中，学习和知识不仅是思维活动或接受知识，它们还是行为的一种。毕竟思维与广阔的环境进行着持续不断的神经连接。社会物质观念将人们的关注点从单个学习的个体转移到更大的集体上。这里的集体不仅指的是人类社会文化集体或者是实践的集体，而且还包括物质空间、人的身体、技术和工具在内的社会物质的集合。能力则被理解为分布式的，而不是单个专家的案例。

举个例子，Mol[29] 花了 1 年时间来观察糖尿病临床护理操作的实施和变化。她得出结论：尽管有完整且系统的治疗计划和方案，但是像技术故障、患者的遗忘以及各种各样难闻的味道、混乱、令人害怕或枯燥的活动这些不受控的物质间的联系，依旧不断地干扰日常护理。她将其总结为一句话：即使你认为你完全掌握了一项技术，但是对于该技术的完全控制也是一种错觉（p.1757）。Mol 认为最为重要的任务是“通过各种方式让一切事物与其他事物相协调”。在实践中我们对需要改变哪些事情、需要坚持哪些事情往往不够明确。我们所尝试的事情也有可能失败。记得试着做其他事情。不断地小修小补，不断地给患者以治疗，不断地给患者以关怀（p.1757）。Nimmo 用类似的话阐述了他在 ICU 进行的研究。他回想起来在他的医学博士阶段研究中，当他用药物、输液和呼吸机调节患者的生理功能时，护士们在交接班时总会说：“他（指 Nimmo）这项操作作用不大。”

如果我们认可我们所处的世界充满动力这一观点，那么我们做事、学习不再只是单纯地强调获取整块知识或孤立地练习临床技能。与之相反，教育变成了为这个世界做准备。教育教会人们准备好在情况明确或情况不明时明智地、充满活力地参与其中。学习知识也更关注如何适应小的波动和意外，如何去改变看上去似乎答案明确的问题，如何对关注的问题进行公开讨论，如何持续观察自己和他人对于不断涌现的社会物质条件的影响，以及如何及时找到解决问题的方法。

注意事项

过度关注社会物质概念是十分危险的。

这些人往往不去考虑为什么社会物质理论的分析方法在理解和回答教育学问题方面相较于其他观点更为有效。与其他所有的理论一样，不同的社会物质理论研究方法也被教育学家广泛争论和诟病。如复杂性理论的关键分析效能一直受到质疑。关于权力如何通过教育或任何其他实践而分配，还有许多重要问题亟待研究。我们不仅要探讨物质是如何影响行为的，还要考虑这些影响背后的权力关系是什么。教育工作者需要考虑以下几个问题：什么样的知识和活动对于系统的运行和方向具有影响和最容易被发现？不断出现的实践对于谁有着有利的影响或对谁又有着不利的影响？如何才能创造出更加生动、开放、公平且更为持久的实践？或者说如何为更为完美的实践创造一种可能性？正如 Fenwick 和 Edwards[20] 分析的那样，行动者网络理论（ANT）也饱受批评，这些争议也为 ANT 的研究提出了新的问题和方向。这些争议包括被研究的“参与者”的纳入与排除标准问题、人类能否代表人类与非人类物质之间的异质性的问题，以及对于“网络”这一隐喻存在的局限性的讨论。

社会物质理论领域的教育学家也在不断地提出有关人的主观性以及人存在的意义的问题。不少学者提出，我们远离个体的人类，是否就意味着我们把自己置身于技术决定论的世界观内。或者从另一个角度出发，社会物质理论方法是否仅仅停留在系统的层面上，而忽视了教育中至关重要的人和人的个性。对于部分人而言，社会物质理论代表了一种后人本（post-human）的取向。但这并不是技术进步和身体数字化造成的反人类噩梦；相反，这是一种后人本主义（post-humanism），这个理念推翻了人类与人类的知识在认识世界时为自己预先确定的中心地位。它超出和打破了有关人类自身意义的传统观念。它还建议打破目前人类对于存在本身定义的局限性。用 Braidotti[30] 的话说就是“超越人类”（becoming more-than-human），指的是人类之间的一种关系，这种关系意味着人类与人类所处的不断变化的社会物质环境相协调。

面向未来的社会物质研究

在医学和其他医疗卫生教育领域，社会物质理论研究相对较新，但也在逐步开展中。Bleakley[2,31] 是其中研究成果最为丰富的研究者之一。他一直在探索提高不同实践的多种方式，以从外科团队和跨专业实践中帮助医疗从业者在每天工作的复杂性中形成医疗系统动态性的理念与观点。医疗行业的跨专业教育过程是向学生介绍社会物质动力较为方便的时机。我们不仅要向学生介绍社会动力，还要向学生介绍社会物质动力如何在不同执业团队工作的不同世界之间确立界限。有个博士研究项目 [14] 就展示出在教授学生和教育者一些有关复杂性理论的原则之后，饮食心理研究所（IPE）的研究设计和教学指导方式产生了显著且积极的变化。模拟教育是可以开展社会物质研究的又一个领域。部分社会物质研究者正在开发一种可以简单指导和评价学生的方法，该方法可以帮助学生在模拟环境下认清众多相互竞争的物质的层次和位置，同时也帮助参与学生理解其必须妥善协调这些物质。在医学教育研究中，越来越多的研究证明了社会物质理论方法的可行性。比如在 Ajjawi 和 Bearman[32] 的研究中，他们使用社会物质性解读（sociomaterial reading）的方式来引发人们对于权力是如何在初级卫生保健中通过各种人与物的相互作用得以发挥和受到限制这一问题的关注。最后，社会物质理论方法可以帮助发展中国家调整卫生保健方案和相关设备，使它们适应物质环境差异较大的地区。即使不同地区存在文化差异，社会物质理论分析也可以有效地解决这一问题。社会物质分析方法可以找出一种合适的方式，探究人们特定的认知和互动方式与其所处的环境中物质、语言和技术之间的具体、微妙的联系。在分析物质是如何与人类活动相结合并对人类活动起作用的过程中，社会物质学有助于凸显物质在何处结合最有价值，也可以凸显在何处引入新的物质和技术可以出现变革的机会。

本章主要内容

我们相信社会物质观念对于医学教育研究和实践非常有用，因此我们设立了这一章。到目前为止，只有很少的工作可以证明社会物质观念对于医疗卫生保健的功用。但在参考文献中我们给出了在教育学领域中更为深刻展示社会物质研究方法的资料。值得关注的是，现阶段各种社会物质观点也都各具特色。但本章简短的讨论所关注的重点是不同观点之间的共性。现阐述如下：

- 注重物质在日常实践中的动态性以及其与人类活动相结合的方式。
- 关注的重点不在于单个事物及其特征（比如单个临床医生的技能或特定技术），而在于不同事物之间的关联及其产生的结果。
- 实践本身就是不断变化的人类与非人类力量、技术、认知、情感、有机元素和无机元素等的集合。它们在产生特定情境和知识的同时相互结合。人类的意识、思想和能动性并不是最先行的；实践与学习不仅仅是人为的因素。
- 事物的“完整系统”对于理解任何特定活动、分析人类或者非人类活动与知识如何在系统的“网络”中相互关联非常重要。

小结

总而言之，社会物质方法提供了一种系统性考察各种物质因素在日常实践中意义的方法。常见的物质因素有身体、工具、技术及环境。社会物质理论也提供了一种观察各种物质因素如何与社会动力相关联，进而产生某种形式的认知和行为的方法。这一理念提供了许多研究方法，这有助于研究者认识和考察实践中社会和物质动力之间的竞争、妥协与适应。在考察这些相关变化和联系时，社会物质分析让推动产生实践者司空见惯的事物的各种力量变得清晰可见，这些如疾病分类、实践、对象、规则和层次结构等的事物往往被实践者当作无法避免且无法改变的。最后，社会物质观念为理解构成学习过程的物质间的关联（构成学习的权力关系和策略）提供了重要的途径。这些分析工具可以打破或追踪在物质联系网中知识的形成方式，也可以给出用以干预、打破或拓展这一网络的可行方式。

在教学实践中，社会物质理论对于医学教育环境和教学情境的设计有着重要的影响，同时也对指导学生在教学活动前、中、后的行为有重要意义。比如，我们可以利用社会物质理论来进行模拟教学和评价学生的活动。医学教育工作者至少已经指出，简单地向学生介绍社会物质复杂性理论的关键概念就能影响学生的学习过程。同时，医学教育工作者也关注如何在物质难以预测、技术不断变化、多学科性不断增加以及社会物质需求相互冲突的复杂情况下，使得参与者更加胜任日常工作实践。

实践要点

社会物质方法表明，我们可以考虑在医学教育过程中纳入一些下列类似于 Fenwick[33] 总结的活动，进而促进参与者对当前环境状态的认知。

- 关注参与者较小的、简单的或者难以理解的失误。
- 在日常物质性事物过程中适应新的想法和行为出现的可能性。
- 注意自己和他人对当前不断涌现的事物的影响。
- 在不确定性中修补改进。
- 打破实践的“黑匣子”，以对不同元素间的争论与干扰保持开放态度。

以上所列举的要点不是想取代现有的医学教育实践，而是旨在通过培养学生对于日常实践中社会物质性的认识，来丰富和重新定位医学教育实践。

参考文献

1 Singer, J.I. & Dean, J. (2006) Emergency physician intershift handovers. An analysis of our transitional care. *Pediatric Emergency Care*, **22**, 751–754.
2 Barad, K. (2007) *Meeting the Universe Half-way*. Duke University Press, Durham, NC.
3 Bleakley, A. (2012) The proof is in the pudding: putting actor–network theory to work in medical education. *Medical Teacher*, **34**, 462–467.
4 de Vries, E.N., Prins, H.A., Crolla, R.M.P.H. *et al.* (2010) Effect of a comprehensive surgical safety system on patient outcomes. *New England Journal of Medicine*, **363**, 1928–1937.
5 Fenwick, T. & Nerland, M. (eds) (2014) *Reconceptualising Professional Learning: Sociomaterial Knowledges, Practices, Responsibilities*. Routledge, London.
6 Orlikowski, W.J. (2007) Sociomaterial practices: exploring technology at work. *Organization Studies*, **28**, 1435–1448.
7 Nimmo, G.R. & Mitchell, C. (2008) A preliminary audit of interruptions in intensive care: implications for patient safety. *Journal of Intensive Care*, **9**, 240–242.
8 Mol, A.-M. (2002) *The Body Multiple: Ontology in Medical Practice*. Duke University Press, Durham, NC.
9 Fenwick, T. & Edwards, R. (2010) *Actor-Network Theory in Educational Research*. Routledge, London.
10 Latour, B. (2005) *Re-assembling the Social: An Introduction to Actor-Network Theory*. Oxford University Press, Oxford.
11 Davis, B. & Sumara, D.J. (2006) *Complexity and Education: Inquiries into Learning, Teaching and Research*. Erlbaum, Mahwah, NJ.
12 Osberg, D. & Biesta, G.J.J. (eds) (2010) *Complexity Theory and the Politics of Education*. Sense Publishers, Rotterdam.
13 Coole, D. & Frost, S. (2010) *New Materialisms: Ontology, Agency, and Politics*. Duke University Press, Durham.
14 Engeström, Y. (1987) *Learning by Expanding: An Activity-Theoretical Approach to Developmental Research*. Orienta-Konsultit, Helsinki.
15 Massey, D. (2005) *For Space*. Sage, London, Thousand Oaks.
16 Lefebvre, H. (1991) *The Production of Space*. Blackwell, Oxford.
17 Mennin, S. (2010) Self-organisation, integration and curriculum in the complex world of medical education. *Medical Education*, **44**, 20–30.
18 McMurtry A. (2007) *Complexity science and the education of interdisciplinary health teams*. unpublished doctoral thesis, University of Alberta, Edmonton, Canada.

19 Sturmberg, J.P. & Martin, C.M. (eds) (2013) *Handbook of Systems and Complexity in Health*. Springer, New York.

20 Fenwick, T., Edwards, R. & Sawchuk, P. (2011) *Emerging Approaches in Educational Research: Tracing the Sociomaterial*. Routledge, London.

21 Hager, P., Lee, A. & Reich, A. (2012) *Practice, Learning and Change: Practice-Theory Perspectives on Professional Learning*. Springer, Netherlands.

22 Nicolini, D. (2013) *Practice Theory, Work and Organisation*. Oxford University Press, Oxford.

23 Edwards, A., Daniels, H., Gallagher, P., Leadbetter, J. & Warmington, P. (2009) *Improving Inter-Professional Collaborations: Multi-agency Working for Children's Wellbeing*. Routledge, London.

24 Nimmo G.R. (2014) *Materialities of clinical handover intensive care: challenges of enactment and education*. Unpublished doctoral thesis, University of Stirling, Stirling, UK.

25 Gilstrap, D.L. (2013) Quantitative research methods in chaos and complexity: from probability to post hoc regression analysis. *Complicity*, **10**, 1–14.

26 Fenwick, T., Doyle, S., Michaels, M. & Scoles, J. (forthcoming) Matters of learning and education: sociomaterial approaches to ethnographic research. In: Bolle, S., Seele, C., Honig, H. & Neumann, S. (eds), *Multi-Pluri-Trans, Emerging Fields in Educational Ethnography*. Columbia University Press, Berlin.

27 Harper, D. (2002) Talking about pictures: a case for photo elicitation. *Visual Studies*, **17**, 3–26.

28 Fuller A, Laurie I, Unwin L (2013) *Learning at work as a low-grade workers: the case of hospital porters*. Lakes research paper no. 25, Institute of Education, University of London. http://www.llakes.org/wp-content/uploads/2011/07/25.-Fuller-Laurie-Unwin-reduced.pdf

29 Mol, A. (2009) Living with diabetes: care beyond choice and control. *The Lancet*, **373**, 1756–1757.

30 Braidotti, R. (2013) *The Posthuman*. Polity Press, Cambridge.

31 Bleakley, A. (2010) Blunting Occam's razor: aligning medical education with studies of complexity. *JECP*, **16**, 849–855.

32 Ajjawi, R. & Bearman, M. (2012) Sociomateriality matters to family practitioners as supervisors. *Medical Education*, **46**, 1141–1151.

33 Fenwick, T. (2014) Sociomateriality in medical practice and learning: attuning to what matters. *Medical Education*, **48**, 44–52.

混乱现实中的坚持："复杂性思维"如何指导医学教育研究

Sticking with messy realities: how 'thinking with complexity' can inform healthcare education research

Alan Bleakley and Jennifer Cleland

（翻译：李文卓　　审校：毕　丽）

第 8 章

Chapter 8

男更衣室里弥漫着尿液和汗水的臭味。我换上刚洗好的、硬得让人身上有些发痒的蓝色手术服，却不知道该把眼镜放在哪里。我找到了一条并不合身的裤子。穿上一双白色拖鞋，戴上帽子。一个朋友说道，我穿的是他同事最喜欢的拖鞋——我看了下这双鞋，上面确实清晰地写着一个名字。一进手术室，我就开始浑身不自在。他们向一个手术小组介绍了我，紧接着我便犯了一个错误——我伸出手想要和大家握手。很显然，这违反了手术室规定，违背了无菌原则。第一天我学到了：要暂时放下固有的习惯，更加细心地了解周围的环境。

引言

高度程序化的外科领域以及它的相邻领域——外科医学教育界都十分复杂。外科、麻醉、康复、病房、消毒、搬运、实验、病理、放射和理疗等各医疗团队之间，以及与患者之间相互沟通、协作，互相帮助。这样一来，医疗团队之间有益或无益的交流量就会很庞大。反过来，医疗团队的临床实践又被这种影响力巨大的、不断变化的文化熏陶和塑造。首先是医院管理文化，医院的一系列标准都受到国家政策指导而制订；其次是医学教育文化，各种不同的教育模式促使"学习"的形成；最后是致力于研究这种医学教育文化的学者、临床医生和患者所构成的一种复杂文化。这三种文化情境往往以不可预测的方式交织在一起。

医学教育研究人员该如何在如此复杂的情境中让研究变得有意义呢？复杂性理论介绍了一组研究方法，其中包括如何构思、使用和改善这些方法，以及如何围绕核心有效地结合多种方法[1-2]。但是，复杂性思维在临床教育和临床教育研究中的应用尚不成熟。本章展示了"用复杂性理论思考"作为一种概念视角和框架[3]，是如何在整个医学教育领域的研究中发挥巨大作用的。

本章的前半部分给出了复杂性理论的定义，并介绍了一些核心概念。后半部分根据一些示例展示了在复杂的临床和教学情境中，如何应用复杂性理论进行研究。文中同样提到了复杂性理论的局限性和未来趋势。相信在本章的结束，读者会对如何将复杂性理论应用于医学教育研究产生更深刻的理解。

背景

什么是复杂性？

什么是“复杂性”？在玩拼图时，无论这个拼图多么复杂，只要所有的碎片都没有缺失，你就有可能完成这个拼图。更有趣的是对此的反应——你可能表现出耐心和包容心，直到所有的碎片都复位；你也可能寻求帮助，和同伴合力完成拼图；又或者你因觉得无聊而放弃，失去冷静，像个孩子一样大发雷霆，然后沮丧地把拼图碎片丢散在地上。你和拼图的区别很大——拼图是静态的、有规则的，其整体等于各部分的总和；而你是动态的、复杂可变的。与拼图游戏相比，图版游戏（scrabble）里玩家和游戏本身都无法预测，游戏的结果取决于玩家对图版上字母和布袋中字母的创造。

另一个案例中，我（某人）从办公室的窗户里向外看远处的大树和马路，在突如其来的倾盆大雨中，来往的车辆越来越多，被淋湿的人们等待着过马路。一名男子大概是被丝毫没有空隙的车流扰得十分恼火，竟然做出了一个惊险的举措——在高速行驶的车流中横穿到马路的另一边……这时，三位同事没有敲门进了我的办公室，打断了我，让我准备开会……突然，大楼的火警响了，我们并不知道这是演习计划还是真的紧急情况。一切都随着时间的推移动态进行着。

这段情节可以被解读为一系列互不相关的事件。但如果你换种方式看，会发现与案例中的图版游戏相同，这是一个充满非线性相关元素的复杂系统在运作。我们需要了解人与系统之间存在的多重关系和联系，以及由此产生的结果。而要想了解这些复杂的问题和系统，就要先了解所有选项、或易或难的问题以及线性和非线性等核心概念。

简单、繁杂和复杂的问题或系统

表 8.1 转载自 Glouberman 和 Zimmerman[4]，例证了简单（simple）、繁杂（compl-icated）和复杂（complex）系统的区别和特征。

虽然这些内容是按照不同行为分类来呈现，但将其分级别作为导致某些结果发生的限定条件，将会更准确和有帮助。

解决简单问题可能需要借助一些技巧或工具，一旦掌握了这些，问题就有可能得到解决。繁杂的问题虽然取决于环节数量和彼此间潜移默化的影响，但是它坚守着规则。例如，太空旅行虽然繁杂，但是可实现，因为可以规划其中的环节和潜在关联。另一方面，复杂的系统由多个相互影响的元素构成，它具有适应变化的能力，并从经验中学习。系统中的元素与其他元素相互关联，共同发展变化。单独分析某个部分无法充分解释复杂的系统，这些部分间的相互影响及影响产生的结果同样重要。一个复杂的问题（如养育小孩）包括很多部分，每部分彼此间潜在的影响是灵活多变的。所以这些影响的结果往往不可知且无法预测。尽管复杂问题可能包含或繁杂或简单的子问题，但由于其本质的不

表 8.1　简单、繁杂和复杂的问题

学习做菜	向月球发射火箭	养育小孩
菜谱十分重要	发射方案最关键，且是必需的	方案的应用是有限的
菜谱所述方法已经过验证，简明易懂，易于操作	一枚火箭的发射能增加下一枚火箭发射成功率	养育一个小孩只能提供经验，却无法为养育下一个小孩提供保障
不需要专业技巧。但拥有烹饪技巧能增加成功率	成功发射必须充分掌握各领域的专业知识	专业知识有所助益，但对于教育成功来说是不必要且不充分条件
依照菜谱能做出标准化的菜肴	火箭在关键构造方面是类似的	每个小孩都具有特异性，必须被看作独立的个体
最好的菜谱每次都能让学习者烹饪成功	结果有高度确定性	结果仍然存在不确定性
存在有效的预案来应对可能出现的问题	存在有效的预案来应对可能出现的问题	存在有效的预案来应对可能出现的问题

相关性，复杂问题的难度不会降到子问题的水平（见后文）[5]。

复杂的系统在复杂到极限，达到混沌的边缘（edge of chaos，EOC）[6] 时，可能最具创造性潜力——它需要进行高度的自身重构来适应飞速改变的环境形势。在这里，混沌理论（chaos theory）[7] 中的混沌是指在遵循特定的规则或定律的系统中明显缺乏秩序的状态。系统处于平衡与混沌之间。处于平衡状态的系统缺少对环境做出反应的内在动力，继而会缓慢（或迅速）地崩溃。最具生产力的是处于混沌边缘的系统，因为这时变化最多，创造性最大，因此会产生新的可能 [8]。想象一下，一个第一次被安排在凌晨 2 点值班的年轻急诊科初级医生，她面对着暴躁的患者、不耐烦的同事、无数的报告和疲惫感。她不停地开处方、扎针、缝合、消除坏消息、安慰受伤的小孩、根据临床指南工作，同时还要临场发挥处理紧急情况并且试图联系矫形医生。这位年轻医生正处于高度复杂的混沌边缘状态，但并没有陷入混沌之中。

复杂适应性系统在接近混沌状态时，可以利用其适应能力和创新能力，通过自组织（self-organisation）的方式来实现系统的重组。事实上，自组织是复杂适应性系统的核心，也是学习的核心。现在，假设一个医学院复杂的排课系统崩溃了，如果系统不进行自组织，所有的课程都可能终止。而所有参与教学和排课的人都在复杂的、更大的大学和卫生服务系统内工作，都有诸多制约和困境，但都能勉强应付，找到解决办法（例如，设计更好的排课系统作为替代方案）。另一方面，医务人员担负着保障患者安全的责任，受到职业精神的约束，但在过于严格的规章制度下开展工作，医务人员自组织的潜力（创新能力和适应能力）可能受到限制，卫生服务系统也可能会被固化。复杂的适应性系统需要吸纳可控的风险因素和发明创造的出现，才可能有新的方法产生（例如，进行“无操作规程”救治)。这里所指的“系统”并非一股自发的力量，而是在意料之外的、不断循环的治疗过程中，由目标、反馈和偶然性共同构成的产物。

个体组成团队，随着复杂程度变得更高，团队的个体数和个体间的影响也在增加。许多团队组成一个组织，其复杂性会再次随着团队之间交互次数的翻倍而增加。

线性和非线性

什么是线性和非线性？线性和非线性是理解和使用复杂性理论的过程中需要掌握的核心概念。加热系统就是线性系统的一个例子，它通过恒温器或调节装置的反馈结果来工作。在这种反馈中，输入和输出之间存在着线性关系（$a+b=c$）[9]。

所有不是线性的、限制条件较少的系统都称为非线性系统。在这些系统中，初始状态一个变量的变化能够导致后续状态中相同或者不同变量的变化，这种变化与初始状态变化不成比例（蝴蝶效应，见后文）。非线性系统的整体不等于各部分之和，而线性系统则是部分相加关系的系统。回到我们对图版游戏的类比：游戏得分并不直接与每个字母的价值相称，而是与这些字母的使用方式相称，而这不可预测。因为游戏的结果不仅与图版上已经存在的字母有关，还与从布袋中取出字母的顺序有关。一个“字母 x”能值 8、16 还是 24 分取决于它被放置的位置，图版上其他字母的排列也会对整个单词的价值产生影响。

线性问题或系统可以拆分成许多小部分，每一部分都可以先单独处理，再整合到一起形成一个完整的解决方案。

然而，非线性的问题或系统不能被拆分成小部分再单独解决。它们必须利用完全的复杂性进行处理，这也与复杂性问题的研究方法存在关联（见后文）。

线性系统并非“坏”，非线性系统也并非“好”。我们需要可预见性的结果与确定性的事件，同时我们也需要通过不可预见性来创新。系统和过程协调融洽至关重要。以加拿大医疗保险制度为例，Glouberman 和 Zimmerman[4] 指出，使用线性问题的解决方法处理组织变化是有缺陷的，因为系统是复杂的，其解决方案必须与问题自身一样复杂。在一些特定的情况下，无论是航空飞行、军事行动还是消防事件，都采用了指挥控制、遵循逻辑和协议、线性的、层级制和授权主导的管理流程。然而，大多数医疗卫生服务都需要更大的灵活性。尤其在一些医疗卫生服务过程中，决策的制订高度开放，部分医疗实践并非一成不变（有时需要医疗实践的创新），并且服务过程中包含更多的情感投入，因此相较于上述命令与控制的策略，大多数医疗照护的情境显得更加灵活多变。在这种情况下，层级结构的指挥控制策略不适用，因为它不允许产生新的工作方式（见后文对复杂系统新特性的讨论）。

医学教育的另一个例子是胜任力（competence）和能力（capability）的区别。Fraser 和 Greenhalgh[10] 认为，医学教育及其研究领域中对“胜任力”的关注例证了在非线性的现实中线性消退。能力[11] 字面上的意思是指“足够好”。Fraser 和 Greenhalgh[10]（p. 801）认为“能力”（可能作为潜力展开）是医学教育目标的一种更加精确的描述。与复杂性思维一样，能力涵盖了未知的、无法预测的未来元素（潜在元素）。而胜任力是指侧重内容掌握的“学习”，它是能力与教育的结合，关注潜在元素与学习过程之间的相互作用，或称学会学习（learning to learn）。

回到下雨天我从窗户往外看的场景，事件之间而非事件本身的重要联系是什么？突然的暴雨使路况变得更加危险。等待过马路的人都被淋湿了，交通变得愈发拥堵。随着驾驶情况和陷入暴雨中的行人越来越无法预料，彼此之间的影响也在增强。冲动的人想要冲过马路，若引得其他人尾随，就可能发生交通事故。另一边，我们这群人会遵从消防指示，到室外暴雨中的指定地点集合吗？

Mennin[12]（p. 20）关注交互影响的大小和性质，而不是离散的关联事件，他生动地将复杂性定义为“对交互影响的动态、条件和后果的研究”。“利用复杂性进行思考”展示了常规和偶然事件、意料之中和意料之外结果共同形成的结构，它关注交互影响的动态，以及计划内与计划外的结果。这是一个非线性的、不限于繁杂的复杂世界，其中的事物或事件并非简单有序地排列——但事物或事件的模式以及彼此间的关系是明了的。

复杂性理论的起源

多年来，科学家把宇宙看作一个线性的整体。在这里，因果关系定律适用，宇宙之中一切事物都可以被预测和控制。然而，一些事情并没有如期进行，甚至按照一种似乎与因果关系截然不同的规则进行着。随着各学科科学家们对这些现象的探索，一种新的理论逐渐产生——复杂性理论。因此，复杂性理论是多门学科历史发展交叉融合而来的，形成“复杂性科学”，而同时艺术和人文领域也产生了一系列融合产物，故称作“复杂性理论”更为恰当（见复杂性科学和理论从离散学科中产生的历史[6,13-15]）。

一些作者认为复杂性理论拥有广泛的应用空间，包括人类生活的社会文化领域[16]；而另一派认为，不断扩大复杂性科学的应用范围，将会淡化自然现象的数学或计算建模这一起源[13]。本章采用自由派的观点，认为复杂性模型可以在诸多领域进行应用。

医疗卫生领域已经开始利用复杂性科学为临床实践和决策制订提供指导和建议[17-20]。然而，复杂性思维在临床教育及其研究领域的应用依然处于起步阶段[1-2,12,21-28]。这可能是由于，研究复杂的情境时，不能像杂乱的拼图一般，将整体拆分成若干线性部分重新拼合，以此还原。正相反，整体研究设计的复杂性在于元素之间关系模式的种类，而非离散元素本身。本章的后半部分将会举例说明在遇到复杂的研究设计时，研究复杂情境将遇到什么样的挑战。

动态、复杂的适应性系统的关键特征

本章前面已经对线性和非线性关系，简单、繁杂和复杂系统进行了介绍。本节将简要介绍适应性改变、新特性的产生、蝴蝶效应、嵌套交互系统和模糊边界。

1. 适应性改变

动态、复杂、非线性的系统——如生物系统——拥有一个线性系统没有的附加元素：它们能够通过学习来适应环境或条件[29]。局部交互作用和自组织使得系统范围适应性改变（见前文）。由于系统元素和它们在系统内存在或组合的方式的差异，以及它们交互作用本质的不同，系统内部积聚的压力无法保持不变，因此导致系统发生改变。换句话说，系统因学习而改变，也随着改变而学习——也称转化性学习（transformational learning）。在不可预见的未来，创新和创造将是动态系统（随时间演进的系统）的一大属性，但这意味着需要应对变化、接受处于混沌边缘的不确定性并在高度不确定的、模糊的条件下，了解反馈和反思为何会成为掌控创新变革条件的关键。

人类学习是复杂系统在更复杂的层次上进行重构的一个典范。随着人类的发展和学习，尤其是当孩子们学习语言时，孩子的复杂系统就会进化和演变，并在更复杂的层次上完成重构。尽管我们可以从生理上和认知上构想出孩子大致的发展阶段，但我们无法预测每个个体的这一轨迹将以何种方式出现，也无法预判在孩子复杂的适应性系统中，新特性将会在何处产生（见后文）。

2. 新特性的产生

复杂的生命系统所显示出的行为和特征与其部分或元素所显示的行为和特征不同。这种整体大于部分之和的现象称为“产生”，其内部形成了循环连续的反馈机制（例如，成员能够形成组织，组织也能够塑造成员）。人们无法计划或控制系统内元素，它们以半自主方式进行着交互作用，显然不可预测。在某些特殊情况和条件下，会有新模式产生，指导系统内的元素和系统本身的行为。因此，动态、复杂的系统对环境改变的适应，并不是简单的功能转变，而是创造新的来达到“功能适应”（fit for function）。在我们前面说到的临床排课系统的案例中，新生成的排课结果就是新的最佳的排课系统。当临床团队面临挑战时，如果广开言路，那么反馈系统会将原始系统转换成一个功能更加强大的系统，其功能将超过所有元素的总和。这就是系统产生的新特性。关于团队合作的诸篇论文都谈及这种现象[30-32]。需要注意的是，新特性的产生也可以发生于二元（非团队）系统中，如一般的会诊实践[33]。

3. 蝴蝶效应：小改变引起大结果

蝴蝶效应是混沌理论的一个概念，认为事物的结果有赖于初始条件且反应极为灵敏。在非线性系统中，初始条件同一处微小的变化，不断放大，对其未来状态会造成极大差异。蝴蝶效应由 Edward Lorenz 命名，其名称来源于一个理论案例——飓风形成的细节（形成的确切时间和途径）：遥远地方蝴蝶拍打翅膀的微小扰动可能引起一场飓风。举一个蝴蝶效应在医学教育领域中的案例：在欧洲和北美，值班制度会对实习或行医，以及患者照护产生影响。随着交接班的频率增加，会引发人们对诊疗出错率、不良沟通和护理连续性差等问题的担忧。

4. 引子

尽管复杂系统对细节不可预测，但往往存在常规模式，或“引子”（attractors），使人们能够对系统在特定条件下产生的行为做出说明。举个引子维持动态稳定的例子：一个高效的团队会明白如何合作、如何应对变化的条件（例如成员的缺席、手术室的变化），并且依然保持高效。引子是一个重要的术语，它将引导我们关注导致事件发生的环境，而不是实践者对事件所发表的个人观点[34]。

引子是指物质条件的集合。例如活动节点，指有效的实践或为实践活动提供场所的物理空间模式，如病房和护士站。根据定义，在以患者为中心的临床教学中，患者是主要的引子（注意，引子间可能存在冲突。例如，在医疗卫生中，经济效率和患者照护可能是存在冲突的引子，继而造成整个系统的混乱）。无论系统的初始条件如何，系统往往沿着一个或多个引子的方向发展。通过这种方式，引子塑造了系统。因此，通过一个系统的历史模式的信息进行预测十分重要，因为了解历史模式有助于解释和理解系统中即将发生的事情。

引子既能够保持系统的稳定性，也能使系统进入混沌边缘状态。因为动态系统会随“情境空间”（state spaces）的不同或时间的推移而变化。情境空间可以是短期的和局部的，例如手术室里的“清单”或某次查房；也可以是长期的，例如一个组织的整个成长历程。

5. 嵌套交互系统和模糊边界

系统之间相互嵌套并产生着交互作用，因此单独描述一个动态、复杂的适应性系统有些武断（即一个系统嵌套于其他系统之中，病房嵌套于医院之中，医院嵌套于医疗卫生服务体系之中，而医疗服务体系又嵌套于政治和社会系统之中）。所以，尽管我们已经能够描述一个较大生物系统中的细胞，如身体中的器官，但一旦考虑到人们作为患者、公民、家庭成员、医护者等所拥有的社会关系时，系统之间的边界仍然模糊不清（但是有意义，它可以通过进一步的推敲和说明而变得更加清晰，包括结合语境给出一个更贴切的定义[35]）。如果我们想要研究一个临床教育研究团队，并把它作为分析对象，那么在整个的患者照护过程中，团队的边界，以及团队与其他元素产生交互作用的性质，必然是模糊的。但同时，模糊的边界形成了一个承载元素的容器，使内部元素交换能量、相互影响，并产生新的结构。

这表明，最好使用定性描述的方法来研究这种关系，以保持和阐明这种“模糊性”的性质。第三代活动理论（activity theory）[36]（见第 9 章）适合解释这种“模糊性”。

复杂性理论的应用

社会是学习分析的对象

传统学习理论关注个体学到了什么、积累了什么，以及如何记忆知识、再现知识；社会文化学习理论（sociocultural learning theory）则关注个体的参与、协作、利用知识的方式、理论与实践合理且有意义结合的方式、知识的创新而非再现，以及最终的学习成果，即个体学习和身份构建这一社会化的过程 [37-38]。例如，在20年前，医学教育领域许多研究都关注高效率临床教师的个人特征 [39]。如今，这些研究更加关注有效的教育和学习所处的社会环境 [40-41]。研究对象从个体到社会的转变增加了研究的复杂性。因为，元素间潜在的交互作用数量增加，性质改变。这就要求我们将研究的重点从个体特征转向团队等集体模式。这也意味着研究复杂性相应地发生了转变。

在复杂的社会文化理论和社会物质学习理论（sociomaterial learning theory）[42] 之下衍生出三个主要的传统理论：实践共同体 [43-44]、文化历史活动理论（cultural-historical activity theory）[36,45-46] 和行动者网络理论（actor-network theory）[47-49]。社会文化学习理论倾向于强调本体论而非认识论，强调经验和体会而非理论见解 [50]，同时也强调个人处境、过往经验以及知识储备、态度和信仰的重要性（见第10章）。例如，Mol[51] 关于动脉粥样硬化的人种志研究显示，向患者发放的通知单中所描述的"慢性动脉阻塞"一词，内科医生、血管外科医生和护士有着不同的理解，还得用专业术语和通俗语言分别转述，或利用显微镜、X线、超声等不同影像手段进行调整 [52-53]。

利用复杂性思维进行研究

环境的复杂性不应成为研究的障碍，但却是研究设计中利用复杂性思维应对复杂情况的一大挑战。Lorelei Lingard 和同事 [54]（p. 869）描述了一项临床教育研究的模型，他们想在研究复杂的医疗环境中"完美体现复杂性"。该项目的研究理论是研究者往往会以零碎的方式研究复杂的临床环境，因而忽略了元素之间多样的关系。该项目的研究模型是一次实体器官移植团队的各尽其责的协作实践，采用了复杂性理论的视角、活动论的方法或理论视角，以及对核心实践者的人种志观测和访谈。该项目的研究目的是重新制订当前跨专业临床实践和临床教育的方法。

该研究聚焦于合作的模式和期间的交流。研究发现，核心移植团队与病理、放射、心血管等其他科室的合作并非线性、可推断的，相反，往往出现问题。在决策患者是否适合移植手术时，这项研究结果作为"故事（single story）"。专业人员中角色和身份的稳定性会极大地稳固常规的跨专业协作，但这种稳定性只是理想状态。实践表明，动态系统中稳定性在转移。此外，团队在照护患者时不一定要"目标一致"，而是要按照诸多照护目标的轻重缓急来动态安排工作。"日常"的协作依旧繁琐，而且无法通过线性的输入 - 输出模型来解释。本节还简要介绍了两篇调查，每篇调查都是通过复杂的设计来研究复杂的环境，增加了 Lingard"完美体现复杂性"目标的价值。

在外科手术协作研究中使用复杂性思维

回到本章的起始时提到的关于提升外科手术中团队合作的研究问题上，Bleakley

和他的同事们[32,55-61]在研究设计时，综合使用了四种理论：人种志（划定研究区域）、参与式行动研究（participatory action research）（削弱团队成员的层级观念，建立民主的工作习惯）、社会文化学习理论（解释参与式学习）以及复杂性理论（统筹所研究的动态系统的全局）。

图 8.1 将上述设计描述为嵌套的研究形式。这张图不应按层次结构阅读。复杂性理论这一“元方法学”并非置于社会文化学习理论和参与式行动研究的方法之上，也并非置于人种志和自传式人种志（auto-ethnography）的研究方法之上。相反，正如 Davis 和 Sumara[1]（p. 8）提出的及 Haggis[2] 强调的，复杂性是“元”意义层面的，因为它描述的是一种方法和方法学之间的嵌套关系。在所描述的研究中，这些方法和方法学视情况被使用或搁置，在这个过程中，复杂性因为其中多重联系而产生。

图 8.1 动态、复杂的医学教育研究系统中的嵌入元素和交互作用元素

人种志、自传式人种志[62]和人种志方法学[63,64]作为研究方法，都嵌套在参与式行动研究内。参与式行动研究是一种强调团体内部参与和行动（participation and action，PAR）[65-67]的研究方法。参与和行动嵌套于社会文化或社会物质学习理论，社会文化和社会物质学习理论反过来又嵌套于复杂性理论。这与上文中 Lingard 和其同事们的研究设计明显达成共识。

在图 8.1 所描述的研究过程中，首要的挑战就是将民主引入外科手术团队。在这里，“民主”指团队成员之间的平等，机会均等，如参与决策的机会均等。

研究假设，在手术室采用面对面、民主情况介绍和汇报的方式，能够引发工作模式的长期改变。在研究所有手术小组时，研究人员特别观察了骨科手术室的活动，并进行了录像。研究人员用剪辑关键环节的视频来激励最后的汇报环节。简而言之，情况讨论和汇报的引入，显著地改变了团队成员的观念。如同纵向管理的安全态度调查问卷（safety attitudes questionnaire，SAQ）[68]所展示的，改善团队协作能够显著地提升外科手术环境的安全程度。访谈和观测数据表明，这些价值观已转化为行动。然而，由于外科实践方面的国际改革——外科手术清单的使用[69-70]，这一进步或变化受到了阻碍。外科手术清单的使用并非想要取代面对面的情况介绍和汇报，而是用作一种民主的补充形式。我们的研究表明，这种预想并未发生在当地的医院。正相反，使用外科手术清单这个工具之后产生了一个意料之外的结果：它避免了面对面情况介绍和汇报过程中复杂多样的可能性。外科医生得以摆脱用社会学习理论应对面对面汇报教育。反过来，复杂性也因步骤减少而变得更线性，有助于实践。

这个例子说明了复杂性思维为其他层次的复杂性的形成和丰富提供了一种指导性的方法理论。而我们的研究说明了在手术室环境中，从复杂的非线性思维向复杂的线性思维转变的策略为何会阻碍民主化工作。

在研究本科医学课程 PBL 的跨文化适用性时使用复杂性思维

基于问题的学习（problem-based learning，PBL）是在西欧/北欧文化背景下发展起来的，它重视自我主导或自主性督促学习（非指令性），而不是直接教授教学法。有评论家指出，这种方法可能不易在不同文化之间转移[71]。

最近，来自荷兰马斯特里赫特大学的 Frambach 和他的同事们[72]设计了一项涉及多个不同文化地区在内的研究，解决了这一复杂问题。研究团队没有提出“PBL 在不同文化中是否起作用？”这一问题（先假设 PBL 可以不分地区文化地被广泛应用），而是提出了“怎样使 PBL 适用于不同文化背景？”（这是一个复杂的、答案不唯一的、具有多重可能性的问题[4]）。此外，他们还将复杂性思维与社会文化学习理论结合起来作为研究设计的框架。作者研究了 PBL 在中东、东亚和西欧三所医学院的本科医学教育中的应用。研究的第一个层次和嵌套最深的（如图 8.1 所示）是数据的收集方法。研究人员将人种志和访谈纳入了比较案例研究的框架。信息方法论（informing methodology）是活动理论，是社会文化学习理论集的一部分；所涉及的元视角是复杂性思维或复杂性理论。再次强调，它们相互依存、相互促进，并非按层次结构或线性顺序排列。复杂性不是其他研究过程的总和，而是多重交互作用而产生的新特性。

Frambach 和同事们调查了三种文化背景下的学生如何“内化”PBL，或如何使 PBL 方法在他们的文化模式中起作用；另外，还调查了这些学生在使用 PBL 方法时如何“外化”他们的文化，或文化视角如何重塑 PBL 实践并且表现出地方特色。对这三种文化背景的活动系统中的交互关系网进行了比较和对比。

研究表明，PBL 具有弹性，可以通过适合于文化背景的学习方式被内化和适应。此外，复杂性问题并不是封闭的（“PBL 有用吗？”），而是开放性的（“PBL 如何适应环境？”）。影响“纯粹”PBL 学习的外化因素有很多，其中就包括文化问题。比如一个“小组”如何思维才能既不在同伴面前丢脸，不违背等级和传统，还能应付不确定性，并且能够同时整合成就与竞争。内化因素包括自主学习形式的不同，以及各种形式的讨论和沟通技巧。作者报告了在三所医学院中采用“更纯粹”的 PBL 形式时产生的冲突，以及依据当地文化背景改变的规则和学校间分工的差异。作者创新性地使用叙述性和可视化的手段报告数据，反映出三种文化背景之下活动系统的动态。

应用复杂性理论时的注意事项

本节简要阐述一些在临床教学研究中应用复杂性理论时需要注意的事项。

第一，复杂性并不是一种研究方法，而是一种视角，一种综合结构，在这其中，复杂性本身是一种新特性，而不是主导性言论或总观点。研究人员仍然要在复杂性的整体结构下确定研究方法和方法学。第二，复杂性引入了一种新的语言，且这种语言不被弱化至关重要。诸如“引子”“情境空间（phase spaces）”之类的新词语，通过塑造想象力来完成重要的隐喻工作。第三，研究人员必须终止对于离散现象的关注，而要去关注现象之间的交互作用。这不仅是一种单纯的理解认知转换，同时也是一种情感转换。这种转换十分重要，因为它要求转变世界观（见本书中 MacMillan 所著章节）。第四，不要认为产生新特性的系统的动态运动是源于自发力量，是与研究者无关的或只把研究者看作一个旁观者。第五，有目标、会反思的研究者对于系统和系统的研究必不可少。第六，将研究的设计和方法与理论相匹配——面对非线性问题时，不要采用简化的线性研究方法。复杂性方法要求丰富的“概括性”描述，从研究的美学（aesthetics）方面描述价值，例如描述模式（describing patterns）。

利用复杂性理论的临床教育研究的未来方向

在医学教育及其研究领域应用复杂性方法面临诸多挑战。

第一，系统依旧存在被拆分的危险，他们将其简化成线性元素，继续着传统的将患者物化的学习方法，如基于离散的器官，而不考虑生命内部交互的过程（如生命周期）来设置医学课程；对要素本身的兴趣可能一直主导并阻碍对元素间关系的研究。避免这种情况的一个方法就是以非线性的方式构建研究问题。它将问题研究的焦点从“二者其一”转变成“二者均有”[4]。

第二，医学和其他临床课程必须响应那些将课程重新定义为复杂系统的人的号召[12,26,73-74]，以便将焦点从离散的教学大纲内容转向整体的课程进展过程[10]。如果开展此类课程改革，就要进行规范的评价。Patton 的发展性评价（developmental evaluation，DE）就是规范评价的一种方法[75]。

第三，临床教学研究者若想应对复杂性理论研究设计中复杂的环境，就必须在更大的集中的项目中进行合作。研究者要形成多重技能的联盟和研究计划（见本书中由 Taylor 和 Gibbs 所著的章节）。此类研究项目不仅需要培养技术熟练、知识渊博的创新性研究人员，也需要抛弃那些可能阻碍复杂性方法发展的惯常性做法，如恢复使用线性和简化方法的倾向。

第四，临床教学研究人员本身的问题。他们倾向于研究所熟悉的研究领域而变得排外（例如，某研究员专门研究某专业领域，某研究员是定性研究员）。这往往发生在边界划分、资源竞争和学术争论中。强调复杂性思维的跨学科合作研究[28]需要各专业的多元欣赏和流动。复杂性理论关注交互关系的多样化与性质，研究合作时也应如此。基于复杂性的研究最好是以整体的、民主的方式进行，而不是将研究方法（和研究人员）划分等级。

第五，也是最后一点，对于复杂性方法形式和模式的理解，尤其是对内部关联和关系网的理解，是复杂性研究方法的核心要点。这一点可以利用媒体进行研究和数据呈现，包括故事、电影、表演、电视剧本和自传式人种志。

小结

从上述举例来看，我们应该清楚复杂性方法的关键问题是怎样实现转化性学习的。基于对元素间关系而非离散的元素的理解，转化性学习是包含创造和创新在内的一种新方法。创造性地借鉴复杂性理论及本章所描述的相关方法，研究人员和从业者可以通过迭代循环的问询方式（既然是什么样的，现在又该是什么样的[76]）极大地推进医学教育和教育研究领域的发展。

实践要点

- 面对复杂的情况时，研究人员必须将注意力从离散的现象和活动转移到现象和活动之间的相互作用 / 关联上。
- 对复杂性理论及其主要特征和核心概念的理解，可以提供观察和理解环境的概念框架。
- 复杂性理论能够指导和塑造研究问题和研究设计——研究如何构思、使用和发展，几种方法如何有效结合。
- 环境的复杂性不应该成为研究的障碍，而通过研究设计中的复杂性思维来应对复杂情况是其挑战。
- 研究者应对复杂性时需要思维上的转变。

推荐阅读

Davis, B. & Sumara, D. (2006) *Complexity and Education*. Lawrence Erlbaum Associates, Mahwah, NJ.

Doll, W.C., Fleener, M.J., Trueit, D. & St Julien, J. (2008) *Chaos, Complexity, Curriculum, and Culture: A Conversation*. Peter Lang, New York, NY.

Haggis, T. (2009) Beyond 'mutual constitution': looking at learning and context from the perspective of complexity theory. In: Edwards, R., Biesta, G. & Thorpe, M. (eds), *Rethinking Contexts for Learning and Teaching: Communities, Activities and Networks*. Routledge, London, pp. 44–60.

Mennin, S. (2010a) Self-organisation, integration and curriculum in the complex world of medical education. *Medical Education*, **44**, 20–30.

参考文献

1 Davis, B. & Sumara, D. (2006) *Complexity and Education*. Lawrence Erlbaum Associates, Mahwah, NJ.

2 Haggis, T. (2009) Beyond 'mutual constitution': looking at learning and context from the perspective of complexity theory. In: Edwards, R., Biesta, G. & Thorpe, M. (eds), *Rethinking Contexts for Learning and Teaching: Communities, Activities and Networks*. Routledge, London, pp. 44–60.

3 Bordage, G. (2009) Conceptual frameworks to illuminate and magnify. *Medical Education*, **43**, 312–319.

4 Glouberman, S. & Zimmerman, B. (2002) *Complicated and Complex Systems: What Would Successful Reform of Medicare Look Like?* Commission on the Future of Healthcare in Canada: Discussion Paper No. 8. http://c.ymcdn.com/sites/www.plexusinstitute.org/resource/collection/6528ED29-9907-4BC7-8D00-8DC907679FED/ComplicatedAndComplexSystems-ZimmermanReport_Medicare_reform.pdf [accessed on 15 June 2014].

5 Goodwin, B. (1994) *How the Leopard Changed its Spots: The Evolution of Complexity*. Touchstone, New York.

6 Kauffman, S. (1995) *At Home in the Universe: The Search for the Laws of Self-Organisation and Complexity*. Viking, London.

7 Lorenz, E. (1963) Deterministic non-periodic flow.

Journal of the Atmospheric Sciences, **20**, 130–141.
8 Grassberger, P. (1986) Towards a quantitative theory of self-generated complexity. *International Journal of Theoretical Physics*, **25**, 907–938.
9 Lorenz, E. (1995) *The Essence of Chaos*. University of Washington Press; Reprint edition (March 30, 1995).
10 Fraser, S.W. & Greenhalgh, T. (2001) Coping with complexity: educating for capability. *British Medical Journal*, **323**, 799–803.
11 Hodges, B.D. & Lingard, L. (2012) *The Question of Competence: Reconsidering Medical Education in the Twenty-First Century*. Cornell University Press, New York, NY.
12 Mennin, S. (2010a) Self-organisation, integration and curriculum in the complex world of medical education. *Medical Education*, **44**, 20–30.
13 Coveney, P. & Highfield, R. (1995) *Frontiers of Complexity: The Search for Order in a Chaotic World*. Faber & Faber, London.
14 Luhmann, N. (2013) *Introduction to Systems Theory*. Polity Press, Cambridge.
15 Wheatley, M. (1992) *Leadership and the New Science: Learning about Organization from an Orderly Universe*. Berrett-Koehler, San Francisco, CA.
16 Estrada, E., Fox, M., Higham, D.J. & Oppo, G.-L. (eds) (2010) *Network Science: Complexity in Nature and Technology*. Springer, Dordrecht.
17 Paley, J. (2010) The appropriation of complexity theory in health care. *Journal of Health Services Research & Policy*, **15**, 59–61.
18 Plsek, P., Sweeney, K. & Griffiths, F. (2002) *Complexity and Healthcare: An Introduction*. Radcliffe, Oxford.
19 Sweeney, K. (2006) *Complexity in Primary Care: Understanding Its Value*. Radcliffe, Oxford.
20 Holt, T. (ed) (2010) *Complexity for Clinicians*. Radcliffe, Oxford.
21 Plsek, P. & Greenhalgh, T. (2001) Complexity science: the challenges of complexity in healthcare. *British Medical Journal*, **323**, 625–628.
22 Dickey, J., Girard, D.E., Geheb, M.A. & Christine, K. (2004) Using systems-based practice to integrate education and clinical services. *Medical Teacher*, **26**, 428–434.
23 Dornan, T. (2010) On complexity and craftsmanship. *Medical Education*, **44**, 2–3.
24 Greenhalgh, T., Plsek, P., Wilson, T., Fraser, S. & Holt, T. (2010) Response to 'The appropriation of complexity theory in health care.'. *Journal of Health Services Research & Policy*, **15**, 115–117.
25 Mennin, S. (2007) Small-group problem-based learning as a complex adaptive system. *Teaching and Teacher Education*, **23**, 303–313.
26 Mennin, S. (2010b) Complexity and health professions education. *Journal of Evaluation in Clinical Practice*, **16**, 835–837.
27 Bleakley, A. (2010) Blunting Occam's razor: aligning medical education with studies of complexity. *Journal of Evaluation in Clinical Practice*, **16**, 849–855.
28 Bleakley, A. (2014) *Patient-centred Medicine in Transition: The Heart of the Matter*. Springer, Dordrecht.
29 Davis, B., Sumara, D. & Luce-Kapler, R. (2008) *Engaging Minds: Changing Teaching in Complex Times*. Routledge, New York.
30 Arrow, H. & Henry, K.B. (2010) Using complexity to promote group learning in health care. *Journal of Evaluation in Clinical Practice*, **16**, 861–866.
31 Guastello, S.J. (2010) Self-organization and leadership emergence in emergency response teams. *Nonlinear Dynamics, Psychology, and Life Sciences Psychology, and Life Sciences*, **14**, 179–204.
32 Bleakley, A., Allard, J. & Hobbs, A. (2013) 'Achieving ensemble': communication in orthopaedic surgical teams and the development of situational awareness. *Advances in Health Sciences Education: Theory and Practice*, **18**, 33–56.
33 Innes, A. (2010) Complexity and the consultation. In: Holt, T. (ed), *Complexity for Clinicians*. Radcliffe, Oxford, pp. 37–48.
34 Clark, A. (2008) *Supersizing the Mind: Embodiment, Action, and Cognitive Extension*. Oxford University Press, Oxford.
35 Markusen, A. (2003) Fuzzy concepts, scanty evidence, policy distance: the case for rigour and policy relevance in critical regional studies. *Regional Studies*, **37**, 701–717.
36 Engeström, Y. (2009) The future of activity theory: a rough draft. In: Sannino, A., Daniels, H. & Gutiérrez, K.D. (eds), *Learning and Expanding with Activity Theory*. Cambridge University Press, Cambridge, pp. 303–328.
37 Crook, C. (2002) Learning as cultural practice. In: Lea, M.R. & Nicoll, K. (eds), *Distributed Learning: Social and Cultural Approaches to Practice*. Routledge/Falmer, London, pp. 152–169.
38 Edwards, R., Biesta, G. & Thorpe, M. (eds) (2009) *Rethinking Contexts for Learning and Teaching: Communities, Activities and Networks*. Routledge, London.
39 Irby, D.M., Ramsey, P.G., Gilmore, G.M. & Schaad, D. (1991) Characteristics of effective clinical teachers of ambulatory care medicine. *Academic Medicine*, **66**, 54–55.
40 Cook, V., Daly, C. & Newman, M. (eds) (2012) *Work-Based Learning in Clinical Settings*. Radcliffe, London.
41 Cooke, M., Irby, D.M. & O'Brien, M. (2010) *Educating Physicians: A Call for Reform of Medical School and Residency*. Jossey-Bass, San Francisco, CA.
42 Jonassen, D.H. & Land, S.M. (2000) *Theoretical Foundations of Learning Environments*. Lawrence Erlbaum, Mahwah, NJ.
43 Lave, J. & Wenger, E. (1991) *Situated Learning: Legitimate Peripheral Participation*. Cambridge University Press, Cambridge.
44 Wenger, E. (1998) *Communities of Practice: Learning, Meaning, and Identity*. Cambridge University Press, Cambridge.
45 Engeström, Y. & Middleton, D. (eds) (1998) *Cognition and Communication at Work*. Cambridge University Press, Cambridge.
46 Blunden, A. (2012) *An Interdisciplinary Theory of Activity*. Haymarket Books, Chicago, Ill.
47 Law, J. & Hassard, J. (1999) *Actor Network Theory and After*. Wiley Blackwell, Oxford.
48 Latour, B. (2007) *Reassembling the Social: An Introduction to Actor- Network-Theory*. Oxford University Press,

Oxford.
49 Fox, S. (2005) An actor-network critique of community in higher education: implications for networked learning. *Studies in Higher Education*, **30**, 95–110.
50 Mol, A. (1999) Ontological politics. A word and some questions. In: Law, J. & Hassard, J. (eds), *Actor Network Theory and After*. Blackwell, Oxford, pp. 74–89.
51 Mol, A. (2002) *The Body Multiple: Ontology in Medical Practice*. Duke University Press, Durham, NC.
52 Mol, A. (2008) *The Logic of Care: Health and the Problem of Patient Choice*. Routledge, London.
53 Mol, A. *et al.* (2010) *Care in Practice: On Tinkering in Clinics, Homes and Farms*. transcript Verlag, Bielefeld.
54 Lingard, L., McDougall, A., Levstik, M., Chandok, N., Spafford, M.M. & Schryer, C. (2012) Representing complexity well: a story about teamwork, with implications for how we teach collaboration. *Medical Education*, **46**, 869–877.
55 Bleakley, A. (2012) Establishing patient safety nets: how actor-network-theory can inform clinical education research. In: Cook, V., Daly, C. & Newman, M. (eds), *Work-Based Learning in Clinical Settings*. Radcliffe, London, pp. 143–166.
56 Bleakley, A. (2012b) The proof is in the pudding: putting actor-network-theory to work in medical education. *Medical Teacher*, **34**, 462–467.
57 Bleakley, A. (2013) Working in "teams" in an era of "liquid" healthcare: what is the use of theory? *Journal of Interprofessional Care*, **27**, 18–26.
58 Bleakley, A., Hobbs, A., Boyden, J. & Walsh, L. (2004) Safety in operating theatres: improving teamwork through team resource management. *Journal of Workplace Learning*, **16**, 83–91.
59 Bleakley, A., Hobbs, A., Boyden, J., Allard, J. & Walsh, L. (2006) Improving teamwork climate in operating theatres: the shift from multiprofessionalism to interprofessionalism. *Journal of Interprofessional Care*, **20**, 461–470.
60 Allard, J., Bleakley, A., Hobbs, A. & Vinnell, T. (2007) Who's on the team today? Collaborative teamwork in operating theatres should include briefing. *Journal of Interprofessional Care*, **21**, 189–206.
61 Henderson, S., Mills, M., Hobbs, A., Bleakley, A., Boyden, J. & Walsh, L. (2007) Surgical team self-review: enhancing organisational learning. In: Cook, M., *et al.* (eds), *Decision Making in Complex Environments*. Ashgate, Aldershot.
62 Roth, W.-M. (2005) *Auto/Biography and Auto/Ethnography: Praxis of Research Method*. Sense Publishers, Rotterdam.
63 Garfinkel, H. (1967) *Studies in Ethnomethodology*. Prentice-Hall, Englewood Cliffs, NJ.
64 Gibson, W., Webb, H. & vom Lehn, D. (2012) Ethnomethodological workplace studies and learning in clinical practice. In: Cook, V., Daly, C. & Newman, M. (eds), *Work-Based Learning in Clinical Settings*. Radcliffe, London, pp. 167–188.
65 Reason, P. & Bradbury-Huang, H. (eds) (2014) *The SAGE Handbook of Action Research: Participative Inquiry and Practice*, 2nd edn. Sage, London.
66 Chevalier, J.M. & Buckles, D.J. (2013) *Participatory Action Research: Theory and Methods for Engaged Inquiry*. Routledge, London.
67 Koshy, E., Koshy, V. & Waterman, H. (2014) *Action Research in Healthcare*, 2nd edn. Sage, London.
68 Sexton, J.B., Helmreich, R.L., Neilands, T.B. *et al.* (2006) The Safety Attitudes Questionnaire: psychometric properties, benchmarking data, and emergency research. *BMC Health Services Research*, **6**, 44.
69 Gawande, A. (2009) *The Checklist Manifesto: How to Get Things Right*. Profile, London.
70 Pronovost, P. & Vohr, E. (2010) *Safe Patients, Smart Hospitals: How One Doctor's Checklist Can Help Us Change Health Care from the Inside Out*. Hudson Street Press, New York, NY.
71 Bleakley, A., Bligh, J. & Browne, J. (2011) *Medical Education for the Future: Identity, Power and Location*. Springer, New York.
72 Frambach, J.M., Driessen, E.W. & van der Vleuten, C.P.M. (2014) Using activity theory to study cultural complexity in medical education. *Perspectives in Medical Education*, **3**, 190–203.
73 Doll, W.C., Fleener, M.J., Trueit, D. & St Julien, J. (2008) *Chaos, Complexity, Curriculum, and Culture: A Conversation*. Peter Lang, New York, NY.
74 Treuit, D. (ed) (2013) *Pragmatism, Post-modernism, and Complexity Theory: The "Fascinating Imaginative Realm" of William E. Doll, Jr*. Routledge, London.
75 Patton, M.Q. (2010) *Developmental evaluation. Applying complexity concepts to enhance innovation and use*. Guildford Press, New York.
76 Eoyang, G.H. & Holladay, R.J. (2013) *Adaptive Action. Leveraging Uncertainty in Your Organization*. Stanford University Press, Stanford, CA.

活动理论：使医学教育研究成为可能

Activity theory: mediating research in medical education

第 9 章

Chapter 9

Jenny Johnston and Tim Dornan

（翻译：刘　华　　审校：程化琴）

在你的脑海中，想象一下一天的医院巡视。即使你不是一名医疗卫生专业人员，你也可能熟悉如何进行查房，因为你可能曾是医院的患者，或者至少在电视上看过医疗剧。总有一名患者可能在床上，连着输液瓶、监护器和其他机器，周围有一群医护人员来回走动。有一位查房医师，他显然是团队的领导者，还有努力跟上的初级医生、忙碌的护理人员，也许还有其他药剂师或理疗师等医务人员。在这个活动中，每个人都扮演着一个经过精心排练的角色，他们的目的是照顾患者并确保他们康复。记住脑海中的这幅图画，稍后我们将回到查房情境进行类比，以说明如何使用活动理论——或者用它的全称文化-历史活动理论[1]——来探索活动体系[2]中发生的事情。

引言

当人们谈到活动理论（activity theory，AT）时，他们指的是20世纪初首先出现在俄罗斯的一种思想流派，自20世纪70年代英语读者接触到它以来[3]，其对西方思想产生了重大影响。从广义上讲，AT提供了一种理解人类行为和人类学习的方法，它不仅考虑到个人，而且考虑到他的社会和文化背景。AT从一开始就走了很长一段路，而且很可能继续发展，超出我们目前的理解。我们简要概述了它横跨20世纪进入21世纪的故事，介绍了一些基本原理，澄清了一些可能混淆的术语，并概述了三代AT[4]。我们讨论它的优点和缺点，以及它与教育中常用的其他一些社会理论的关系。最后，我们探讨了如何利用它来解决医学教育中的实证研究问题，并讨论了教育研究人员如何利用AT从简单的观察社会现象转向促进社会变革。

意义的社会文化建构

任何对活动理论的探索都始于维果茨基（Lev Semyonovich Vygotsky），包括（在真实的社会文化形式下的）他的生活和背景。维果茨基从20世纪20年代始一直在苏联生活和工作，直到1934年不幸逝世[5]。虽然我们对维果茨基时期俄罗斯的西方观念受到独裁统治和冷战的严重影响，但革命后、斯大林主义之前的俄罗斯似乎是一个知识创造力极强的时代。尽管维果茨基的工作时间很短，直到 20 世纪 70 年代他的作品才被西方读者所接受，但他对现代教育理论的影响是难以估量的[6]。他与他的同事利昂节夫（Leontiev）和鲁利亚（Luria）一起，使其工作围绕将马克思原理扩展到科学领域，希望创造一个更美好的未来[7]。他们的计划是建立一种人类发展的理论模型，这种模型扩展了马克思和恩格斯的辩证唯物主义的概念：所有的进步都是由于两个对立面之间的冲突而产生的，并且它是根据我们的物质需要而产生的[8-9]。考虑到这一点，维果茨基发展了一种独特的新的思想，被称为“文化 - 历史学派”“社会 - 文化理论”，甚至（有点难以置信地）被称为“社会文化历史理论”[10]。尽管有相互融合的命名法，所有这些都指向相同的核心思想。维果茨基的社会文化学习观是革命性的，产生了大量的学术成果，并在发展过程中形成了 AT 这样一种思想流派。

社会文化视角在思考人们如何学习方面进行了范式转换，从关注个人的内部变化转向关注他们的社会和文化环境。维果茨基理解意义、意识的发展，是通过人们与他人及更广阔的世界的互动来调节的[11]。虽然人类和动物一样，天生具有“较低”的功能，但有意识的思维所需的较高的心理功能是通过文化途径获得的[12]。随着成长和发展，我们可以在不理解他们的目的的情况下，从老师那里机械地学习操作，然后开始内化这些行为的真正含义。这发生在学习者和教师（或社区）之间的共享空间里，维果茨基将其称为**最近发展区**（zone of proximal development，简称 zope）[12]。在病房里，一名实习生第一次学习呼吸系统查体时，模仿查房医师的身体动作，走过场。之后，随着时间和经验的积累，他们会明白听到了什么，以及如何理解他们所获得的信息。

这种学习的概念挑战了许多关于我们如何学习，甚至从根本上说，我们是谁的理所当然的想法。许多现代医学、科学和教育理论都以实证主义、个人主义为中心，建立在哲学概念笛卡尔二元论（Cartesian dualism）的基础上——我们的意识与我们的身体是分离的[13]。维果茨基拒绝了笛卡尔的二元论，他赞成这样一种观点：我们对世界的有意识的体验与我们对世界的物理感受是密不可分的。成为我们自己的过程发生在我们与他人和环境的关系中——“通过他人，我们成为我们自己”[14]。

活动作为中介的原理

对维果茨基来说，意义的发展是由我们与世界的关系来发生的。反过来说，这种关系总是间接的。我们在世界上的行为需要**文化工具**或**人工制品**作为中介[3,12]，它们可能是技术上的，也可能是心理上的[15]。技术工具是帮助我们完成任务的实体道具，想想我们如何使用铲子挖地，或使用听诊器检查患者的胸部。心理工具是思维的中介，其中最重要的是语言[12]。就像物理工具一样，我们使用语言作为中介来帮助我们完成任务。维果茨基的活动的基本概念是

文化 - 历史活动理论发展的基础，它以技术或心理工具为中介，以特定的目标为导向。的确，在时间的长河中，它已经被重塑为**第一代 AT**。该模型如图 9.1 所示。

符号学和意义

在维果茨基的著作中，符号中介具有特殊的重要性。他专注于语言和意识之间的辩证关系，也就是说，我们的语言使用不仅反映了我们的意识，而且帮助我们建构意识："思维在转化为言语的过程中被重构。它不是用语言进行表达，而是在形成语言的过程中得到完善"[11]。

在临床医学活动中考虑语言的使用和意义。我们使用语言不仅是为了传递信息，而且是为了执行无数其他重要的社会行为，如身份的建立和维护或挑战权力结构。例如，医学术语本身就是一种社会语言。医学生早期专业学习会诊的核心活动，如采集病史、解释体征和症状、做出鉴别诊断、调查和制订治疗计划等，都是用适当的临床术语进行的。学生学习如何作为医生思考和工作是由临床医学的语言作为中介的。此外，理解医学术语是归属感的一个重要象征，就像挂在脖子上的听诊器一样有力，代表着这个群体的成员身份。

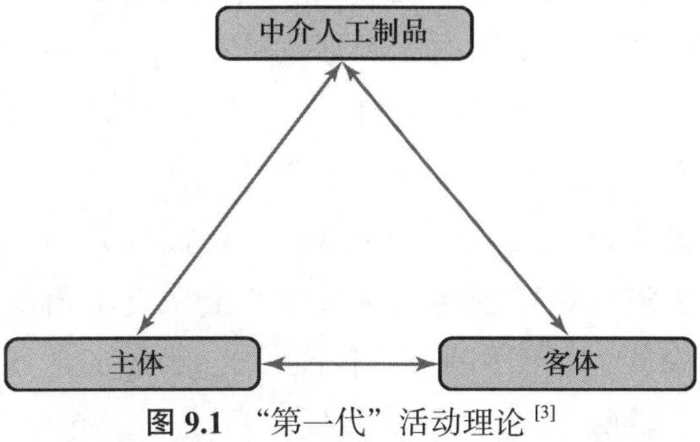

图 9.1　"第一代"活动理论[3]

如果思考一下医患之间的临床交流，我们就能说明符号中介的另一个重要作用。语言是医生的行为（采集病史）和患者的行为（讲述他们的故事）之间的中介，因为他们参与了一个旨在诊断和治疗的共同活动。然而，所使用的语言的含义是特定于它所使用的情景和使用它的人的意图的。这在日常交流和共享活动的表现中引入了风险因素。因此，医学术语在与患者交流时成为障碍，尽管它在同事之间的交流中提供了一个有用的快速交流方式。初级医生很快就发现，医生和患者对一些常用词汇意思的理解是不同的[16]：患者谈论"麻木"的感觉可能意味着针刺的感觉，而倾听的医生则把它解释为完全失去感觉。好的沟通者知道交流发生在两个人之间[17]。一旦讲话者试图把他的意思说清楚，就由听者来解释他所说的话。交流的意义是双方之间进行协商，并且将影响到活动的结果。

历史性与文化的变迁

与意义的社会文化建构密切相关的**历史性**概念是维果茨基理论中的最后一个相关方面。作为个人和社会这两方面，一项活动发展的历史决定了它目前的形式和范围。在考察社会生活的任何文化方面时，我们都需要考虑它从何而来、它将去向何处，以及我们在关系中所处的位置。人类的经验和学习并不是绝对的。我们对任何社会概念的理解都与它在时间上的位置以及我们如何通过我们自己的文化和经验来解释它有关。意义是由我们（个人和集体）

如何根据当前事件，建构我们的过去和未来而经验地和辩证地定义的[18]。

就个人而言，作为一名拥有10年临床经验的医生，通过从那时起学到的医学知识，重新诠释了我作为一名医学生的经历。在更大的社会层面上，作为临床医生群体，对自己的定义与职业在社会上的地位相悖；因此医疗卫生行业的诽谤事件动摇了职业认同感，改变了与行业外其他人的关系。维果茨基的最近发展区提供了一种将文化规范从一代传递到下一代的工具，但它也提供了一种社会参与集体变革和发展的途径。生活不是静止不动的，我们不断地适应环境的需要。从这个意义上说，文化-历史理论是动态的，能够涵盖日常生活的变化及其随时间的发展，从根本上它是实证的，因为它假定人类能够继续成长并以有利的方式变化。说到发展是辩证的过程这一层面，这也是马克思主义的精髓。我们将在本章后面回到作为变革催化剂的对立冲突的重要性。

显而易见，如果没有对其历史发展的一些认识，就不可能对AT其本身有足够的了解。也许比任何其他学习理论更明确的是，它的意义与其历史渊源和背景密不可分。每一代AT都与其所处的社会文化背景相联系，而我们对它的理解也与自身的环境相联系。因此，一些关于我们自身优势的反思，有助于将AT原理转化为真实世界研究。

向集体和物质迈进

在20世纪30年代日益恶化的政治气候下，维果茨基的一些主要合作者，包括利昂节夫（Leontiev）离开了莫斯科，前往哈尔科夫省[19]。这个分歧开启了利昂节夫一个新的关注重点，将他的实证研究从符号学和意识转向物质活动（活动指向一个物理对象）。他还扩大了AT基本模式，使之包括为实现共同目标而努力的人民团体的集体努力[10]。利昂节夫的思想后来被在今天的芬兰工作的恩格斯托姆（Engeström）所巩固[20]。利昂节夫向集体意识的扩展和随后恩格斯托姆对此的重新界定，被称为**第二代AT**[21]。恩格斯托姆为连接利昂节夫活动理论的不同方面而制订的图式见图9.2。

这种**活动体系**是维果茨基原始思想的一个更为复杂的内在概括，在维果茨基的原始思想中，个体主体指向特定对象而参与中介作用。虽然这一概念仍然是中心性的，但在这里，社会文化背景与额外的规则、群体和劳动分工具有更大的重要性，所有这些规则本身都扮演着调节者的角色，并由活动体系的其他方面依次进行调节。图9.2显示了各种元素是如何相互依赖的[22]。双向箭头代表互动的对话性质，强调许多社会声音是相互对话的（**多声音的**）。

在扩展这一理论的过程中，利昂节夫的思想反映了马克思主义关于劳动是一种集体的、实用的人类活动的概念，我们参与其中并试图改变自然世界[23]。从这个意义上说，劳动本质上是创造性的。从事它是改造自己的一种方式，是前面提到的人类进步的辩证唯物主义观点。从这个角度来看，我们用来协调自己和自然的工具具有特殊意义，因为它们定义了人性。此外，

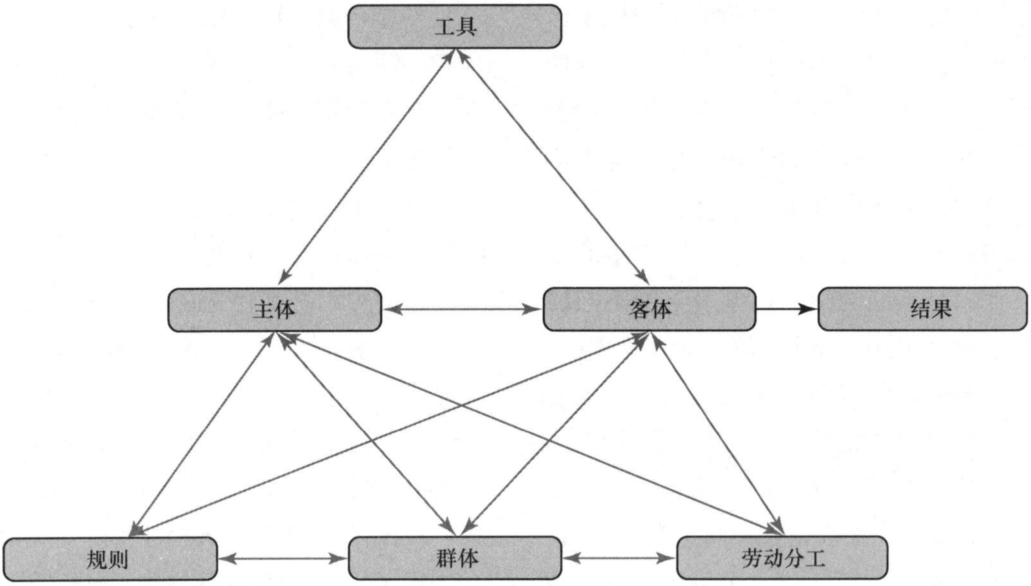

图 9.2 “第二代”活动理论 [20]

由于劳动是一种集体活动，它不仅受物理工具的调节，而且受我们与其他人的社会关系的调节。用马克思主义的术语来说，个人社会分工的方式将影响所生产商品的最终价值 [8]。

众所周知，利昂节夫用“原始狩猎”的比喻来举例说明集体活动模型。他还用这个例子将活动划分为三个层次的模型 [24]。在最高一级，总的**活动**是为了满足集体的需要，并由总的动机所决定。在原始狩猎的比喻中，狩猎的整体集体活动是由对食物和衣服的集体需求驱动的。为了追求总的目标（动机），必须采取一些较小的、协调的**行动**，例如，在狩猎过程中，必须有人把猎物从灌木丛中吓出来。行为构成一个中间层，是**目标导向**的，而活动是**对象导向**的。一个行动的目标是更直接的，不一定与整个活动的最终动机相同。最低一层是根据当时的情况采取的**操作**和较小的步骤。在狩猎过程中，敲打一根棍子发出可怕的声响构成了一项操作 [25]。我们可以看到，这里的重点是使用物理工具作为中介，这与维果茨基强调心理工具形成了对比。

现在回到我们开始这一章时病房查房的例子，并在这些 AT 术语中将其概念化。病房里的每个人都被共同的患者照护活动所激励，这些活动通过一系列协调的行动和操作来完成，例如进行呼吸系统检查和连接氧饱和度监测器。使用心理工具，如采集病史，以及材料工具，如听诊器和实验室检查。行动的规则相当严格，医院是一个由严格的社会机构来定义其中发生活动的机构。在病房，查房医师全面负责，其他工作人员在等级关系中有明确的角色。根据患者照护的需要，会由不同的组员负责不同的工作，初级医生负责组织进一步的检查，护士负责检查观察结果和给药，理疗师负责评估患者的活动能力。所有这些都是一台显然运转良好的机器上的齿轮。

考虑一下进入这个环境的医学生如何

向更资深的医生学习如何着装、如何说话和如何行动。他们不仅仅是在学习如何使用听诊器，还在学习如何在医疗体系中占据自己的位置，以及如何在医疗环境中协调复杂的社会规则和关系网络。同时也要考虑到同一空间的护理学生与医学生的不同。他们有不同的角色模型，学习不同的着装、说话和行为方式。例如，在护理中，更加重要的是制服和遵守被禁止的外貌要求（或至少更严格地要求）[26]。尽管必须经过商谈来获得相同的权力关系，但是与患者和同事的互动都是从不同角度出发的。

各专业群体都紧密合作并且有自己的文化规范活动体系，内部冲突的潜在根源在于不同专业群体之间不同的沟通方式。当下次回到这个例子时，我们将思考这些冲突如何为实现文化变革和改进跨专业工作实践提供可能性。

冲突与拓展性学习

虽然早期的几代 AT 在苏联逐渐非常有影响力，但冷战导致的政治动荡的一个后果是，维果茨基和利昂节夫的著作直到 20 世纪 70 年代才被引入西方。与此同时，随着定性研究人员开始挑战个人主义、理性主义 / 科学范式在研究社会互动方面的主导地位，出现了“范式战争”。在西方，AT 所暴露的新的社会文化语境点燃了人类科学的革命火花，使这一理论获得了蓬勃发展的动力，并在这一领域掀起了一股全新的工作浪潮。芬兰教育学家恩格斯托姆是现代 AT 的核心支持者。正如我们前面讨论的，恩格斯托姆和他的合作者负责巩固和推进第二代 AT。从那以后，恩格斯托姆一直试图用**第三代 AT** 的表述来突破理论极限，该表述被称为**活动体系分析理论**[3]。这个方法是观察不同的活动体系之间是如何相互作用的（图 9.3）。

恩格斯托姆的 AT 研究路径主要关注的是利用创造性潜能来促进社会变革和进步运动。前面谈到，马克思主义理论是如何把劳动看作我们生活中的一种创造力量。事情不总是一成不变的，我们可以在生活中不断改变和发展。事实上，我们**需要**不断前进。争取进步的斗争是我们作为人类的一部分，它永远不会结束。

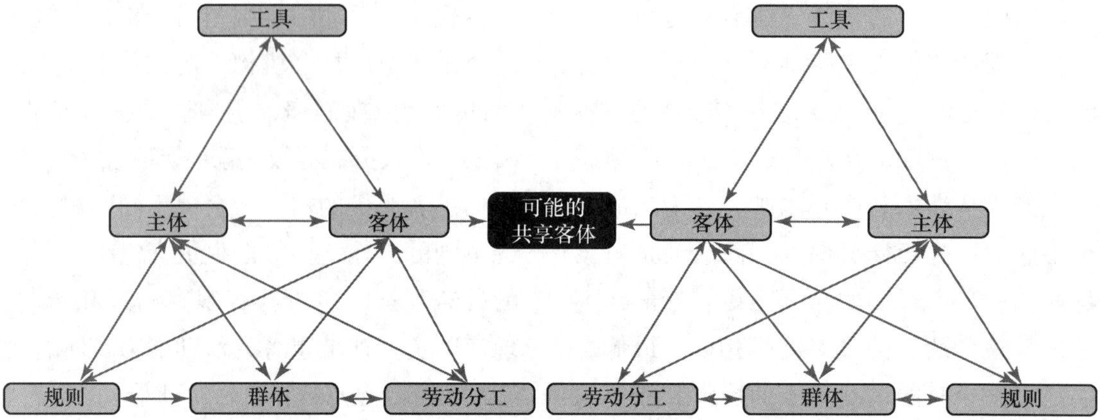

图 9.3 “第三代”活动理论

在AT中，这一过程被概念化为因辩证对立的各方面消解而产生，互相之间保持张力。体系内部或体系之间可能会出现张力，这种张力被称为**冲突**[27]（参见第一个实证研究范例，是获得这个术语的一个实例），而从他们的解决方案中创造出某种全新事物的过程则被称为**拓展性学习**[2]。活动体系本身是有**多声音的**，冲突来自于历史过程中人们之间的差异、相互作用以及他们的文化发展[28]。冲突并不总是会导致拓展性的转变，但是，当冲突发生时，最初的活动就会把它的整个轴心转移到一个全新的目标上，这样所有新的可能性都会出现[3]。

与此同时，回到先前的查房类比来帮助我们阐明恩格斯托姆的一些主要概念。把查房看作一个活动体系，我们可以先看看潜在的内部冲突。请记住，医疗卫生团队活动最明确的目标是照顾患者。到目前为止，一切顺利。然而在现实中，面临的是一项复杂活动，它涉及许多不同的、可能相互冲突的动机和目标。例如，在宏观层面，公共资金支持的英国国家医疗服务体系（UK National Health Service）一直面临资源配给和削减支出的压力。相比之下，北美的医疗体系往往包含商业方面的考虑。因此，在不同的情况下，经济上的考虑可能会与明显更利于他人（和社会可接受）的患者照护动机相竞争。在更基础的人员编制层次上，不同的主体可能维持不同的目标。想想医学和护理在传统上存在不同的观点、文化和实践，即使两者陈述出的目的都是为了照顾和关爱患者的幸福。这是冲突的根源，在这个冲突中，我们可以看到历史分量的累积对两个群体之间文化差异的影响。

然后可以开始考虑查房团队是如何与其他活动体系互动的。假设患者被诊断为结核病。团队将与其他专业团体，如公共卫生部门或患者的家庭医生联系，每个团体都在自己的活动体系中工作。每一个新体系，即使是全面共享的患者照护体系，也会有不同的关注点、不同的规则和不同的优先级，所有这些都是冲突的潜在根源。现在开始看到现代医疗卫生的复杂性，然而，所有部门必须找到克服分歧的方法，并为患者的利益而共同努力。如果通过开发新的、更有效的工作模式来解决二者之间的冲突，那么就会出现拓展性学习。在这种情况下，由于主体的参与，活动的原始对象发生了轻微的变化。

与过去百年来流行的其他教育学理论相较，将AT与行为主义或认知主义学习理论相比，拓展性学习在学习上是一种非常不同的思维方式。事实上，拓展性学习是如此地与众不同，以至于我们必须再三思考我们所说的“学习”究竟是什么意思。在这种情况下，我们不能狭隘地把学习定义为学生由老师指导在课堂上接受的东西。相反，我们广义地将学习定义为一个不断地适应、比较的过程，我们在整个生命中都参与了的过程。出于这个原因，芬兰的AT体系已经成为一种流行的调查和解释人们在日常严格的工作环境中适应和学习的方式的方法[29]。AT在其现代的化身中，比大多数理论立场更有能力接受这种丰富性和复杂性，并且能欣赏它的整体和组成部分。这使得研究医学教育的人特别感兴趣，因为这些学习大多不是基于课堂，而是发生在工作场所中。

赫尔辛基的活动理论研究中心（Centre for Activity Theory Research）在将 AT 应用于工作场所学习时，寻求了一种刺激实证性（拓展的）改变的方法，并为基于 AT 的行动研究提出了一种具体的模式，称为变革实验室（change laboratory，CL）[30]。通常情况下，参与者以工作坊的方式进行多次会议，并使用一系列工具来批判性地看待工作场所中的问题。基于指出并描述出环境中的问题，然后重新制订他们潜在的创造性的解决方案，以获得周期性进展[31]。一个成功的 CL 要求参与者在正常工作范围之外保持开放性和创造性。因为它是由参与者领导的，它强调了他们自己作为环境变化推动者的能力。在实证研究部分，我们讨论了一个在医疗情景下使用这种方法的例子，展示了它带来有意义社会变革的能力。

将活动理论与其他学习理论联系起来

本文概述了近百年来三代 AT 的发展历程和学术成就，值得思考的是这一特殊的理论视角与医学教育研究中常见的理论视角具有怎样的契合性。一个社会理论是建立在其他社会理论的基础之上的。要了解上世纪所有有影响力的思想家之间千丝万缕的联系，需要一整本书的长度（或一整个图书馆）。话虽如此，还是有一些前因后果与 AT 联系得如此紧密，值得我们把它们挑出来。"异花授粉"是一种重要的方式，理解一方面有助于我们更好地理解其他方面。

在追溯其起源时，我们早先指出 AT 是由马克思主义理论衍生出来的一种关于学习的社会文化理论。从认识论来看，它具有深刻的建构主义倾向性，我们指的是它坚持真理和知识是由人所建构的，而不是由固定的外在现实所强加的观点。由此，它就与某一类特定的教育理论相一致，但与其他类理论相距甚远。20 世纪盛行的行为主义和认知学习理论，如操作性条件反射（学习是一种反射，正性和负性刺激会强化学习）[32]、学习风格理论（学习是由个人属性和偏好决定的）[33]，甚至社会认知理论（个人通过模仿他人行为进行学习）[34]与 AT 在本质上都不是一致的理论。另一方面，AT 与维果茨基作品中出现的其他社会文化理论密切相关。在这一传统中，有一种理论在医学教育研究中特别突出，那就是实践共同体（communities of practice）理论[35]。Lave 和 Wenger 的作品近年来在医学教育文献中获得了特别突出的地位，对医学教育具有直观的吸引力[36]。追溯至维果茨基的另一种研究方向是关注通过对话（符号学中介）建构世界。荷兰的图形世界理论是一种身份的社会文化对话理论，近年来在医学教育研究中也逐渐崭露头角[37-38]。

虽然侧重点不同，但所有的社会文化理论最终都是建立在相似的理论背景之上的。维果茨基是一位关键学者，我们已经详细地讨论了他的工作。另一项我们已经顺便提到几次但没有详细说明的工作是属于巴赫金（Bakhtin）的。在这一章中，已经提到马克思主义的“辩证法”概念，指的是两种不同立场的冲突所导致的某种程度的进步，因为这是 AT 的一项基本原则。巴赫金在 20 世纪 20—30 年代也曾在苏联工作，他同样具有影响力，有着类似但并不相同的想法。对巴赫金来说，他更关注的是交流，也就是**对话**的思想，而不是冲突 [17]。当在谈论到交流的不确定性时，我们指的是典型的巴赫金思想：意义介于说话人的意图和听者所听到的之间。语言天生是属于对话的，而独白在某种程度上或多或少是有冲突的（正如你可能想到的那样，这种对多声音的强调并没有得到苏维埃当局的认可，结果他被流放到了西伯利亚）。巴赫金过去和现在都对现代 AT 和其他方面有着极其深远的影响。在第二代和第三代 AT 中，活动体系的多声音是直接由巴赫金提出的概念 [3]。

AT 不同的一面是它在体系层面上关注人们之间的联系，我们可以识别出一条通向其他研究领域的途径。正如格雷戈里 • 贝特森所构想的那样，第三代 AT 与控制论领域有一些共同之处，即它们都致力于对人类活动的建构主义解释，并专注于体系的动态组织 [39]。同时，Latour 的行动者网络理论（一种将人类活动与非人类活动者，如计算机联系起来的方法）提供了另一种思考我们与物质世界关系的体系模式，即把活动主体分配给人和事 [40]。随着 AT 的出现，这些方法越来越多地被用于探索我们与现代技术的关系，因此同样适用于医疗卫生环境 [41,42]。

这一简短的“家谱”仅仅提供了这些多样化和丰富的学术领域潜在的尝试。我们希望任何有兴趣的人从活动理论的鼻祖（马克思和恩格斯）开始 [8-9]，并从此处沿他们的道路推进！

在实证研究中运用活动理论

下面我们通过医学教育研究中运用活动理论开展的大量实证研究案例，来讨论研究者可以使用不同的方法，来用活动理论开展实证研究。

1. 运用活动理论探讨医学本科教育中的冲突性活动

De Feijter 等人在学生开始大学和工作之间转换时，曾用 AT 探讨学生对患者安全问题的理解和体验 [43]。这项研究是在荷兰的大学中开展的，学生们在毕业前的最后几年承担了临床实习工作，并接受了住院医师的专科培训。尽管从技术上讲，学生们还处于培训阶段，但他们已经融入了工作的世界，学生和初级医师之间的区别有些模糊。

研究先采用初步归纳主题分析，然后运用第三代 AT 进行了自上而下的分析，来考察两项竞争性的活动：一是“学习成为一名医生”，二是“照顾患者而不造成伤害”。当两者发生冲突时，冲突就产生了。每项活动都有自身的重要的准则和操作规程（规则和劳动分工），这就可能与其他活动发生冲突，例如以一个学生的身份做了一项操作就与以一名有经验的医生身份做这项操作不同。在这种情况下，虽然为学生提供了良好的培训机会，但可能还是没法同时兼顾患者的照护安全。学生（作为主体）在同时面对这两项活动时，必须进行权衡，要平衡培训与维持患者照护的责任。值得反思的是，学生的拓展性学习可能更多的是关于如何妥协和协调，而不在如何成为一名好医生或好学生之间二选其一。

在此，De Feijter 等人将 AT 作为阐述主题分析结果的一种特殊方法。以这种方式使用社会理论是一种增加结果深度的方法，将看似不同的主题结合在一起，形成更有凝聚力和解释性的框架，并为未来的研究项目激发灵感。这类研究也被应用于数学教育，为大学和工作之间的过渡提供了丰富的探索脉络[44]。鉴于学生作为一名医生要在工作场所花费大量的时间学习，而且毕业前从事护理工作的学生需要的时间更多，因此这不是一个简单的命题，它提出了一些有趣的研究问题，而对于这些问题的研究，AT 可能是一个有用的概念框架。

2. 运用活动理论探索医疗场景中的团队合作

Lingard 等人在 2012 年的论文中，曾运用 AT 探讨了在加拿大一家大型教学医院的器官移植病房中团队合作的复杂性[45]。研究采用了两种不同的分析过程：一种是经典归纳、数据驱动的主题分析，另一种是根据患者情况进行的分析。后一种方法中，研究人员能够按照特定病例的时间顺序，有逻辑地通过提供的照护所涉及的所有不同团队的工作实例和复杂性进行分析。活动理论可以对复杂的综合的工作（这是一种工作的动态模式，即日常工作中，人们组成一个团队，但在此过程中，每个人分别承担不同的工作任务）的每个方面进行单独分析[46]。由于工作性质是高利害的，并且患者的健康被置于风险之中，为了解决日常问题，团队成员必须制订策略和随机应变。通过研究，作者得出了团队研究中两个普遍的结论：专业人员在团队中扮演稳定的角色 / 立场，而患者照护是唯一的目标（在现实中，其他目标，如资源保护和为初级人员提供培训，则会与患者照护的目标出现竞争）。

AT 允许作者从事一项方法复杂的工作，以真实世界的活动为基础，并解决通常被搁置于一边的复杂性问题。即使在定性研究中，由于它有可能阐明社会生活的丰富性和细节性，所以也更常关注现象的某些方面。AT 允许研究人员接近真实场景的复杂性和动态性，例如那些涉及医疗卫生的环境。因为我们正在重新发现一个事实，即对医疗卫生专业人员来说，学习最主要的是“在工作时”发生的，所以工作中实际发生的事情对于研究是多么重要，这再怎么强调也不为过。此外，这个例子很好地说明了活动理论是如何拓展学习这一概念的：学习不仅仅是在课堂上与学生一起发生的，而是每天为了实现我们的工作和生活目标的一个必要的适应和进展过程。

3. 使用“变革实验室”方法改善二级照护情景中的工作条件

赫尔辛基活动理论研究中心的 Kerosuo 等人在 2010 年发表了一项案例研究，说明了在医疗中如何采用变革实验室（CL）方法[47]。这项研究的背景是芬兰一家医院的外科病房。参与者来自不同的专业背景，包括医学、护理和管理。其目的是查明日常工作实践中的紧张和困难（冲突），并拟订可能的解决办法，这些办法可以具体化为一种新的工作模式。

在初步阶段，研究人员进行了 5 天的人类学观察（包括通过该病房追踪众多患者），并与关键工作人员进行了 17 次访谈。这些数据在 CL 方法的第一阶段使用（研究人员在该阶段开展了 5 次 CL 会话和 2 次随访会话），以“真实反映”当前的活动，从而揭示了紧张发生在什么地方。并用这种方式凸显了一些困难的领域，包括：虽然患者在等待手术，但手术室却被关闭；由于医院其他地方的工作需要，麻醉师无法立即到位；手术列表中混杂了择期的与紧急的病例。麻醉师和外科医生的工作最终被定义为两个不同的但是互动的活动体系，每个体系具有不同的目标。这些不同目标之间的相互作用是矛盾的来源之一。

通过发现和讨论日常工作中的挑战，我们发现了可以带来积极改变的潜在机会。在此过程中，参与者们努力为单位制订一项新的领导和管理策略，以处理出现的问题。该项目的一部分将以文件的形式呈现，并在 CL 干预研究结束时进行实施。研究出来的新模式被单位员工“所采纳”，成为他们日常工作实践的基础。随后开展的对该单位的外部评价证明了该研究成果的高性能。

CL 远远超越了 AT 研究，它不仅仅是对活动的解释，而且会带来大规模的社会体系的变革。虽然变革通常是人类科学研究的隐含目标，但 CL 明确地向变革迈进，而且与许多其他 AT 研究不同，它提供了开启变革的工具。研究人员作为推动者，而不是观察者或结果的控制者。根本性的变化或创新来自于参与者本身，他们应对困难局面的主观能动性和能力是先于本身所固有，甚至在研究过程中得到了强化的。

总结：活动理论与实证研究

上述例子说明了 AT 研究在教育和医疗卫生方面的一些可能的应用，它适用于本科、研究生和继续职业发展情境。开始学习 AT 只需要具有基本的定性研究方法、开放的思维以及致力于将学习理解为一种社会过程和社会变革的动因。我们已经有了一些实例。其他研究可能包括检验不同活动体系之间的相互作用和它们之间的边界，例如住院医师工作与其教育之间的关系，或在工作场所以外习得的技能与在真实世界工作环境中习得的同种技能之间的差异。本章前面的查房案例只是提供了在任何医疗卫生环境中多样的和相互冲突的活动中的一种，希望能够激发读者思考在自己的环境中开始这类研究。

活动理论的优势与局限

活动理论的研究与定性方法在认识论方面具有很好的契合度，它提供了探索和阐明作为中介的活动的复杂社会相互作用的可能性，而不是仅仅使用定量方法进行测量或测试。定性工作的严密性部分来自于它充分理解了特定理论框架的影响。每种理论立场都有其优缺点。认识到这一点非常重要，因此我们将深入这一领域来完成对理论的认识。

在过去 1 个世纪的大部分时间里，社

会科学在“结构 - 能动的争论”中总是偏向一方，要么是个人对自己的命运负责（能动），要么是他们在这个问题上几乎没有发言权，而是在很大程度上由宏观社会结构所决定。在诸如 AT 等社会文化方法中，个人与社会之间的鸿沟得到了弥合，至少是在具体案例的基础上，我们有一种解决结构 - 能动争论的可能方法。一代代的 AT 克服了传统的笛卡尔二元论，AT 不把人看作“躯体里的思想”[48]。从现象来说，人们在世界上的经历直接影响他们的认知发展；人的意识来自于与自己、他人和周围世界的关系。

AT 在不忽视社会结构影响的同时，也为人的能动性提供了很大空间。尤其是拓展性学习的潜能使我们有可能在困难的情况下产生创造性的反应，从而改善周围世界。CL 方法是这种能力的一个特别例子，它将这些原则具体化为一个相当具化的方法，并有改善社会这一明确目标[30]。从这个意义上说，AT 认为人类生活本质上能够以一种实证的方式向前发展，我们可以说它是一种乐观主义理论（例如，与许多后现代主义思想的相对虚无主义相比，如 Foucault 或 Lyotard 的思想）[49]。

AT 的另一个主要优点是它的动态性——适应变化的能力，以及向意想不到的方向拓展和增长的能力。试想它历经时间的变革是如何包含了维果茨基和利昂节夫身上的革命性根源、恩格斯托姆的全新的表述以及在研究近期西方工作场所中所获得的有影响力的地位。通过社会活动理论，我们认识到历史的重要性，这一点在分析中常常被忽略，这对当代的文化生活至关重要。AT 的历史本身提供了很好的启发。在后革命时代和苏联时代，马克思思想为未来提供了希望和鼓舞，如果我们不知道 AT 在这个时期是如何演变的，或不理解这种背景下思想的转化如何受到西方语境和现代语境的影响，那么我们根本不会理解 AT。最新一代的 AT 在更直接的意义上也是动态的，它有容纳现实生活起伏的空间。生活是复杂的，而活动从本质上看是不断运动着的。

在局限性方面，一个常见的批评是 AT 缺乏解释能力。将其作为一种描述社会状况的工具相对简单，但进行带来理论发展的实证研究时却具有更大的挑战性。原因之一可能是 AT 看起来相当概念化，对于如何将理论原理转化为研究没有快捷有效的方法，这是第二个主要批评。AT 缺乏一种具体的研究方法，这对一些刚接触这类研究的人来说可能是一个很大的障碍。CL 提供了一个局部的解决方案，但事实仍然是，选择 AT 作为一个理论框架并不像现象学或扎根理论那样轻松自如，后两者都提供了一个集认识论和方法论于一体的清晰立场。然而，我们可以更积极地构建这一框架，为研究人员在解释过程中提供一些灵活性。

小结

本章回顾了 AT 的发展历史。从维果茨基开始，经历列昂节夫的集体理论，最终是恩格斯托姆和活动体系的动态互动理论。我们讨论了 AT 如何将参与者置于变革的前列。根据定义，它是多方位的，它从民主和多学科方面汲取了很多能量。它还在不断发展，作为医学教育研究人员，我们可以通过在自己的工作中运用它来促进下一代 AT 的发展。希望这一章已经让读者领略了 AT 能够做些什么，并激发了自己运用 AT 的热情。

实践要点

- 存在是一场不断进展的斗争，我们通过参加活动来学习和改变。
- 活动是由物理工具（如听诊器）或心理工具（如病史采集）来发挥作用的。
- 一个活动体系将个人和群体与所处的社会和文化背景联系起来，因为他们追求一个共同的目标。
- 活动体系内或活动体系之间不同声音之间的视角碰撞（冲突）可以激发变革，从而产生新的目标——拓展性学习。
- 拓展性学习可以在工作场所用于实施行动研究项目，帮参与者自己促进变革。

参考文献

1 Cole, M. (1996) *Cultural Psychology*. Belknap Press of Harvard University Press, Cambridge.
2 Engeström, Y. (1987) *Learning by Expanding: An Activity-Theoretical Approach to Developmental Research*. Helsinki, Orienta-Konsultit.
3 Engeström, Y., Miettinen, R. & Punamäki, R.L. (eds) (1999) *Perspectives on Activity Theory*. Cambridge University Press, Cambridge.
4 Engeström, Y. (1996) Developmental work research as educational research. *Nordisk Pedagogik: Journal of Nordic Educational Research*, **16**, 131–143.
5 Wertsch, J.V. (1985) *Vygotsky and the Social Formation of Mind*. Harvard University Press, Cambridge.
6 Davydov, V.V. & Kerr, S.T. (1995) The influence of L. S. Vygotsky on education theory, research, and practice. *Educational Researcher*, **24**, 12–21.
7 Bickley, R. (1977) Vygotsky's contributions to a dialectical materialist psychology. *Science & Society*, **41**, 191–2.
8 Marx, K. (1990) *Capital, Volume I*. Penguin Books, London.
9 Engels, F. (2012) *Dialectics of Nature*. Wellread, London.
10 Wertsch, J.V., del Rio, P. & Alvarez, A. (eds) (1995) *Sociocultural Studies of Mind*. Cambridge University Press, Cambridge.
11 Vygotsky, L.S. (1987) *Thinking and Speech*. Plenum, New York.
12 Vygotsky, L.S. (1978) *Mind in Society: The Development of Higher Psychological Processes*. Harvard University Press, Cambridge.
13 Kenny, A. (1968) *Descartes: A Study of his Philosophy*. Random House, New York.
14 Vygotsky, L.S. (1997) History of the development of the higher mental functions. In: Rieber, R.W. (ed), *The Collected Works of LS Vygotsky*. Plenum, New York.
15 Lock, A. & Strong, T. (2010) *Social Constructionism: Sources and Stirrings in Theory and Practice*. Cambridge University Press, Cambridge.
16 Mishler, E.G. (1984) *The Discourse of Medicine, Dialectics of Medical Interviews*. Ablex Publishing Corporation, Norwood, New Jersey.
17 Bakhtin, M.M. (1981) *The Dialogic Imagination: Four Essays*. University of Texas Press, Austin.
18 Mead, G.H. (1938) *The Philosophy of the Act*. University of Chicago Press, Chicago.
19 Yasnitsky, A. & Ferrari, M. (2008) Rethinking the early history of post-Vygotskian psychology: the case of the Kharkov School. *History of Psychology*, **11**, 101–121.
20 Engeström, Y. (2001) Expansive learning at work: toward an activity theoretical reconceptualization. *Journal of Education and Work*, **14**, 134–156.
21 Yamagata-Lynch, L. (2010) *Activity Systems Analysis Methods: Understanding Complex Learning Environments*. Springer, New York.
22 Marx, K. (1959) *Economic and Philosophical Manuscripts of 1844*. Progress Publishers, Moscow.
23 Leontiev, A.N. (1978) *Activity, Consciousness and Personality*. Prentice-Hall, Englewood Cliffs.
24 Leontiev, A.N. (1981) *Problems of the Development of the Mind*. Progress Publishers, Moscow.
25 Shaw, K. & Timmons, S. (2010) Exploring how nursing uniforms influence self image and professional identity. *Nursing times*, **106**, 21–23.
26 Il'enkov, E.V. (1977) *Dialectical logic: essays in its history and theory*. Moscow, Progress.
27 Bakhtin, M.M. (1993) *Problems of Dostoevsky's Poetics*. University of Minnesota Press, Minneapolis.
28 Engeström, Y. & Kerusao, H. (2007) From workplace learning to inter-organizational learning and back: the contribution of activity theory. *Journal of Workplace Learning*, **19**, 336–342.
29 Engeström, Y., Virkkunen, J., Helle, M., Pihlaja, J. & Poikela, R. (1996) The Change Laboratory as a tool for transforming work. *Lifelong Learning in Europe*, **1**,

10–17.
30 Virkkunen, J. & Newnham, D.S. (2013) *The Change Laboratory: A Tool for Collaborative Development of Work and Education*. Rotterdam, Sense.
31 Skinner, B.F. (1963) Operant behavior. *American Psychologist*, **18**, 503–515.
32 Honey, P. & Mumford, A. (1982) *Manual of Learning Styles*. P Honey, London.
33 Bandura, A. (1991) Social cognitive theory of self-regulation. *Organisational Behaviour and Human Decision Processes*, **50**, 248–287.
34 Lave, J. & Wenger, E. (1991) *Situated Learning. Legitimate Peripheral Participation*. Cambridge University Press, Cambridge.
35 Mann, K.V. (2011) Theoretical perspectives in medical education: past experience and future possibilities. *Medical Education*, **45**, 60–68.
36 Holland, D., Lachicotte, W., Skinner, D. & Cain, C. (1998) *Identity and Agency in Cultural Worlds*. Harvard University Press, Cambridge, MA.
37 Vågan, A. (2011) Towards a sociocultural perspective on identity formation in education. *Mind, Culture, and Activity*, **18**, 43–57.
38 Bateson, G. (1972) *Steps to an Ecology of Mind: Collected Essays in Anthropology, Psychiatry, Evolution, and Epistemology*. University of Chicago Press, Chicago.
39 Latour, B. (2005) *Reassembling the Social: An Introduction to Actor-Network-Theory*. Oxford University Press, Oxford.
40 Prout, A. (1996) Actor-network theory, technology and medical sociology: an illustrative analysis of the metered dose inhaler. *Sociology of Health & Illness*, **18**, 198–219.
41 Fenwick, T. (2014) Sociomateriality in medical practice and learning: attuning to what matters. *Medical Education*, **48**, 44–52.
42 de Feijter, J.M., de Grave, W.S., Dornan, T., Koopmans, R.P. & Scherpbier, A.J.J.A. (2011) Students' perceptions of patient safety during the transition from undergraduate to postgraduate training: an activity theory analysis. *Advances in Health Sciences Education*, **16**, 347–358.
43 Williams, J.S. (2012) Use and exchange value in mathematics education: contemporary cultural historical activity theory meets Bourdieu's sociology. *Educational Studies in Mathematics*, **80**, 57–72.
44 Lingard, L., McDougall, A., Levstik, M., Chandok, N., Spafford, M. & Schryer, C. (2012) Representing complexity well: a story about teamwork, with implications for how we teach collaboration. *Medical Education*, **46**, 869–877.
45 Engeström, Y. (2007) From communities of practice to mycorrhizae. In: Hughes, J., Jewson, N. & Unwin, L. (eds), *Communities of Practice: Critical Perspectives*. Routledge, London.
46 Kerosuo, H., Kajamaa, A. & Engeström, Y. (2010) Promoting innovation and learning through Change Laboratory: an example from Finnish health care. *Central European Journal of Public Policy*, **4**, 110–131.
47 Merleau-Ponty, M. (2002) *Phenomenology of Perception*. Routledge, London.
48 Foucault, M. (2003) *The Birth of the Clinic*. Routledge, Abingdon.
49 Lyotard, J.F. (1984) *The Postmodern Condition: A Report on Knowledge*. University of Minnesota Press, Minneapolis.

社会认知理论：在社会情境中思考和学习

Social cognitive theory: thinking and learning in social settings

第10章

Chapter 10

Dario Torre and Steven J. Durning

（翻译：廖鹏　　审校：仇冠楠）

JS是一名新入职的内科医师（主治医师）。今天是他和团队首次一起工作，该团队由两名实习医师（通过第一年医师资格考试）、一名住院医师（专科住院医师）和两名三年级的医学生组成。JS想为团队提供床旁教学，他对心脏疾病非常感兴趣，尤其是充血性心力衰竭（congestive heart failure，CHF）。医疗团队由于正管理很多患者，相当繁忙，JS想知道团队成员最近晚上都睡了多长时间。当前团队管理的患者中有两名患者被诊断为充血性心力衰竭，并且今天晚些时候可能都会出院回家。虽然JS过去常常给学生们上大课，但一直没有机会提供床旁教学。考虑到上述因素，JS在设计充血性心力衰竭（CHF）的临床教学机会时应该考虑些什么？

引言

社会认知理论（social cognitive theory，SCT）是指将学习和行为表现视为具有内在社会性的一组理论。这意味着个体、环境、个体与环境之间的互动对其学习和行为表现的情境都很重要。此外，社会认知理论认为，每种情境所带来的独特性（就环境、参与者及其相互作用而言）往往会导致不同的学习、行为表现和结果。

这些观点不同于当前普遍存在于医学教育中的个体认知理论（individual cognitive theories）（如信息处理理论，information processing theory，IPT）。信息处理理论，例如认知负荷理论（cognitive load theory）（参见Leppink及其同事撰写的章节），历来认为学习和表现主要（如果不是单独）是由知识获取和组织决定的。信息处理理论在帮助我们理解认知（如决策）方面取得重大进展的同时[1]，往往会低估（或忽视）其他参与者、环境以及二者在学习和行为表现方面产生的互动所作出的贡献。因此，从信息处理理论的角度来看，在开篇场景中JS的主要关注点是向团队传递关于充血性心力衰竭的知识，最好是通过一个小型讲座来完成。事实上，从信息处理的角度来看，JS甚至可能会质疑床旁教学的必要性：信息处理理论可能会认为，在会议室为团队提供信息和示教会同样有效。

同样，床旁教学、观察学习者与患者互动以及患者视角等的实际价值常常会受到质疑。从社会认知理论的角度来看，除了知识以外还有许多其他可能有助于学习的因素，例如环境、参与者及二者的互动，在计划床旁教学时也应考虑这些因素。我们将在本章详细地讨论这个问题。

本章描述了一些我们认为适用于当前医学教育的社会认知理论。我们将描述这个理论体系的历史发展和理论基础。接下来，将讨论社会认知理论体系中的三个不同的理论视角：情境认知（situated cognition）、分布式认知（distributed cognition）和情境学习（situated learning）。在最后，我们给出了这些理论的一些应用，并指出了未来的研究和实践方向。在本章结束时，读者将能列出社会认知理论的理论基础和历史发展，描述社会认知理论的案例以及在医学教育中的应用，并了解该理论在未来的研究和教学方向。

社会认知理论的理论基础

当班杜拉（Bandura）[2] 倡导社会认知理论时，行为主义（behaviouralism）是最流行的学习理论。行为主义的目标是在教育项目中"设置"理想的反应，就像该理论的经典例子——巴甫洛夫的狗所做的那样。社会认知理论与这个理论在目标设定、结果判断、情感和反思等发挥重要作用的过程中有明显的区别。因此，认识到所做的选择不仅是对教育或其他"刺激"做出的反应，是社会认知理论与行为主义的不同之处。

行为主义和社会认知理论之间的第二个区别是，社会认知理论认为我们也可以从观察或"看"中学习，正因如此，学习和行为表现可能会有所不同。虽然很多学习是通过做来实现的，但是我们也通过观察别人做的一些我们想要学习的相关活动来学习。从社会认知理论来看，医学生可以通过观察 JS 对心力衰竭患者的询问病史和体格检查来学习。这种通过观察来学习的观念也与神经科学关于学习的新兴研究保持一致[3]。

最后，从社会认知理论来看，是否会表现出我们所学到的，要取决于当前情境中的各种因素（个人、环境及两者的互动）。这种对于表现的情境观念与医学中情境特异性的发现是一致的，这意味着医师看到两个患者有相同（或几乎相同）的病史、体格检查、实验室诊断，但会做出两个不同的诊断[4-5]。因此，建立诊断所需要的"事实"之外的因素，也会影响医师的决策（在我们前面的例子中，可能是评估的位置或患者与团队成员之间的互动）。社会认知理论中认知、学习和行为表现的情境特性对评估学习和迁移提出了挑战，这将在后面进行讨论。

当班杜拉[2] 将人类行为的概念放入**三角互动**（triadic reciprocality）（图 10.1）框架内时，社会认知理论出现了一个关键性的发展。这个核心概念支撑着社会认知理论及其假设。

在三角互动模型中，人类行为被认为是由三组主要决定因素的互动引起的：个人因素（包括认知、情感和生物特征）、行为（例如任务的选择、持久性和自我效能）

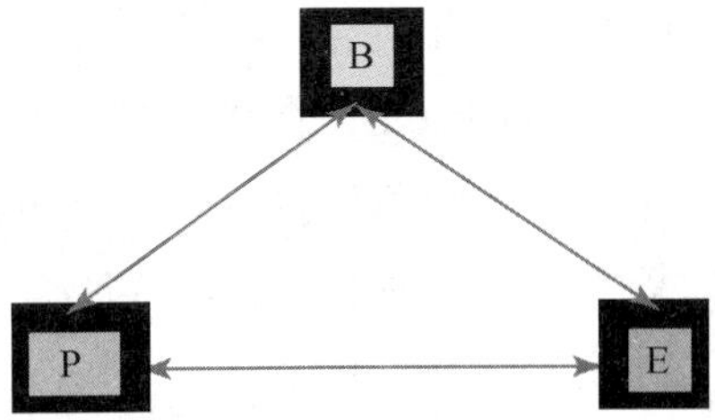

图 10.1 三个决定因素的相互作用模式
B= 行为；P= 个人因素；E= 环境

和环境（可以施加、选择和 / 或构建）。

在班杜拉的著作中 [2,6-8]，可以看到认知的相互作用和它发生的环境与强调学习的社会过程。从社会认知的观点来看，人类的所有能力都是由人与环境的相互作用引发的，这包括人的动机和认知能力。回到本章开头的例子，仅仅提供内容的“刺激”不足以优化学习。个人因素（例如团队休息得如何）、行为（团队管理的患者中是否有患有充血性心力衰竭且愿意作为示教对象或对教学感兴趣的患者）和环境（房间是否有利于床旁教学等）对于床旁教学都很重要。

三角互动模型中一个重要行为因素是自我效能（self-efficacy）。[请注意，自我效能在本书描述的其他几个理论中也扮演着关键角色，例如自我调节、动机和情绪理论（参见 Artino 及其同事，以及 McConnell 和 Eva 编写的章节）。] 自我效能是一个人对自己能力的信念，运用它以使工作正常运转以及付诸行动达到既定目标 [9]。自我效能被认为是决定人们如何思考、感受和行动的一个重要因素。从社会认知理论的角度来看，自我效能通过认知、动机和情感三种方式调节认知发展和功能 [10]。在认知领域，更高层次的自我效能能让人做出更深思熟虑的决定，这被认为是通过综合加强自我评价、计划、时间管理和行为表现反馈来实现的。此外，自我效能在元认知（对思考的思考）中发挥着强大的作用，可以更好地使用、控制和理解实现学术目标所需的认知策略。自我效能具有重要的动机效应：班杜拉认为“自我效能在认知目标的过程中具有最强大的作用”[10]（p. 56）。由于拥有较高的自我效能而设定更高的目标，这种情境为学习者指明方向，通过评判为实现目标所付出努力的充分性和有效性进行自我管理，以建立积极的期望。例如，更强的自我效能会引发设立更高的目标和对目标实现的更大承诺 [6]。自我效能高的学习者在实现目标的过程中也能为自身行为表现提供更加积极的支持和较少的自我怀疑 [11]。此外，拥有相同知识和技能的两个人（例如，在床旁教学环境中）可能会因为不同的自我效能而表现各异。

自我效能还有更大的社会效应，例如影响学习型组织的管理（组织理论中的社会认知理论 [12]）。更大的社会效应还包括集体效能（collective efficacy）。集体效能是群体通过集体力量实现群体目标的一种属性。与个体自我效能相似，在教育系统、商业组织或运动队中，较高的集体效能会形成更大的团队抗挫折能力、更高的动机和更好的表现 [13-14]。这一效应可以解释为何一支实力较强的球队会被另一支实力较弱的球队打败。

布鲁纳：文化是社会认知理论中的重要元素

班杜拉强调环境在学习的互动性中起

着至关重要的决定作用，布鲁纳（Bruner）则进一步发展了这一概念[15]，认为意义的建构在文化中根深蒂固，而文化是人与环境之间的关键因素。布鲁纳的研究强调了学习和教育中的文化过程，介绍了文化情境的概念以及人类思维、意义和文化之间的联系。

在布鲁纳看来，学习和思维总是处于一种文化背景中，其意义来源于产生它们的文化。在文化主义的方法中，教育是文化大世界的一部分，它是由它所在的环境、群体或共同体中所扮演的角色决定的。例如，在先前描述的床旁教学案例中，住院医师可能会在进入患者房间之前告诉医学生，在主治医师面前正确进行心脏听诊非常重要。学生不用隔着长袍来进行听诊。有可能的是，如果学生的文化中认为这样的行为是不合适的（因此这样做是不舒服的），隔着长袍进行听诊的影响可能会破坏这种接触的教育价值。重点可能会转移到适当的听诊技术，而不是诊断和治疗充血性心力衰竭。这种情况可能导致团队内部产生紧张和误解，导致患者不舒服，并妨碍主治医师的示教。换句话说，重要的是要了解文化如何影响特定背景下不同个体的认知过程。

在文化主义中，意义是由创造它们的文化所塑造的。文化主义汇聚人文科学、语言学和心理学等多个领域的理论观点，最终在文化领域创造新的意义建构活动[16]。文化主义有两个维度：一个维度将文化视为价值和机会的系统（或可承受性，见书中 Billett 和 Sweet 撰写的章节），另一个维度涉及文化环境对该环境中个人的教育需求。这两个维度相互依存。例如，“博学”（being knowledgeable）在外科团队中的意义可能与在一般内科团队中不同，因为事件的意义（例如在手术室工作或床旁教学）和个人应该如何互动取决于不同的文化背景。掌握外科环境的文化知识可能需要熟练地在手术室结扎动脉，而在内科环境中可能与确定鉴别诊断的能力有关。

布鲁纳强调了文化在团体中产生意义的作用。莱夫（Lave）和温格（Wenger）的工作更进一步，通过参与实践共同体（communities of practice，CoPs）将学习联系起来。

莱夫和温格：学习是社会性和协作性的

莱夫和温格[17]强调了学习是一个社会性、相互协作和互动的过程，提出了情境学习理论及其核心组成部分：实践共同体[18]和合法的边缘性参与（legitimate peripheral participation，LPP）。

学习往往产生于实践共同体中。此外，成员分享资源（例如经验、书籍）并发展关系，从而使成员结合在一起成为一个社会实体。随着时间的推移，实践共同体围绕着共同的目标和兴趣发展，例如在本章最初的例子中，在病房中照顾患者的医疗团队。实践共同体开发方法、思想、知识和实践来解决团体中的常见问题。因此，实践共同体可以成为自我组织和自我维持的实体，在成员之间共享解决问题的实践和方法。

在这样的实践共同体中，有更有经验，更熟悉共同体中实践、历史和文化的核心成员，还有更多新加入共同体的边缘成员，他们通过合法的边缘性参与，更多地参与共同体的工作来促进自身的学习和实践。在本章开头的例子中，病房的住院医师可以被认为是更中心的成员，而医学生则是更边缘的成员。

合法的边缘性参与是实践共同体发展的一个重要方面。在合法的边缘性参与中，学习包含了一个建立在以前的社会背景下的参与过程。这种参与创造了关系和共同经验，并产生了全新、有意义的学习。从最初的例子中，合法的边缘性参与体现在病房团队中不同教育“层次”（学生、住院医师和主治医师）有着不同的职责。不同层次的成员被赋予不同的病患照护职责。与此类似，在一个层级中的成员（例如学生），随着对团队的了解，通常会被赋予越来越多的责任，并且在服务中成功地担负起照顾患者的角色。

合法的边缘性参与解释了边缘性参与这一正性术语。例如，由于他没有脱离学习过程，因此团队中参与度较低的个人处于赋权和积极的位置。因此，边缘性参与是一个动态的概念，当它被启用时，“就意味着一种开放的、通过不断增加的参与来获取资源的途径”[17]（p. 37）。从这个角度来看，对充血性心力衰竭的有效床旁教学需要看到充血性心力衰竭患者，与其进行互动并参与讨论疾病的各种表现。这些经验不是通过讲座就能轻易获得的。

合法的边缘性参与是成为实践共同体中不可分割部分的方法，在实践共同体中，学习不是发生在个别的大师或专家身上，而是发生在共同体的组织、结构和文化中。实践共同体的复杂结构、资源以及这些元素之间的相互作用提供了学习的机会。合法的边缘性参与和实践共同体的联系可以在这个例子中显示出来。开头描述的医师和学生团队可能构成一个实践共同体（它可能是住院医师项目或医学院这样更大的实践共同体的一部分）。在这个实践共同体中，考虑到在实践共同体中的经验和时间，主治医师和住院医师可能会扮演更重要的角色，新的团队成员 [实习医师、见习医师、基础培训阶段医师（foundation year doctors）、医学生] 开始了解实践并成为其中的一部分。换句话说，参与日常工作、日常查房、与患者沟通、帮助员工和参与医疗团队的其他部分，让实践共同体参与者分享他们对于实践的理解，赋予经验意义，使其成为更“中心”的实践共同体成员。“参与”塑造了学习者的经验、实践和身份。了解充血性心力衰竭需要观察患者并参与团体（病房团队）对这些患者的诊疗。

情境认知、分布式认知和情境学习：理论和原理

这三种社会认知理论中的每一种都包含了理解思维、学习和行为表现的特定情境的社会方法。前两种理论侧重于思维（认知），但不同的是，情境认知理论强调个体的思维和行为。而分布式认知理论更强调群体的思维和行为。情境学习特别强调学习，有时会与情境认知相混淆。读者也可以参考 Mann 和同事关于社会建构主义的章节，以及 Artino 和同事关于自我调

节的章节，了解更多关于其他社会认知理论的细节。

情境认知理论

情境认知理论是基于这样一个理念：思维（学习和行为表现）处于或位于一个事件的特定位置。通常情况下，情况的具体情境被分为相互影响的部分或因素。因此，从这一理论观点来看，认知是从参与者（如教师、学习者和患者）之间的关系以及与特定环境性质的关系中产生的[19-23]。情境认知理论考虑到“世界、个体和这些相互影响成分之间的统一性”[24]（p. 360）。在本章引言部分的例子中，可以考虑以下床旁教学的环境：教师（如知识、经验和幸福感）、学习者（如睡眠、知识、主体兴趣和自我效能）、患者（如健康素养、教育程度和对疾病的敏锐程度）和环境（如照明、环境噪声和空间）。这些因素（以及它们的组成部分，其中一些被列为上面的“例子”）被认为是相互作用的，由此结果（例如学习）便产生了。我们将在下面的部分中更详细地讨论这个问题。

从历史上看，情境认知理论借鉴了杜威（Dewey）[25]、维果茨基（Vygotsky）[26]和格林诺（Greeno）[27]等人的研究成果。情境认知理论与情境学习理论、批判理论和批判话语分析（critical discourse analysis）有许多共同点，但也有不同之处。在本章中，我们将讨论情境认知（或思维）和情境学习，以帮助区分这两种方法。

在情境认知理论中，认知（思维）的主要目的是描述专业人员在特定情境下的思维[28]。从情境认知的角度来看，思考和学习是处于或位于更大的物理和社会环境中的。该理论将焦点从个体参与者转移到社会和文化活动中，参与者在其中相互影响，并强调这些相互影响。情境认知理论不仅承认参与者与环境之间的相互影响，而且认为二者同等重要[29]。事实上，这一假设是建立在环境参与者对参与者和环境的认知上的[19]。此外，所有的个人和环境都可能被这种相互影响所改变。众多的参与者、社会环境、文化和相互影响的作用及这些相互影响的出现都可能需要非线性和（或）多层面的方法来分析，我们将在下一节讨论。从情境认知的角度，学习的重点是让学习者在真实的和潜在的复杂经历中走向专业。这样的学习目标对于医学教育研究可能有用，特别是在有多个参与者且活动是真实的情况下（例如临床医学教育）。

情境认知的关键假设如框 10.1 所示。回到之前关于信息处理理论的讨论，知识是由教师传递给学习者（例如，从一个大脑到另一个大脑的“倾泻”），储存在学习者的记忆中供其日后使用的东西。另一方面，从情境认知来看，知识并不是一种与学习和使用知识的情境无关的、惰性的、自给自足的、抽象的、独立的、象征性的“实体”。相反，知识类似于一种工具[30-31]。读者可能确实在他们的知识储备库中有一些不知道如何使用的工具（有人可能会说这些工具是“惰性的”）。使用该工具将更有助于逐渐熟悉使用工具的方式和时间，并且工具和世界都因使用而变化。想想内科医师和外科医师可能如何使用手术刀——内科医师通常会避免使用手术刀，当需要在患者照护中使用手术刀（例如皮肤科手术）时，往往会更慢、更谨慎地使用手术刀，而外科医师则习惯使用手术刀。又例如，实习医师考虑到在就诊室，而不是在繁忙嘈杂的急诊室使用听诊器。换句话说，工具、使用工具的参与者、环境、特定的情境和文化皆相互依存——情境认知理论会认为一个人如果不了解其他因素，就无法真正理解其中的一个因素，因为它们都基于情境。因此，知识是一种应用于某些环境或情境的工具，而不是个人头脑中存在的抽象的对象。

在医学教育中使用情境认知理论则需要探究情境特异性。情境特异性是指医师看到两个主诉相同、病史和体格检查相同或基本相同的患者，但却得出两个不同的诊断结论。很明显，推动决策的不仅仅是内容或事实。通过运用情境认知的理论框架，我们可以设计出一个实验，它不仅关注事实，而且还关注参与者（医师和患者）与环境的互动方式。事实上，Durning 和同事们的工作已经证明了环境（或情境）是重要的——表现不仅仅是基于对事实的了解，而且还为从情境认知的角度解释为什么医师的表现会发生变化提供了依据[32-34]。通过发现这些动态变化和后续表现，该理论框架为一些机制（例如认知负荷）的提出奠定了基础[32-34]。

框 10.1　情境认知关键假设

- 人类的思维处于环境之中，并受环境的影响
- 个人的行为及其运作的背景是不可分离的
- 知识是通过生活实践和参与积累的工具（相对于静态对象）
- 工作表现是通过参与者与环境的互相影响产生的
- 情境认知强调情境中的参与者和环境具有同等的重要性

分布式认知理论

第二种社会认知理论是分布式认知理论。分布式认知寻求理解“认知系统的组织”[35]（p. 175），而非个体。分布式认知超越了个体的认知，包括人与环境中的资源和物质之间的相互作用[35]（p. 175）。

分布式认知有两个基本的理论原则。首先，与传统的以个体思维为分析单位的认知观不同，此处的分析单位是整个系统。这个系统由个体或多个个体所操作和执行的环境组成。例如，在飞机驾驶舱中，驾驶舱仪表所代表的环境中是以飞行员和相关物品（信息）来构成分析单元，而不仅仅是飞行员个体。类似地，在床旁教学的案例中，分析单位为每个团队成员、患者和特定社会环境提供的物品。因此，除了每个飞行员（或病房团队成员）的个体认知特性外，还有一个新的、更大的认知分析单元，由飞行员（病房团队）和仪器共同组成，其认知特性对于驾驶飞机（或照顾充血性心力衰竭患者）至关重要。

分布式认知系统中的认知过程是由其各要素之间的若干功能关系所创造的。例如，在飞机驾驶舱中发生的动态过程涉及能够完成许多功能的众多子系统的交互和协调。驾驶舱的飞行人员之间有一种合作和协调行动模式，这种模式在一个层面上被视为传播和处理信息的一种结构，在另一个层面上被视为一种新出现共享认知的

活动系统[36]。与之类似，考虑团队成员、患者和病房之间的相互作用和协调，才能更好地完成学习和患者诊疗。

其次，分布式认知与个体认知相比，还存在更广泛的机制。例如，在上面住院医师和学生的床旁教学案例中，每个成员的内部认知过程之间存在着丰富的互动。不是所有的认知过程都发生在一个人的大脑中；有一些认知过程发生了，并且相对于一个系统或一组个体的认知过程是独立的。又比如，给患者用药需要医师下医嘱、由药剂师核对，然后由护士给药。这其中的每一个人都将利用自身的知识领域和“内隐理解”来改变、解释和执行医嘱，最终影响患者用药[37]（p. 540）。因此，分布式认知处理的是系统的认知活动，而不是个体的认知活动。在这个模型中，认知被更好地理解为一种社会现象，而不是局限于个体层面的一种社会现象[38]。

分布式认知的概念可以包括三种认知过程的分布：

- 认知过程可能分布在群体成员之间（例如短文中描述的医疗团队成员的不同认知特性）。
- 认知过程的分布方式包括医疗团队成员与周围环境之间的协调（例如，医疗团队做出决策并在电子病历中输入医嘱，或医疗团队在急诊室工作，同时收治患者或进行床旁急救）。
- 认知过程可能“通过时间分布，从而使早期事件的结果拥有能够改变晚期事件的性质”[35]（p. 1）（例如，医疗团队对充血性心力衰竭患者入院时选择治疗方案的认知行为，根据所实施治疗的结果产生随后的行为）。

分布式认知利用的是个体认知多样性，这种多样性可以将完成复杂任务所需的各种认知资源汇聚在一起。来自赫钦斯（Hutchins）[38]的一个例子中，驾驶船只进入港口时与发生的认知过程有关。协调和分析这项任务所需的分布式认知方法源于系统中不同组成部分之间的相互作用。这包括导航团队中具有不同水平技能和经验的个人成员、行动所处的环境、时间以及对与事件相关的思维和表现的顺序的协调。正是具备不同认知能力的人与人相互协调、相互作用，才使他们能够成功地完成这项具有挑战性的任务，例如驾驶一艘大船驶入港口。此外，还强调了认知在个体之间的位置分布，在一个环境中认知也将会随着时间的推移而变化。

情境学习理论

第三个也是本章介绍的最后一个社会认知理论是情境学习理论。情境学习的特点是将学习建立在日常生活的真实体验（例如情境）中，为学习者创造在体验情境中生活和学习的机会。情境学习理论认为知识是情境性的，是社会过程的结果，并与所处的社会结构、文化和环境相关[39-40]。

莱夫和温格[17]强调了社会互动和社会参与作为学习过程的关键组成部分的作用，确定团体作为分享知识、反思和参与对话和实践的基础。学习不仅是处于一个情境中，而且是发生在复杂社会情境中的一种社会生成现象[17]。换句话说，社会互动在个人成为实践共同体的一部分中起主导作用，在实践共同体中，群体的文化和信仰塑造了新入者的学习过程，使学习者从边缘性参与的角色转变为更中心性的角色，从而从初学者变得更加专业。这也适用于我们的案例中的主治医师和住院医师，在这种情况下进行学习需要参与，并且处于由学生、住院医师、患者和护理人员创造的社会环境中。

进一步来说，个人成为共同体中的一名潜在成员，随着他继续参与共同体中的教育讨论和活动，他最终会成为一名更重要的共同体成员。根据合法的边缘性参与理论原则，学习者的参与具有了合法性，将有助于在团队内建立一个强有力和可信的参与学习的位置，以创造学习机会。只有通过成为成员和参与，学习才会发生。参与和参与活动将影响社会关系，从而增强新成员的知识和理解，使他们能够充分参与活动，从而增强自身价值，激发更强的学习动机，在这一过程中便会产生学习。例如，在床旁的学生将参与对患者的讨论，询问病症，提高他们对于特定患者的充血性心力衰竭的理解。他们将阅读该病相关的资料，练习各种手法，从而发现体格检查上的问题；在下一次讨论中，他们可能会从文献中为团队贡献新的发现和证据，提醒住院医师和医务人员注意患者体检中可能发生的变化，报告和解释相关的实验室检查或影像结果，从而在团队中扮演更重要的角色。随着时间推移，学生们可能会开始在他们之间建立更牢固的社会关系，不仅是在患者接触的背景下，而且在医院里就其他临床问题或患者进行非正式讨论时。他们将以更大的认同感开始培养自己作为团队成员的合法性，并发展新的动机，将其参与转移到更中心的位置。事实上，通过合法边缘性参与过程，知识可以被视为身份，而不是可获取的静态符号。这种区别具有重要的含义，我们将在下一节中进一步讨论。

社会认知理论在医学教育中应用的案例

社会认知理论为医学教育带来一系列变革：自我效能理论应用于健康促进领域，认知学徒制应用于参与方式，情境认知理论应用于社会情境的诊断，分布式认知应用于教学方法、团队学习以及医学教育实践共同体的策略开发等方面。具体讨论如下：

认知学徒制

莱夫和温格[17]描述了一个新学员通过合法的边缘性参与进入实践共同体的模型。当一个人参与时，他在共同体中的地位变得更加中心，责任越来越大，而共同体将继续塑造整个活动。从情境学习的角度来看，这种认知学徒制（其他理论框架提出的术语）不仅仅通过观察教师来学习；新手还通过观察和实践来获得经验，随着熟练程度的提高，将在共同体中承担更多的责任。此外，共同体成员通过参与一个持续的过程来学习如何思考和重新计算工作，而个人在共同体中实践时既塑造了这个过程，也受之影响。因此，在一个由学生、住院医师和医务人员组成的病房团队中，学生通过观察和执行某些有限的任务开始学习（就像裁缝或屠夫[17]），当他们在共同体中获得经验和合法性时，则开始思考患者的诊疗，并且在病房团队允许的情况下，参与程度会越来越高；个人既塑造了团队，又由团队塑造。很快学生们发现自己融入了团队的社会互动、团队文化和医院，这进一步提高了他们的参与水平 [41]。

自我效能

获得成就是提高自我效能的最好方法之一。例如，一名接受过冠状动脉病心脏手术的患者，在跑步机上实现某个目标的能力，是通过成就实现来提高自我效能的有力途径 [42]。替代性成就 [43] 虽不如独立表现方式有效，但也是提高自我效能的一种方式。当患者不能独立完成某项活动时，可以使用替代功能——观察另一个患者，他接受过类似的心脏手术，却可以在跑步机上锻炼，这可能对激励患者达成这个目标非常有效。同样地，如果一个学生听不懂心脏奔马性节律，那么观察住院医师的动作可能会对他有所帮助。此外，按照自我效能的观点，如果学生成功地进行了病史采集和体格检查，那么他更有可能在没有教师提示的情况下做出不同的诊断，来自病房团队的持续成功和反馈可以进一步为患者提供诊疗。这种观察学习者表现的框架以及如何增强学习者的渐进独立性对学习环境有着重要的影响，而这一点正受到住院医师教育的关注。

自我效能会影响健康促进和健康行为。高度的个人效能可以对健康习惯产生影响，特别是可以帮助个人调节自己的动机和行为，从而达到改变。在多项研究中，自我效能越强，在改变健康习惯和健康结果方面的成就越大。这些有益的影响已经在几个领域得到了证实，其中包括在临终疾病的实践交流 [44]、类风湿关节炎患者免疫抑制药物的依从性 [45] 或糖尿病患者的自我管理 [46] 方面。

实践共同体

透过实践共同体框架可以提升学习者在复杂环境中的行为表现，如住院医师和研究生教育，它们由很多内在联系的部分组成。Green 等人描述了一个内科学在实践共同体中开发出的基于美国毕业后医学教育认证委员会（Accreditation Council for Graduate Medical Education，ACGME）发展里程碑能力的框架 [47]。此外，可以建立一个培养医学生的研究技能的实践共同体。MacDougal 和 Riley[48] 从研究主管那里收集信息，确定在医学院本科课程中参与研究的学生创建实践共同体的关键因素。主管报告称，将学生与他人联系起来，培养研究技能的自我效能对于让学生进入实践共同体至关重要，在实践共同体中，研究技能和研究实践以及文化、活动、社会互动和环境是该共同体的主要“工艺”。因此，相互接触、相互参与、相互负责是使学生融入实践共同体的必要条件。

实践共同体的另一种应用涉及使用技术来支持和维持这种实践共同体。如前所述，合法的边缘性参与是一个与实践共同体密切相关的概念，教育者应该熟悉合法的边缘性参与和实践共同体在同步和异步环境中的关系。技术可以帮助交流和分享信息以促进实践。Hoadley 和 Kilner[49] 确定了能够支持这些共同体的四种技术：连接具有相似实践的成员、提供对公共信息库的访问、支持共同体内的同步和异步对话、提供共享信息资源的环境。例如，来自不同机构的不同经验层次的教育者和学生可以通过技术的使用，就共同的实践进行联系、交流和学习。技术可以帮助形成在共同实践中利用知识的实践共同体。

对于一个新建立的群体来说，了解和澄清“边缘性”的概念对教育者来说非常重要。从社会认知理论来看，重要的是学生开始了解学习的必要性，并正在成为群体中一个更核心的参与者，不管这个群体是面对面交流还是通过技术进行异步交流——参与是“成员关系进化”的方式[17]（p. 53）。此外，初学者或新的团队成员需要了解，在团队活动中最初的部分参与并不意味着个人不参与团队活动。更确切地说，这只是共同体参与程度不断提高的开始。教育者应该树立学习是在人与人之间建立起来的关系中进行的这样一种观点，因此应该实施一些引导团队成员从边缘转向更中心的参与性活动。对于教育者来说，强调边缘性是一个正性的术语也很重要，它意味着对学习过程的积极参与。学习者应该意识到他们对群体是相关的和重要的，即使他们可能觉得自己不是。

评估真实的社会情境

社会认知理论认为互动是非线性的（它们新出现或发展，且是动态的）。这引起了对社会认知理论下医学教育研究使用定量方法和标准统计方法的关注，因为这些方法假定结果将近似于一条直线（线性）。例如，设计一个床旁教学的“干预措施”，唯一的结果评估对象是知识（例如通过一个多项选择问题），唯一的过程测量还包括一个多项选择问题（也许是你喜欢教学吗或是它满足你的学习需求了吗这样的思路），假设床旁教学的其他组成部分（例如团队、资源等）不影响结果，或是存在线性的关系，则采用线性方法（可通过相关系数或线性回归分析进行评估）。社会认知理论认为，虽然两者之间可能存在关联（也可能不存在），但简单地通过多项选择问题将教学前后的行为表现联系起来，研究者可能会错失许多潜在的有意义信息。此外，这种关系可能不是一条直线，特别是在有多个参与者且环境可变的情况下。

这个评估问题可以通过几种方法来解决。首先，使用混合方法（参见第 1 章了解更多这种方法）。其次，考虑替代的定量方法（如果想了解评估不同的变量如何在临床上相互作用的一些替代方法，可采用非线性回归、分层线性模型和结构方程模型），还可以考虑进行访谈或观察。例如，通过访谈团队成员和（或）对环境进行观察，可以收集到额外的信息，这些信息或许有助于确定查房是否有助于提高学习。这种方法还将使研究者能够探索学习过程，而仅仅通过观察线性关联的存在（或不存在）就会忽略学习过程。我们认为，定性方法可以特别有用，因为除了不假定线性外，它们还可以探索参与者之间以及参与者与环境之间的相互作用。

情境认知作为一种判断和处理社会情境的方法

情境认知提供了一种判断教学或临床环境中潜在问题的方法。从本质上说，它提供了一个不同的视角或解决方案来告知可能出错的地方。回到我们最初的场景，利用这些因素及其组成部分，可以对不太理想的临床情况进行分析。它还可以提供一种潜在的方法，通过一些“如果……怎么办”的场景来“处理”一个不太理想的教学或临床情境。回到之前的例子，这个理论可以通过一些“如果……怎么办”的场景来“处理”一些“如果……怎么办”的情境。如果患者不想让医学生在床旁接受授课怎么办？如果住院医师需要连续性门诊怎么办？如果教师在床旁教学中不能提出深思熟虑的问题怎么办？情境认知也可以针对这些情境提出许多解决方案，例如提出其他可能的方法，如询问住院医师、在病房（环境中）使用互联网或其他解决方案。

教师和病房团队的其他成员明晰了情境认知及其含义，既可以思考环境如何影响行为表现，也可以考虑如何潜在地改变环境，以产生更积极的结果。了解潜在的非线性相互作用也可鼓励教师和学习者，改变一个细小的因素（例如鼓励学生，提高自我效能）可能获得较大的积极效益——例如，实习变得更有动力，问教师更多的问题，接收更具建设性的反馈，甚至可能更享受这种类型的教学经历（收获额外的学习效果）。从社会认知理论的角度来看，这些干预措施有望使学习和行为表现取得巨大的进步。

团队学习、技术和决策过程中的分布式认知

分布式认知可以应用于许多医学教育主题：学习方法，如在PBL中认知分布于PBL团队学生中；分布式认知有助于更好地理解教师和（或）学生与技术的交互；认知过程分布在医师、护士和其他工作人员之间。

在PBL中，分布式认知的认知属性可以出现在不同的培养环节：激活每个人的先验知识，目标设置，共享问题，个体间的认知协调及环境互动。自主学习部分是个体将自己的知识和技能以及自己对经验的理解带到群体中，从而形成一个以解决问题为目的的分布式认知系统。

由于认知基于环境是分布式认知的原则之一，涉及内部（如注意、记忆）和外部（如物体、材料）结构之间的协调，因此技术在分布式认知方法中可以发挥重要作用。例如，使用电子病历（EMR）对于促进团队成员之间的协调、创建自动检查错误、共享和分发信息、帮助信息开发分布式认知系统可能非常重要，该系统最终可增强基于系统的实践并为患者提供更好的诊疗。技术支持可以帮助识别工程公司实践系统中的故障或问题[50,51]。因此，可以采用类似的方法检查临床和教育系统

（如整个医学院或重症监护病房）的医疗实践。

情境知识和转化

转化是学习的主要目标（或将学习应用到新的环境中），在此我们想阐述社会认知理论和信息处理理论之间的一些区别。我们不会详细探讨这个主题，它超出了本章的主要范围。关于学习转化的研究一再发现，在一种环境中所学到的知识可能不会迁移到另一种环境中[52]。例如，学生在课堂上学到的知识可能不会迁移到现实生活中或工作表现上（例如，一个关于充血性心力衰竭的讲座 vs. 一个有充血性心力衰竭的患者）。社会认知理论认为，转化需要在初始学习情境和实践情境之间有足够的重叠时才会发生。这不仅需要解决问题所需的“事实”，还需要和环境交互。这也可能是从信息处理理论的角度来看转化一直是一个令人烦恼问题的缘由。

小结

社会认知理论使人们能够更好地理解个体和分布式认知过程，这些认知过程与社会环境的众多组成部分相联系。它强调情境的重要性，即在特定事件（包括文化、共同体、与他人的互动）和环境中进行思考和学习。

在本章最初描述的床旁情境中会发生数不清的事件。认知和学习很难与患者、床旁环境和参与者分开。因此，熟悉社会认知理论的特征可以帮助教育者和学习者更好地理解如何在如此复杂的环境中思考、教学和学习。

未来的研究将会进一步探究社会文化因素在医学专业的学习、教学和表现的过程中产生了何种影响，以及如何产生影响。在本章中我们提供了一些未来研究方向的建议。同时，了解环境的组成部分和它们之间的相互作用十分必要，可以帮助我们更好地认识和改进学习、教学和行为表现。

实践要点

1. 社会认知理论认为学习和行为表现是社会性的，受个体、行为和环境之间相互作用的影响。
2. 班杜拉以三角互动模型（行为、个人因素和环境之间的相互作用）倡导社会认知理论，该模型支撑了许多社会认知理论。
3. 多种理论都可以归在社会认知理论下。本章主要的内容包括情境学习、情境认知和分布式认知。
4. 社会认知理论不同于如信息处理理论的个体认知理论，除了强调个体（如医师）之外，还强调环境和社会反应互动的重要性。
5. 社会认知理论为理解和研究当今医学教育中各种社会、文化、物质和历史背景的认知过程提供了一个框架。

参考文献

1 Kahneman, D. (2011) *Thinking, Fast and Slow*. MacmillanISBN 978-1-4299-6935-2.
2 Bandura, A. (1986) The explanatory and predictive scope of self-efficacy theory. *Journal of Clinical and Social Psychology*, **4**, 359–373.
3 Rizzolatti, G. & Craighero, L. (2004) The mirror-neuron system. *Annual Review of Neuroscience*, **27**, 169–192.
4 Eva, K. (2003) On the generality of specificity. *Medical Education*, **37**, 587–588.
5 Eva, K.W., Neville, A.J. & Norman, G.R. (1998) Exploring the etiology of content specificity: factors influencing analogic transfer and problem solving. *Academic Medicine*, **73**, S1–S5.
6 Bandura, A. (1993) Perceived self efficacy in cognitive development and functioning. *Educational Psychologist*, **28**, 117–148.
7 Bandura, A. (1997) *Self-Efficacy: The Exercise of Control*. Freeman, New York.
8 Bandura, A. (2004) Health promotion by social cognitive means. *Health Education & Behavior*, **31**, 143–164.
9 Bandura, A. & Cervone, D. (1983) Self-evaluative and self-efficacy mechanisms governing the motivational effects of goal systems. *Journal of Personality and Social Psychology*, **45**, 1017–1028.
10 Chemers, M.M., Hu, L.T. & Garcia, B.F. (2001) Academic self efficacy and first year college student performance and adjustments. *Journal of Educational Psychology*, **93**, 55.
11 Bandura, A. & Jourden, F.J. (1991) Self-regulatory mechanisms governing the impact of social comparison on complex decision making. *Journal of Personality and Social Psychology*, **60**, 941–951.
12 Bandura, A. & Wood, R.E. (1989) Effect of perceived controllability and performance standards on self-regulation of complex decision making. *Journal of Personality and Social Psychology*, **56**, 805–814.
13 Wood, R. & Bandura, A. (1989) Social cognitive theory of organizational management. *Academy of Management Review*, **14**, 361–384.
14 Bandura, A. (1995) Exercise of personal and collective efficacy in changing societies. In: Bandura, A. (ed), *Self-Efficacy in Changing Societies*. Cambridge University Press, Cambridge, pp. 1–45.
15 Bruner, J. (1990) *Acts of Meaning*. Harvard University Press, Cambridge, MA.
16 Halas, E. (2006) Classical cultural sociology: Florian Znaniecki's ímpact in a new light. *Journal of Classical Sociology*, **6**, 257–282.
17 Lave, J. & Wenger, E. (1991) *Situated Learning: Legitimate Peripheral Participation*. Cambridge University Press.
18 Wenger, E. (1998) *Communities of Practice: Learning, Meaning, and Identity*. Cambridge University Press, CambridgeISBN 978-0-521-66363-2.
19 Bredo, E. (1994) Reconstructing educational psychology: situated cognition and Deweyian pragmatism. *Educational Psychologist*, **29**, 23–35.
20 Clancey, W.J. (1993) Situated action: a neuropsychological interpretation. Response to Vera and Simon. *Cognitive Science*, **17**, 87–116.
21 Greeno, J.G. (1993) For research to reform education and cognitive science. In: Penner, L.A., Batsche, G.M., Knoff, H.M. & Nelson, D.L. (eds), *The challenges in mathematics and science education: psychology's response*. American Psychological Association, Washington, DC, pp. 153–192.
22 Lave, J. (1997) The culture of acquisition and the practice of understanding. In: Kirshner, D. & Whitson, A. (eds), *Situated Cognition: Social, Semiotic and Psychological Perspectives*. Cambridge University Press, New York, NY, pp. 17–36.
23 Young, M.F., Barab, S.A. & Garrett, S. (2000) Agent as detector: an ecological psychology perspective on learning by perceiving-acting systems. In: Jonassen, D. & Land, S.M. (eds), *Theoretical Foundations of Learning Environments*. Earlbaum, Mahwah, NJ, pp. 147–173.
24 Barab, S.A., Cherkes-Julkowski, M., Swenson, R., Garrett, S., Shaw, R.E. & Young, M. (1999) Principles of self-organization: ecologizing the learner-facilitator system. *The Journal of Learning Sciences*, **8**, 349–390.
25 Dewey, J. (1938) *Logic: The Theory of Inquiry*. Henry Holt, New York.
26 Vygotsky, L. (1978) *Mind in Society: The Development of Higher Psychological Processes*. Harvard University Press, Cambridge, MA.
27 Greeno, J.G. (1997) Response: on claims that answer the wrong questions. *Educational Researcher*, **26**, 5–17.
28 Brown, J.S., Collins, A. & Duguid, P. (1989) Situated cognition and the culture of learning. *Educational Researcher*, **18**, 32–42.
29 Young, M.F. (1993) Instructional design for situated learning. *Educational Technology Research and Development*, **41**, 43–53.
30 Whitehead, A.N. (1929) *The aims of education*. Cambridge University Press, Cambridge.
31 Durning, S.J. & Artino, A.R. (2011) Situativity theory: a perspective on how participants and the environment can interact. *Medical Teacher*, **33**, 188–199.
32 Durning, S.J., Artino, A.R., van der Vleuten, C. & Schuwirth, L. (2013) Clarifying assumptions to enhance our understanding and assessment of clinical reasoning. *Academic Medicine*, **88**, 442–448.
33 Durning, S.J., Artino, A.R. Jr.,, Pangaro, L., Van der Vleuten, C.P.M. & Schuwirth, L.W.T. (2011) Context and clinical reasoning: understanding the perspective of the expert's voice. *Medical Education*, **45**, 927–938.
34 Durning, S.J., Artino, A.R., Boulet, J., Dorrance, K., van der Vleuten, C. & Schuwirth, L. (2012) The impact of selected contextual factors on experts' clinical reasoning performance. *Advances in Health Science Education*, **17**, 65–79.
35 Hutchins, E. (2000) *Distributed Cognition. International Encyclopedia of the Social and Behavioral Sciences*. Elsevier Science.
36 Hutchins, E. & Klausen, T. (1996) Distributed cognition in an airline cockpit. In: Middleton, D. & Engeström, Y. (eds), *Communication and Cognition at Work*. Cambridge University Press, Cambridge.
37 Hazlehurst, B., McMullen, C.K. & Gorman, P.N. (2007) Distributed cognition in the heart room: how situation awareness arises from coordinated communications in the heart room. *Journal of Biomedical Informatics*, **40**, 539–551.

38 Hutchins, E. (1995) *Cognition in the Wild*. MIT Press, Cambridge, MA.
39 Anderson, J.R., Reder, L.M. & Simon, H.A. (1996) Situated learning and education. *Educational Researcher*, **25**, 5–11.
40 Wilson, A. (1993) The promise of situated cognition. In: Merriam, S.B. (ed), *An Update on Adult Learning Theory*. Jossey-Bass, San Francisco, pp. 71–79.
41 Bleakley, A. (2006) Broadening conception of learning in medical education: the message from team working. *Medical Education*, **40**, 150–157.
42 Bastone, E.C. & Kerns, R.D. (1995) Effects of self-efficacy and perceived social support on recovery-related behaviors after coronary artery bypass graft surgery. *Annals of Behavioral Medicine*, **17**, 324–330.
43 Bandura, A. (1998) Health promotion from the perspective of social cognitive theory. *Psychology and Health*, **13**, 623–649.
44 Beckham, J.C., Burker, E.J., Lytle, B.L., Feldman, M.E. & Costakis, M.J. (1997) Self-efficacy and adjustment in cancer patients: a preliminary report. *Behavioral Medicine*, **23**, 137–142.
45 Brus, H., vandeLaar, M., Taal, E., Rasker, J. & Wiegman, O. (1999) Determinants of compliance with medication in patients with rheumatoid arthritis: the importance of self-efficacy expectations. *Patient Education and Counseling*, **36**, 57–64.
46 Hurley, C.C. & Shea, C.A. (1992) Self-efficacy: strategy for enhancing diabetes self-care. *The Diabetes Educator*, **18**, 146–150.
47 Green, M.L., Aagaard, E.M., Caverzagie, K.J. *et al.* (2009) Charting the road to competence: developmental milestones for internal medicine residency training. *Journal of Graduate Medical Education*, **1**, 5–20.
48 MacDougall, M. & Riley, S.C. (2010) Initiating undergraduate medical students into communities of research practise: what do supervisors recommend? *BMC Medical Education*, **10**, 83.
49 Hoadley, C. & Kilner, P.G. (2005) Using technology to transform communities of practices into knowledge building communities. *SIGGROUP Bulletin*, **25**, 31–40.
50 Rogers, Y. (1992) Ghosts in the network: distributed troubleshooting in a shared working environment. In: J. Turner and R. Kraut (eds), *Proceedings of the Conference on Computer-Supported Cooperative Work*, 346–355. ACM, New York.
51 Rogers, Y. (1993) Coordinating computer-mediated work. *Computer-Supported Cooperative Work*, **1**, 295–315.
52 Mayer, R.E. (1987) The elusive search for teachable aspects of problem solving. In: Glover, J.A. & Ronning, R.R. (eds), *Historical Foundations of Educational Psychology*. Plenum, New York, pp. 327–348.

第 11 章

Chapter 11

工作中的参与性实践：通过工作场所的经历了解和评估医学生学习

Participatory practices at work: Understanding and appraising healthcare students' learning through workplace experiences

Stephen Billett and Linda Sweet

（翻译：杜　鹃　　审校：侯建林）

Ben（一名三年级医学院学生）讲述了他在工作场所中学习的经历：“它充满变化……你去不同的病房，遇见不同的人，这是非常不同的……无论是在内科还是外科，你都会接触到不同类型的领域；不同学科之内也有其变化性……比如他们期望从你身上获得他们教给你的东西。”他以儿科轮转为例：“……学习环境、他们对学生的态度都非常友好，并且非常支持学生，我发现……所有学生似乎都更加快乐，因此所有学生都希望学到更多东西。”但是外科轮转却截然不同：他们“与任何学生都没能‘相处愉快’……没有学生早上能够很高兴地到科室，他们担心会因为愚蠢的小事受到打击……所以在查房时，有点沦为背景的感觉”。然而，他接着说道，“总有例外。偶尔你会遇到一个对学生非常好、善于教学并对教学充满热情的老师。他们是你的领路人。这有点奇怪——它是一种在医学中非常独特的我以前从未想过的变化。”

引言

医学教育的资源投入巨大，因此我们必须了解医学学习是如何发生的，才能优化教育过程。在本章中，我们讨论了学习的一个方面：学生通过医疗实践学习，或学生如何在工作场所学习。基于医学生和助产学生的研究结果，我们概述了如何通过“供给”（affordance）来理解这些物理和社会环境的邀请性特质（invitational qualities），以及学习如何依赖于“参与”，或者说学生如何参与提供给他们的环境。了解这些做法有助于提高医学教育的效率。通过阅读本章，读者能够：

- 通过供给和参与的相互依存关系将在工作场所中的学习概念化。
- 评估社会及其规范、形式和实践如何影响学习并受到学习的影响。
- 通过供给和参与的视角，理解自己及他人在工作场所中的学习。
- 将这些概念应用于课程开发和教育研究。

关键概念、定义和区别

参与性实践是指个人参与社会机构所提供的内容，以及个人如何选择参与并通过这些实践进行学习这两方面内容[1]。学习者参与的前提是兴趣、意图和能力，以及如何看待提供给他们的内容。供给的构成内容既不是客观的，也不是固定的。与此相反，供给取决于社会期待（即社会世界如何将它们作为规范、形式和实践的建议）以及个人与其接触的程度。换句话说，我们无法保证不同学习者以同样方式参与“相同”的邀请。医学教育项目中遇到的问题很可能有不同的解释。同时，由于个人能力、主观性和能动性等因素的影响，不同的人在同一个医学教育项目之中会有不同的学习体验。以上因素决定了人们如何解释并参与他们的学习经历（例如[1-2]）。这些供给可能受欢迎和鼓励参与，或限制、抵制或排除个人的参与。那些被视作不吸引人的体验会导致学生不能充分参与。他们可能“沦为别人的背景”或“去图书馆独立学习”，而积极的供给可以鼓励学生参与。一个学生认为有用的指导，在另一个学生则可能认为是干扰，二者从这些体验中获得学习的不同方面。同样，一个学生可能会因为缺乏密切指导而感到被遗弃，另一个学生将其视作独立实践的机会。因此，对被提供的教育的感知和参与在一定程度上取决于个人基础和因素。另一方面，工作场所有其特定的实践做法并提供相应的特定体验，而个人必须参与。工作场所可以制订和维持这些实践做法，并在情况发生变化时做出改变[3]。

强调这种相互依赖及其相互关联性质的一个原因是，关于学习和职业的许多当代概念都更加强调提供给学生思考和行动的直接的物理和社会环境，而非个人因素，尤其是通过实践共同体[4]、情境认知[5]、活动体系[6]和分布式认知[7]等概念来发挥作用。此种重视早在生态心理学的早期形式中就有所体现，即将医院等物理和社会环境视为行为环境（behavioral settings）[8-9]。在这些环境中，行为（和学习）被环境的特定特质所塑造或决定。然而，其他观点，例如来自文化心理学的观点[10]，认为更大的相互作用对于理解人类学习和发展的过程至关重要。在社会机构与其产生的知识之间存在着相互依存关系，个人接受、使用并扩展这些知识，从而进一步维持和发展这些机构。也就是说，医院为医疗和助产等职业提供了一个场所，从而允许医生和其他医护人员展开实践，以进一步发展他们的技能或能力，建立、维护并发展其职业身份认同。医学的社会实践借此发展，也就是说，医学实践是个体执业医生与其他人之间的社会行为。换句话说，社会机构和个人之间存在着相互依存关系——个人因素（如参与）与情境因素和贡献之间的相互依赖关系。实际上，社会机构（例如医院）或社会衍生实践（例如医疗工作）的存在和连续性，以及它们如何随着时间的推移而发展，都是以通过工作改造和改变职业实践的个人参与为前提的。简而言之，一个人从工作场所学到的东西不仅仅取决于工作场所的性质，还取决于个人的本性。此外，个人的学习有助于工作场所的发展。因此，我们不应该孤立地考虑这些因素。

医疗或助产实践需要积极参与、改造和转变（即改变），这些可以通过个人与实践的接触来实现。这些过程不能也不会以类似的方式由个人制订，因为社会世界所建议的东西永远都存在矛盾或不够清晰，甚至不能统一预测[11]。因此，个人如何解释和构建他们所经历的事物，从某种程度而言，是其独特的个人历史的产物[2]。这些独特的历史是通过个人遇到的特定经历及其体验（即他们借此学到的东西）而产生的。框11.1更详细地描述了这种个人认识论的概念（参见本书前面MacMillan、Mann和Macleod撰写的章节）。

例如，当两名助产学生Mary和Joanne（化名）面对即将分娩的产妇时，他们对这种体验的感觉因个人的历史而异。Mary自己也是一位母亲，自然分娩了两个孩子。在产妇痛苦的宫缩过程中，她能够同情并支持产妇。她理解痛苦的宫缩对自然分娩过程的重要性和价值。然而，Joanne从未见过或经历过婴儿出生，但她曾有过严重的肾疼痛，发现自己抵触该女性所经历的疼痛。因此，她想提供止痛药以缓解疼痛，因为她不知道如何以其他方式提供帮助。在此种情况下，Joanne认为分娩的痛苦是需要通过药物手段克服的不良经历。通过这些在工作场所环境中学习的例子，我们可以看出参与性实践[12]的概念早已提出，是一种理解供给和参与的双重和相关贡献的方式。

框11.1 个人认识论

理解个人参与和学习方式的核心是个人认识论的概念——即个人通过其经历理解和建构知识的基础和方式[13]。这些认识论包括学习者的意图、兴趣和能力。经历，即社会建议（如规范、形式和实践）的产物，几乎不会在经历者中产生统一的反应或结果。例如，在一项研究中，许多医学生认为整形外科医生的临床经历充满挑战、困难和个人的苛求[14]。大多数学生提到这些外科医生似乎想要给学生制造困难，并劝阻他们从事外科。然而，有一名成熟的女性学生在报告手术环境可能有困难的同时，还指出并非所有学生都做好了充分准备，在参与该环境以及与那些特定的医生（外科医生）相处时也不认真或缺乏深思熟虑。因此，虽然有证据表明存在共同或潜在的客观体验，这些体验在整个学生群体中并不一致。这说明社会世界的建议（其供给）和个体与这些建议之间的相互作用对于理解临床实践中的学习至关重要。

借助澳大利亚医学生和助产学生的访谈数据，参与性实践的概念被用于评估进入教育项目的过程、通过参与该项目学习以及通过临床经历所产生的学习类型。本章详细阐述了一些学生的经历以及这些经历对其学习的影响，并通过参与性实践的视角进行了阐释。首先，我们描述医学生通过临床工作学习的重要性。

通过临床实践学习

医学教育一直包括长期的临床实践[15,16]。事实上，基于实践的经历长期以来一直是西方传统中学习医学和助产学的基础。早在古希腊时期，医学生就被定位为照顾患者的助手[17]，并通过学徒模式学习[18]。这些临床经验不仅是初步准备进入卫生专业的人员的核心内容，也能帮助他们确定目标专科，并为此做相应的准备 [19]。

大多数（即使不是全部）医学和助产学所需的知识来自社会世界（如历史、文化、人与人之间的互动等），以及这些知识在特定医疗环境的具体要求中如何体现 [20]。因此，获得这种知识需要个人之外的社会衍生资源的参与，例如暴露于和参与规范、形式和实践。规范、形式和实践来自文本（例如政策和实践指南）以及专家、其他医生和学生的行为（如如何分配任务），或者通过沟通模式和治疗交接（转接）等形式出现。正是借助于这些规范、形式和实践，使得新手可能通过观察、模仿和实践获得必须掌握的职业知识（称为模仿学习，mimetic learning[21]）。关于规范、形式和实践的贡献的绝大部分解释来源于它们被视为制度或社会事实 [22]，并且源自学科（例如医学或助产学）。它们始于社会世界及其贡献，并包括特定环境（例如患者、条件和设施）和参与性实践（比如活动和互动）。社会伙伴、规范和形式共同构成了社会世界的建议或供给，这是解释规范知识（即所有医生都应具备的知识）的经验和学习的重要根本所在。但是，了解实践这些知识的特定环境以及重视这些知识是如何制订的也很重要。

更广泛地说，这些假设使我们能够将个人从教育项目和合作伙伴提供的特定类型的活动和互动中学习的贡献理论化。因此，对这些贡献的考虑以及个人如何获取和参与这些贡献已经成为改善教育实践的焦点，特别是基于实践的体验的重要性 [23-24]。这与 20 多年来对医学教育质量保障的重视密切相关 [25-26]。

基于工作场所的供给可以包括参与实践体验的机会（例如病房轮转、床旁教学、临床经历、与专家和其他学生的交流等），但也可以鼓励或抑制获得工作所需的各种知识。换句话说，它们可以包括欢迎式供给，或排斥和边缘化学习者，并且它们作用的方式因人而异。性别、阶级和种族等个人特征可能会影响医学生所获得的机会 [27]，但其他参与的基础与个人如何对待提供给他们的机会有关 [14]。参与的程度也存在差异，如全心全意地参与、选择性参与、不参与或仅出于规定象征性地参与（例如参加讲座，因为参加是强制性的，但在讲座期间查看电子邮件）。

Wertsch[28] 已经注意到不同类型的参与之间的差异，他称之为掌握和吸收。在这种情况下，“掌握”指的是掌握一项技能或任务而不将其转化为一个人的职业身份和自我认同（另见 Monrouxe 和 Rees 撰写的章节）。在他看来，掌握是表面上接受以满足他人要求的过程，同时不相信或不同意这样的要求是值得的，从而导致表面上的结果（即学习），并且只会在严格监督下进行。另一方面，吸收是个人的努力参与，因为其个人认为其正在经历或被建议的内容是重要且有价值的。Wertsch[28] 有关吸收的概念指的是接受、吸收甚至将技能或任务体现在一个人的职业身份和自我认同之中。学习者通过参与吸收、接受并内化技能，从而获得更明确的学习成果，这得益于学习者的个人付出。让我们以洗手为例。充分认可定期和彻底洗手重要性的医护人员更有可能参与这项任务，并且不需要提醒或监督。然而，那些并不真正认为其重要的人员——掌握（但未吸收）洗手要求的人不太可能这样做，除非有人提醒或监督他们。因此，个人根据他们所知道的、可以做的和重视的事情，决定如何以掌握还是吸收的方式参与，他们的决策和学习具有明显的个人前提与后果。

我们需要注意到掌握和吸收都具有潜在的效果或限制性。个人可以很好地参与掌握重要且有价值的事物（例如洗手），即使在其职业发展中对学习者来说可能并不明显。另外一方面，一个人可能吸收了有缺陷的知识，并将实践建立在不正确的假设基础之上（例如，洗手消除了对其他预防措施的需要）。

这些概念现在用于阐明和解释医学生在临床环境中的经历。

研究医学生的参与性实践

以下描述和分析的数据来自两个定性研究，这些研究获取了临床医学生和助产医学生对其学习经历和成果的看法的数据，以及他们参与项目的基础。研究采用定性原则、研究设计和数据收集方法（参见 Cleland 撰写的章节）来调查与学习的特定方面相关的动机、行动和策略，并与学生的叙述相结合，以确保对他们的体验和学习的有效认知。这两项研究的伦理审查来自大学本部。

案例研究 1：临床医学生在临床环境中学习的经历

研究人群为四年制研究生入学（graduate entry）项目的三年级医学生[14]。在该项目中，学生选择三种临床教育模式中的一种作为他们四年制课程的第三年课程（即第一年临床学习）。三种模式分别是：① 传统的基于医院的模块模式；② 主要在全科诊所中的乡村纵向整合式课程模式；③ 以上两种模式的混合模式。参加第一和第二种模式的学生被邀请参加年底的半结构化个人面对面访谈。在同意参与该研究的 13 名学生中，8 人来自基于医院的模块模式中，5 人来自乡村纵向模式。

我们将叙述一位选择在乡村纵向模式中学习的医学院学生（称为 Sue）的经历，并用其他知情人的信息对其进行补充，以介绍和讨论医学生的学习经历。其他知情人包括 Jim，一名因为需要照顾家庭而选择基于医院的医学教育模式的学生；以及 Gil，一名更喜欢纵向乡村模式的加拿大学生，但因为国际学生不能参与该模式，所以选择基于医院的模块模式。

临床体验和学习

临床医学生描述了他们为第三年学习所选择的临床实习模式。Sue 希望第三年能在乡村地区进行为期一年的实习，此处将该地区称为克里克兰德。对于获得实习机会，她“非常激动”。首先，她很熟悉该地区，她在医学院第一年学习结束时在那里承担了一些工作，并发现与乡村医生一起工作是一种非常有意义的经历。这一早期积极的经历促使她选择了为期一年的项目，该项目旨在为学生提供区域和乡村的临床经验。她总结道：“这是一个非常好的地区，而且该计划已经运行了 10 年。”在得到这次实习之后，她表示“这将是一个非常好的机会”。这种医学教育安排是由一系列机构性安排组成——对于个人一年的全科实践教育。Sue 不需要为此组织、资助或寻找资金。在该项目中，按照既定计划提供教育体验，并且当地提供住宿和教育支持。因此，机构性教育安排是充实而且有吸引力的。此外，Sue 对这些安排表现出很好的接受程度。另一方面，Jim 不得不卖掉房子来资助他的医学院学习，并且不想让他的妻子做出额外的牺牲，即从她目前供职的地方搬走以获得一个农村工作机会。因此，他的选择更为有限——不得不待在州首府。对 Sue 这一单身女性而言的积极性安排对 Jim 并不可行，因为他有对家庭的承诺。来自加拿大的 Gil 也希望获得乡村实习机会，但是由于经费方面的规定，他作为一名国际学生，没有资格选择乡村实习。

Sue 提到她充满热情地参与新环境（而非不情愿地接受这种安排）。她说自己积极参与并从中吸收了她所经历的事情。她的实习或轮转工作很忙，每周都“分成全科实践的问诊时间，和不同的专科医生一起工作”。有些专科医生来自当地医院，其余则在社区工作。Sue 也将在每三周内的一周和每周内的一个晚上“待命”。每周都有一个正式的学习日，学习重点包括 PBL、临床技能教学和模拟实验室学习。项目教育内容还包括全科医生和任何可能的访问全科医生的教学辅导。她必须为这种正式教学做准备并在闲暇时间阅读最近的病例。在典型意义上，一周很忙，但组织有序。Sue 还说，每个星期天早上她会参加教堂服务，与当地社区接触（这为她提供了“一个很好的机会，可以与社区居民见面，我诊所的一些医生也在这个教堂”）。她还加入了网球俱乐部（“在夏季剩余时间里玩，这很有趣”）。通过这种方式，她认识了来自医疗保健社区的相关人员，并开始以不同的方式与社区成员交流。参与性实践的二元性是显而易见的。一方面，机构、其他专业人员和她的指导老师有意识地提供学习经历。另一方面，Sue 有意识地积极参与工作场所和社区的相关活动。在其他情况下或者就其他个人而言，教育安排可能没有这么多，其他人也可能选择不按照 Sue 的方式参与其中。

乡村临床体验项目和 Sue 的参与为我们提供了参与性实践的积极案例。一方面，项目为她提供了一系列经历和安排，组织并促进了她的参与和学习。她获得的经历非常具有邀请性，并且可以让她轻松地接受这些经历。Sue 选择充分并热情地参与到提供给她的教育安排之中。Sue 案例中的模仿学习（见前文）涉及观察和参与到全科医生和专科医生医疗实践的能力，遵循他们的治疗案例。这将帮助学生有效地理解医学工作的目标以及所采取的各种操作方法。特别是在这些情况下，它将允许目标状态（即医疗工作取得进展的结果）、实现目标的手段（例如决策制订背后的临床推理）的发展以及演练这些目标的机会，强化且扩展了个人所知、能力和价值。所有这些使得我们重视这些经历的教育价值。

临床经验的教育价值

根据上述情况，当被问及这些不同经历的价值时，Sue说很多经历都非常有价值。她与全科医生指导老师的经历最值得注意。

> 她太棒了，因为……不仅仅是与医生一对一的时间，而且她对教学也很投入。对她来说，Tracy（另一位医学生）和我真正理解辅导课程中的概念，这是十分重要的。（Sue）

这些辅导课课程包括阅读PBL案例，指导老师会向我们询问有关案例呈现出的问题。

> 她会检查测试我们并让我们做角色扮演，询问其他相关问题，然后给我们大量她必须分享的智慧（笑），这种分享十分宝贵。她还在考试之前为我们组织了额外的辅导课程，我们可以请教任何希望与她进一步复习的内容。但是她太让人吃惊了，当我们在诊所咨询她时，她总是会非常彻底地处理，并通过询问病史和临床检查等分享智慧，且在需要测试时测试我们。（Sue）

临床实习的质量获得当地医生的重视。Sue报告说，如果发生异常事件，院工作人员就会告诉她和另一名学生，例如出现脑卒中患者，或者由产科医生帮助分娩或参与提供产前护理。Sue得出结论，在全科医疗实践中，问诊是她在临床实习期间学到的最重要方式。她将与专科医生坐在一起和与全科医生工作的经历进行了对比。

> 当我们与专科医生一起时，我们采取了观察角色，并且时不时地总有人问我们，他们可能会说“这位患者的病症很有意思，来看看”或者“你可以来检查这个或那个”。通常情况下，这更像是一个观察者角色。但是，在全科实践环境中，全科医生给了我们很多指导，也有很多练习问诊的空间。（Sue）

因此，经过一段时间的观察，Sue在全科医生的指导下独立问诊。Sue会将患者的病史、任何检查结果与全科医生的结论或临床决策联系起来，以供审查和讨论。这种平行问诊模式是当年实习中大部分学习的核心。

> 我们就有了自己的（问诊）房间，我们会带患者进入房间并询问病史，尽可能地进行我们能做的和我们认为需要做的检查，然后打电话给全科医生告诉他们我们已经完成的工作。他们会来看我们，进入房间，然后他们会问我们病史和检查结果以及我们的想法。（Sue）

因此，Sue的偶然和真实的经历使她处于一个必须思考和行动的位置，并考虑了临床推理和决策所需的一系列因素。这与Gil和Jim报告的经历形成了有趣的对比。Jim评论说，在基于医院的项目中，学生的定位非常不同，他们围绕着病房的会诊医师，更加被动和远程地学习。有时候，会诊医师会给他分配任务（例如，给予患者一些关于喝酒或吸烟的指导），这与Sue

报告的彻底参与患者互动的经历（记录病史和提供问诊，或整个临床思维、推理和决策过程）完全不同。对 Gil 和 Jim 而言，他们的实习缺乏结构化安排。提供给他们的教育安排取决于：

> 谁在病房，他们让你做什么，他们的教学风格是什么，他们认为医学生应该做些什么。这些都有很大的不同。（Gil）
> 这和抽签一样。你可能会看到一些罕见的东西，你也可能会看到一些随机的东西，你还可能会看到相同的东西，例如每天见到 10 次糖尿病患者。（Jim）

Rogoff 和 Lave[29] 提出个人的思考和行为是由他们参与的活动决定的，从而对所学到的东西产生影响。鉴于活动塑造认知，Jim 和 Gil 经历的偶然和更加脱离的过程很有可能导致他们与实现的结果不同 [29]。另外一项研究的对象为英国基础培训二年级（正式注册第一年）且在医院工作的培训期医生，其研究发现同样值得关注。尽管这些医生在医学培训期间有很多临床经验，但只有当他们从事需要理解和推理的实际医疗任务时，才意识到自己的知识有缺陷 [19]。特别需要注意的是，他们报告缺乏推理和做出临床决策所需的基础知识。只有当他们被置于需要做出决策的位置时，才意识到他们知识的优势和局限。

如上所述，Sue 通过参与目标导向的活动最有可能获得这种经历（例如，考虑一系列因素来确定患者的病情，然后考虑可能采取的行动）。鉴于思维与行动和学习之间没有区别 [2]，所采取的思维和行为以及它们的后果（即学习）之间存在着丰富的相互关系。有趣的是，乡村教育项目所提供的经验的价值只有无法参与其中的学习者才能体会。例如，Jim 认为，乡村实习学生更有可能胜任临床考试，因为他们经常参与这些活动（即经常独立地接触患者）。然而，这些学习经历的质量不仅仅取决于提供的内容，还取决于个人是否准备好参与这些经历。例如，Gil 报告参与了一个为期 2 周的乡村社区全科医生实习。尽管他获得了与 Sue 相似的经历，但他报告说这些经历没什么帮助。原因在于缺乏先前的学习或实践准备，他还没有真正准备好完全从事这些任务。

> 我参与了小医院的医疗实践，但我根本不知道任何事情。所以，我认为我学习到的东西有限，我应该晚些做这些事情。如果我再过几年经历这些，它们可能是最有帮助的体验。（Gil）

Jim 还提到，在病房中有很多特别复杂的病例，但更有经验的医生协助他的学习：

> ……初级医生擅长根据我的水平因材施教，所以他们会挑选出一些关于患者的重要事情。他们会以正确的期待询问我问题，这样做很好。在急诊科接诊患者并向他们进行展示的机会非常有帮助。（Jim）

最后，Sue 指出，她“不能很早就认识到它可能是什么状态的模式”。然而，通过全年全科医生提供的反复练习和反馈，她问诊的重点、病史记录和检查的范围从需要相当长时间并且重点不集中，进步到所需时间更短且重点集中。到年底时，她的问诊技能有了显著提高。她认为这种进步不仅是实践和反馈的结果，也得益于PBL方法和其他教育体验（如辅导课）。因此，医疗诊所组织良好、富有成效和积极的供给支持了她作为学习者的进步，她逐渐参与工作场所活动的方式与她参与的准备程度有效匹配。换句话说，在学习者的能力、对学习者的期待和工作场所的支持之间存在进步的关系基础。

这些数据明显地展示了医学教育中基于医院和基于全科实践的模式之间的差异。尽管人们可能认为在教学医院中接触和参与医疗工作的机会更多，但Gil和Jim认为他们所参与的活动不如Sue的有意义。然而，除了提供医疗实践的社会和物质环境之外，新手医生如何能够参与这些经历以及参与的质量更需要注意。例如，从数据中可以清楚地看出，提供学习经历以及Sue如何选择参与所提供的经历为我们提供了一个可以被称为有效的共同体参与的实例，Sue从中得到了可靠的结果。在参与性实践中，双方的中心地位是显而易见的。因此，在塑造可能出现的学习的种类和程度上，我们可以考虑学习者的个人认知水平及其行为。在这里，使用Sue的叙述性例子，这种参与不仅仅是为了获得适当的参与机会以便更有效地学习更多的医学知识，还强调了充分参与农村社区医疗实践的重要性。

案例研究2：助产专业学生的连续性助产经历（COCE）

三年制助产专业所有年级的学生是第二个研究的目标人群。在该项目中，学生需要参与传统的基于医院的临床实习，参与随访20名从早孕到产后的孕妇。该项目现在称为连续性助产经历（continuity of care experience，COCE）。

3名一年级学生、5名二年级学生和6名三年级学生参加了焦点访谈小组。在焦点访谈小组期间，学生们讨论了COCE与学习的关系，并对参与性实践、供给和参与进行了丰富的描述[30]。经过许可，我们录制了焦点访谈小组的讨论，逐字转录进行分析，由两位研究人员独立编码，另一位研究人员负责开发编码框架和数据解释。

通过对助产专业学生数据的研究，在供给、参与、顺序、掌握和吸收等相关概念中出现了相似的结果，即本章的重点。从三年制学位课程开始，连续性助产经历项目使学生们能够接触到实际的助产实践。这对于第一年的学生来说是非常有激励作用的，因为他们能够体验真正的助产实践；“这是我们唯一一次在社区看到怀孕和分娩，以及有婴儿的母亲”。学生们描述了他们所接触的不同诊所医生的特征，并强调“如果你的助产士很讨人厌，你不会做任何事情。你马上就不想工作”（一年级学生）。然而，一些助产士被认为十分友好。

> 他们中的一些人脱颖而出。特别是如果你在几周之后见到的是同一个人，就好像我几周以来见到的都是同一个人。在接诊时，她也知道上述这点。所以，她就盯准我，问我“记得我们上次也是这样做的吗？现在解释一下”。然后，下

次她让我自己进行触诊。（一年级学生）

由于 COCE 是学生发起的，因此没有对学生可参与案例的筛选机制。因此，他们可能会被暴露于超出其知识水平的临床经历。一年级学生可能连一些日常工作也不知道，例如助产士所需完成的助产记录。对于学生们所面临临床经历的顺序，COCE 项目缺乏确定性安排，这可能导致学生失去自信和目标；“当你不了解基础知识时，你会觉得自己有点像只笨鹅”。

助产专业学生在他们的 COCE 中谈到了掌握和吸收的概念（见前文）。一些助产专业学生描述了“理解”的需要，而不仅仅是“做事”。深入了解的需求暗示了这需要吸收。

看到这个女人经历了这些，然后回头看书中的东西。你不需要有人告诉你去看书。这只是试图了解正在发生的事情。（一年级学生）

然而，助产专业学生经常被提供机会“做”他们尚未通过大学课程学习的助产实践。这导致他们认识到他们根本没有“理论基础，因为我们还没有做过这样的事情”（三年级学生），但做的是“助产士所说的，因为我们还没有学到关于这件事情的任何东西”（三年级学生）。通过这些经历，学生获得了一定程度的能力以完成交给他们的任务，感觉参与其中并实际操作。然而，他们认识到，实践风格是一种社会建构和相互关联的形式。

这可能更多的是与不同的助产士合作，与你合作的每个人对于你应该做什么事的想法有所不同，对应该如何做事情的想法也不同。有些知识你可能还没有学习过；有些知识则已在大学中学习过了。但是，在临床体验过程之中，助产士的实践可能涉及不同层面的知识。（三年级学生）

虽然有很多积极的榜样来指导模仿学习，但也存在负面例子。然而，助产专业学生仍然认为这些是有益的学习经历。

我们将与我们合作的所有助产士的经验拼凑成未来自己的实践。有些是好的经验，有些是不那么好的经验。我们喜欢一些助产士做的事情；对于另外一些人，我们则想：天啊，如果是我，我绝对不会那样做事情。（二年级学生）

在第二年和第三年学习结束之时，助产专业学生在通过 COCE 项目构建他们的学习经历方面变得更有策略。随着他们对妊娠和分娩的认识不断提高以及 COCE 的要求，学生们变得具有策略性，选择了特定的病例[例如，不期望手术分娩的女性和（或）社会问题很小的女性]。这些行动最大限度地减小了他们的时间负担，使他们能够最大限度地完成课程要求的目标（例如，参加必要数量的预约、正常分娩和其他助产经历）。

……在你的脑中，你认为我仍然需要接生 40 个孩子，所以对于产科医生来说他们很可能会进行剖宫产，或者他们不会让你正常预约，他们不会让你尽可能多地动手，所以为了你自己的学习（避免它们）。（二年级学生）

公立和私立母婴护理机构之间的差异也影响了学生的学习体验。例如，在私立机构，孕产妇通常希望助产士或产科医生直接向她们提供助产服务，因此助产专业学生往往处于观察者的角色。

上面所讨论的内容是提供助产经历的突出特征，这些经历的效用取决于它们提供给学生的顺序。这不仅仅是设计一个螺旋式课程体系。在螺旋式课程体系中，学习的内容和经历被编织在一起，随着接触的增加而在节奏和复杂性方面不断增加。它还包括使学习经历与学生的发展水平保持一致，包括引导他们逐步进行决策，与他们的发展水平相称，这至关重要。当学习者的准备情况与实际要求之间的差距太大时，结果可能是无益的。如果步调一致，可以更加有效。这些因素对于组织和制订学习经历至关重要，即课程体系必须循序渐进。

总结

根据上述描述和讨论，我们需要从学生获得的内容以及他们的回应（他们的参与程度）的角度来理解这些医学和助产专业学生的经历。这些研究结果表明，我们必须对构成教学项目课程体系的体验类型以及学生的准备情况（即能力、价值观和兴趣）进行不同的考虑。然而，要理解临床体验的整体效果以及在此过程中学习如何出现，我们还需要考虑学生与现实世界供给之间的互动。这里提供的是将实施和编排参与性实践作为课程的考虑。所有这些都指向对组织学习经历的实际考虑，以及如何通过教学实践加强和增强这些经验，还有为学生做好准备，支持他们参与的重要性，以及他们在实践中体验到的有帮助的一致性。

这些考虑因素包括：

- 根据个人准备与学习情况，优化个人对真实工作场所活动的接触和参与。
- 在模仿过程中，培养学生提供观察和参与的能力。
- 在后续实践机会中，完善和练习所观察到的内容。
- 对学生参加实践活动的准备程度进行衡量，并通过密切指导支持这种渐进式参与。
- 逐步参与日益复杂的任务，并对实践和反馈提供充分的准备。

注意事项和局限性

当然，每种方法都有其局限性和优势。就社会实践学习而言，在实践或教育环境中，存在观察、参与和实践的内容导致不适当、危险或无益做法的危险。最近在英国发生的事件（例如[31]）表明，当不良做法成为常态时，此类事件很容易在整个专业队伍之中长期重复出现。然而，即使在这些情况下，那些正在学习和参与的人也会决定他们如何进步，在面对明显不当的行为和做法时可能会拒绝盲从。这可以体现为在其他地方寻找工作、报告不良事件或坚持一个人的价值观（参见 Patterson 及其同事撰写的章节）。在此方面，组织文化的力量对结果有重要影响。

重要的是，这里提出的参与性实践的大部分内容都是通过医疗保健环境中的日常活动而发生的。换句话说，自威廉•奥斯勒（William Osler）时代以来，情况并没有太大变化。威廉•奥斯勒强烈认为大部分医学教育都是在医疗实践的真实情况下发生的。在此章中，我们尝试解释、阐述和演示二元性，包括通过相互依赖和相互关联的参与性实践来学习成为卫生专业人员的过程。

小结

借助相互依存、参与性实践中的供给和参与、模仿学习和个人认识论等理论基础，我们以医学和助产专业为例，探讨了卫生专业人员的工作场所学习。这里展示的学生经历对你来说可能并不意外；但是，我们希望扩展你对个人学习理论的思考和考虑，特别是在工作场所的学习。你可以重新思考你对正在进行的研究的理解和参与。在确定参与性实践在工作中所产生影响的同时，还迫切需要考虑通过教学实践来增强学习经历。

实践要点

- 真实的学习经历不仅限于让学生进入工作环境；他们还需要根据自己的培训阶段以适当的方式真实地参与该实践。
- 重要的是要考虑医学生获得的所有经验，以及如何有效地利用他们的特定贡献来发展医学专业知识。
- 即使是最熟练的学生也可能需要帮助，学习在实践体验之中如何积极参与和学习。
- 学习者需要一些职业能力（例如技能）才能有效地参与工作场所的任务和主动学习。
- 组织和制订学习经历需要同时考虑提供给学习者的活动和互动类型，以及个体学习者对参与的准备情况。

拓展阅读

1 Billett, S. (2014) *Mimetic Learning at Work: Learning in the Circumstances of Practice*. Springer, Dordrecht, The Netherlands.
2 Valsiner, J. (2000) *Culture and Human Development*. Sage Publications, London.
3 Wertsch, J.V. (1998) *Mind as Action*. Oxford University Press, New York.

参考文献

1 Billett, S. (2001a) Coparticipation at work: affordance and engagement. In: Fenwick, T. (ed), *Sociocultural Perspectives on Learning through Work*. (Vol. 92). Jossey Bass/Wiley, San Francisco.
2 Billett, S. (2009a) Conceptualising learning experiences: contributions and mediations of the social, personal and brute. *Mind, Culture and Activity*, **16**, 32–47.
3 Donald, M. (1991) *Origins of the modern mind: Three stages in the Evolution of Culture and Cognition*. Harvard University Press, Cambridge, Massachusetts.
4 Lave, J. & Wenger, E. (1991) *Situated Learning - Legitimate Peripheral Participation*. Cambridge University Press, Cambridge, UK.
5 Brown, J.S., Collins, A. & Duguid, P. (1989) Situated cognition and the culture of learning. *Educational Researcher*, **18**, 32–34.
6 Engestrom, Y. (1993) Development studies of work as a testbench of activity theory: the case of primary care medical practice. In: Chaiklin, S. & Lave, J. (eds), *Understanding Practice: perspectives on Activity and Context*. Cambridge University Press, Cambridge, UK, pp. 64–103.

7 Salomon, G. (1997) *Distributed Cognitions: Psychological and Educational Considerations*. Cambridge University Press, Cambridge, UK.
8 Barker, R.G. (1968) *Ecological Psychology: Concepts and Methods for Studying the Environment of Human Behaviour*. Stanford University Press, Stanford.
9 Barker, R.G. (1978) *Habitats, Environments and Human Behaviour*. Jossey-Bass Publishers, San Francisco.
10 Valsiner, J. (2000) *Culture and Human Development*. Sage Publications, London.
11 Berger, P.L. & Luckman, T. (1966) *The Social Construction of Reality*. Penguin, Harmondsworth, Middlesex.
12 Billett, S. (2001b) Learning through work: Workplace affordances and individual engagement. *Journal of Workplace Learning*, **13**, 209–214.
13 Billett, S. (2009b) Personal epistemologies, work and learning. *Educational Research Review*, **4**, 210–219.
14 Richards, J., Sweet, L. & Billett, S. (2013) Preparing medical students as agentic learners through enhancing student engagement in clinical education. *Asia-Pacific Journal of Cooperative Education*, **14**, 251–263.
15 Cooke, M., Irby, D. & O'Brien, B.C. (2010) *Educating Physicians: A Call for Reform of Medical School and Residency*. The Carnegie Foundation for the Advancement of Teaching, Washington.
16 Jolly, B. & MacDonald, M.M. (1989) Education for practice: the role of practical experience in undergraduate and general clinical training. *Medical Education*, **23**, 189–195.
17 Lodge, R.C. (1947) *Plato's Theory of Education*. Kegan Paul, Trench, Trubner, London.
18 Dahlen, H.G., Homer, C.S.E., Leap, N. & Tracy, S.K. (2011) From social to surgical: historical perspectives on perineal care during labour and birth. *Women and Birth*, **24**, 105–111.
19 Cleland, J., Leaman, J. & Billett, S. (2014) Developing medical capacities and dispositions through practice-based experiences. In: Harteis, C., Rausch, A. & Seifried, J. (eds), *Discourses on Professional Learning: On the Boundary Between Learning and Working*. Springer, Dordrecht, The Netherlands, pp. 211–219.
20 Phillips, D.J. & Hayes, B.A. (2008) Securing the oral tradition: reflective positioning and professional conversations in midwifery education. *Collegian: Journal of the Royal College of Nursing, Australia*, **15**, 109–114.
21 Billett, S. (2014) *Mimetic Learning at Work: Learning in the Circumstances of Practice*. Springer, Dordrecht, The Netherlands.
22 Searle, J.R. (1995) *The Construction of Social Reality*. Penguin, London.
23 Organisation for Economic Co-operation and Development (2010) *Learning for Jobs*. OECD, Paris.
24 Raizen, S.A. (1991) *Learning and Work: The Research Base. Vocational Education and Training for youth: Towards Coherent Policy and Practice*. OECD, Paris.
25 Davis, N.L., Davis, D.A., Johnson, N.M. *et al.* (2013) Aligning academic continuing medical education with quality improvement: a model for the 21st century. *Academic Medicine*, **88**, 1437–1441.
26 Health Workforce Australia (2012) *Health Workforce 2025 - Doctors, Nurses and Midwives*.
27 Bleakley, A. (2010) Social comparison, peer learning and democracy in medical education. *Medical Teacher*, **32**, 878–879.
28 Wertsch, J.V. (1998) *Mind as Action*. Oxford University Press, New York.
29 Rogoff, B. & Lave, J. (eds) (1984) *Everyday Cognition: Its Development in Social Context*. Harvard University Press, Cambridge, MA.
30 Billett, S., Sweet, L. & Glover, P. (2013) The curriculum and pedagogic properties of practice-based experiences: the case of midwifery students. *Vocations and Learning: Studies in Professional and Vocational Education*, **6**, 237–258.
31 Francis R. (2013). *Report of the Mid Staffordshire NHS Foundation Trust Public Inquiry: Executive Summary (Vol. 947)*. TSO Shop

身份的理论视角：医学教育中的身份认同研究

Theoretical perspectives on identity: researching identities in healthcare education

第12章

Chapter 12

Lynn V. Monrouxe and Charlotte E. Rees

（翻译：代锦岳　　审校：吴红斌）

“我第一次上晚班的时候……上晚班、周末班和值夜班真的很让人望而生畏，因为你基本上是自己管三个或更多的病房，作为唯一的‘上线’，所有护士一有事情都会第一时间给你打电话，你必须自己做决定……除你之外，只有一个住院医师……他负责所有的内科病房……我移交了一个白天就很不舒服的患者……护士给我打电话说这个患者的EWS（记录生命体征的EWS）上升到了6……说实在的，他看起来糟糕极了。他挣扎着呼吸，他已经在吸氧了，他患有末期慢性阻塞性肺疾病。所以我很快打电话给住院医师，告诉他患者的情况……我还没有给患者做任何检查，因为我认为尽快让ST（specialty trainee，专科实习生）来这里会更有帮助……但住院医师告诉我，在我打电话找他之前，应该先去看看这个患者，给这个患者做检查……可是我觉得我还没准备好，因为我不太确定我该做些什么。”

（Anne，实习医生，第一年）

引言

我们是谁？我们可能成为谁？我们被看作是谁？这三个问题是我们身份认同的核心组成部分。此外，这些问题是成为医疗专业人员的核心[1-2]。但我们的身份认同并不是一个简单直接的问题。第一，我们都在不同程度上形成了原生（primary）身份（性别、种族等）和次生（secondary）身份（医生、妻子等）。第二，我们的身份不是一成不变的，它们会随着时间和我们所处的环境而发生变化，尽管原生身份一旦形成便很难再改变。第三，不同身份之间存在相互作用，在某些情况下，某些身份可能比其他身份更为突出（例如，在工作场所中发生性骚扰的情况下，性别身份比医生身份更突出）[3]。此外，研究身份并不是一件简单的事情：有无数不同的关于身份构成、身份发展以及我们如何研究身份的观点（例如个人和发展、社会和背景以及推论性方法）[4]。在本章中，我们将提供一系列有关身份理论的概述，以及对一种特定方法——社会建构主义更深入的探索。本章内容会为读者提供对身份理论的一些深入理解，使读者能够更加自信地对文献进行深入研究。它还将帮助读者思考如何在这些理论立场中发展一种自己研究的方法。

概述

当我们第一次读到这段摘自第一年初级医生 Anne（化名）[5] 的叙述时，我们可能会想知道它与身份有什么关系。然而，如果我们在社会建构主义的框架内去阅读它，并利用现有的大量语言学研究 [6-8]，我们可以看到 Anne 在成为一名实习医生的前几周是如何通过她的语言建构她的身份的。社会建构主义是一个宏大的理论 [9]，它主张社会世界中的知识是通过社会互动而产生的。这种互动包括我们的语言、身体和我们居住与互动的社会空间（例如，通过我们使用材料 / 人工制品）。从这个角度来看，Anne 不仅通过她所说的话，而且通过她叙述的方式（包括我们分析叙述时注意到她的语音语调），将自己塑造成一个焦虑的新手学员。因此，她认为，她一想到夜班和周末轮班就会感到“畏惧”，因为这意味着她作为“唯一的上线”，要对当时的所有决定负责。然而，面对紧急医疗状况（患者看起来很“糟糕”），在见到患者之前，她就打电话给住院医师寻求帮助。她因这一行为受到责备，也承认自己不知道该怎么做，这揭露了她新手医生的身份。此外，她在叙述开始时使用了代词“你”（而不是“我”），将她自己的经历塑造成为一个普遍现象，不仅为她自己，而且为所有新医生。

本章在概述社会科学家探讨社会建构主义方法的诸多细节之前，先探讨了社会科学家如何处理身份问题，并将其与医疗身份问题联系起来。为了更加清晰地解释社会建构主义，我们提供了三个例子，说明我们如何在研究中使用文字、音频和视频等资料的定性方法。

社会科学中的本体论、认识论、理论与方法

正如我们之前所说，医学教育可以被视为一门社会科学 [10]。在社会科学的领域中，身份的建构受到了多个理论领域的研究者的大量关注 [4]。在概述这些观点之前，非常重要的一点就是，我们要知道对于身份的不同理论观点和研究身份所采用的研究方法是相互独立的。它们依赖于本体论（现实的本质）和认识论（知识的本质）假设的差异（见本书 Cleland 所撰写的章节以供进一步讨论）。从广义上讲，这些假设分为三个主要观点：客观主义、建构主义和主观主义（详见本书 MacMillan 所撰写的章节以供进一步讨论）[11]。这些观点与研究者使用的宏观层面和微观层面的所有研究理论、方法论和研究方法都有关联。

更复杂一点来讲，认识论的地位并不是固定和有界的，而是由“强”和“弱”两种程度组成，不同的研究者会采取不同程度的认识论。举例来说，身份的现象学研究法（一种定性方法）可以被视为建构主义——身份是在社会互动中创建和共同创造出来的——但这种方法的应用往往带有客观主义（建构主义）的意味，也就是

说身份是由头脑呈现出来的（因此是个体化的）。事实上，正如 Smith 和 Sparkes 所解释的那样，甚至是那些通过叙述来研究身份的研究者也会从一系列不同的理论角度（以及由此而来的认识论）来研究身份[12]，从重个体 / 轻社会关系的方法（例如，主要是那些认为意识形态存在于个体头脑中的心理学方法）到重社会关系 / 轻个体的方法（例如，主要是那些将身份视为语言的产物和个人之间互动的社会语言方法）。

此外，研究者也并不总澄清（有时不总理解）他们自己的特定观点。因此，身份研究的泥潭与社会科学中许多不同领域的研究者所遇到的困难是一样的：每一个角度都自带本体论的基本假设、研究者的角色、激励下的认识论（motivating epistemology）和在展示研究成果时经常会被忽略的研究参与者。正是因为现在的身份研究正处在这种混乱中，在更深入地关注我们在自己的研究中使用的社会建构主义观点之前，我们首先要概述社会建构主义这一领域内所有不同的身份理论。

身份的个体和发展理论

我们首先概述了关于身份的三种不同的个人主义方法：身份状态法和相关理论、社会认知法和叙事法。

身份状态法和相关理论

Marcia 的身份状态理论是基于 Erikson 的自我心理分析理论中的自我身份建构的一种流行的发展理论[13]。Erikson 按时间顺序概述了自我意识的 8 个阶段，表明我们一生中总会遇到一些最终会得到解决的社会心理危机，涉及我们所处的社会环境和我们自己之间的相互作用[14]。在青春期后期，许多人接受医学教育时，社会心理危机表现为“身份与身份同一性混乱”（identity versus identity diffusion）的危机，因为我们面临着放弃童年身份（被给予）的任务，取而代之的是接受成人看护者（给予他人）的角色，将童年身份重新配置为我们未来身份的核心。在承认社会背景下的身份建构的同时，我们假设身份是一种内部（可知的）认知结构（表明客观主义本体论）。

Marcia 从定性（使用结构化身份状态访谈工具）[13] 和定量（使用“自我身份不完整句子填空”工具）[13] 入手，研究了 Erikson 理论中确定的两个基本标准：**探索**（或危机）和**承诺**。探索包括一段反思期来尝试未来的身份。承诺是指个人对特定身份认同行为（例如追求一个职业）或信仰（例如个人意识形态）的投入程度。Marcia 将个体分为四种不同的身份状态：**同一性的获得**（identity achievement，通过探索获得的承诺）、**同一性早闭**（identity foreclosure，很少 / 没有探索的承诺）、**同一性延缓**（identity moratorium，漫长的探索、挣扎地承诺）和**同一性混乱**（identity diffusion，很少探索或承诺）。

对于 Marcia 身份状态理论数十年的研究发现了与这些状态相关的一系列不同的建构。举例来说，同一性获得者在后传统（post-conventional）水平上（即他们考虑更为广泛的有争议的伦理原则，即使这违背了社会观点，他们也按照自己的伦理原则生活）有高度的自尊和高水平的推理能力[15]，同一性获得者和同一性延缓者在独裁主义（authoritarianism）测量得分上显著低于同一性早闭者[13]。很少有人将这一理论用于医学教育，研究者通常使用不同于原始工具的数据收集方法。研究结果表明，进入临床前的医学生和护理学生仍然可以被归类为同一性混乱组，或者至少显示出非常初步的职业身份，但在后期，医学生往往被归类为同一性获得者或同一性早闭者[16-17]。

Marcia的理论模型启发了社会科学界的其他研究人员，让他们开始思考我们发展身份认同感的**过程**。Luyckx等人的研究[18]提出了一个综合模型，将探索和承诺的概念分解为四个相互关联和迭代的身份维度。为了说明这一点，我们来想象一个处在青春期的少女。在通过参加活动和上网搜索（广泛探索）来探索未来职业生涯的各种可能性之后，她决定成为一名医生并进入一所医学院（做出承诺）。然而，她并没有停止探索；通过收集更具体的信息（深入探索），她越来越确信这份职业是她真正想要的（加强身份认同），或者她不认为自己可以成为医生（削弱身份认同）。如果出现后者，她的探索将重新开始。而如果前者发生，她将继续她的医疗事业（带有承诺的身份认同）。

利用纵向问卷调查法，Schwartz和同事证明了做出承诺和深入探索是如何随着时间线性增长的，并发现随着参与者逐渐进入到他们的工作时呈现上升趋势[19]。然而，这些关系往往并不那么直接，因为研究者在个体层面上研究身份发展时，发现个人因素（如责任感）在影响形成带有承诺的身份认同的强度上有着本质的差别[20]。在医学教育中，责任感的构建已经与医学生的职业素养联系在一起[21]。通过进一步检验学生的身份和责任感，我们可以理解它们之间的纵向相互作用。

社会认知法

社会认知法在研究身份时，将身份视为一种认知结构。我们在其中编码、组织和理解与我们身份相关的个人经验（同样，这些方法是个体的，因为它们声称身份存在于个人内部）[22]。因此，当我们经历事件时，我们的大脑检测到的规则被组织成个人构念（概念），并成为更高阶的认知结构（个人理论）[23]。据称，一个人对于身份的（内在的）个人理论包含的不仅仅是事件表象和行为，还包括核心价值观、认识论假设、目标和理想。在建构主义认识论假设的基础上，我们的个人理论包含了我们管理和适应日常生活所需的一切：因此，反馈可能意味着需要重新调整我们的理论，这说明身份是不断变化的。

从社会认知的角度来看，当我们参与或避免身份冲突和问题时，我们会使用不同类型的处理方法。因此，假设到18岁时，我们可以被归类为不同类型的“自我理论家”[22]。与Marcia的观点相呼应[13]，身份认同有三种不同的风格，分别是**信息型**（一种开放的告知方法，使用严谨的推理策略）、**混乱-回避型**（逃避/延迟）和**规范型**（不灵活的/封闭的）。这些身份认同风格被认为在三个层面上发挥作用：对身份相关问题的**认知和行为反应**、**身份认**

同处理策略（基本认知和行为单位）和**身份认同处理风格**（人们通常如何处理身份冲突）。

身份认同处理风格吸引了诸多社会科学领域的研究，利用**身份认同风格调查**（identity style inventory，ISI）[24] 工具评估与身份形成相关的社会认知过程。责任心、坚定的目标承诺和价值观似乎与信息型导向和规范型身份认同风格呈正相关，与混乱 - 回避型取向呈负相关 [22]。尽管有大量研究从社会认知的角度审视不同人群的身份认同，但据我们所知，没有一个研究者在医学教育中进行过研究。

叙事法

我们现在考虑身份研究者如何在客观主义（即重个人 / 轻社会关系）的框架内处理叙事 [12]，在这个框架中身份被认为是心理上的，是一种对个人社会世界的影响。尽管认识到叙事可分为社会互动中的叙事和通过社会互动建构的叙事，客观主义仍将个人的"内在"世界视为有意识的决策者们反思性地创造出的那些可以被讲述的可能故事。因此，叙事被描绘成内部认知或心理结构，而不是故事性行为 [7]：从而为研究者提供了一个了解个体内部心理状态、身份和真实生活体验的窗口，也包括医学教育领域的研究 [25-27]。在这个框架中，人们经常假设个人的经验可以被"接近"，并且在研究者以及收集叙事方法的外部还存在一个真实的"自我"。例如，在对第一年在医院和疗养院中与护士进行接触的医学生进行叙事性访谈后，Helmich 等 [25] 根据以下四种生活经验的"范式"对他们进行了分类：① 感到不安全（感到恐惧，导致回避和不参与新身份）；② 顺从（保持疏离，遵守规则，避免批判性反思）；③ 发展（参与情感探索、反思和个人发展）；④ 参与（积极参与自己的学习，以促进个人和职业发展，从而增强其职业认同感）。这些范式与前述的 Marcia 的身份状态理论极为相似，因此也适用于这些身份分类的个人理论。

社会和情景方法

到目前为止，我们已经概述了将身份概念化为**个人**属性或取向的个人主义方法。个人主义方法虽然承认个人身份在社会世界中发展，但以下理论则更具**社会性**。

社会认同和相关理论

与前一节所讨论的以客观主义观点为基础的个体 / 发展理论不同，本节涵盖了从不同观点出发的理论：一些理论更具客观主义立场；另一些则属于建构主义哲学框架内。社会认同理论（social identity theory，SIT）是第一个将一种不同于个人身份认同的认同形式理论化的理论，它侧重于群体层面的认同 [28]。SIT 建议我们将自己归类到群体（**社会分类**），并将其他群体与自己的群体进行比较（**社会认同**）。当我们被激励着去获得和保持群体认同时，我们经常积极地考虑我们自己（**社会动机**）。然而，社会动机并不完全是关于自我提升的；群体特殊感为我们提供了一个有意义的身份认同。群体身份不能取代或覆盖个人身份，但有些情况下个人身份会使我们的群体身份更加突出。基于此发展而成的**社会认同复杂性理论**（social identity complexity theory）考虑了四种主要方式，通过这四种方式我们主观地构建对群体内多重身份的感知[3]：① **交集**（intersection），将不同的身份聚集在一起，形成群体内身份的交集；② **主导**（dominance），一个群体身份主导其他的群体身份；③ **区分**（compartmentalization），根据特定的环境，不同群体身份变得明显；④ **融合**（merger），个人所处的所有社会类别都被视为个人群体身份的一部分。因此，男性护士可以将其主要社会身份定义为性别和职业的融合，仅将男性护士视为组内身份（交集），他可以将其职业身份当作主要身份，将所有护士视为组内成员（主导），多个组内身份可能都是主要身份，并且依据环境的不同而被逐一激活（例如在工作中或在家中：区分）或其群体身份可能与组内身份相结合，并且扩展到享有共同重要社会类别成员身份的任何人身上（融合）。

自分类理论（self-categorisation theory）是从SIT发展而来的，是一种同时考虑群体间和群体内过程的一般性身份理论[29]。这一理论解决了特定身份变得突出的问题、社会影响问题、有关吸引力（群体或个人）的问题以及集体行为问题。例如，在考虑当特定身份变得突出时，自分类理论提出，我们在不同的抽象层次上有许多不同的群体和个人身份。我们拥有的这些广泛意义上的身份取决于我们所处的环境（女性、姐妹、母亲、医生和教育工作者）：身份是相互关联和相互对比的。同样的属性可以定义群体身份（例如，护生、外向型和父亲），也可以定义人际交往中相对比的身份（例如，不像我的妹妹是一个内向型和无子女的理疗师）。

群体身份认同无疑是医学教育研究者的一个重要研究方向。在多专业医疗环境中，组织认同的概念，以及一个人所在的群体（组内）而非其他群体（组外）的意义显得尤为重要[30]。事实上，医学教育领域已利用SIT进行了广泛的研究，包括跨专业的竞争和比赛如何限制了护士在跨专业团队中的参与程度，以及身份认同在学生身心健康中的作用[31-32]。

话语法（discursive approaches）

从客观主义的角度，我们从社会认同理论中概述了一些关键的观点，现在我们考虑一种非常不同的身份认同方法。在这种方法中，关于精神本质的假设和因果关系的假设都被否定。相反，社会建构主义认为语言和行为是居于中心地位的，因此，身份是通过谈话和互动构建的，而不是在个人认知中进行的。和所有的理论立场一样，这一理论也有强和弱两个不同的程度。一些理论家认为文本至上（程度强），除文本之外其他的都不重要，因此在他们看来身份的构建没有任何心理学的基础。但其他理论学家接受真实世界的存在，因此身份认同被认为是内在化的，通过任何研究方法都无法获得（程度弱）。不同于个体和发展理论中的对于身份的理论方法，重视社会和情景的身份研究方法（注意，identity这里指身份而不是认同）关注话语产生了“什么”身份和这些身份是“如何”产生的，以及这些身份更广泛的社会/政治意义是什么。他们并不声称自己拥有一个关于身份的“理论”，而是根据所采用的特定分析方法（包括对认识论和本体论立场的明确参考）的不同进行分类。在广泛的社会建构主义框架下，有许多分析身份的方法，包括对话分析、表述分析、叙事分析、定位分析和交叉法 [33-36]。

作为医学教育研究者，我们发现这些方法非常强大，因为它们有助于了解在成为医疗从业者过程中的一些重要方面——关于身份建构（而不是身份发展），以及通过语言和社会行动（言行一致），学生身份、医疗专业人员身份和患者身份如何在医疗工作场所的学习环境中共同建构（有时是被迫形成的）。我们的主要分析方法关注在社会互动中使用的语言，以了解权力等问题如何影响情境身份的共同创立。借助于语言研究来检验语言是如何被使用的，我们可以发现个人身份和职业身份在当下是如何通过语言（如指令、问题和代词谈话）、副语言（如笑声）、非语言交流（如眼神注视）和材料使用（如图表的使用）被建构和共同建构的 [37]。因此，语言是一个非常简单的“文化和社会‘发生’的地方” [36]，并且语言揭示了组织文化的传播、体现和（有时）抵制的方式。

我们从自己的研究中特意选择了三个原创性示例及其说明，它们解释说明了本科和研究生教育、医学和医学教育以及不同的数据收集和分析方法。首先作为书面的职业困境叙述的一部分，我们利用叙事分析法对药学专业本科生的交叉身份建构进行了分析（示例 12.1） [38]。随后作为纵向的音频日记研究（示例 12.2，框 12.1）的一部分，我们对实习医师的口头叙述录音进行了定位分析 [5]。最后，我们利用 Goffman 的戏剧分析（dramaturgy）理论 [35]，通过对接诊床旁教学（bedside teaching encounter，BTE）视频记录中的社会互动的观察，研究了本科医学生、全科医生导师和患者的角色及身份的共同建构（示例 12.3，框 12.2） [39]。

示例 12.1　在职业困境叙事中构建个人和职业认同：交叉性理论

医疗专业学生通过认同自己的职业，将自己与他人区分开，来建构自己的职业认同。尽管立足于 SIT 的不同理论观点上，一些研究（包括医学教育研究）表明，具有某些特定身份的学生（如女性、较低的社会经济阶层和非白人）在学校专业上表现不佳 [40]。然而，对多重身份的交叉性对于医学教育的影响却知之甚少 [41]。

交叉性是“种族、阶级和性别之间的相互作用，常常导致多种不利因素” [42]（p. 310：我们的重点）。作为一种理论，交叉性包括许多不同的（认识论和本体论）形式。有些人探讨相互交叉的类别身份（并非完全不同于前面概述的社会身份复杂性理论 [3]），如性别、种族和性特征 [43]。但其他人则采取了更具争议性的方法，通过话语法来了解个人是如何被划归到“类别”中的，以及他们在复杂的交互作用中所采用的主观立场 [44]。为了展示后一种方法的实用性，我们考虑医疗专业学生是如何通过他们对职业困境的叙述来建构多重身份的：他们在一些事件中目睹或参与了他们认为不道德的事情 [45]。以下的摘录收录自一个在线问卷的书面叙述 [38]，这作为我们为期 10 年的职业困境研究计划的一部分 [46]。而这名参与研究的药学专业学生是一名四年级的白人女性，年龄在 17 ～ 25 岁之间。她对过去 12 个月发生的事件的叙述相当典型，包括她如何建构自己的交叉性个人身份（性别和年龄）和职业身份（药学学生），以及患者、代班药师和商店经理等身份：

1 你困境的要点是什么？在一个周六，（药店）来了一个美沙酮治疗患者
2 他迟到了，所以我不能给他周六的剂量，而只能给他周日的
3 他变得非常愤怒和具有攻击性
4 你在哪里？谁在场？有个柜台助理
5 他正忙着接待其他顾客，还有一个什么忙也帮不上的代班药师
6 发生了什么事？他开始对我大喊大叫，还虐待我
7 你做了什么？我试着让他冷静下来，解释情况，以及
8 我如何无能为力。我给了他周日的剂量，尽管我
9 并不需要这样做。最终他拿了周日的药，然后冲出了药店
10 让其他顾客感到不安、不舒服
11 你为什么这么做？我给了他周日的剂量，因为我不想他一个周末都没有药
12 另外，我并不想惹怒他，我已经
13 很害怕了
14 你现在感觉如何？我还是不喜欢在他来店里的时候为他服务
15 尽管药店经理已经让他向我道歉了
16 当她听说发生了什么以后
17 关于这件事还有什么其他评论吗？我觉得如果当时那个代班药师能帮我的话
18 那么事情能更快地解决，因为那个患者认为我
19 没有资格告诉他规则是什么。此外，那个代班药师是个男性，那个患者也是男性
20 所以，这没准有帮助，因为我只是一个女孩

她报告说，她面临的困境是，一名患者因她没有给他提供美沙酮而对她大喊大叫，由于她的代班药师监督不足，并且在这期间未能向她提供足够的支持，导致这一困境进一步恶化。她描述了在面临这种困境时所做的一些事情：她同时报告说她试图解释为什么她不能给患者开他错过的美沙酮剂量，并试图让他平静下来，提前给他周日的剂量，以此来表示对他的关心。

这个学生主要认为该患者是一个坏人：一个吸毒者（“服用美沙酮的患者”，第 1 行），他很不可靠，因为他迟到了（第 1 行和第 2 行），有攻击性（第 3、6 和 9 行），并且令人感到害怕（第 10、12 和 13 行）。讲述者通过明确陈述该患者的男性特征而突出了患者的性别身份：“代班药师是男性，患者也是”（第 19 行）。她把自己塑造成受害者：她是无可指摘的（第 2 行）、富有同情心的，因为她给了他周日的剂量（第 2、8、9、11 和 12 行），是无助的（第 8 行）和恐惧的（第 12 和 13 行）。她暗指自己的职业身份（第 7 行）。当她将自己置于患者的脑海中时（第 18 和 19 行），她多重身份的交叉点就出现了（一个年轻的女药学学生，而不是像代班药师一样的年长男药剂师），这使她在患者的眼中显得不那么强大。在这一过程中，她将自己塑造成一个处于困境中的年轻女性（“我只是一个女孩”，第 20 行），需要被一个潜在的英雄拯救：一个她认为是自己职业中一员的代班药师。然而，她并没有被他拯救，代班药师和患者一样，被构建成男性身份（第 19 行）和疏忽的（第 5、17 和 18 行）。这有助于加强她自己作为两名男性作恶者的女性受害者的身份建构。最后，事件发生后，一个英雄出现了：药店女经理被认为是自信和勇敢的，因为她后来让患者向学生道歉（第 15 和 16 行）。

这个例子说明了身份认同研究工作是如何在即便是这样短小的书面叙述中进行的；当叙述者回顾性地理解了这些涉及权力和影响他们表现的职业困境后，他们从中建构自己和他人的身份，以及他们之间的交叉点。

示例 12.2　实习医生第一个月工作的录音日记叙述：定位分析

当我们了解了身份是通过语言构建的观念后，我们现在来考虑使用定位分析[33]。一直以来都有人认为，我们构建情境化的定位，其中，我们的自我意识是在规范的文化表述中被实现的（例如，通过文化刻板印象来定义特定类型的人，包括某种类型的医疗从业人员应该是什么样的）。定位分析旨在通过使用三个层次的交谈来理解文化表述以及我们如何协调（和偏移）他人和我们自己：① 特性是如何通过分配给他们的行为类型、分配（需要完成的）行为的动机和使用特性隐喻（原型）进行相关定位的；② 一个由叙述者共享并因此进行文化嵌入的互动世界；③ 对于用现有表述识别的叙述者更广泛的影响。重要的是，要记住本文分析旨在了解叙述者和叙述中其他“角色”的身份是如何构建的。这些身份背后没有任何有关“真理”的说法。相反，我们试图理解这对叙述者、其他像他们这样利用类似表述的人以及对社会有什么影响。

在这里，我们呈现了一个研究参与者音频日记的摘录（框 12.1），这是从我们更大的研究中提取出来，用于检查这一研究的准备情况[5]，以证明研究方法的实用性、研究身份是如何叙述的分析框架的实用性，以及这对教育工作者和社会的通用意义。在录这篇叙述的时候，Anne（化名）是一个第一年轮转的医生（毕业后的第一年），在岗 6 个月。她的故事发生在一个城市医院的病房里，在那里她被要求替一个休假的同事代班。

相关定位（第 1 级）：Anne 将自己定位为一个乐于帮助的（第 1 行）、高效和有能力的（第 9、20、21 和 24 行）、关心他人的（第 16、23 和 24 行）、善于理解且有知识储备的（第 17 和 18 行）和专业的医生（第 22 ～ 24 行）。她对护士（第 4 行）和患者（第 23 和 24 行）中使用了所有格代词 my（我的），这表明她处于等级制度的顶端。护士 1（周四）也被建构成有帮助（第 2 ～ 4 行）、高效（第 3 行）和关心他人的身份（第 3 和第 4 行）。Anne 和护士 1，都与护士 2（周五）形成鲜明对比，护士 2（周五）被定位为帮助较少（第 4、5、6、7、11、12、21 和 22 行）、懒惰（性格比喻：第 5、6、7 和 10 行）和不专业（第 14 ～ 17 行），因为她让 Anne 独自照顾患者。此外，当 Anne 解释她如何利用设备来自己采集患者血样（她要求护士承担的工作，第 11 和 12 行）时，她有一种被抛弃的感觉，这使得她进一步将自己定位为一个有爱心的专业人员。尽管被认为是作为非专业人士的护士的受害者（护士在背后谈论她，第 15 和 16 行），但她仍然表现得很坚强，继续工作。Anne 将学习障碍患者定位为真正的受害者，由于护士护理不善，患者变得极度不安（第 8、9、17、18 和 19 行）。因此，Anne 与护士的争吵被描绘成护士的专业过失。

交互定位（第 2 级）：Anne 在一个音频日记研究的情境下讲述了自己的事件。该研究考察了毕业生在专业监管机构资助下的实习准备情况。音频日记使参与者能够自行决定希望为研究贡献什么内容、多少时间和怎样的程度，并以此制订议程。尽管并不会亲自出现，研究人员也会有一直在场的感觉。有趣的是，虽然没有一个研究团队参与教学或评估她，但她仍然有动机在这种“做好准备”的叙述背景下维持我们对她的正面印象（第 29 ～ 32 行）。

社会定位（第 3 级）：Anne 使用“懒惰的护士”和“患者受害者”这两个表述，与当前媒体对医疗的形象中所呈现的表述相似[47]。此外，她使用“好医生”这个表述[48]试图维护她在医生和社会眼中的职业地位，忽略比如医生不愿意报告错误等一些问题[49]。在定位这些特征时，她重新产生并因此重新塑造了这些文化刻板印象。

作为一个有 6 个月经验的初级医生，Anne 叙述了一个她亲身经历的单独事件，我们对这个叙述使用定位分析，说明了身份是如何发挥作用的。这样的定位不仅在一个时间节点上揭示了 Anne 的职业身份，而且通过将这一时间点与其他不同时间点的叙述进行比较，可以探索 Anne 身份的构建过程。让我们重新回顾一下在本章开头介绍 Anne 在做初级医生头几天里的经历。她在早期的叙述中透露了一个不那么自信的 Anne（“我觉得没有准备好，因为我不太确定我该做什么”），她把患者用代词指代为“这个”和“那个”，她把自己和护士（所有护士的第一个上线）联系在一起，而不是像 6 个月之后那样把患者和护士说成属于她的（“我的患者”“我的护士”）。综上所述，我们看到 Anne 在 6 个月时间的转变和她职业身份的形成。虽然这两种叙述之间似乎有着鲜明的对比，但她在纵向上所采取的立场并不一定像这个例子所显示的那样是线性的[5]。相反，她采取的立场与事件和事件发生的情景都有关，它们随着 Anne 感到准备充分、准备不足和再一次准备充分之间不断变化。最后，她讲述了一系列可以被带入其他情境和对话中的立场，从而在她的音频日记中形成了一段长时间的对话。

框 12.1 “所有的事都必须靠自己”：第一年轮转的医生的音频日记

（周四）不是很忙，所以我很乐意做每件事……我也有一个很好的
护士……她准备好测量患者的小腿并做部分护理
工作，她观察得很快……她非常同情
患者……周五我有……10 个患者都一起来了，我的护士却少有
帮助。她会一直用手机……当我请她帮忙的时候
我出去采血或观察的时候，她会在此之前花半小时或更长的时间
她在治疗室一边打电话聊天一边这样做……我开始
有点恼火……有个患者已经等了 2 小时了
她有学习障碍……我很快把她叫进来，问她我能不能做
一些血液检验……那个护士什么也没做，所以我让她一会儿（去采血）
我去看其他患者……她还在治疗室，而我不得不去
完成……我刚刚准备好了所有的设备……她看到我要采血
然后她在治疗室给我打电话问我为什么……因为她正准备去采血
我告诉她我很久以前就让她这么做了……她告诉我
我脾气很大，并且她和其他同事聊天，说我不知道怎样
和护士交谈……然后我继续做我所有的工作，照顾患者……
这是非常不专业的行为，那些有学习障碍的患者
往往不能等待很长时间……那个患者确实开始哭了，并且
尖叫，是因为她想回家……我对这种行为很失望
另一个护士，不得不在有限的时间内做了很多工作，我也
不得不做两个人的工作，而这时我的另外一个同事（护士）没在
做任何对患者有用的事情……但是……这是一次很好的经历……我学会了解决
面对那些难搞的同事，虽然感到沮丧和愤怒，但还是尽力对我的患者
保持礼貌和关心……我能妥善管理我所有的患者

示例 12.3 通过工作场所学习的互动来理解身份的共同构建：戏剧分析法

医疗工作场所是医学生学习临床实践的重要场所。学生通过与他人（如患者和临床教师）以及与工作场所中的一些物质（如诊断设备和计算机）的互动来学习。在过去的 8 年中，我们在英国和澳大利亚进行了一个观察研究项目，在大学医学本科教育期间对医院和全科 BTEs（即在患者的配合下进行的教学）进行了研究[39,50-52]。为了阐明学生、患者和临床教师通过互动来共同构建他们的个人和职业身份这一理论，我们借鉴了一个在基于全科医疗场景下的示范性 BTE[52]。我们关注的是 Goffman 的戏剧理论[35]，其中，生活被概念化为一个舞台，有导演、演员、道具和“非人”（即当面谈论一个个体，就好像他并不在现场一样）。在这个舞台上，人们管理彼此对角色和身份的印象。而这些角色和身份则通过外观（如服装）、互动（如礼貌）和物质的使用（如技术设备）来构建。

场景是英国的全科手术室。现有一名即将毕业的男性医学生、一名 50 多岁的女性患者和一名与患者有着长期联系的男性全科医生。患者出现肩关节问题，全科医生要求学生做简要的病史采集，给患者做检查并提供鉴别诊断。摘要（框 12.2）中涉及学生对患者的检查，并说明了学生、患者和医生在

整个研究项目中所扮演的典型角色：医生是“导演”，学生是“演员”，患者是“道具”和（或）“非人”。当学生检查患者时，全科带教教师以多种方式扮演导演的角色：他反复用问题打断学生（如第13行），就学生应如何检查患者给出大量口头指示（如第3和28行），并亲自向学生演示如何进行检查来给出触诊指示（第30行，见框12.2中的图）。医生的提问和指示将学生塑造成一个演员，通过顺从来扮演演员的角色（例如第10和16行）。在整个检查过程中，全科医生和学生将患者视为一个“非人”，他们谈论她，就好像她并不在现场一样（第5和15行），以“非人化”的方式提及她的身体部位（如第22行），并且不与她进行眼神接触（这里所有的眼神接触都是学生和全科医生之间的）。他们还通过给她下一些摆各种姿势的口令（如第25行），以及通过触觉指令，帮她去移动身体，以此来将她物化成为一个道具（见框12.2中的图）。患者通过遵守这些指令来执行此道具角色。

在职业认同上，全科带教教师和学生通过交谈、（例如询问患者问题）、给予指导和运用医学专业谈话（例如第19和20行）以及外表（都穿着衬衫和系着领带）来构建他们的医疗专业人员身份。作为高年资医师和教师，全科医生的身份是通过其作为导演的表现来构建的，正如前面所讨论的一样。尽管这里没有使用医学物质，但是全科带教教师使用他的笔反复指向患者的身体部位来指导学生的体格检查表现，就像管弦乐队的指挥使用他们的指挥棒一样。学生作为学习者的身份认同是建立在其对全科带教教师的问题与指导的不断顺从回应中，它运用防止损失的手段和指代性的顾全的对话来对患者礼貌地提出请求（如第8行）。患者的身份认同是建立在床旁教学中患者有限的言语、重复性地被带教教师和学生触碰（安置体位）以及身体外表（随意的穿着）中的。因此，运用戈夫曼的戏剧理论于床旁教学中，我们已经描绘出身份认同和角色如何被共同建构在工作场所时发生的互动中，这种互动包括语言、副语言、非语言交流、着装和物质使用中。

框 12.2　医生作为导演，患者作为道具，学生作为演员

1 MD10:（对学生）你应该先做哪些运动?

2 MS9: 首先是在两边做被动运动，这样我就可以使肩外展了。

3 MD10: 好的，要先让她做主动运动，明白吗?

4 MS9: 好的，知道了。

5 MD10: 她将感到有些疼……

6 MS9: 好的。

7 MD10: 好的，我希望你能学到。

8 MS9:（对患者）你可以像这样抬起肩膀吗?

9 FP12: 我可以抬这么高。

10 MS9: 好的，所以你没法再抬更高了对吗?

11 FP12: 我可以抬得更高，但是会很疼。

12 MS9: 疼痛，好的。

13 MD10:（对学生）所以这是什么运动?

14 MS9: 右侧肩膀有倾斜的外展。

15 MD10: 对的，所以如果你想这样做的话，你应该快速让（患者的名字）将她的手这样放在她的脑后。

16 MS9:（对医生）好的。（对患者）你可以这样做吗？我知道这会很困难。

17 FP12: 要抬这么高吗?

18 MD10:（对学生）这是什么运动？你想要检查什么运动?

19 MS9: 嗯……是外旋吗?

20 MD10: 外旋和外展。

21 MS9: 哦，对的……

22 MD10:（对学生）你可以把手抬这么高吗？你可以把它抬高 180° 吗？好的，你可以完全外展。还有没有其他你需要检查的运动？

23 MS9: 嗯……我已经做了向外的运动。

24 MD10: 那你再做一遍，我没有看到你做。

25 MS9:（对医生）好的。（对患者）你可以这样弯曲你的手臂吗？如果可以的话，现在将你的手这样移动。（对医生）这样就是外旋。

26 MD10: 对的，这就是外旋。

27 MS9: 还需要转向另一边，也就是内旋，内旋是没问题的。

28 MD10:（对学生）对的。现在在另一边重复这个运动。

29 MS9:（继续检查患者）

30 MD10: 我想我可能会让它保持一个正确的角度。

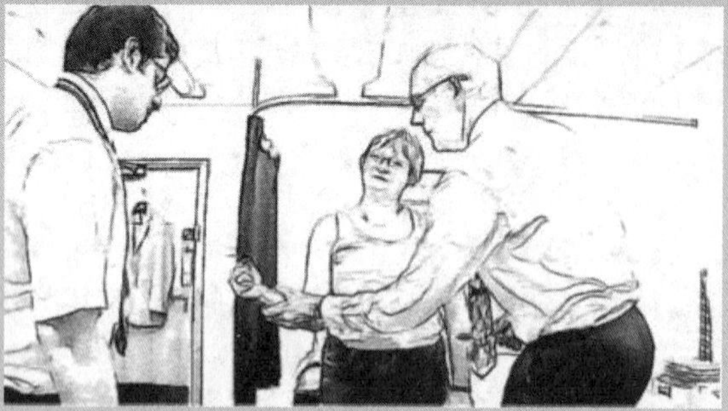

小结

本章介绍了医学教育中的身份认同研究领域。我们希望它能使现有的理论方法的范围更加清晰，并且明确这一研究领域的理论和方法之间的联系。我们还希望本章所提供的例子能够说明在社会建构主义方法中我们可以做些什么，并举例说明不同的数据收集和分析方法。我们希望这一章能让你自信地去深入研究广泛的文献，激发你的思考，激励你考虑研究问题，然后在医学教育中进行高质量的身份认同研究。

实践要点

- 身份和对于身份认同的研究在医学教育中十分重要。
- 社会科学的一系列理论方法可用于理解身份认同。这些观点在本体论和认识论的观点上有所不同，但同样有效（取决于研究问题）并且相互补充[49]。
- 理论上的和方法论路径的广泛性可能适用于身份认同研究，这意味着必须明确支持你的研究的理论和方法论立场以及原因。
- 可以通过一系列数据收集和分析方法来研究身份认同，包括叙述、音频日记和视频式人种志（video-ethnography）方法。
- “联合思维”（joined-up thinking）

至关重要：只有当更多的医学教育领域和社会科学领域的身份认同研究者通力合作，我们才能通过原创性、严谨性和重要的课题项目研究来提高现有的认知。

参考文献

1 Monrouxe, L.V. (2010) Identity, identification and medical education: why should we care? *Medical Education*, **44**, 40–49.
2 Monrouxe, L.V. (2013) Identity, self and medical education. In: Walsh, K. (ed), *Oxford Handbook of Medical Education*. University of Oxford Press, Oxford.
3 Roccas, S. & Brewer, M.B. (2002) Social identity complexity. *Personality and Social Psychology Review*, **6**, 88–106.
4 Schwartz, S.J., Luyckx, K. & Vignoles, V.L. (eds) (2011) *Handbook of Identity Theory and Research*. Springer, London.
5 Monrouxe, L.V., Bullock, A., Cole, J. *et al.* (2014) *How prepared are UK medical graduates for practice? Final report from a programme of research commissioned by the General Medical Council*. General Medical Council. http://www.gmc-uk.org/How_Prepared_are_UK_Medical_Graduates_for_Practice_SUBMITTED_Revised_140614.pdf_58034815.pdf (accessed 6th April 2015).
6 Potter, J. & Wetherell, M. (1987) *Discourse and Social Psychology*. Sage, London.
7 Schiffrin, D. (1994) *Approaches to Discourse: Language as Social Interaction*. Wiley, Oxford.
8 Wetherell, M., Taylor, S. & Yates, S. (eds) (2001) *Discourse Theory and Practice: A Reader*. Sage, London.
9 Rees, C.E. & Monrouxe, L.V. (2010) Theory in medical education research: how do we get there? *Medical Education*, **44**, 334–339.
10 Monrouxe, L.V. & Rees, C.E. (2009) Picking up the gauntlet: constructing medical education as a social science. *Medical Education*, **43**, 196–198.
11 Crotty, M. (1998) *The Foundations of Social Research: Meaning and Perspective in the Research Process*. Sage Publications, London.
12 Smith, B. & Sparkes, A.C. (2008) Contrasting perspectives on narrating selves and identities: an invitation to dialogue. *Qualitative Research*, **8**, 5–35.
13 Kroger, J. & Marcia, J.E. (2011) The identity statuses: origins, meanings, and interpretations. In: Schwartz, S.J., Luyckx, K. & Vignoles, V.L. (eds), *Handbook of identity theory and research*. 1. Springer, New York.
14 Erikson, E.H. (1959) *Identity and The Life Cycle, Volume 1*. International Universities Press, New York.
15 Kohlberg, L. (1981) *Essays on Moral Development, Vol. I: The Philosophy of Moral Development*. Harper & Row, San Francisco, CA.
16 Niemi, P.M., Vainiomaki, P.T. & Murto-Kangas, M. (2003) "My future as a physician" -- professional representations and their background among first-day medical students. *Teaching and Learning in Medicine*, **15**, 31–39.
17 Rimkien, R. & Žydžiūnaitė, V. (2013) Professional Identity Statuses of First-year College Students in General Practice Nursing Programmes: the Case of Lithuania. *Balkan Military Medical Review*, **16**, 79–91.
18 Luyckx, K., Goossens, L., Soenens, B. & Beyers, W. (2006) Identity statuses based upon four rather than two identity dimensions: extending and refining Marcia's paradigm. *Journal of Youth and Adolescence*, **34**, 605–618.
19 Luyckx, K., Schwartz, S.J., Goossens, L. *et al.* (eds) (2011) *Process of Personal Identity Formation and Evaluation*. Springer, New York.
20 Klimstra, T.A., Luyckx, K., Germeijs, V. *et al.* (2012) Personality traits and educational identity formation in late adolescents: longitudinal associations and academic progress. *Journal of Youth and Adolescence*, **41**, 346–361.
21 Chaytor, A., Spence, J., Armstrong, A. & McLachlan, J. (2012) Do students learn to be more conscientious at medical school? *BMC Medical Education*, **12**, 54.
22 Berzonsky, M.D. (2011) A social-cognitive perspective on identity construction. In: Schwartz, S.J., Luyckx, K. & Vignoles, V.L. (eds), *Handbook of Identity Theory and Research*. Springer Science+Business Media, pp. 55–76.
23 Kelly, G.A. (1955) *The Psychology of Personal Constructs*. Norton, New York.
24 Berzonsky MD. 1992. *Identity Style Inventory (ISI-3): Revised Version*. [Unpublished Measure].
25 Helmich, E., Bolhuis, S., Dornan, T., Laan, R. & Koopmans, R. (2012) Entering medical practice for the very first time: emotional talk, meaning and identity development. *Medical Education*, **46**, 1074–1086.
26 Santen, S.A. & Hemphill, R.R. (2011) A window on professionalism in the emergency department through medical student narratives. *Annals of Emergency Medicine*, **58**, 288–294.
27 Clandinin, J., Cave, M.T. & Cave, A. (2011) Narrative reflective practice in medical education for residents: composing shifting identities. *Advances in Medical Education and Practice*, **2**, 1–7.
28 Tajfel, H. (ed) (1978) *Differentiation Between Social Groups: Studies in the Social Psychology of Intergroup Relations*. Academic Press, London.
29 Turner, J., Hogg, M., Oakes, P. *et al.* (1987) *Rediscovering the Social Group: A Self-Categorization Theory*. Blackwell, Oxford and New York.
30 Burford, B., Morrow, G., Morrison, J. *et al.* (2013) Newly qualified doctors' perceptions of informal learning from nurses: implications for interprofessional education and practice. *Journal of Interprofessional Care*, **27**, 394–400.

31 Currie, G., Finn, R. & Martin, G. (2010) Role Transition and the Interaction of Relational and Social Identity: New Nursing Roles in the English NHS. *Organization Studies*, **31**, 941–961.

32 McNeill, K.G., Kerr, A. & Mavor, K.I. (2014) Identity and norms: the role of group membership in medical student wellbeing. *Perspectives on Medical Education*, **3**, 101–112.

33 Georgakopoulou, A. (2013) Building iterativity into positioning analysis: a practice-based approach to small stories and self. *Narrative Inquiry*, **23**, 89–110.

34 Monrouxe, L.V. & Rees, C.E. (2016) Hero, voyeur, judge: understanding medical students' moral identities through professionalism dilemma narratives. In: Mavor, K., Platow, K. & Bizumic, B. (eds), *The Self, Social Identity and Education*. Psychology Press, Hove, UK.

35 Goffman, E. (1959/1990) *The Presentation of Self in Everyday Life*. Doubleday, New York.

36 Wetherell, M. (1998) Positioning and Interpretative Repertoires: Conversation Analysis and Post-Structuralism in Dialogue. *Discourse & Society*, **9**, 387–412.

37 Alvesson, M. & Karreman, D. (2000) Varieties of Discourse: On the Study of Organizations through Discourse Analysis. *Human Relations*, **53**, 1125–1149.

38 Rees, C.E., Monrouxe, L.V. & McDonald, L.A. (2015) My mentor kicked a dying woman's bed ... Analysing UK nursing students' 'most memorable' professionalism dilemmas. *Journal of Advanced Nursing*, **71**, 169–80.

39 Monrouxe, L., Rees, C. & Bradley, P. (2009) The construction of patients' involvement in hospital bedside teaching encounters. *Qualitative Health Research*, **19**, 918–930.

40 Costello, C.Y. (2005) *Professional Identity Crisis: Race, Class, Gender and Success at Professional Schools*. Tennissee Vanderbilt University Press, Nashville.

41 Tsouroufli, M., Rees, C.E., Monrouxe, L.V. & Sundaram, V. (2011) Gender, identities and intersectionality in medical education research. *Medical Education*, **45**, 213–216.

42 Macionis, J.J. & Gerber, L.M. (2011) *Sociology*. Pearson Canada, Toronto.

43 Collins, P., Von Anger, H. & Armbriste, A. (2008) Church ladies, good girls, and locas: stigma and the intersection of gender, ethnicity, mental illness, and sexuality in relation to HIV risk. *Social Science & Medicine*, **67**, 389–397.

44 Adams, J. & Padamsee, T. (2001) Signs and Regimes: Rereading Feminist Work on Welfare States. *Social Politics: International Studies in Gender, State and Society*, **8**, 1–23.

45 Christakis, D.A. & Feudtner, C. (1993) Ethics in a short white coat: the ethical dilemmas that medical students confront. *Academic Medicine*, **68**, 249–254.

46 Rees, C.E., Monrouxe, L.V. & Ajjawi, R. (2014) Professionalism in workplace learning: understanding interprofessional dilemmas through healthcare student narratives. In: Jindal-Snape, D. & Hannah, E.F.S. (eds), *Exploring the Dynamics of Personal, Professional and Interprofessional Ethics*. Polity Press, Bristol, pp. 295–310.

47 Wetherall, C. (2012) How to stay afloat. *Nursing Standard*, **26**, 26–27.

48 Monrouxe, L.V. (2009) Negotiating professional identities: dominant and contesting narratives in medical students' longitudinal audio diaries. *Current Narratives*, **1**, 41–59.

49 Roland, M., Rao, S.R., Sibbald, B. *et al.* (2011) Professional values and reported behaviours of doctors in the USA and UK: quantitative survey. *BMJ Quality and Safety*. http://qualitysafety.bmj.com/content/early/2011/02/07/bmjqs.2010.048173.full. doi:10.1136/bmjqs.2010.048173

50 Rees, C.E. & Monrouxe, L.V. (2010) "I should be lucky ha ha ha ha": the construction of power, identity and gender through laughter within medical workplace learning encounters. *Journal of Pragmatics*, **42**, 3384–3399.

51 Rees, C.E., Ajjawi, R. & Monrouxe, L.V. (2013) The construction of power in family medicine bedside teaching: a video observation study. *Medical Education*, **47**, 154–165.

52 Rizan, C., Elsey, C., Lemon, T. *et al.* (2014) Feedback-in-action within bedside teaching encounters: a video ethnographic study. *Medical Education*, **48**, 902–920.

健康行为理论：探索行为改变的概念视角

Health behaviour theories: a conceptual lens to explore behaviour change

Francois Cilliers, Lambert Schuwirth and Cees van der Vleuten

（翻译：杜　鹃　　审校：廖凯举）

第 13 章

Chapter 13

先来考虑以下场景：

1. 在你所在的院系里，本科生有几次非专业实践。专业教学似乎没有效果。你如何评估和修改职业素养教学以改变学生的行为？
2. 你所在院系的研究生教学长期存在问题。2 年前，你为住院医师建立了一个向会诊医师提供反馈意见的系统，但住院医师越来越不愿意提供反馈，并抱怨没有任何改变。当你与他们见面时，他们提到了一些不好的会诊医师，他们的教学方法没有帮助，反馈之后他们的行为也没有改变。你如何设计干预措施以确保会诊医师对住院医师的反馈做出回应？
3. 你所在的医学院有强大的抗生素管理方案，关于抗生素使用的实践指南已广泛分发到你学校周围所开展的实践中。而最近的一项研究表明，只有一小部分临床医生遵循了这些指南。你将如何设计继续医学教育（continuing medical education，CME）干预措施，以提高实践中指南的使用率？

引言

医学教育研究人员提出的许多问题都与理解人类行为有关，并试图改变这种行为。人类行为是个人因素与近端和远端情境因素之间复杂的相互作用的结果（图 13.1）。医学教育中人类行为研究需要确定各种因素，并探索它们如何相互作用。探索健康行为的研究人员多年来一直在尝试这样做，并为我们提供了丰富的理论借鉴[1-3]。

为什么健康行为理论对医学教育研究很重要？

许多教育实践、教师发展和继续专业教育的目的是改变学生、教师或该领域从业人员的行为。为了能够设计出比不改变行为更可靠的干预措施，有必要了解干预措施 I 导致结果 O 的具体原理，而不是简单地证明是 I 导致了结果 O[4-5]。行为科学理论是在健康行为领域发展起来的[6]。这些健康行为理论（health behavior theory，HBT）包含了可以为设计干预措施提供信息的因果要素，因此理想情况下这种干预措施应该比其他措施更为成功[4,7-8]。这些理论可以应用于医学教育研究，为研究问题的发展提供信息，规划干预措施来改变行为，并作为解释和说明观察到的行为以及评估干预措施的框架[8-9]。

理论的起源

行为科学理论在健康行为改变中的应用可以追溯到20世纪50年代。如今，健康行为理论已经发展成为一套得到广泛研究的理论[2-3]。在行为相关的理论中，每种理论中使用的结构通常不是该理论和特定结构集所独有的，这些结构在每个理论中的关联方式提供了健康行为问题的特定视角（例如，参见Munro等人关于将多种理论应用于单个行为问题的临床实例的研究论文[10]）。某些理论首先被用来解释行为，例如计划行为理论，而其他理论则用于指导行为干预，例如跨理论模型（trans-theoretical model，TTM）[8]。这些理论主要集中于不同层次，例如个人理论、人际理论、组织层面理论和社区层面理论[3,11]。这些理论在20世纪80年代开始进入医学教育研究（例如Montano等人的研究[12]），但仅在2000年之后数量才有所增长，虽然相关研究仍然很少，但许多研究人员开始转向这些理论。

为什么是健康行为理论？

关于人类行为的理论已经在许多领域

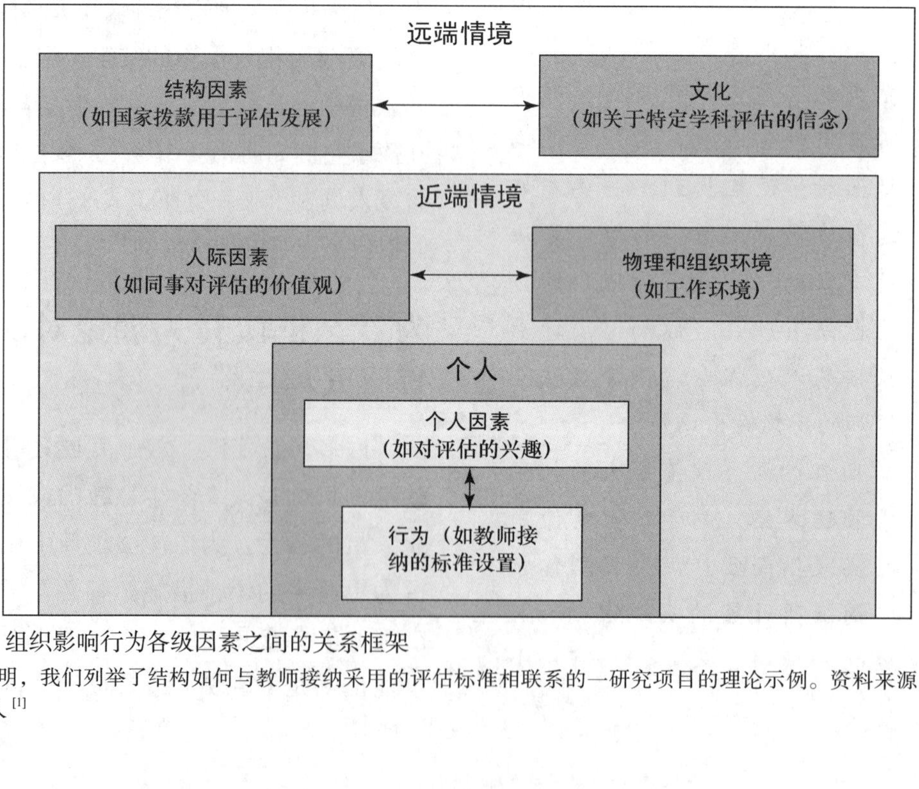

图 13.1 组织影响行为各级因素之间的关系框架

为方便说明，我们列举了结构如何与教师接纳采用的评估标准相联系的一研究项目的理论示例。资料来源：改编自Eaton等人[1]

得到了发展。行为科学理论的根源在于研究人类行为的心理学。传统上，健康行为理论在很大程度上借鉴了这一点，而最近则吸收了社会学观点。这些理论的优势在于它们被广泛用于理解和影响人类行为。因此，在考虑使用任何理论时，我们已经有了丰富的理论建设和应用的研究传统，虽然并不在医学教育领域。

同时，健康行为理论还涉及人类行为的心理学，但从工业心理学的角度来看，培训理论的迁移 [13-14] 与影响人们是否将他们在培训环境中学到的东西迁移到工作场所的因素有关。目前，高等教育 [15] 和医学教育 [16-17] 文献中都提到这一点。Triandis 的社会行为模型研究了人类习惯、意图、动机和促进条件等因素 [18]。虽然该模型被用于医学教育研究，但它并不属于本章的范围。社会学的批判现实主义 [19-20] 提供了一个关于人类行为的社会学视角，但并不常见，尚未和健康行为理论一样在文献中 [21-22] 出现。博弈论是经济学中发展起来的一门新兴学科，涉及交互条件下的决策问题。尽管博弈论还没有在医学教育中得到应用，但有一些例子说明了其已被应用于医学领域 [23-24]。

理论和方法的匹配

健康行为理论通常侧重于个人因素、人际关系因素与利益行为之间的三元关系，无论是否考虑到同一环境水平对利益行为影响的情境 [2-3,8,25]（图 13.1）。为了举例说明，我们选择了四种关于个人行为的理论。自律观点也被用来解释健康行为，但在本书的其他部分已有介绍 [26]，这里不再讨论。社会认知理论也被作为健康行为理论使用 [2,27]，但也常被用作学习理论（例如 Mann 等人 [28]），因此，即使医学教育研究中已经应用了社会认知理论（例如 Jochemsen-van der Leeuw 等人 [29] 和 Mann 等人 [30]），本文也不做讨论。

我们将简要概述各个理论（更详细的理论描述及其结构请参考本章结尾的建议阅读材料）。为了更详细地说明，用于阐述各个理论的图表都有相关示例来说明理论结构如何与项目的理论示例相联系，以研究教师评价标准的设定。然后举例说明该理论在医学教育研究中的应用。

理性行为理论（TRA）、计划行为理论（TPB）和综合行为模型（IBM）

这些理论体现了针对类似主题形成的逐步差异。核心结构（图 13.2）包括行为意图，而行为意图由对行为的态度、规范性信念和可感知的能动性来调节 [31-32]。综合行为模型还考虑了其他因素，如执行行为的知识和技能、行为的显著性、环境限制和习惯。计划行为理论是医学教育研究中最常用的健康行为理论之一 [33]。

Tian 等人 [34] 关注的问题是如何最好地评估继续医学教育的有效性，因为在其他变量中，继续医学教育干预的设计、临床领域和目标受众可能差异很大。作者认为，早前的研究是在不使用理论框架的情况下进行的，这可能导致对结果的误解和不同研究之间的混淆比较。Tian 等人的研究旨在开发和验证评估调查工具。与下面的职

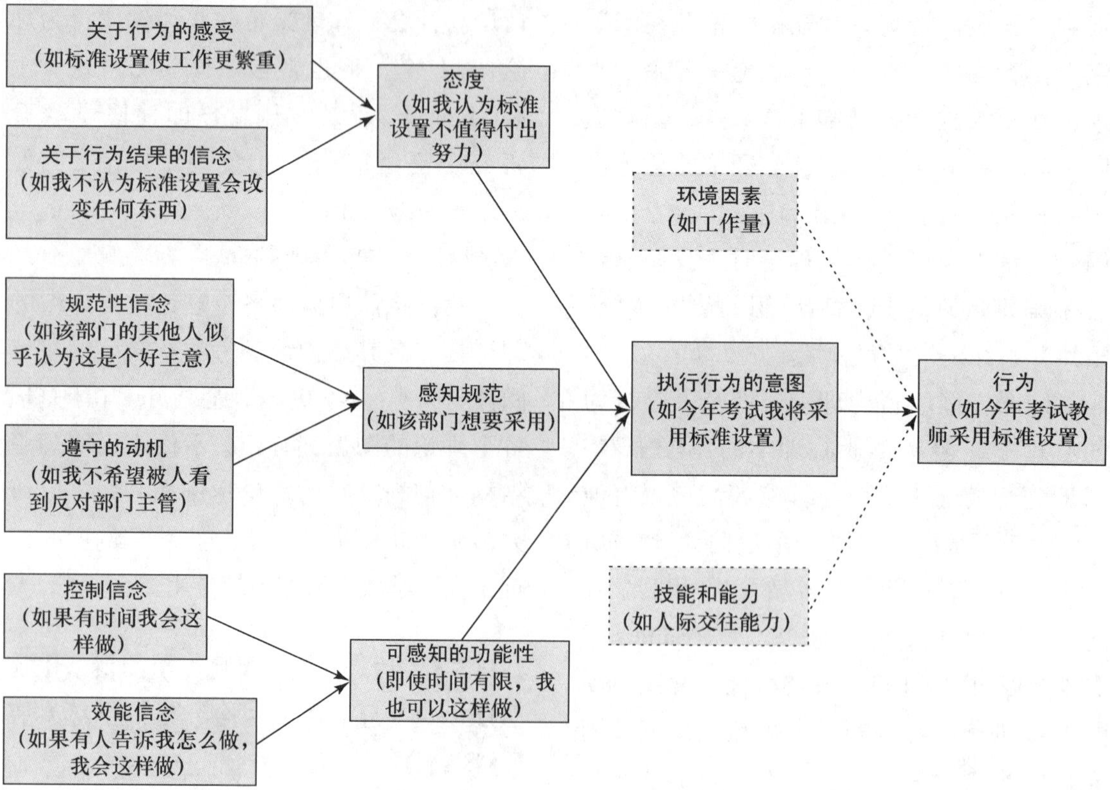

图 13.2 计划行为理论

虚线表示综合行为模型中包含的一些其他因素。资料来源：改编自 Fishbein 和 Cappella[31]、Montano 和 Kasprzyk[32] 以及 Munro 等人 [10] 的研究论文

业素养案例类似，继续医学教育的重点是实现行为改变，从而使得计划行为理论成为一个合适的概念框架。

选择一个理论视角来进行研究项目并不简单。本章作者认为这一做法并不常见，即所做的工作是为了证明他们决定采用计划行为理论的理由。在决定方法之前，他们将计划行为理论与 Kirkpatrick 的评估框架和社会认知理论的应用进行了比较，强调了它们的重叠部分。然后，作者又采用了严格的多步骤流程来开发他们的调查工具。其中一步就是在继续医学教育的背景下将计划行为理论结构 [即态度、信念（期望）、感知规范、感知行为控制（自我效能）和行为意图] 付诸实施，以此发展项目。除了信念程度之外，每个结构开发的程度都要经过严格审查。我们认为，跨理论模型中的决策平衡结构（见下文）比计划行为理论更好地解释了其结果，从而说明了应当如何引用不同理论的结构来解释结果。

不足为奇的是，鉴于职业素养的行为表现，以健康行为理论为出发点的几篇论文都是以职业素养为主题。Archer 等人 [35] 提出的问题是如何最好地教授职业素养。他们发现的问题是，尽管职业精神得到了广泛传授，但医学院没有理论框架来为职业素养的教学设计提供信息，也没有什么证据表明职业素养正在增强。正因如此，他们认为职业素养的教学往往不足以克服学生从职业素养的隐性课程中所看到的东西。为了改变这种状况，他们使用计划行为理论作为框架来设计职业素养的教学，重点放在以职业素养为核心的意向上。他们制订了三重策略：职业素养态度（对行为的态度）的教学必须是系统的，实践中常用的社会规范必须在必要时研究和解决，最后，学生对行为控制的看法应系统地发展和加强。

Rees 和 Knight[36] 使用计划行为理论和综合行为模型探索了对职业素养的评估。他们使用这一理论是因为专注于职业素养的态度部分，并重申了 Hafferty 的问题："我们是否需要专业的医生，或者我们是否能够接受以专业方式行事的医生？"[36] 他们强调了评估职业素养所面临的挑战，即无法知道学生是否因为环境要求而在进行印象管理和以某种方式行事，或者他们的行为是否反映了他们的职业态度，仅仅根据观察到的学生行为表现来评估他们并不是对他们潜在的态度进行的评估。作者指出，环境因素以及学生的技能和能力也会影响其行为意图。通过运用计划行为理论，他们对职业素养评估的建议包括对行为的观察，但辅以对观察到的行为背后的个人和情境因素的探讨（例如通过叙述或对话）来增强观察。

虽然 Alleyne 和 Phillips[37] 的研究不在医学教育领域，但仍值得一提，因为它们所涉及的问题直接适用于医学教育。本文以学生学术不端问题为研究对象，并使用计划行为理论对该研究进行了概念化并设计了研究工具。

这些研究都以计划行为理论作为出发点，但是目的不同。第一项研究涉及继续医学教育的评估，另一项则涉及职业素养教学，第三项研究则涉及职业素养评估，最后一项涉及学术不端问题。这些问题的共同之处在于，它们研究了隐藏在学生或临床医生头脑中的结构行为的表现形式。计划行为理论提供了一种途径，便于理解这些结构如何通过意图的形成和产生而在（或多或少的理想）行为中相互作用和表现出来。虽然这些隐藏结构的性质和表现往往从观察到的行为中推断出来，但基于理论假设（例如计划行为理论提出的理论假设）作出这些推断，比在单纯的概念中进行推论更为可取。

我们现在转向第二种理论，即健康信念模型。

健康信念模型（HBM）

HBM（图 13.3）认为，个人行为是个人对自己所受威胁的感知，以及对消除这种威胁的行为的信念和对行动线索之间相互作用的结果[38]。威胁感知与对结果脆弱性的感知以及对结果的敏感程度有关。对行为的信念和行为的感知利益以及执行行为的感知障碍有关。最近，自我效能也被一些人作为一个结构而纳入模型中[8,38]。

HBM 被用于探讨住院期间有关生育问题的决定[39]。这一理论被认为是合适的，因为怀孕（即计划生育孩子）被认为是一种可感知的职业威胁。该模型被用作解释行为的基础和设计横断面调查数据收集工具的框架。敏感性在很大程度上被认为是对不良职业相关结果的易感性，例如培训周期延长、无法获得专科医师职位或对受访者的职业生涯产生其他不利影响。其中还包括孕龄较大的潜在不良妊娠结局等。这里所涉及的行为知识被认为是关于年龄和怀孕之间关系的知识。采取行动的线索则包括对医疗委员会认证要求的认识以及住院医师培训项目的休假政策。使用这一模型可以证明，在住院医师培训期间，男女生育意愿差异的2/3是由生育对职业生涯的可感知威胁造成的，其中大部分与住院医师培训时间延长的可能性（威胁）有关。考虑到人类行为的复杂性，能够解释2/3差异的模型令人印象深刻[40-43]。

研究人员将怀孕视为一种职业威胁，从而能够确定住院医师培训时间延长的可能性有多大，同时也证明了女性住院医师低估了她们对低生育力和非自愿无子女的敏感性。这些研究结果对那些提供有关职业咨询的人来说很有价值，为基于理论的性别差异咨询提供了可能性。

我们现在来了解跨理论模型。与前两个旨在解释行为的模型相比，跨理论模型的开发是为了指导行为干预。

跨理论模型（TTM）

该模型包括四组结构（图13.4）：变化阶段、变化过程、自我效能和决策平衡[27,44]。该模型将行为改变视为“按阶段随时间展开的过程”[44]，直到在某些情况下达到终止阶段，使得新的行为根深蒂固并且不太可能反复。但是，这一过程既不是线性的，也不是不可避免的，该模型考虑了旧行为反复的情况。使用跨理论模型，针对特定变化过程的干预措施可以根据目标人群中的群体所处的不同变化阶段进行调整。

Van der Leeuw等人[45]感兴趣的问题

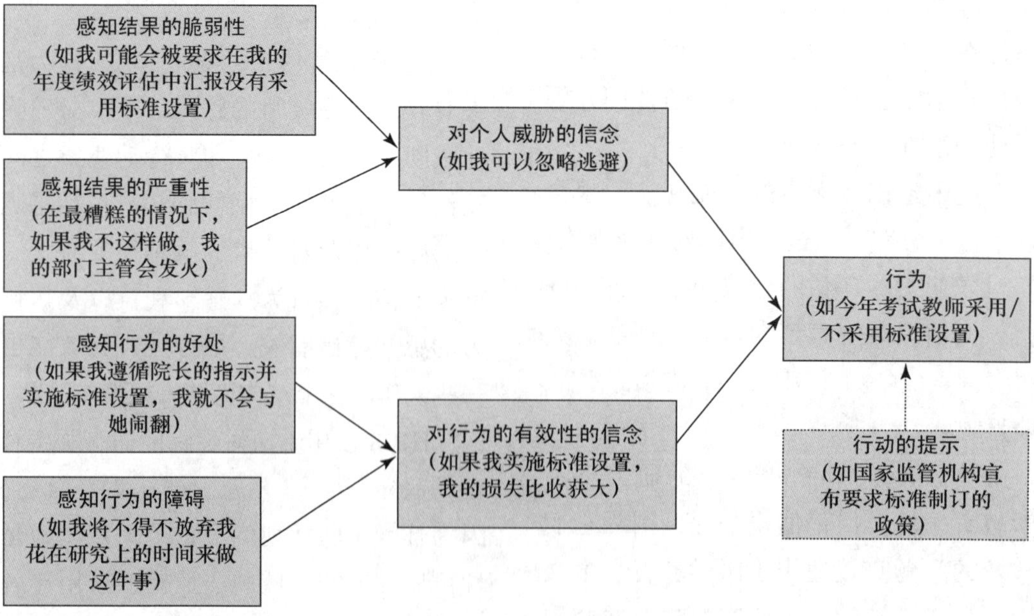

图13.3 健康信念模型

资料来源：改编自Champion和Skinner[38]以及Munro等人[10]的研究论文

是对反馈的回应。他们探讨了会诊医师如何以及为何根据住院医师学生的反馈调整他们的教学。采用跨理论模型设定研究问题，然后使用基于跨理论模型的编码框架进行数据的演绎分析：为进行编码，研究人员设定了应用于会诊医师回应的跨理论模型版本，在这一版本中包含了跨理论模型四个结构的每个组成部分。

变化阶段

前沉思阶段（如我不打算很快使用StSt[#]）	沉思（如也许我应该多了解StSt）	准备（如我必须弄清如何做StSt）	行动（如首次尝试使用StSt）	维持（如使用StSt作为常规练习）

变化过程[*]

意识提升
（如获取有关StSt的信息）
戏剧性安慰
（如担心当前评估决策缺乏问责制）
环境再评估
（如认识到目前的决定使得医生可能会把患者置于危险之中）

自我再评估
（如我不愿让患者承担我的评估决定中绝对必要的风险之外的风险）

自我解放
（如我将改变我的评估实践并更负责任）

反调节
（如用StSt代替随意扣除分数）
帮助关系
（如使用StSt寻求其他人的支持）
加强管理
（如使用StSt在第一次成功考试后庆祝）
刺激控制
（如监督使用StSt的工作组）

自我效能

诱惑
（如我现在有太多其他要求，没时间尝试标准设置）

自信
（如即使时间有限，我也会这样做）

决策平衡

缺点：改变的成本
（如我不得不放弃我花在研究上的时间来做这件事）

优点：改变的好处
（如我很高兴我们正在为学生做出更多有价值的负责任的决定）

#：StSt—标准设置

*：此处不包括社会解放，因为其与阶段的关系不如其他结构清晰

图 13.4 跨理论模型

资料来源：Bartholomew 等人[2]、Prochaska 等人[44]和 Redding 等人的研究论文[27]。类似模型中四种结构各组成部分之间的关系

结果表明，不同的会诊医师处于不同的变化阶段，例如前沉思阶段：“我可以想象，住院医师有时会觉得我很可怕，但我无能为力，事情就是这样的”；与行动阶段形成对比的是：“在反馈之后，我开始关注教学和评估情况，作为提供给住院医师的一次学习机会。我现在并不是做好全面的准备，而是让住院医师考虑病例及可能的诊断和治疗方案。是的，我让他们更多地参与决策过程”[45]。研究结果还表明，各种变化过程以及自我效能和决策平衡结构与会诊医师认为自己处于变化阶段的哪一位置有关。我们发现了两个与从变化阶段到维持和终止节点的过程相关的因素，即产生新的、既定教学行为的节点。如果对待反馈（与跨理论模型流程环境重新评估相关）不作为或没有强烈的改变承诺（与跨理论模型流程自我解放相关），则学生就会产生负面情绪。

本研究很好地说明了抽象理论是如何在特定研究背景下严格操作的。它还说明了未来研究中基于理论的问题是如何产生的，以及一个类似问题是如何最好地帮助反馈的接受者处理负面情绪。本章作者建议要促进反思。为此，Vachon 和 LeBlanc[46] 采用了关键事件分析，简要讨论如何使用这种方法促进职业治疗师来做好改变他们做法的准备，并将其发现与跨理论模型联系起来。研究人员提出的另一个问题是如何引导参与者做出改变的坚定承诺。有趣的是，研究人员没有将这些问题中的任何一个确定为未来研究议程的一部分。对于将跨理论模型作为一个有效框架来理解会诊医师对住院医师学生反馈的应答能力，他们也没有提出质疑。鉴于跨理论模型是为了指导行为干预而制订的，我们有必要查看反馈系统实施的影响表格，这一系统详细说明了在行为改变的每个阶段可以考虑的干预措施类型。

现在我们来看一个特定健康行为理论在医学教育研究中的应用示例，然后再来研究不同理论中兼容并包地使用结构的例子。

PRECEDE 模型

PRECEDE-PROCEED 模型与前面讨论的三个理论的不同之处在于它提供了一个更为全面的框架，可以将因果评估、干预计划和评价结合起来[47]。PRECEDE 模型（predisposing, reinforcing and enabling constructs in educational/environmental diagnosis and evaluation，教育 / 环境诊断和评估中的倾向、强化和促成结构；图 13.5）是最初的概念，随后扩充并发展为 PRECEDE-PROCEED 模型（PROCEED 即 policy，regulatory and organizational constructs in educational and environmental development，教育和环境发展中的政策、监管和组织结构）[47]。

Mann 和他的同事[28]关注各种继续医学教育问题，更具体地说是临床指南不足以改变临床实践的问题。Tian 等人[34]转向计划行为理论，而 Mann 等人使用 PRECEDE 模型来帮助设计和评估他们的干预措施。该项目是一项雄心勃勃的多因素干预，旨在解决模型预测中影响行为的各种因素。该模型的“决定因素”结构的

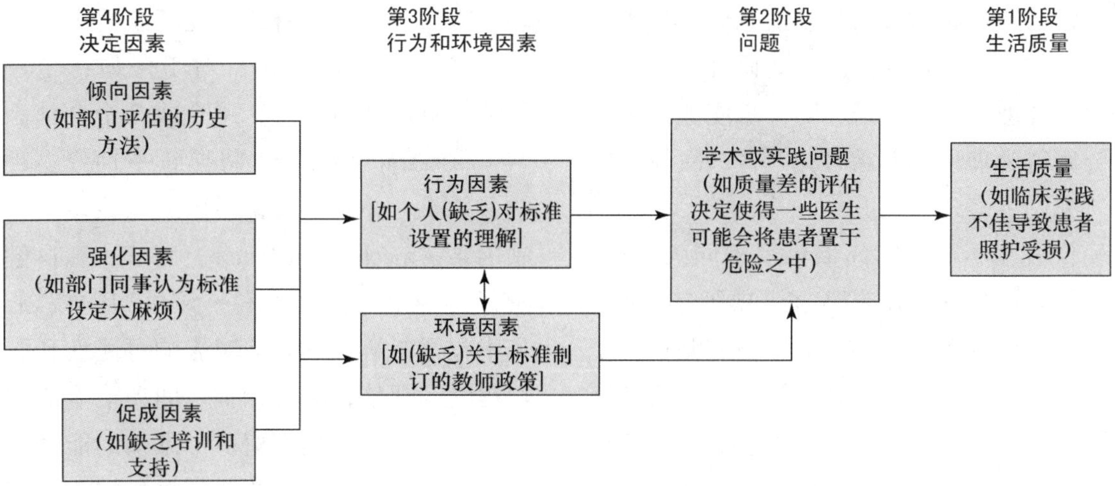

图 13.5 PRECEDE 模型

资料来源：Bartholomew 等人 [2] 和 Gielen 等人 [47] 的研究论文

组成部分可用于具体的干预，即学习如何对患者进行有效的降胆固醇干预。评估能够证明干预的某些方面是成功的，而其他方面则没有成功。通过干预设计理论，作者能够推测出可能的原因并更好地理解那些成功干预方面所带来的影响。

Gelula 和 Yudkowsky[48] 试图解决的问题是利用教师发展来提升临床医学、口腔医学、药学和护理学的实力，以便在繁忙的临床环境中传授临床技能。他们利用 PRECEDE 和 Kolb 模型来设计他们的干预措施并对他们的发现做出解释。他们将教学行为概念化为临床教师生活方式的一部分。此外，还利用微型教学，结合与标准化学生（standardized students）的互动，以及在对接诊录像进行回顾的基础上与同事进行反思性讨论，他们设计了关于三种教学技能中每一种技能的三个日益具有挑战性的场景，即向学生提供反馈、简要的临床教学和提出有效的问题。使用 PRECEDE 模型，能够表明对改变做出的承诺可随后改变参与者的行为。使用该模型的“决定因素”结构的组成部分，能够在理论上确定其干预措施的不同组成部分。这也为今后的研究提供了指导，从而探讨各组成部分对计划成功的相对贡献。

这两项研究分别说明了如何使用理论来指导设计旨在改变临床医生和临床教师实践的综合方法。由此产生的干预措施并不简单，而是以理论为基础，尽管都需要巨大的资源投入，但这两项研究都是成功的，在理论上可以与基本原则相联系。PRECEDE 模型还为干预措施评估的设计提供了指导，该指导的范围已经超出了参与者满意度记录范畴。

兼容并包的方法

任何特定的健康行为理论通常只能部分解释感兴趣的行为 [40-43]。健康行为理论之间也存在重叠，并且研究人员已经努力突出不同健康行为理论中结构的相似性（这些内容已超出本章的范围；可通过浏览本章结尾拓展阅读的更多信息做进一步了解）[4,49-52]。本章描述的一些研究使用了不止一种理论，一些研究同等程度地借鉴了健康行为理论和其他理论[28,48]，而另一些研究则更多地关注其中一个理论[30,34]。其他作者在不同的时间借鉴了不同的理论，例如 van der Leeuw 等人在一项研究中借鉴了跨理论模型[45]，而另一项研究则借鉴了社会认知理论[29]。最后，我们继续研究一个没有完全借鉴任一特定理论的研究实例。

Cilliers 和同事[53-54]关注的问题是与评估有关的学生学习行为。该研究计划的目标最初是设计干预措施，使用评估来推动学生以理想的方式学习，从而有助于营造充满动力的学习环境。研究人员惊讶地发现，人们对评估如何推动学习的了解，远不及学习到的现有知识那么多。因此，他们采用扎根理论的方法来探索医学生在终结性评价中的活生生的经历。

初步归纳分析表明，与动机和情感相关的各种结构都有着强大的作用。然而，基于这些发展一个扎根理论十分困难，尤其是当大量的数据无法与这些结构相关联时。但意外的收获是，其中一组研究对象当时正在教师发展领域工作，负责探索将健康行为理论作为理解教师参与和利用教师发展的方法。他们从中认识到学生的学习行为只不过是人类行为，且在这种情况下与评估相关（也许是回顾性自证！）。鉴于健康行为已被广泛研究，健康行为理论被认为是潜在的丰富的见解来源。利用从不同健康行为理论中得出的兼容并包的结构（图 13.6）推动了模型的发展，该模型结合了动机和情感，但又超出了动机和情感（Cilliers 等人[9]详细描述了该模型）。

该模型[9,53-54]提出，对于任何特定评估情境下的任意学生，一个或多个评估因素（assessment factor）将导致一种或多种学习效果，并且这种关系由一个或多个机制因素（mechanism factor）调节。源自健康行为理论的机制因素是该模型的核心，其中包括影响评估，即对影响可能性和影响程度的评估；响应评估，即评估响应效率、响应成本和响应值；可感知的能动性和人际因素，即遵守这些信念的规范性信念和动机。这些结构中的每一种的说明性引用可查找 Cilliers 等人[55]的研究论文。

该模型的提出为评估因素、机制因素和学习效果之间的关系提供了新的视角。该研究还开辟了一系列新的途径来研究评估的预评估学习效果，从验证模型所需的研究到探索评估因素—机制因素—学习效果关系的相对影响范围，有的在文献中有较好的描述，有的则较少描述。

健康行为理论的实践和研究意义

很多医学教育创新失败的一个原因是教师和临床医生的信念体系，这种信念体系深深扎根于他们的个人经历和职业认同中。因此，通常很少有人参与创新。健康行为理论可能提供改变这些信念的方法。那么，我们从这些研究中学到了什么呢？上述讨论的例子说明了健康行为理论如何在教与学环境中阐明、解释和改变行为，无论是基于校园还是基于实践。这些理论可以有效地用于计划研究和分析研究结果，

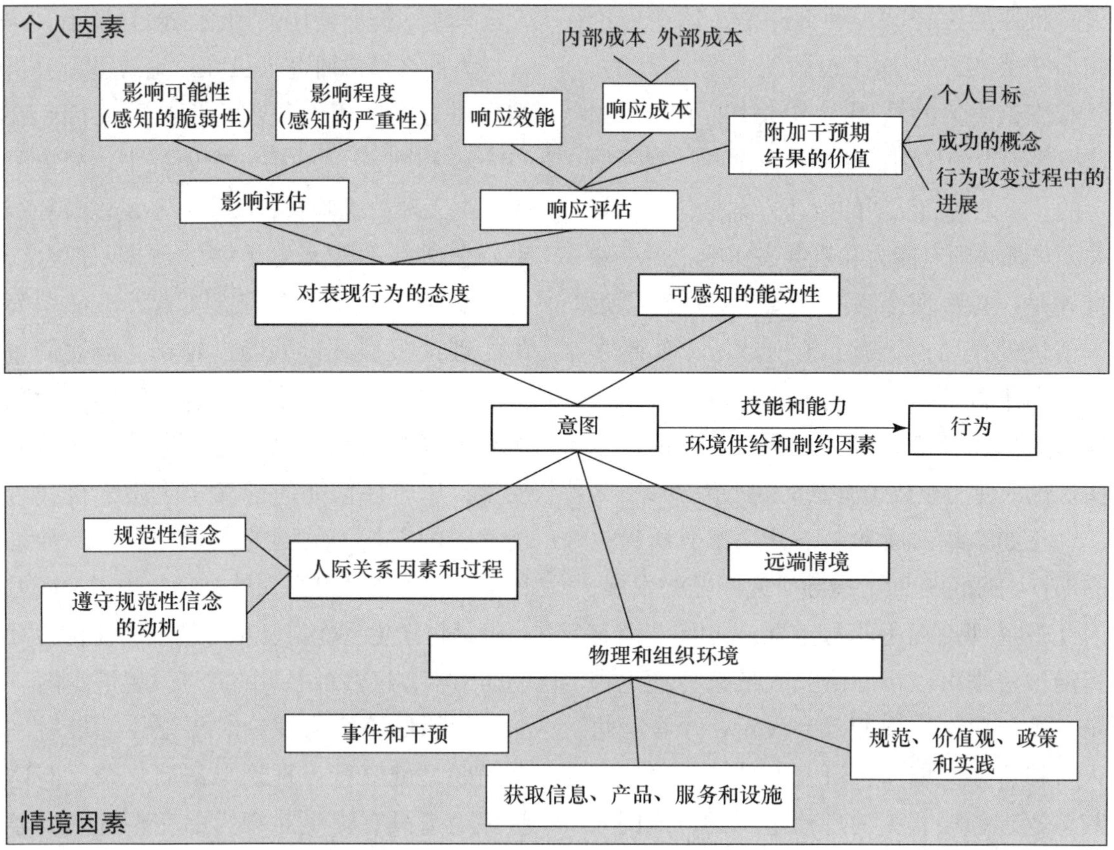

图 13.6 Cilliers 等人用于汇报其数据分析的结构布局

并很可能用于考虑不同研究的结果。然而，当比较使用不同健康行为理论的研究时，考虑不同研究结果的可能性是有限的，因为如上所述，多个理论仅部分重叠。

使用健康行为理论并不意味着无条件接受该理论的原则。研究与理论之间存在着一种互惠关系。虽然健康行为理论可以阐明研究结果，但研究结果反过来又会支持或质疑该理论的论据 [9]。以 Mann 等人 [28] 和 Tian 等人 [34] 的研究为例，这些研究支持健康行为理论的一些结构，但不是全部。Bunge[56] 认为，真正的科学的一个特点就是重要的发现带来了新的问题。理论的运用应该为研究创造新的途径，这些途径在概念上与先前的研究相关并建立在先前的研究之上。每个使用理论的研究都提供了质询和促进理论的机会，在一个或另一个层面上为该理论建立有效性论证。（Prochaska 等人 [7] 提出了一套基于文献的分层标准，用以评估理论并强调研究可能有助于验证理论的不同层次。）

在考虑使用健康行为理论时，我们还应该认识到该理论的局限性。我们应该注意理论的层次，即理论是个人、人际、组织还是群体层次的 [3,11]，而且任何特定的健康行为理论通常只能部分解释感兴趣的行为的事实 [40-43]。如同每个理论都有其积极的支持者一样，健康行为理论也面临着很多批评的声音。一种批评是，这些理论倾向于或多或少地假设行为是意志性的，是有意识决策的结果，并且忽视了习惯和情感等因素的作用；此外，意图和计划是稳定的，不论他们计划的行动方案是什么，有关人员都必须有能力和机会去实施。另一种批评是，有些理论倾向于忽略近端和更远端情境的作用，尽管如前所述，人们越来越倾向于将这些因素纳入理论以创建综合模型。批评者还指出，并不总是有证据表明理论的使用导致了有意义的行为改变。

正如本章前面和本书其他部分所讨论的那样，理论有助于指导研究问题的发展，因此选择理论视角非常重要。可是，没有指南或法则可以帮助研究人员选择理论视角。系统理论 [57-58] 建议，设定一个全面进入阶段，在此期间，研究人员可以建立与其感兴趣领域相关的理论世界的“地图”，并继续纳入理论立场直到达到饱和。当然，这是一种判断，它通常类似于定性方法中信息方法的饱和，或临床医学中的有效诊断方法。如果在一段时间内，包括新理论在内的阅读没有为研究提供一个基本的新亮点，那么研究人员可以决定停止纳入新理论，并着手匹配和选择最能说明科学问题的理论框架。这一决定将再次要求判断哪些理论有助于形成最清晰的研究问题，并有助于最有效地研究结果。Checkland[57] 提到了边界决定，基本上是“适可而止”的决定。上述讨论过的研究表明，没有必要与一个特定的理论框架相结合。但是，一旦决定使用框架，就应该严格遵循这一点，如所讨论的一些文章所示 [28,34,45,48]。

致力于理论当然会造成确认偏差。研究人员只能根据所使用的理论来解释结果。这就是为什么通常研究人员在讨论或重新分析结果时寻求使用替代理论框架的原因。在 Cilliers 和同事 [53] 的第一次研究中，简单的行为主义理论或刺激和反应并不足以解释结果。它通常不能产生足够的数据“拟合”，也就是说，有太多的信息文本无法使用简单的理论模型进行编码。相反，当他们重新回顾文献并选择更有帮助的健康行为理论来解释数据时，他们得到一个更有效的模型，用于评估如何推动学生用来自我管理学习的结构。关键的区别在于，一种是将学生视为强化和惩罚的被动接受者，而另一种是将学生看作自己学习活动的建构主义能动因素，这两者之间的立场发生了变化。

使用健康行为理论时要记住的最后一个问题是健康行为理论丰富而复杂，但这些理论都没有提供对行为的完整解释。通常，这些理论仅解释了部分观察到的行为改变 [40-43]。尽管如此，健康行为理论为我们提供了一种理论视角，可以有序地处理复杂的行为挑战。

小结

有许多研究引用了健康行为理论，其中很少实质性地使用这些理论来报告或说明已完成的工作。鉴于很多医学教育研究的重点是理解或试图改变人类行为，因此严格审查和应用这些理论可以为医学教育研究提供很多帮助。考虑到人类行为的复杂性以及与环境变量的关系，健康行为理论可以为研究人员提供很多帮助，并帮助确保微小的逐步进展可以在概念上联系起来，以增进理解和实践。

实践要点

- 健康行为理论提供了一种在一系列教与学环境中研究人类行为的方法。
- 有一系列理论可供借鉴，每种理论都对行为有不同的看法；因此，可以选择适当类型的理论来满足一系列研究问题的要求。
- 虽然健康行为理论丰富而复杂，但这些理论都没有提供对行为的完整解释。
- 希望利用健康行为理论的研究人员不必仅依据一种理论，特别是考虑到理论之间存在重叠。
- 健康行为理论的使用使得设计概念性强的研究成为可能。
- 基于健康行为理论的不同研究可以在概念上联系起来，以建立一个关于主题的更强大的研究主体。

拓展阅读和主要参考文献

Bartholomew, L.K., Parcel, G.S., Kok, G., Gottlieb, N.H. & Fernandez, M.E. (2011) Behavior-oriented theories used in health promotion. In: *Planning Health Promotion Programs: An Intervention Mapping Approach*. Jossey-Bass, San Francisco, pp. 51–112.

Fishbein, M., Triandis, H.C., Kanfer, F.H., Becker, M. & Middlestadt, S.E. (2001) Factors influencing behavior and behavior change. In: Baum, A.S., Revenson, T.A. & Singer, J.E. (eds), *Handbook of Health Psychology*. Lawrence Erlbaum, Mahwah, New Jersey, pp. 3–17.

Fishbein, M. & Yzer, M.C. (2003) Using theory to design effective health behavior interventions. *Communication Theory*, **13**, 164–183.

Gebhardt, W.A. & Maes, S. (2001) Integrating social-psychological frameworks for health behaviour research. *American Journal of Health Behavior*, **25**, 528–536.

Glanz, K. & Bishop, D.B. (2010) The role of behavioral science theory in development and implementation of public health interventions. *Annual Review of Public Health*, **31**, 399–418.

Glanz, K., Rimer, B.K. & Viswanath, K. (eds) (2008) *Health Behavior and Health Education*. Jossey-Bass, San Francisco.

Michie, S., Johnston, M., Abraham, C., Lawton, R., Parker, D. & Walker, A. (2005) Making psychological theory useful for implementing evidence based practice: a consensus approach. *Quality and Safety in Health Care*, **14**, 26–33.

Michie, S., Johnston, M., Francis, J., Hardeman, W. & Eccles, M. (2008) From theory to intervention: mapping theoretically derived behavioural determinants to behaviour change techniques. *Applied Psychology*, **57**, 660–680.

Redding, C.A., Rossi, S., Rossi, R., Velicer, W.F. & Prochaska, O. (2000) Health behavior models. *The International Electronic Journal of Health Education*, **3**, 180–193.

参考文献

1 Eaton, L., Flisher, A.J. & Aarø, L.E. (2003) Unsafe sexual behaviour in South African youth. *Social Science & Medicine*, **56**, 149–165.

2 Bartholomew, L.K. *et al.* (2011) Behavior-oriented theories used in health promotion. In: *Planning Health Promotion Programs: An Intervention Mapping Approach*. Jossey-Bass, San Francisco, pp. 51–112.

3 Glanz, K., Rimer, B.K. & Viswanath, K. (2008) *Health Behavior and Health Education*. Jossey-Bass, San Francisco.

4 Lippke, S. & Ziegelmann, J.P. (2008) Theory-based health behavior change: developing, testing, and applying theories for evidence-based interventions. *Applied Psychology*, **57**, 698–716.

5 Michie, S., Rothman, A.J. & Sheeran, P. (2007) Current issues and new direction in psychology and health: advancing the science of behavior change. *Psychology & Health*, **22**, 249–253.

6 Rimer, B.K. & Glanz, K. (2005) *Theory at a Glance: A Guide for Health Promotion Practice*. National Cancer Institute, National Institutes of Health, U.S. Department of Health and Human Services, Bethesda, Maryland.

7 Prochaska, J.O., Wright, J.A. & Velicer, W.F. (2008) Evaluating theories of health behavior change: a hierarchy of criteria applied to the transtheoretical model. *Applied Psychology*, **57**, 561–588.

8 Glanz, K. & Bishop, D.B. (2010) The role of behavioral science theory in development and implementation of public health interventions. *Annual Review of Public Health*, **31**, 399–418.

9 Cilliers, F.J., Schuwirth, L.W.T. & van der Vleuten, C.P.M. (2012) Modelling the pre-assessment learning effects of assessment: evidence in the validity chain. *Medical Education*, **46**, 1087–1098.

10 Munro, S. *et al.* (2007) A review of health behaviour theories: how useful are these for developing interventions to promote long-term medication adherence for

TB and HIV/AIDS? *BMC Public Health*, **7**, 104.

11 Bartholomew, L.K. *et al.* (2011) *Planning Health Promotion Programs: An Intervention Mapping Approach*, 3rd edn. Jossey-Bass, San Francisco.

12 Montano, D.E. *et al.* (1988) A survey of fourth-year medical students' decisions regarding family practice as a career. *Academic Medicine*, **63**, 830–838.

13 Grossman, R. & Salas, E. (2011) The transfer of training: what really matters. *International Journal of Training and Development*, **15**, 103–120.

14 Blume, B.D. *et al.* (2010) Transfer of training: a meta-analytic review. *Journal of Management*, **36**, 1065–1105.

15 de Rijdt, C. *et al.* (2013) Influencing variables and moderators of transfer of learning to the workplace within the area of staff development in higher education: research review. *Educational Research Review*, **8**, 48–74.

16 van den Eertwegh, V. *et al.* (2013) Learning in context: Identifying gaps in research on the transfer of medical communication skills to the clinical workplace. *Patient Education and Counseling*, **90**, 184–192.

17 Singh, T. *et al.* (2014) Paying attention to intention to transfer in faculty development using the theory of planned behavior. *American Journal of Educational Research*, **2**, 361–365.

18 Winzenberg, T. & Higginbotham, N. (2003) Factors affecting the intention of providers to deliver more effective continuing medical education to general practitioners: a pilot study. *BMC Medical Education*, **3**, 11.

19 Archer, M. *et al.* (1998) *Critical Realism: Essential Readings*. Routledge, London.

20 Danermark, B. (2002) *Explaining Society: Critical Realism in the Social Sciences*. Routledge, Oxford.

21 Quinn, L. (2007) A social realist account of the emergence of a formal academic staff development programme at a South African university. Unpublished PhD Thesis, Centre for Higher Education Research, Teaching and Learning, Faculty of Education. Rhodes University, Grahamstown p. 298.

22 Leibowitz, B. (2014) Conducive environments for the promotion of quality teaching in higher education in South Africa. *Critical Studies in Teaching and Learning*, **2**, 49–73.

23 McFadden, D.W. *et al.* (2012) Game theory: applications for surgeons and the operating room environment. *Surgery*, **152**, 915–922.

24 Tarrant, C., Stokes, T. & Colman, A.M. (2004) Models of the medical consultation: opportunities and limitations of a game theory perspective. *Quality and Safety in Health Care*, **13**, 461–466.

25 Richard, L., Gauvin, L. & Raine, K. (2011) Ecological models revisited: their uses and evolution in health promotion over two decades. *Annual Review of Public Health*, **32**, 307–326.

26 Artino, A. R. *et al.* (2015). Self-regulated learning in healthcare profession education: theoretical perspectives and research methods. *Researching Medical Education*. J. Cleland and S. J. Durning, Wiley.

27 Redding, C.A. *et al.* (2000) Health behavior models. *The International Electronic Journal of Health Education*, **3**, 180–193.

28 Mann, K.V. *et al.* (1997) Increasing physician involvement In cholesterol-lowering practices: The role of knowledge, attitudes and perceptions. *Advances in Health Sciences Education*, **2**, 237–253.

29 Jochemsen-van der Leeuw, H.G.A.R. *et al.* (2013) The attributes of the clinical trainer as a role model: a systematic review. *Academic Medicine*, **88**, 26–34.

30 Mann, K.V. *et al.* (2011) Tensions in informed self-assessment: how the desire for feedback and reticence to collect and use it can conflict. *Academic Medicine*, **86**, 1120–1127.

31 Fishbein, M. & Cappella, J.N. (2006) The role of theory in developing effective health communications. *Journal of Communication*, **56**, S1–S17.

32 Montano, D.E. & Kasprzyk, D. (2008) Theory of reasoned action, theory of planned behavior, and the integrated behavioral model. In: Glanz, K., Rimer, B.K. & Viswanath, K. (eds), *Health Behavior and Health Education: Theory, Research, and Practice*. Jossey-Bass, San Francisco, pp. 67–95.

33 Cleland, J. *et al.* (2007) Using theory to improve communication: designing a communication skills training package for medicine counter assistants. *International Journal of Pharmacy Practice*, **15**, 79–81.

34 Tian, J. *et al.* (2010) The development of a theory-based instrument to evaluate the effectiveness of continuing medical education. *Academic Medicine*, **85**, 1518–1525.

35 Archer, R. *et al.* (2008) The theory of planned behaviour in medical education: a model for integrating professionalism training. *Medical Education*, **42**, 771–777.

36 Rees, C.E. & Knight, L.V. (2007) Viewpoint: the trouble with assessing students' professionalism: theoretical insights from sociocognitive psychology. *Academic Medicine*, **82**, 46–50.

37 Alleyne, P. & Phillips, K. (2011) Exploring academic dishonesty among university students in barbados: an extension to the theory of planned behaviour. *Journal of Academic Ethics*, **9**, 323–338.

38 Champion, V.L. & Skinner, C.S. (2008) The health belief model. In: Glanz, K., Rimer, B.K. & Viswanath, K. (eds), *Health Behavior and Health Education*. Jossey-Bass, San Francisco.

39 Willett, L.L. *et al.* (2010) Do women residents delay childbearing due to perceived career threats? *Academic Medicine*, **85**, 640–646.

40 Sheeran, P. (2002) Intention–behavior relations: a conceptual and empirical review. *European Review of Social Psychology*, **12**, 1–36.

41 Godin, G. *et al.* (2008) Healthcare professionals' intentions and behaviours: a systematic review of studies based on social cognitive theories. *Implementation Science*, **3**, 1–12.

42 Armitage, C.J. & Conner, M. (2001) Efficacy of the theory of planned behaviour: a meta-analytic review. *British Journal of Social Psychology*, **40**, 471–499.

43 Webb, T.L. & Sheeran, P. (2006) Does changing behavioral intentions engender behavior change? A meta-analysis of the experimental evidence. *Psychological Bulletin*, **132**, 249–268.

44 Prochaska, J.O., Redding, C.A. & Evers, K.E. (2008) The transtheoretical model and stages of change. In: Glanz, K., Rimer, B.K. & Viswanath, K. (eds), *Health Behavior and Health Education*. Jossey-Bass, San Francisco.

45 van der Leeuw, R.M. *et al.* (2013) Explaining how faculty members act upon residents' feedback to improve their teaching performance. *Medical Education*, **47**, 1089–1098.
46 Vachon, B. & LeBlanc, J. (2011) Effectiveness of past and current critical incident analysis on reflective learning and practice change. *Medical Education*, **45**, 894–904.
47 Gielen, A.C. *et al.* (2008) Using the PRECEDE-PROCEED model to apply health behaviour theories. In: Glanz, K., Rimer, B.K. & Viswanath, K. (eds), *Health Behavior and Health Education*. Jossey-Bass, San Francisco.
48 Gelula, M.H. & Yudkowsky, R. (2003) Using standardised students in faculty development workshops to improve clinical teaching skills. *Medical Education*, **37**, 621–629.
49 Gebhardt, W.A. & Maes, S. (2001) Integrating social-psychological frameworks for health behavior research. *American Journal of Health Behavior*, **25**, 528–536.
50 Michie, S. *et al.* (2013) The behavior change Technique Taxonomy (v1) of 93 hierarchically clustered techniques: building an international consensus for the reporting of behavior change interventions. *Annals of Behavioral Medicine*, **46**, 81–95.
51 Michie, S. *et al.* (2008) From theory to intervention: mapping theoretically derived behavioural determinants to behaviour change techniques. *Applied Psychology*, **57**, 660–680.
52 Fishbein, M. *et al.* (2001) Factors influencing behavior and behavior change. In: Baum, A.S., Revenson, T.A. & Singer, J.E. (eds), *Handbook of Health Psychology*. Lawrence Erlbaum, Mahwah, New Jersey.
53 Cilliers, F.J. *et al.* (2010) The mechanism of impact of summative assessment on medical students' learning. *Advances in Health Sciences Education*, **15**, 695–715.
54 Cilliers, F.J. *et al.* (2012) A model of the pre-assessment learning effects of summative assessment in medical education. *Advances in Health Sciences Education*, **17**, 39–53.
55 Cilliers, F.J., Schuwirth, L.W.T. & van der Vleuten, C.P.M. (2012) A model of the pre-assessment learning effects of assessment is operational in an undergraduate clinical context. *BMC Medical Education*, **12**, 9.
56 Bunge, M. (2011) Knowledge: genuine and bogus. *Science & Education*, **20**, 411–438.
57 Checkland, P. (1985) From optimizing to learning: a development of systems thinking for the 1990s. *The Journal of the Operational Research Society*, **36**, 757–767.
58 Ulrich, W. (2001) The quest for competence in systemic research and practice. *Systems Research and Behavioral Science*, **18**, 3–28.

第14章 医学教育中的自主学习：理论视角与研究方法

Chapter 14 Self-regulated learning in healthcare profession education: theoretical perspectives and research methods

Anthony R. Artino, Jr., Ryan Brydges and Larry D. Gruppen

（翻译：廖　鹏　　审校：吴红斌）

> 世界给人们提供了众多学习的机会，但并不是所有机会都被得到利用——人们是有选择性的——他们自主学习。
>
> Philip Winne（2011）

引言

Mary 是一名正在外科轮转的三年级医学生。从她记事起就一直想成为一名普通外科医师，她当前的目标是学习更多关于特定手术的知识。Mary 决定设计自己的学习计划：花额外的时间复习文献、练习缝合技术、仔细观察住院医师。她还设定了几个短期目标，比如每周至少观看 5 次手术，每晚至少学习 2 小时的外科学教材。为了保持动力，当她成功地实现了一定数量的短期目标时，她就奖励一下自己（比如和朋友出去玩）。每当她从临床老师那里得到反馈时，她就会针对这些反馈进行反思，并相应地调整自己的学习策略。在她的外科实习结束后，Mary 在班上名列前茅，离她成为外科住院医师的目标更近了。通过积极地控制自己的学习活动，Mary 增强了自己在外科方面的知识和技能，也增强了自己的信心和对外科的长期兴趣。

本章是关于像 Mary 这样具有高度动机性、自主学习者的学习过程。本章的目的是向医学教育研究者介绍自主学习（self-regulated learning，SRL）理论，尤其是那些有兴趣应用自主学习框架来研究和改进医学教育的人。为了达到这个目的，我们首先给出了自主学习的广义定义，然后回顾了自主学习理论基础的常见假设。我们更进一步详细地讨论了三个有影响力的框架，并描述了在医学教育背景下探索自主学习的几种研究方法。最后展望了医学教育中自主学习研究的发展前景。

定义自主和自主学习

关于自主的研究，在心理学、教育学和医学等领域有着悠久的历史。从广义上讲，自主可以定义为个体通过控制和管理其认知、情感和行为来指导其目标导向活动的过程[1]。简单来讲，自主就是个人调节自己的思想、情感和行为以实现自己的目标。自主理论已经被用来解释个人如何以及为什么努力实现从减肥、戒烟到学习弹吉他和获得医学专业知识等各种各样的生活目标。正如 Sitzmann 和 Ely[1]（p. 421）所观察到的，“自主使人们能够有效地在个人生活中发挥作用，并获得在高等教育和工作中取得成功所需的知识和技能”。因此，许多学者认为自主是人生成功的重要组成部分。

自主学习（SRL）是自主这一广泛概念的一个子集。自主学习是一种学习者利用诸多自我导向过程将其心智能力转化为学业技能和持久表现的多维度建构[2]。因此，自主学习不是像智力类的心智能力，也不是一个像阅读能力类的学业技能，相反，它是一组需要学习者主动学习的过程。从这个角度看，学习不是发生在自主的个人身上的事，而是由个人发起、管理和调整来实现他们目标的活动。简而言之，自主的学习者是创造能达成自己学习目标的思想、感情和行为的**积极参与者**[3]。

值得注意的是，自主学习并不是一种全或无现象。个人自主达到某种程度，在认知、动机和行为等方面都参与到自己的学习活动中[4]。此外，个人在不同的环境中以不同的水平进行自主。例如，作为研究兴趣小组的一员，护理研究生在研究方法课程上，可能会比因为个人原因而感到害怕的领导力课程上，更加专注和努力。

自主学习理论的核心假设与共同特征

心理学和教育学文献描述了许多不同的自主学习理论，这些理论在一些特点和过程上稍有不同（参考 Boekaerts 等[5]、Puustinen 和 Pulkkinen[6]、Sitzmann 和 Ely[1]、Zimmerman 和 Schunk[7]）。尽管理论上存在多样性，但大多数自主学习模型都有几个共同的核心特征（表 14.1）。首先，自主学习理论大多描述了一个由多个过程和子过程组成的自我导向**反馈回路**（feedback loop）。自主学习者利用这些循环过程来监测他们活动的有效性，并对自我生成的反馈和他人的反馈做出反应[7]。通对学习者如何回应回馈和对哪一个过程及子过程是最重要等的解释，可以有效区分自主学习理论的不同视角。

自主学习理论的第二个共同特征是与**动机**相关，也就是说大多数自主学习理论都在一定程度上说明了学习者选择使用（或不使用）不同学习策略的原因和方式。动机不仅是自主行为的前兆，而且也是一种有益的结果。也就是说，选择一个成功的学习策略的结果可能是技能的提高和未来参与活动内在动机的提升[8]。因此，阐明如何保持和增强动机是理解优秀学生与较差学生区别的基础。

大多数自主学习理论的第三个共同的核心特征是，学生有某种可以将他们的学习成绩与之进行比较的**目标**、标准或准则[8-9]。使用这些自我产生的目标，学习者能够衡量他们的进步，确定他们的方法是否有效，并做出适当的改变。这种动态的学习方法将高度自主的个体与更幼稚的个体区分开来。

第四个自主学习理论的共同特征是强调**自我监督**。正如 Cleary 等[10]（p. 467）的描述，“自我监督是自主学习模型中的一

表 14.1 自主学习理论的四个核心特征

核心特征	特征描述
反馈回路	自我学习者采用一个循环过程及子过程，目的是监测活动的有效性并对反馈作出反应
动机	自主学习理论解释学习者选择自我控制的原因和方式
目标设定	自主学习的人有某种目标、标准或准则，可以用来比较他们的学习进步
自我监督	自我监督是自主学习者用来追踪自己行为的机制

个核心反馈机制，因为正是通过这个过程，个体增强了自我意识，收集了必要的信息，从而有效地评估他们在某项任务中的表现”。自我监督是一种自主学习者用来追踪自己行为的机制。例如，某个手术的受训者可以根据他可能改进的潜在路径来追踪他犯的错误的数量。还可以通过元认知（下文会介绍）对自己的认知和认知过程进行更隐蔽的自我监督。从概念上讲，精确的自我监督通过帮助个人识别哪些是他们知道或者不知道的，以及需要在哪里集中精力来提升未来的学习和表现，从而提高自主学习[1]。

医学教育中的相关概念

医学教育研究者往往不能在理论框架中做出有效的区分。结果是研究者有意或无意地模糊了术语和定义之间的重要差异而造成概念混淆[11]。在医学教育中，与自主学习相关的概念包括元认知、自我评估、自主学习（self-directed learning，SDL）、反思等。尽管对所有这些相关概念进行对比已经超出了本章的范围，但下面仍对元认知和自主学习（SDL）这两个概念进行简要讨论（更完整的分析见 Cleary 等[10]、Loyens 等[11]、Lajoie[12]）。

元认知和自主学习这两个术语经常被互换使用，但其在一些重要的方面有所不同。Flavell[13] 创造了“元认知”作为对自己思维进行思考的参照。多年来，元认知这一术语已经被扩展到个体监督、控制和调节自身认知活动[14]。相比之下，自主学习模型包括仅是自我控制一方面的元认知，尽管元认知是核心方面。因此，对元认知和元认知控制策略的考虑通常被纳入自主学习的更广泛概念中[10]。

医学教育研究者关注的另一个相关概念是自主学习（SDL），他们常常将自主学习与自控学习互换使用。两个概念间的一个关键区别在于自主学习理论是从成人学习领域产生的，而自控学习理论主要是从教育心理学领域中产生的。Knowles[15]（p. 18）是一位著名的成人学习理论家，他将自主学习定义为“个人在有或没有他人帮助的情况下，主动地审查自己的学习需求、制订目标、确定人力和物力资源、选择和实施适当的学习策略以及评估学习成果的过程”。这个定义导致许多医学教育者在描述基于问题的学习（PBL）时选用了自主学习这一术语。一些理论家不认为这两个概念是截然不同的，例如 Zimmerman 和 Lebeau[16]（p. 299）指出，自主学习的定义“与教育心理学领域中所谓的自控学习高度相似”。相比之下，其他人认为自主学习是一个更广泛的概念。自控学习理论是基于学习者的典型特征，而自主学习理论通常不仅涉及学习者，还包括如何设计学习环境来促进自主学习[11,17]。综上所述，虽然自主学习和自控学习是密切相关的概念，但它们是从不同的领域中发源的。此外，我们认为自控学习具有更为丰富的理论和实践基础。因此，我们鼓励医学教育工作者以一种清晰、精确和全面的方式将自控学习框架应用到医学教育研究中，以便让其他研究者能够理解其观点，并在其基础上进一步开展研究。

三个有影响力的自主学习观点

自主学习及其相关概念的研究已经成为一个跨学科的研究领域。从计算机工程到临床心理学再到儿童发展，研究者已经开发了多个旨在阐明个人如何学习管理、控制和调整学习的模型和理论。目前，对这些理论进行深入描述的两个最佳资源是 Zimmerman 和 Schunk[7] 的自主学习理论观点手册以及近期关于自主学习理论的系统综述和元分析[1]。如果深入涉及各种相关的理论，将超过本书的篇幅。因此，我们只讨论三个有影响力的理论观点的基本原则，这三个观点代表了自主学习从主要的认知描述到社会描述的连续一体性，三个理论观点为：① 信息处理 / 控制理论；② 社会认知理论；③ 社会建构理论。

自主学习的信息处理理论

自主学习的信息处理理论是从 20 世纪初发展计算机系统演变而来的。当代理论家在最初的表述中将其称为“控制理论”[18]，现在他们使用信息处理来描述与自主学习相关的人类认知功能[7]。自主被概念化为使学习者意识到他们当前状态和目标状态之间的差异的负反馈循环过程[19]。为了有效地调节他们的学习并将这些差异最小化，理论家认为有限的认知资源要求学习者将他们的知识组织成“块”或“模式”。策略是学习者在学习时用来管理信息的模式，策略帮助他们将一组策略协调成“如果 - 那么 - 否则”（计算机语言中的 if-then-else）单元：如果（if）条件满足，那么（then）实施策略，否则（else）使用其他策略[19]。例如，如果一个教师使用了一个学生不理解的术语，那么学生会询问同伴（简单的策略），否则会查阅教材（更困难的策略）。

信息处理模型认为自主学习包括三个必要阶段和第四个“可选”阶段[9,20]。第一，学习者处理学习的条件并构建对任务期望的感知[21]。第二，学习者根据自己的期望制订任务目标和计划，他们相信这些计划将有助于实现这些目标。第三，学习者开始实际工作并将策略或战略运用到学习情境中。如果学习者认为有必要调整其模式的组织或部署方式，则会出现第四阶段。例如，一个学习者可能会意识到多次重读教材并不是理解信息的有效策略，那么在未来针对该目标时就可能会删除这种策略。这些阶段的核心是“元认知监督”，Winne[19] 将其描述为识别当前状态和目标状态之间是否存在差异的必要过程。

为了回应处理模型在认知上过于狭隘的批评，最近信息处理理论家将社会背景作为模型第一阶段需要考虑的一个要素[20]。作为这种转变的一部分，研究者一直在研究如何使用计算机系统来“搭建”和支持以帮助学习者有效地从新手转变为专家的自我调节[22]。nStudy就是这样一个系统，研究者为了给学习者提供自主学习的支持和收集“行为痕迹”存储库而开发了它。研究者正在对这些痕迹进行数据挖掘，以便从学习者的行为中识别出有用的策略并将其转化为额外的支持（例如，使用学习者在系统中搜索的方式和内容以创建支持性提示、快捷方式和教程等）[23]。这些努力在在线学习模式的研究中得到了明确的应用，而在线学习模式在医学教育领域中的应用正在不断扩大。

自主学习的社会认知模型

源于自我效能（self-efficacy）的开创性工作，班杜拉的社会认知理论[24]影响了许多研究者。他的“交互决定论”（reciprocal determinism）的核心思想是学习者的行为是由个人因素（即认知、情感和生物过程）与环境因素（即社会和物理环境）之间的相互作用决定的。因此，这三个体系（行为、个人与环境）中的任何一个的变化都将以相互影响和不断发展的方式影响其他体系。

社会认知理论家鼓励研究者考虑社会与认知事件之间的双向互动，并将自主能力描述为通过四个非线性层次从最初的社会影响（social influences）转变为个人影响（self-influences）的过程[25]。第一个层次是社会影响最大的**观察学习**（observational learning），学习者观察他人完成任务（即任务建模）。第二个层次，当学习者能够模仿观察到的表现时，他们处于**模仿水平**（emulative level）。虽然学习者将观察到的任务或策略内化，但这种内化依赖于社会环境因素，因此第一、二个层次是具有社会依赖性的[26]。第三个层次称为**自我控制**（self-control），其标志是学习者在表现中独立运用所学技能或策略的能力。虽然内化过程接近完成，但学习者的任务表现仍然很大程度依赖于观察到的一般表现模式[25]。当学习者能够进行**自主**并且系统地调整技能和策略以适应个人、行为和环境条件的任何变化时，他们就达到了第四个层次[26]。社会认知模式的关键在于，虽然社会影响在减小，但却不会随着技能的提高而消失。因此，如果学习者没有充分利用社会环境中的反馈，那么在自我教学方法不充分的情况下，可能无法获得所需的关键技能。

研究者利用这个模型产生了大量证据，这些证据是关于被认为在一个三阶段式的自主周期中实现的“核心过程”：预先思考（forethought）、行为表现（performance）和自我反思（self-reflection）（图14.1）[27]。在预先思考阶段，学习者在准备学习时，将形成自我效能，并利用对社会模式的观察来制订目标和评估价值[26]。在行为表现阶段，学习者将制订学习的任务策略，例如利用自我提问将自己与社会标准进行比较，并判断目标的进展情况。最后，行为表现阶段之后会进行自我反思，包括自我评价和学习者对其行为结果做出归因分析（例如，将表现不佳归因于努力不足，而不是能力有限）。除了作为描述和解释自主学习的有效模型外，这个循环还产生了一种称为自主学习微观分析（microanalysis）的方法（参见Cleary等[28]）。事实上，自主学习微观分析在医疗卫生领域越来越多地用于研究受训者的自主技能，例如静脉穿刺[29]和临床推理能力[30]（见下文对自主学习微观分析的描述）。

自主学习的建构主义模型

建构主义产生于许多不同的研究者（尤其是 Bartlett、Piaget 和 Bruner），他们认为学习者建构独特的认知模式，这构成了学习和回忆的基础。然而，正如 Paris 等[31]所指出的，20 世纪 90 年代的"第二波"建构主义运动进一步推动了理论化，研究者最终将社会和文化的影响作为个人如何构建自己和学业学习理论的关键特征。

在这种新的建构主义模式下，学习被认为是处于社会和历史的语境中，意味着自主学习的行为和习惯是可塑的，并且往往是由学习情境中的社会角色塑造的[31]。对"文化适应"过程的研究表明，新手要学习团体的实践、价值观和习惯，例如如何在课堂环境中表现得体[32-33]。随着学习者的身份和群体成员意识的发展，他们与加入的社会团体成员一起积极地构建自我形象和自我监督的实践。身份认同倾向于以反映乐观的个性化方式构建[31]，尽管有些情况下，这个过程会导致一些不合适的行为，例如通过不断转移他人对自己沟通能力不足的反馈来隐藏自我认同。

建构主义的基础是认为人天生就倾向于建构自身生活各方面的理论。研究者研究了关于自我胜任、自我教育、自我学习、自我能动性、自我控制以及自我策略等新兴理论[31]。学习者的信念和愿望为他们提

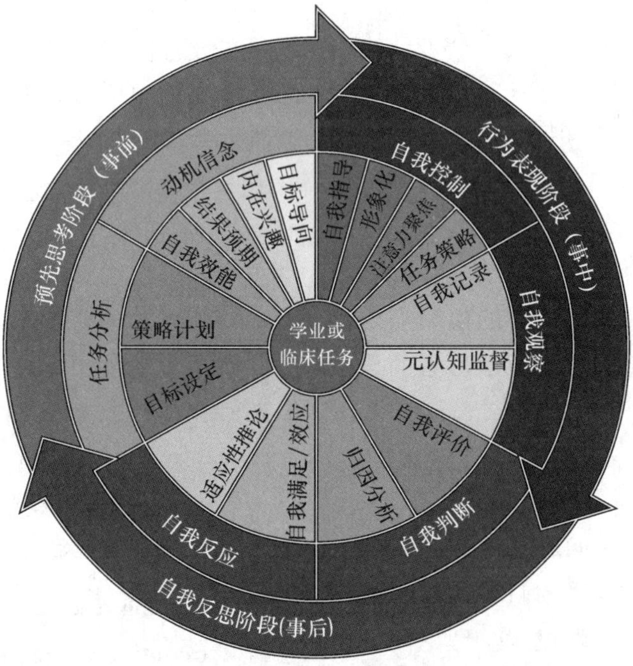

图 14.1　自主学习三阶段循环模型

这个模型改编自 Zimmerman[27]，该模型描述了自主学习的三个连续阶段：预先思考（事前）、行为表现（事中）和自我反思（事后）。该模型还显示了在每个阶段中自主学习的子过程。来源：Artino AR, Jones KD. Last Page: Self-regulated learning: A dynamic, cyclical perspective. *Academic Medicine*, 2013; 88: 1048. 得到 Wolters Kluwer Health 公司授权使用

供了动机，以帮助他们构建用来证明他们自己行为正确的理论。这些理论的相对性质是关键，因为它们很容易随着学习者积累的经验而改变。因此，建构主义的观点将自主学习置于发展的环境中，为考察影响如何调节学习的众多个体和社会因素提供了一个有用的视角。

许多自主学习理论都是从社会建构的角度产生的。Butler 和 Cartier[34] 认为有必要研究个体带入学习环境的事物（如信念、知识、个人理论和认知图式）与特定学习环境之间的相互作用。他们强调教育者和研究者应该努力识别能够帮助学习者构建元认知知识和积极自我认知的环境和社会支持，这是学习者参与持续、迭代的目标导向学习周期所必需的 [35]。将这些观点扩展并应用到协作的群体学习环境中 [36]，建议研究者和教育者必须关注每个人的“认知角度”（即他们的认知、元认知和诠释）以及“情境角度”（团体如何为个人和团体参与构建提供支持和设置约束）。根据模型和初步证据，建立一个在特定背景下社会建构的自主学习综合模型必须结合认知和情境角度一起考虑。应用这样的模型需要研究者研究每一个不同环境下学习者的自主学习。

总结

三种理论的一个共同点是自主学习被视为一个学习者通过积极地自我监督，能够意识到这个过程的循环过程。理论间的关键区别在于用于推动该循环的信息来源，信息处理理论家认为是认知差异导致反馈循环，社会认知主义者认为是自我判断和归因分析，社会建构者认为是社会因素与个人理论之间相互作用的分析。我们不强调这些分歧，相反，我们建议读者思考这个简短的总结以及查阅更全面的评论（例如 Sitzmann 等 [1,37]），当读者对知识特征形成自己的观点时，他们会发现每一种理论都是一种有用的工具，可以用来阐明医疗人员如何在教育和患者诊疗都可能发生的复合培训和实践环境中管理自己的学习。

医学教育中研究自主学习的方法

前面的章节为研究者确定自主学习的关键结构和进行预测与假设的框架提供了一些指导。然而，将这些理论问题转化为研究，需要对所要使用的方法进行细致的思考。虽然有些方法与某些理论密切相关，但是在教育情景下设计研究仍有相当大的创新空间和需求。以下将对几种医学教育中研究自主学习的方法进行描述。此外，表 14.2 总结了每种方法的优缺点。

问卷调查

问卷调查和类似的自我报告方法（如访谈 [38-39] 和焦点小组 [40]）占据了研究自主学习方法的大多数。除了专用的研究问卷外，还开发了几种广泛用于研究自主学习的工具，其中包括学生学习调查（student learning survey）[41]、自主学习准备量表（self-directed learning readiness scale）[42]、持续学习调查（continuous learning inventory）[43] 和 Jefferson 终身学习量表（Jefferson scale of life-long learning）。这些调查问卷和相关方法常用于量化学习者选择自主学习活动或策略的偏好[44]、临床环境下激励自主学习[45]、自主学习的障碍和促进措施[46]以及创新付诸实践的接受度[47]。这些问卷通常要求受访者在李克特量表上对他们的行为频率或态度、信念的强度进行评分，然后将其汇总到衡量基础结构的分量表中。这些调查问卷几乎全是基于自我报告的并且是在特定自主学习活动之外的环境中完成的。通过这种方式，调查问卷通常被用于更广泛地了解自主学习，而不是将自主学习的各个方面与实际的学习行为联系起来。

Gruppen 等人提供了应用这种方法的一个例子[48]，他们在重复测量设计中使用两份自我报告问卷来测量自我评估的诊断能力和自主学习的时间。该研究调查了医学生分配学习时间的自主决策，涉及一些可能在内科实习中遇到的患者提出的问题投诉。具体的研究问题集中在这些医学生能够在多大程度上利用投诉诊断技术中自我判定的优缺点，来指导分配给每个投诉的学习时间。在本研究中使用的问卷调查允许学生报告过去的行为并总结多个事件和活动。从表面上看，他们的答案与单一情况的特殊性没有太多的联系，而且似乎是在需要诊断技能的环境中进行概括。调查问卷还设置了获取学习者态度和信念的条目，尽管本研究的一个重要局限性是没有关于他们实际行为的独立数据（例如分配的时间），研究者只有将学生的自我报告作为依据。我们在表 14.2 中总结了问卷调查的优点和局限性。

表 14.2 医学教育研究自主学习的三种方法和多种方法研究的优点和局限性

	自我报告问卷调查	案例研究	自主学习微观分析	三角互证方法
优点	- 易于构建、管理和分析 - 对学习者非常熟悉，不需要特殊培训 - 可以评估其他方法不容易获得的各种变量	- 有助于建立进一步研究的假设 - 提供丰富的数据 - 能够捕捉自主学习的动态性与环境特性	- 可根据特定任务进行定制 - 能够捕捉自主学习的动态性与环境特性 - 评估与理论框架密切相关，从而使解释更容易	- 使用不同的方法来弥补每种方法的偏差 - 提供大量且详细的数据 - 能够捕捉自主学习的动态性与环境特性
局限性	- 问题可能无法准确地定位到基础结构要素或学习者的经验 - 参与者可能容易回忆偏倚 - 在捕捉自主学习的动态性与环境特性方面效率较低	- 数据收集和分析的灵活性以及重复性较难掌握 - 很大程度上依赖于研究者的主观理解 - 难以确定抽样案例是该现象的代表	- 特定任务方案的构建、管理和分析非常花费时间 - 收集的数据针对非常具体的情况，可能不能推广到其他 - 方案具有一定的侵入性，可能会打断活动的自然进程	- 需要使用不同方法收集和解释数据的专业知识 - 把多个数据集相关联的成本和时间较大 - 不同方法的矛盾数据可能难以解释
示例	Gruppen et al., 2000[48]	Evensen et al., 2001[53]	Artino et al., 2014[30]	Brydges et al., 2013[59]

多种案例研究

案例研究被定义为一种研究人、群体或事件的方法，目的是在现象和情境中深入分析研究对象[49-50]。案例研究方法应用于自主学习研究的全面讨论可以在许多地方找到[51]。我们在此仅简要概述。首先，案例研究可以用于描述现象、探索案例以产生研究问题或进行理论构建等多个目的。Butler[51]描述了一个案例研究方法，其研究问题是核心，并且使用迭代、灵活的方法围绕它构建其他附加特征。这些附加特征包括选择案例（即抽样）、收集数据、清理数据、明确主张和呈现结果。每一个设计特征中都可以随着研究项目的进展而迭代和修改。例如，在选择案例时，案例研究者为了使研究对象能够更好地回答他们的研究问题，使用“目的性抽样”来选择特定的个体（案例）[52]。

Evensen等[53]采用案例研究的方法，在基于问题的医学教育课程中对一年级医学生的自主学习情况进行了调查。具体而言，一名研究者从不同的语境（例如PBL讨论、表现评估）中收集证据，使用不同的技术（例如访谈、观察性笔记），以及跨越不同的时间点追踪了6名学生整个学期（16周）的表现。因此，研究者从每个学生那里收集了丰富的数据，他们不是将这些数据集中起来分析，而是将每个学生作为一个独特的分析单元进行分析。最后，作者描述了学生如何发展出不同的“型态”（即主动型、反应型、追溯型、互动和交互型）来控制他们在不同学习环境中的行为和自主学习。

如上所述的研究表明，案例研究的研究者将在他们的调查中利用多种数据来源（如观察、访谈、参与者的行为报告、自我报告和基于表现的评估）。拥有多个数据源可以让研究者对这些数据源进行三角互证，从而产生对正在研究的现象的一个有力解释。当解释数据并形成结论时，研究者通常会保留审查跟踪以详细说明他们进行某些修改的理由。该方法的发起者认为[50]，研究者可将每个案例视为一个“独立的研究”，对案例中的共性和差异的分析使得研究者可基于一般性模式和理论原则作出基于研究特定情境下的一致性断言或结论[51]。

自主学习微观分析

微观分析是一个宽泛的术语，它描述了一种以个人实时发生的思维、情感和行动为评估目标的评估方式[54]。当前，已经运用微观分析技术对K-12（指学前教育至高中教育）学生、大学生和医学生的自主学习进行了研究[28]。从广义上讲，这种方法针对的是个体从事特定任务时自主学习的周期性过程。自主学习微观分析作为一种评价方法，涉及学生学习和有效评价学生表现所需要的若干假设。自主学习微观分析的一个关键假设是信念、情感和行为是动态的和流动的，因此在不同的环境下会有所不同。这种情境特异性的假设表明，自主学习评估工具应该基于特定的情境。微观分析方法通过在受训者参与真实的学习或任务表现时，纳入关于特定自我监督过程的标准化问题来处理这一假设。

微观分析评估是具有几个显著特征的结构化访谈。首先，针对学习者完成一个任务的微观分析方案有明确的开始、中间和结尾[54]。其次，微观分析方案包括封闭式（如李克特量表型）和开放式问题，这些问题根据工作的特点和需求而设置。这个特征可以将微观分析方案与用于评估不同环境下自主学习的问卷调查进行区分。为了高效地完成任务，自主学习微观分析方案必须根据特定工作定制。最后，微观分析评估是基于自主学习理论，并按照事前、事中和事后三个阶段的活动进行排序。例如，Zimmerman[7] 的三阶段循环包括预先思考、行为表现和自我反思三个阶段。因此，如果使用 Zimmerman 的自主学习框架，那么微观分析方案将被构建成这样的结构：在任务前实施预先阶段的问题，在任务期间实施行为表现阶段的问题，在任务后实施反思阶段的问题。在自主学习理论、任务性质和评估方法之间建立直接联系，使研究者能够对自主学习过程在任务的所有阶段是如何启动和适应调节的，进行理论上的解释。

在医学教育情境下，自主学习微观分析技术的应用才刚刚开始。例如，Artino 等人[30] 最近使用 Zimmerman[7] 的三阶段循环模型来创建一个事前预先思考、事中行为表现和事后反思的问题（图 14.1）。然后，作者要求 71 名二年级医学生完成一个纸质的临床案例分析，同时进行自主学习微观分析。在收集数据之后，研究者制订了一个评分规则，并根据 Cleary[54] 所描述的程序对参与者的开放式回答进行分类。作者发现，二年级医学生在临床推理方面属于非常“新手”级别。也就是说，无论他们的行为表现水平如何，这些新手都没有以非常系统或策略性的方式进行表现或反应。然而，研究者发现高成就者和低成就者在完成任务（即他们的预先思考过程）方面存在差异。此外，在一项后续分析中，作者检查了几个李克特量表类型的条目，这些条目评估了学生几次尝试解决案例的信心。分析结果表明，学生在几次失败的诊断性尝试中，他们的信心和元认知水平都显著下降。正如这项研究表明的那样，微观分析允许研究者评估个体在几个学习或表现周期中思想、情感和行为方面的细微变化。表 14.2 总结了自主学习微观分析的优点和局限性。

三角互证中多个数据来源

如表 14.2 所示，当前并没有完美的研究自主学习的方法，每种方法都有其优点和局限性。解决一种给定方法的局限性的办法是使用多种方法进行研究。这个想法源于，如果不同的方法得出相同的结果，研究者可以对结果更有信心。例如，正如许多案例研究者所指出的，最近许多关于自主学习的研究都集中于采用几个数据集，以便在特定环境下对自主学习进行三角互证，并由此产生对自主学习的精细理解。在一项这样的研究中，Hadwin 和他的同事[55] 使用“追踪数据”和自我报告问卷来探索自主学习。痕迹数据（也称为审查痕迹、日志文件或运行文件）是记录个人与计算机系统接触情况的日志，它记录学习过程中用户选择的顺序，通常以学生交互的时间标记度量。在这项研究中[55]，研究者使用一个名为 gStudy 的计算机程序记录了 8 名参与者在学习过程中（即案例）的行为。他们将这些痕迹数据与问卷数据（来源于学习动机性策略问卷中的10个条目[56]）进行了比较，发现参与者的自我报告行为与gStudy系统中记录的事件并不一致。这种自我报告的行为和实际行为之间的不一致已经在教育心理学[57]和认知心理学相关研究中被多次证明（综合回顾请参阅Bjork等[58]）。

这些偏差对行为表现的影响还有待全面调查，因此，如何最好地结合和解释痕迹数据、自我报告和其他行为表现评估是一个值得探讨的领域。最近，医疗卫生领域的一项研究旨在结合这三个数据源[59]。具体来说，研究者研究了新入学的医学生，他们学习如何诊断模拟心脏杂音。研究记录了受训者如何对7种杂音（行为痕迹）的练习进行排序，以及医学生们对学习经历的自我反应（自我报告），并测量了他们获得和保留诊断准确性技能（行为表现测量）的情况。虽然参与者的自我报告是积极的，但他们的行为表明他们没有使用一致的学习策略，这可能对他们的杂音诊断表现有负面影响。

自主学习理论、研究和实践的未来方向

运用本文所述的自主学习理论和相关方法，我们相信研究者和参与人员能够推动医学教育相关领域的发展。自主学习的每一个要素及其之间的关系都适用于医学教育的问题（例如，自主学习的情境特异性以及自主学习行为随时间和地点推移的一致性）。例如，一个示例研究是，研究者分析自主学习过程时可能需要对学员通过角色扮演和标准化病人在小群体中学习交流技能，与在大群体中使用心肺模拟器准备心血管考试时的自主学习过程（使用自主学习微观分析收集）进行比较分析。这类研究将有助于阐明自主学习的动态性，也将为提高学习努力有效性和效率的实际干预措施给予方向性启示。

另一类研究涉及开发干预措施，以改善医疗专业人员的自主学习过程和子技能。一个示例研究是对受训者在学习管理复杂的虚拟患者时的自主学习过程的调查。可以挖掘由此产生的数据集，以确定受训者采用的有效或存在问题的策略，随后可以设计干预措施，利用这些有效行为向面临挑战的领域提供支持与帮助。

虽然已经在医学院和住院医师培训中开展了自主学习研究，但是还需要做更多的工作来确定自主学习是如何在“现实世界”中实施的，而不是在临时的和人为的“实验室”条件下进行。例如，研究者可能使用三角互证的方法来研究医师的认知（通过问卷调查）、行为（通过观察数据）和临床能力（通过基于工作场所的评估）。在这些环境中，一个基本的问题涉及更有经验的医师如何在动态和复杂的实践环境中计划、监督和调整他们的学习过程，其中时间压力和压力源可能是缓解因素。

最后，研究的一个补充方面涉及研究方法本身。显然，我们需要更多的创新来改进我们评估自主学习的相关过程。上述方法仅代表少数例子。在我们寻求更多关于医学教育领域中自主学习知识时，具有创造性和互补性的方法以及协同工作将帮助我们克服当前方法的偏差和局限性。

小结

综上所述，我们认为有兴趣在医学教育情境下研究学习动力的研究者应该考虑采用自主学习理论和相关方法。它提供了一个功能性的视角来检查和解释个人的思想、情感和行为之间的复杂互动，以及教育环境中学习和行为结果的出现。利用这一广泛的视角，将向正在寻找支持与促进医学受训者知识与技能发展方式的医学教育工作者提供信息，并帮助受训者发展和利用其自主学习能力，不断学习和改进其医学实践。

实践要点

- 自主学习理论描述了个人用来优化策略以达到个人学习目标的过程。
- 大多数自主学习理论是一个由多个过程组成的自我导向反馈回路，个体通过这些过程来监督、控制和管理自己的思想、情感和行为，以实现学习目标。
- 在复杂的培训和实践环境中，每个自主学习理论都以不同的方式对较好地理解医疗专业人员学习管理自身学习做出了独特的贡献。
- 医学教育情境下的自主学习研究可以采用多种不同的研究方法，目前的三种方法是问卷调查、多案例研究和微观分析。
- 最好的研究通常采用多种方法来捕捉个体在不同学习环境下的思想、情感和行为数据。

参考文献

1 Sitzmann, T. & Ely, K. (2011) A meta-analysis of self-regulated learning in work-related training and educational attainment: what we know and where we need to go. *Psychological Bulletin*, **137**, 421–42. doi:10.1037/a0022777

2 Zimmerman, B.J. (1998) Preface. In: Schunk, D.H. & Zimmerman, B.J. (eds), *Self-Regulated Learning: From Teaching to Self-Reflective Practice*. The Guilford Press, New York, pp. viii–x.

3 Lajoie, S.P. & Azevedo, R. (2006) Teaching and learning in technology-rich environments. In: Alexander, P.A. & Winne, P.H. (eds), *Handbook of Educational Psychology*, 2nd edn. Lawrence Erlbaum Associates, Mahwah, N.J., pp. 803–821.

4 Schunk, D.H. & Ertmer, P.A. (2000) Self-regulation and academic learning: Self-efficacy enhancing interventions. In: Boekaerts, M., Pintrich, P.R. & Zeidner, M. (eds), *Handbook of Self-Regulation*. Academic Press, San Diego, CA, pp. 631–650.

5 Boekaerts, M., Pintrich, P.R. & Zeidner, M. (2000). In: Boekaerts, M., Pintrich, P.R. & Zeidner, M. (eds), *Handbook of Self-Regulation*. Academic Press, San Diego.

6 Puustinen, M. & Pulkkinen, L. (2001) Model of self-regulated learning: A review. *Scandinavian Journal of Educational Research*, **45**, 269–286.

7 Zimmerman, B.J. & Schunk, D.H. (2001). In: Zimmerman, B.J. & Schunk, D.H. (eds), *Self-Regulated Learning and Academic Achievement: Theoretical Perspectives*. Lawrence Erlbaum Associates, Mahwah, N.J..

8 Schunk, D.H. & Zimmerman, B.J. (2008). In: Schunk, D.H. & Zimmerman, B. (eds), *Motivation and Self-Regulated Learning: Theory, Research, and Applications*. Lawrence Erlbaum Associates, New York.

9 Greene, J.A. & Azevedo, R. (2007) A theoretical review of Winne and Hadwin's model of self-regulated learning: new perspectives and directions. *Review of Educational Research*, **77**, 334–372. doi:10.3102/003465430303953

10 Cleary, T.J., Durning, S.J., Gruppen, L., Hemmer, P. & Artino, A. (2013) Self-regulated learning in medical education. In: Walsh, K. (ed), *Oxford Textbook of Medical Education*. Oxford University Press, Oxford, UK, pp. 465–477.

11 Loyens, S., Magda, J. & Rikers, R. (2008) Self-directed learning in problem-based learning and its relationships with self-regulated learning. *Educational Psychology Review*, **20**, 411–427. doi:10.1007/S10648-008-9082-7

12 Lajoie, S.P. (2008) Metacognition, self regulation, and self-regulated learning: a rose by any other name? *Educational Psychology Review*, **20**, 469–475. doi:10.1007/s10648-008-9088-1

13 Flavell, J.H. (1979) Meta-Cognition and cognitive monitoring - new area of cognitive-developmental inquiry. *The American Psychologist*, **34**, 906–911. doi:10.1037/0003-066x.34.10.906

14 Pintrich, P.R., Wolters, C. & Baxter, G. (2000) Assessing metacognition and self-regulated learning. In: Schraw, G. & Impara, J.C. (eds), *Issues in the Measurement of Metacognition*. Buros Institute of Mental Measurements, Lincoln, NI, pp. 43–97.

15 Knowles, M.S. (1975) *Self-Directed Learning: A Guide for Learners and Teachers*. Association Press, New York.

16 Zimmerman, B.J. & Lebeau, R.B. (2000) A commentary on self-directed learning. In: Evensen, D.H. & Hmelo, C.E. (eds), *Problem-Based Learning: A Research Perspective on Learning Interactions*. Lawrence Erlbaum Associates, Mahwah, N.J., pp. 299–313.

17 Brydges, R. & Butler, D. (2012) A reflective analysis of medical education research on self-regulation in learning and practice. *Medical Education*, **46**, 71–9. doi:10.1111/j.1365-2923.2011.04100.x

18 Carver, C.S. & Scheier, M.F. (1990) Origins and functions of positive and negative affect: a control-process view. *Psychological Review*, **97**, 19.

19 Winne, P.H. (2001) Self-regulated learning viewed from models of information processing. In: Zimmerman, D.H. & Schunk, B.J. (eds), *Self-regulated Learning and Academic Achievement: Theoretical Perspectives*. Lawrence Erlbaum Associates, pp. 153–190.

20 Winne, P.H. & Hadwin, A.F. (1998) Studying as self-regulated learning. In: Hacker, D.J. & Dunlosky, J. (eds), *Metacognition in Educational Theory and Practice. The Educational Psychology Series*. Lawrence Erlbaum Associates, Mahwah, NJ, pp. 277–304.

21 Butler, D.L. & Winne, P.H. (1995) Feedback and self-regulated learning: A theoretical synthesis. *Review of Educational Research*, **65**, 245–281 Available at: internal-pdf://3829176425/Butler-1995-Feedback and self-re.pdf.

22 Azevedo, R., Cromley, J.G. & Seibert, D. (2004) Does adaptive scaffolding facilitate students' ability to regulate their learning with hypermedia? *Contemporary Educational Psychology*, **29**, 344–370. doi:10.1016/j.cedpsych.2003.09.002

23 Winne, P.H. & Hadwin, A.F. (2013) nStudy: Tracing and supporting self-regulated learning in the Internet. *International Handbook of Metacognition and Learning Technologies*, 293–308.

24 Bandura, A. (1986) *Social Foundations of Thought and Action: A Social Cognitive Theory*. Prentice-Hall, Englewood Cliffs, NJ.

25 Schunk, D.H. & Zimmerman, B.J. (1997) Social origins of self-regulatory competence. *Educational Psychologist*, **32**, 195–208 Available at: internal-pdf://0304089172/Schunk-1997-Social origins of se.pdf.

26 Schunk, D.H. (2001) Social cognitive theory and self-regulated learning. In: Zimmerman, D.H. & Schunk, B.J. (eds), *Self-regulated Learning and Academic Achievement: Theoretical Perspectives*, pp. 125–152.

27 Zimmerman, B.J. (2000) Attaining self-regulation: A social-cognitive perspective. In: Boekaerts, M., Pintrich, P. & Zeidner, M. (eds), *Handbook of Self-Regulation*. Academic Press, San Diego, CA, pp. 13–39.

28 Cleary, T.J., Callan, G.L. & Zimmerman, B.J. (2012) Assessing self-regulation as a cyclical, context-specific phenomenon: overview and analysis of SRL microanalytic protocols. *Education Research International*, **2012**, 1–19. doi:10.1155/2012/428639

29 Cleary, T.J. & Sandars, J. (2011) Assessing self-regulatory processes during clinical skill performance: a pilot study. *Medical Teacher*, **33**, e368–e374. doi:10.3109/0142159X.2011.577464

30 Artino, A.R., Cleary, T.J., Dong, T., Hemmer, P.A. & Durning, S.J. (2014) Exploring clinical reasoning in novices: a self-regulated learning microanalytic assessment approach. *Medical Education*, **48**, 280–291. doi:10.1111/medu.12303

31 Paris, S.G., Byrnes, J.P. & Paris, A.H. (2001) Constructing theories, identities, and actions of self-regulated learners. In: Zirnmerman, B.J. & Schunk, D.H. (eds), *Self-Regulated Learning and Academic Achievement: Theoretical Perspectives*, 2nd edn, New York. Lawrence Erlbaum Associates, pp. 253–287.

32 Rogoff, B. (1990) *Apprenticeship in Thinking: Cognitive Development in Social Context*. Oxford University Press, New York.

33 Lave, J. (1993) The practice of learning. *Contemporary Learning Theory*, 200.

34 Butler, D.L. & Cartier, S.C. (2004) Promoting effective task interpretation as an important work habit: A key to successful teaching and learning. *Teachers College Record*, **106**, 1729–1758 Available at: http://www.scopus.com/inward/record.url?eid=2-s2.0-7544219873&partnerID=40&md5=bd157bbb8f34e59bf829040f270349e2.

35 Butler, D.L. & Schnellert, L. (2012) Collaborative inquiry in teacher professional development. *Teaching and Teacher Education*, **28**, 1206–1220 Available at: internal-pdf://1101513929/Butler-2012-Collaborative inquir.pdf.

36 Järvelä, S. & Järvenoja, H. (2011) Socially constructed self-regulated learning and motivation regulation in collaborative learning groups. *Teachers College Record*, **113**, 350–374 Available at: http://www.scopus.com/inward/record.url?eid=2-s2.0-79955459964&partnerID=40&md5=d8eee6af22313b1198f700e6abd57a22.

37 Sitzmann, T., Brown, K.G., Ely, K., Kraiger, K. & Wisher, R.A. (2009) A cyclical model of motivational constructs in web-based courses. *Military Psychology*, **21**, 534–551. doi:10.1080/08995600903206479

38 Watling, C.J. & Lingard, L. (2012) Toward meaningful evaluation of medical trainees: the influence of participants' perceptions of the process. *Advances in Health Sciences Education: Theory and Practice*, **17**, 183–194. doi:10.1007/s10459-010-9223-x

39 Zimmerman, B.J. & Martinez-Pons, M. (1988) Construct validation of a strategy model of student self-regulated learning. *Journal of Education and Psychology*, **80**, 284–290. doi:10.1037//0022-0663.80.3.284

40 Woods, N.N., Mylopoulos, M. & Brydges, R. (2011) Informal self-regulated learning on a surgical rotation: uncovering student experiences in context. *Advances in Health Sciences Education: Theory and Practice*, **16**, 643–653. doi:10.1007/s10459-011-9285-4

41 Hattie, J., Biggs, J. & Purdie, N. (1996) Effects of Learning Skills Interventions on Student Learning: A Meta-Analysis. *Review of Educational Research*, **66**, 99–136.

42 Guglielmino L. M. (1977) *Development of the Self-Directed Learning Readiness Scale*. Unpublished doctoral dissertation, University of Georgia. Dissertation Abstracts International. **38**, 6467.

43 Oddi, L.F. (1986) Development and validation of an instrument to identify self-directed continuing learners. *Adult Education Quarterly*, **36**, 97–107.

44 Li, S.-T.T., Paternniti, D.A., Co, J.P.T. & West, D.C. (2010) Successful self-directed lifelong learning in medicine: a conceptual model derived from qualitative analysis of a national survey of pediatric residents. *Academic Medicine*, **85**, 1229–1236.

45 Wiel, M.W.J., Van den Bossche, P., Janssen, S. & Jossberger, H. (2010) Exploring deliberate practice in medicine: how do physicians learn in the workplace? *Advances in Health Sciences Education*, **16**, 81–95. doi:10.1007/s10459-010-9246-3

46 Green, M. & Ruff, T.R. (2005) Why do residents fail to answer their clinical questions? A qualitative study of barriers to practicing evidence-based medicine. *Academic Medicine*, **80**, 176–182.

47 Mylopoulos, M. & Scardamalia, M. (2008) Doctors' perspectives on their innovations in daily practice: implications for knowledge building in health care. *Medical Education*, **42**, 975–981. doi:10.1111/j.1365-2923.2008.03153.x

48 Gruppen, L.D., White, C.B., Fitzgerald, J.T., Grum, C.M. & Woolliscroft, J.O. (2000) Medical student self-assessment and allocation of learning time. *Academic Medicine*, **75**, 374–379.

49 Stake, R.E. (2013) *Multiple Case Study Analysis*. The Guilford Press, New York, NY

50 Yin, R.K. (2003) *Case Study Research: Design and Methods*. Vol. **5**. Sage Publ Inc., pp. 11.

51 Butler, D. L. (2011). Investigating self-regulated learning using in-depth case studies. In B. J. Zimmerman, & D. H. Schunk (Eds.), Handbook of Self-Regulation of Learning and Performance (pp. 346–360). NY, NY: Routledge.

52 Merriam, S.B. (1998) *Qualitative Research and Case Study Applications in Education*. Jossey-Bass Publishers, San Francisco, CA.

53 Evensen, D.H., Glenn, J. & Salisbury-Glennon, J.D. (2001) A qualitative study of six medical students in a problem-based curriculum: Toward a situated model of self-regulation. *Journal of Educational Psychology*, **93**, 659–676 Available at: internal-pdf://1734575198/Evensen-2001-A qualitative study.pdf.

54 Cleary, T.J. (2011) Emergence of self-regulated learning microanalysis: Historical overview, essential features, and implications for research and practice. In: *Handbook of Self-Regulation of Learning and Performance*. Taylor & Francis, New York.

55 Hadwin, A.F., Winne, P.H., Stockley, D.B., Nesbit, J.C. & Woszczyna, C. (2001) Context moderates students' self-reports about how they study. *Journal of Educational Psychology*, **93**, 477–487. doi:10.1037//O022-0663.93.3.477

56 Pintrich, P.R., Smith, D.A.F., Garcia, T. & Mckeachie, W.J. (1993) Reliability and predictive validity of the motivated strategies for learning questionnaire (Mslq). *Educational and Psychological Measurement*, **53**, 801–813. doi:10.1177/0013164493053003024

57 Winne, P.H., Jamieson-Noel, D.L. & Muis, K. (2002) Methodological issues and advances in researching tactics, strategies, and self-regulated learning. In: Maehr, M.L. & Pintrich, P.R. (eds), *Advances in Motivation and Achievement*. Vol. **12**. JAI, Greenwich, CT, pp. 121–155.

58 Bjork, R.A., Dunlosky, J. & Kornell, N. (2013) Self-regulated learning: beliefs, techniques, and illusions. *Annual Review of Psychology*, **64**, 417–44. doi: 10.1146/annurev-psych-113011-143823

59 Brydges, R., Peets, A., Issenberg, S.B. & Regehr, G. (2013) Divergence in student and educator conceptual structures during auscultation training. *Medical Education*, **47**, 198–209 Available at: internal-pdf://0628175011/Brydges-2013-Divergence in studen.pdf.

第 15 章

Chapter 15

什么是价值观？我们如何评估？基于价值观的医疗卫生业招录的启示

What are values and how can we assess them? Implications for values–based recruitment in healthcare

Fiona Patterson, Máire Kerrin, Marise Ph. Born, Janneke K. Oostrom and Linda Prescott–Clements

（翻译：秦思源　　审校：由　由）

“我们很清楚我们期待什么样的行为，也很清楚我们的价值观。”一位来自其中一家最成功的英国国家医疗服务体系（National Health Service，NHS）信托公司的首席执行官这样说道。

2013 年 7 月开展了一次针对英国 NHS 和私人医疗卫生机构医疗卫生专业人员的医疗卫生独立评审。贯穿该评审的一个重要主题是，医疗卫生“价值观”对于医疗卫生的重要性。在这次被评价的众多医疗卫生信托和独立机构中，表现得最好的组织有一个共同点，即对价值观重要性的强调。相反，那些没有将核心价值观融入医疗卫生情境所期待的照护标准的组织，表现得极为糟糕。然而如何有效地检验价值观呢？本章详细考察了在基于价值观的招录中几种有潜力评估价值观的筛选方法的有效性证据。本章中，我们详尽地探讨了其中一种筛选方法，即情境判断测试（situational judgement tests，SJTs），对其进行了回顾评价，SJTs 是一种在临床实践中重要、可信且有效的衡量价值观的方法，它可以评估的价值观包括正直、关怀、同理心和同情心。

引言

有大量的国际研究探讨了核心价值观（包括同情心、同理心、尊重和尊严）对患者所经历的健康与社会保健服务的影响。比如，在英国，尽管 NHS 章程一如既往地对健康与社会保健专业人员应当具有的价值观和行为表现有所要求，但是最近的政府调查[1-2]引起对以下问题的高度关注：在所有医疗卫生相关的行业角色中，都出现了人文关怀降低的现象。毫无疑问，医学教育与培训对核心价值观的形成有着重要的影响，是确保培训机构和医疗卫生行业招录到正确价值观持有者的重要的第一步。但是什么样的筛选方法是稳健好用，且能够吸引和筛选出具有与医疗卫生行业的理想价值观（提供具有人文关怀的照护）相一致的价值观与行为表现的学生、受训者和雇员的呢？

这一章我们探讨了心理学文献所提炼的关于价值观的最新理论进展。本章的目的是帮助读者获得一些关键领域的知识，理解价值观在与医疗卫生行业有关的招募和筛选中所扮演的角色。然后我们梳理了一些筛选方法有效性的证据基础，总结了每种方法在基于价值观的招录中的优势。有一些筛选方法可能对评估价值观有用，但我们详细地考察了 SJTs 这种方法。这一章应让读者理解：① 什么是价值观？价值观的理论基础是什么？以及价值观为什么是医疗卫生行业招募和筛选的重要附加条件？② 价值观与工作中的人格、动机和行为等因素的关系；③ 用于基于价值观招录（value-based recruitment，VBR）的最有效的方法。

什么是价值观？如何将价值观与人格、动机和行为联系起来？

在回顾 VBR 的证据基础时，很重要的一点是要考虑价值观在研究文献中的定义，同时，探讨价值观如何与其他概念（如人格、动机和行为）相互联系。概念的定义在具体的招募情境下尤为重要，有助于选取可用于评估这些概念要素的测量工具。比如，招录医疗卫生系统的某一角色时，希望选出具有该角色所期望特点的人选（例如，具有同情心和对人尊重），这些特点的测量不同于对人格（如尽责性或宜人性）的测量。如果不了解价值观和人格是有联系而完全不同的两个概念，那么也将不可能准确测量这两个概念。

价值观是人们对于什么是生活中好的或理想的事物所持有的一系列**持久的信仰**。每个人都持有很多价值观（如权力、成就、诚信），某种特定的价值观可能对一个人很重要，却对另一个人不重要[3]。虽然价值观是相对稳定的，但它有可能会随人的经历或所处环境而改变或者适应于不同经历和环境[4]。

价值观是可评估的，即它帮助人们判断自己或他人的行为举止是否合适。**价值观也是一般性的**，它超越了特定的情境，并且相对稳定[5]。此外，价值观的重要性也是有先后顺序的，当两种价值观矛盾时，人们倾向于按照更重视的价值行事。例如，一个人认为享乐主义（追求快乐）比善良（关注关系）更重要，如果非要他在个人兴趣和为家庭成员提供帮助中做出选择，那么他更可能选择追求他的兴趣，因为他把实现个人追求放在了比维持与他人关系更重要的位置。

价值观影响行为，但价值观与行为之间的关系很复杂，持有一种价值观并不意味着一个人的行为总是与该价值观相一致。例如，传统（尊重和忠于传统的习惯和想法）和刺激（生活中的兴奋、新奇和挑战）这两种价值观与其相关的行为有紧密的联系，前者与遵守传统习俗和举止谦逊相联系，后者与看恐怖片和做非同寻常的事情相联系。相反，成就（通过展示能力取得个人成功）和安全（安全、和谐和稳定）这类价值观与相关行为的联系就相对弱一些，比如，在考试前，尽管已经学习得很好了，但还是学习到深夜。因此，除了价值观，可能还有其他因素会影响一个人的行为，比如知识、技能、人格和动机。每个因素对行为的影响程度也会变化，取决于具体的情境。

迄今为止，我们对人格与价值观之间联系的认识还是有限的，对它们怎样共同影响行为的认识则更少。Parks 和 Guay[6-7] 对有关人格与价值观的文献进行了详细的综述，区分了这两个概念，以阐明它们与动机和行为分别有着怎样的联系。我们将在下文更详尽地解释人格与价值观的不同。在此之前，我们先概述价值观文献中主要的理论模型。

价值观的理论模型

在过去20年间的大部分时间里，Schwartz 和他的同事是价值观领域的主要研究者 [8-11]。总的来说，价值观研究可以归为两种基本模型 [12]，即“**作为偏好的价值观**”和“**作为原则的价值观**”。作为偏好的价值观可以看作基本态度。它可以显示出个人在不同情境下持有的偏好，比如对工作环境的偏好，可以被认为是“工作价值观” [12]。举个例子，一个人认为工作中的“可靠”和“责任”很重要，他们工作的时候会带着负责任的态度，且工作中更喜欢采用符合这种价值观的方式；例如，会提醒别人日程的变化，不会有太多的时间休息。在另一种情境中，同一个人可能有不同的价值偏好，比如他休闲时寻求刺激，或者在人际关系方面看重诚实。作为原则的价值观，通常被称为“个人价值观”，是个体行为的指导准则。比如，一个重视诚实的人相信所有人都应该诚实，而一个重视成就的人相信所有人都应该有很多社会认可的成就。研究显示，作为原则的价值观（个人价值观）会更直接地影响动机，因为它是对一个人应有行为方式的基本信念。Parks 和 Guay[6] 对价值观的定义是：**作为个体应有行为指导原则的习得的信念**。工作价值观（作为偏好的价值观）能预测职业选择和工作满意度，它们影响的范围比个人价值观更窄，因此影响较窄范围的行为结果。然而个人价值观能够预测不同生活领域中的更多行为 [4,8,13]，因为个人价值观是个体认为他们应该有怎样的举止，它们通常对行为有激励作用。在 VBR 的情境下——将评估价值观的方法应用到招录程序中以提升筛选出有工作角色所需价值观个体的可能性——衡量个人价值观与工作价值观同等重要。

价值观是从老师、家长等行为榜样那里习得的，代代相传，因此同一文化内部的价值观也趋于相似 [14-15]。价值观在青春期形成，在成年期一般会相当稳定 [16-17]。尽管如此，由于价值观最初是通过社会交往习得的，因此暴露于一个新的社交环境可以促成一个人价值观体系的改变，这也是社会化的力量会使新来者的价值观渐渐趋同于组织其他成员的原因 [18]。并不是所有的人对社会化的影响都有同样的反应，有些人比其他人更不愿意改变自己的价值观体系 [19]。

Schwartz 和他的同事根据价值观所表达动机目标的类型，提出了一个包含 10 种基本价值观的价值观模型 [5,9,20]。每种价值观类型代表一种对个体动机有影响的总目标（例如，权力或遵从）。每一种总的价值观类型又由下面一些具体的价值观组成，具体的价值观（例如权威与财富，或者礼貌和自律）促进总体目标的实现。例如，如果一个人的主要动机目标是“权力”，定义为“社会地位与威望，控制支配人或资源”[9]，那么表现权威与财富这种具体的价值观的行动将更可能促使中心目标（权力）的实现。这种分类系统提供了关于人类价值观的一个通用且全面的参照系[8-9, 20]，同时它展示的价值观类型之间是相互独立的，而不是无法剥离的。实践中的情况是，追求一种价值观所采取的行动与追求另一种价值观所采取的行动可能是互补的，也可能是对立的。例如，“传统”和“刺激”在本质上是相互对立的，我们不能够同时坚持传统和追求新奇。相反，像“善良”和“遵从”这类价值观类型可以互补，因其背后的动机都是对获得他人赞同的渴望。因此，采用结构化的视角是看待价值观更为理想的方式：把价值观系统理解成一个整体，并弄清不同类型价值观之间的关系。Schwartz[9] 提出了一个相关动机连续体的环状模型，如图 15.1 所示，一些价值观类型源自相似的动机，而其他也有着相反的动机。

例如，普世主义（universalism）和善良都是帮助他人，超越私利，这两种价值观就被放在相邻的位置。所有在环上处于相邻位置的价值观都有共同的动机。在图 15.1 中，更高阶的价值观类型处于环的外圈。模型使用两极对立的排列方式还能大

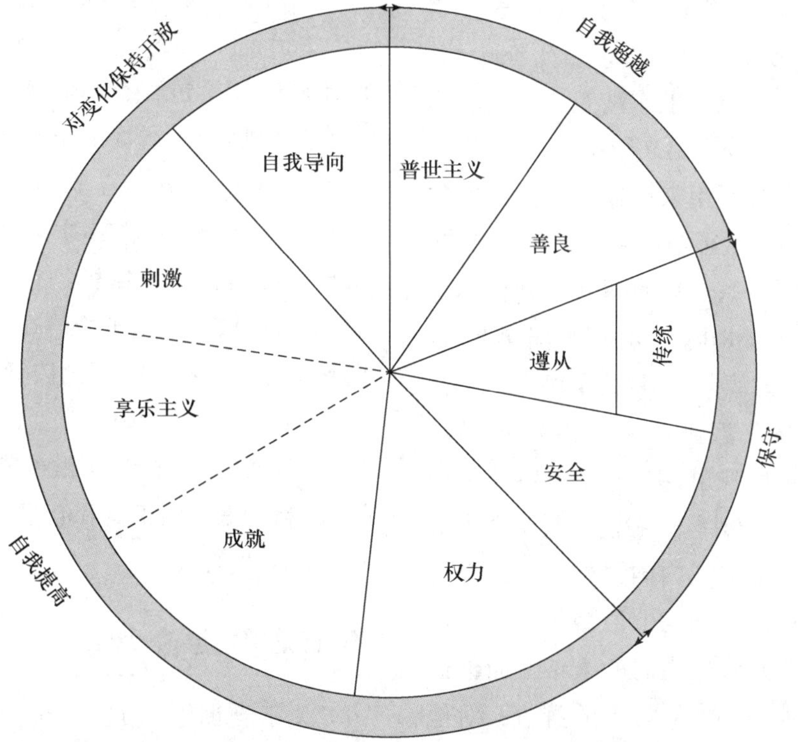

图 15.1 Schwartz 的不同动机类型价值观的关系模型

摘自 Schwartz（1994）[9]。传统放在了遵从的外面，是因为两种价值观类型共有同一种动机目标——将自我放在次要位置，更重视社会期望。对立的价值观处于由中心出发的两个相反方向，互补的价值观处于相邻的位置

体展示出相对立的价值观。例如，环状模型将开放和保守放在了相对立的位置，因为一个代表着喜欢独立思考和改变，而另一个倾向于限制自我和维护传统。

人格与价值观

心理学家认为人格五因素模型（five factor model，FFM）是现在描述人格的通用模版[21-22]。五因素模型中的维度因素（以及体现每个因素特点的例子）是尽责性（负责、有组织、有效率）、情绪稳定性（自信、有韧性、适应性强）、外倾性（健谈、有雄心、果断）、宜人性（友善、合作、忠诚）以及开放性[22-23]（好奇、有想象力、思想开放）。

“特点”和“品质”的组合形成了每个人独特的特点，即为人格。研究表明，人格与表现、动机、工作满意度、领导力以及其他工作上表现出来的结果相关[24-26]。价值观和人格都是用来描述个体的内在特点的，两者都可以影响行为、决定、动机、态度以及人际关系。然而两者之间仍然存在重要的不同。Roccas 和他的同事[27]称**人格为“持久的倾向”**，称**价值观为“持久的目标”**。人格一般代表着发生得最自然的行为，价值观反映出为表现某种特定的行为而做的努力（选择）。我们一般不会考虑或者选择变得外向或内向，然而，是个人的选择使我们的表现与价值观相一致。例如，教师可能有天生内向的人格，而他们的工作是天天在一大群学生的身边，对他们来说，并不会感到很自然或者感到舒服。然而，如果“成就”这一价值观（根据社会标准，通过表现出能力来获得个人成功）对他们很重要，他们可能会选择变得更加外向，因为不和学生进行足够的交流互动可能被看作缺乏能力的表现。

价值观是我们相信应该做什么，而人格是我们按照天性会怎么做。一种人格与另一种并不矛盾（即一个人可以同时表达外向性与尽责性两种人格特征），然而不同的价值观却可能相互矛盾，追求某种价值观可能是以牺牲其他价值观为代价的[28]。

尽管人格与价值观在理论上存在差异，但是在实践中，将是人格而不是价值观引起的行为区分出来是很困难的。然而，人格和价值观展示的是基于不同概念的不同模式的关系[27]，最近的一个元分析[6,29]展示了人格和价值观是相关但相互独立的概念。

Parks 和 Guay[6]提出，**价值观和人格对不同的动机过程有不同的影响**，价值观主要是影响个体选择追求的目标（**目标的内容**），然而人格（尤其是尽责性和情绪稳定性）是影响个体在追求那些目标时做出的努力与坚持（**为目标的奋斗**）。Parks 和 Guay[6-7]的模型提出了价值观对行为有更多贡献（超过人格）的理论依据。简而言之，自然发生的行为反映人格；价值观反映的是表现出特定的行为所做的努力（一种选择）。当考虑评估工具和衡量方法时，这是一个很重要的区别。

价值观的理论背景

关于受训者 / 员工的价值观及其对所在组织和其他员工的影响，以往文献讨论了很多相关理论。其中很多研究提到不同类型的匹配理论，是指在员工与组织文化和（或）全体员工之间的价值观的一致性，还有另外两个该领域的理论，即 Schneiders 的**吸引 - 选择 - 流失**（attraction-selection-attrition，ASA）**理论** [30-31] 和**社会化理论** [18,32-33]。

ASA 理论是建立在**"组织中的人造就组织"**这个概念上的 [30]。这个理论提出，经过一定的时间，在同一组织工作的个体的价值观和人格都会变得越发一致，因为个体进入这个组织，是被组织所蕴含的价值观所"吸引"，他们意识到并认同组织的价值观，个体被团队"选择"，也是价值观一致性的结果，有共同价值观的地方，这些价值观会在组织中一直保留（相反，在价值观一致性很低的地方，则会发生人员"流失"）。进而造成的结果是，在组织中工作的人造就了组织文化 [34]。

Schneiders 的 ASA 理论在一些方面的条件下也存在着一些挑战 [30]。Bilsberry[35] 的一项实证研究以英国的 8 个公共事业组织为例检验了 ASA 理论中的"吸引"这一方面，结论是：只有熟悉、接近或者之前接触过一个组织的申请人才会被它吸引，这与 Schneiders 的理论一致 [30]。然而，候选人是根据角色和工作的类型来选择工作，而不是组织本身。在医疗卫生组织的情境下考虑这些发现，如果有家庭成员在医疗卫生组织工作，或者学生完成了实习，则其在工作前就对组织价值观有自己的判断，可能会因为先前的认识被或者不被这个组织吸引，这是提高熟悉度、接近度和提前接触的结果。不过，很显然，关于选择所申请工作的动机还会被很多复杂的社会与个人的情况所影响，个体也许会因为外在回报（如工作保障、社会地位和收入）而被某个工作角色和（或）组织吸引 [36-37]。

社会化理论与在招录环节后价值观的发展有关 [18,32-33,38]。这些理论认为，虽然价值观是相对稳定的概念，但在个体进入组织后，其价值观会随着身边同事的价值观而改变，因此有必要持续关注个体职业发展全程的价值观 [38]。

Anderson[39] 探讨了筛选和招录方法对于**"入选前社会化"**的作用。他提出，筛选方法传统上被认为是申请人合适程度与后续表现的一个中性预测因子 [40-41]。然而，候选人通过所经历的筛选和招录过程直接形成了对组织的印象。例如，招录信息（如工作描述）能够向候选人传达出某些价值观（如尊重）对于组织所招募角色的重要性。这会帮助候选人建立与这种价值观相符的成功行为的预期，从而使他们开始社会化并使用相应的思考和行为方式。Anderson 和 Ostroff[42] 提出，筛选方法开启了"入选前社会化"的进程，并且总结出不同筛选方法对社会化在影响程度上（如提供信息）存在的差异。例如，他们阐述了组织有意或无意地通过筛选方法向候选人传达信息。就（招录者）理解筛选招录方法对候选人工作后续行为的影响而言，这些都是 VBR 的重要考虑因素。

ASA 理论和社会化理论所提到的影响可能在组织中同时起效 [38]，有证据表明，除了招录本身，还需要采用多方面的方法来对组织的文化 / 价值观产生影响 [43]。

类似地，在加入组织后，**"价值观内化"**和**"行为模范"**对个体的价值观也会产生影响。例如，如果一个组织重视“创造力”，那么个体在工作时的表现与该价值观一致，一段时间后，这种价值观会内化为他自己价值观框架的一部分。价值观内化解释了在个体加入组织后由于个人经历，而使个体价值观产生的微妙改变，主管和同事会成为榜样示范，对新招录的成员产生重要的影响[44]。这种影响可以是积极的或消极的，取决于团队中价值观的优劣。此外，主管自身的行为也可以影响工作人员的行为。

价值观一致性和匹配理论

组织内员工理想价值观的协调一致使组织更有效地运作，这种认识已经成为一些大型组织（如迪士尼、惠普和波音公司）开展价值观建设计划的驱动力。虽然尚没有强证据表明这些项目产生了影响，但有研究表明个体在与自身价值观相一致的环境中工作会感到更加舒适[45]。

价值观一致性通常是测量个人价值观与其所在组织的价值观相似程度的概念。这个度量用来定义个体与组织、组织文化（价值观）或者组织内其他人员的匹配程度。为了分析价值观一致性的动态特点，研究文献中描述了多种类型的匹配[46]。还可以找到关于不同类型匹配之间关系的详细综述，包括“直接”匹配（即感知匹配）和“间接”匹配[34,47,48]。

价值观一致性对工作满意度、组织承诺和人员流动的影响

本章的一个主要目的是探讨支持 VBR 有效性及其与重要结果（特别是对患者的关爱与同情心）之间关系的证据基础。而大部分现有文献描述了价值观一致性对其他结果的影响（主要是从工作人员的角度），比如工作满意度和人员流动，很少有研究关注工作表现和特定的行为结果。当个体的价值观与组织的价值观（同事或主管所定义的价值观）很相近的时候，他的工作满意度以及对组织的满意度就会大大增加[14,47,49-50]。员工和组织价值观间的感知一致性（perceived congruence）也与满意度正相关，与离职意向和人员流失负相关[14,49-50]。

就个体的组织承诺而言，他所感知的自己与组织之间价值观的相似程度是关键[45,51]。情感承诺（即个人在情感上依附于组织）、规范承诺（即个人认为对组织应尽义务）、持续承诺（即个体通过对组织承诺的积累表示对组织的认同）都可以分别用不同的价值观来预测，其中“人文”价值观（在本研究中定义为礼貌、体贴、合作、公平、宽恕与正直）与情感承诺是最相关的[45]。

少有研究探讨价值观一致性对组织表现结果的影响。然而，关于英国的索尔福德皇家国家医疗服务体系基金会信托基金（Salford Royal NHS Foundation Trust） 的一个案例研究得出结论：员工持有一组共同的明确的价值观可使工作表现更好，使员工满意度更高[2]。相反，Ostroff 等人发现[34]，价值观不一致可能会导致员工挫败、难以与他人有效合作，以及员工对工作角色缺乏清晰的认识。

基于价值观招录的筛选方法：研究证据

我们需要注意的是，用于基于价值观招录（VBR）的测量工具之间存在差异，因此研究发现的可推广性存在一定问题[14]。一些研究被批评使用单一维度的工具测量价值观，因为价值观是复杂的概念——我们希望这一点在本章前面部分已表述清楚。一些研究人员认为，将重点放在相关价值观的"群组"上是更为合适的测量手段，而不是使用一个总的价值观层次结构[45]。例如，关注衡量包括"乐于助人""诚实"和"负责任"等在"普世主义"之下的一组相关的价值观，也许会比仅仅衡量"普世主义"更加合适。Van Vianen[48]对价值观测量工具是否应该应用到招录过程中提出了疑问，因为几乎没有证据表明价值观与工作表现相关。这正是使用 VBR 时通常受到批判的地方，然而，关于价值观和人与组织之间匹配的研究说明了价值观对于长期结果（如工作表现）来说是有重要贡献的[52-53]。Van Vianen[48]进一步表示，在筛选过程中，应用价值观测量工具的时候，价值观是可以"伪造的"。在下文我们进一步回顾和探讨价值观测量工具和有效性的评价标准时，将讨论这个问题。

几十年来，研究人员对多个职业的不同筛选方法进行了综述[54-57]。因此，现在在多个职业领域中都有大量考察不同筛选方法对工作表现预测有效性的研究证据。以往的研究曾经非常强调确定哪些方法是最为可靠和有效的。而目前的研究还提倡对筛选系统的设计进行分析，包括如何最优地组合筛选方法。例如，当申请人规模大的时候，招录者必须决定哪些筛选方法适合在初期使用。能力倾向测试常用于初期筛选的阶段，而面试更常用于最后阶段的筛选。

在医疗卫生领域，绝大部分现有文献将重点放在医学和口腔医学专业人员的筛选上，此处主要关注医学 / 口腔医学的学校入学前招生。例如，最近一项研究对本科和研究生医学教育中筛选方法的证据基础进行了系统的检索和回顾[58]。包括对所有主流筛选方法的回顾，如面试、推荐信、履历、申请表、个人陈述、提交自传和人格测试，这些方法大多已在医疗卫生专业人员筛选实践中应用了多年［如个人陈述、履历、结构化面试和多轮微型面试（multiple mini interviews，MMIs）］。其他筛选方法，如选拔中心和情境判断测试（SJTs）[59-60]在其他职业的使用和有效性有大量的证据，但是在医学教育领域却是相对较新的应用。这篇论文分析了关于各种筛选方法质量方面的研究证据，研究发现为未来的研究提供了范围方向，也能够指导未来的实践。本章的重点是，有证据表明一些筛选方法作为 VBR 的一部分将会更为有效。下一节分析案例材料，目的在于提供筛选方法有效性的实用例子及其背后的理论基础。

理论应用：评估用于 VBR 筛选方法的案例材料

本节将从理论走向实践，探讨作为 VBR 筛选工具的 SJTs 在实际应用中的案例材料，聚焦 SJTs 的理由有如下几点。第一，关于筛选方法的综述表明，SJTs 相对于其他工具来说更有效 [59,61]。第二，VBR 情境下 SJTs 的结构效度方面出现了有趣的理论发展。在此，我们基于一系列的实践案例，来探讨 SJT 作为 VBR 筛选方法的证据基础，并总结关键理论发展与实践思考。

SJTs：VBR 的一种选拔方法

关于医疗卫生专业人员选拔实践的一篇国际综述 [62] 探讨了 SJTs 是否在大规模筛选时是一种评估各项重要的非学术特质的可靠而有效的方法。SJTs 可以在多大程度上测量临床实践中重要的价值观，比如正直、关爱、同理心和同情心呢？本节总结了与 VBR 相关的 SJTs 的证据。

SJTs 是一种测量方法，而不是单一风格的测试，也就是说，没有一种单一类型的 SJT；根据对具体角色的要求，可以使用不同的形式来构建。SJTs 旨在评估申请人在工作场所或教育环境中对可能遇到情况的判断，其目标是评估职业特质，而不是知识 [63]。

在 SJTs 中，首先向申请人提供假想场景的书面描述或者视频描述，并要求申请人从备选方案列表中选择适当的回答。有多种回答形式可以使用，一般可以分为如下两类：基于知识的回答（即最好的选择是什么）或者行为倾向（即你最可能怎么做）[64]。SJTs 的问题和回答形式示例参见表 15.1。

SJTs 通常是将申请人的回答与该主题领域的专家事前认可的评分关键点进行比较来评分。SJTs 作为一种选拔工具越来越受欢迎，因其具有实用的表面效度、内容效度和预测效度，而且 SJTs 中使用的场景通常来源于工作分析研究 [65-69]。

对于许多职业来说，SJTs 已经成为用于大规模选拔的一种成熟的方法，可以可靠地用于筛选职业特质。虽然其他方法也可以用于筛选这些职业特质，例如小组访谈和人格问卷，但是 SJTs 比这些方法更具有优势。例如，小组面试通常因为其有可能具有偏见或者缺乏标准化而受到批评 [70]，而人格测试的表面效度较低，所以它们作为候选人的筛选工具也不那么容易被接受 [71]。相比之下，SJTs 提供了客观评价大规模申请人的大范围的职业特质的标准方法，同时因为用于 SJTs 的情境都是工作相关的场景，SJTs 也具有表面效度 [72]。SJTs 也可以用于申请人先前没有相关工作经验的场合（例如，医学院的入学）[73]。有确凿的证据表明，SJTs 对于临床医学与口腔医学职业来说，是一种能够评估一系列职业特质的有用的方法 [74]。长期的研究显示，与其他选择方法相比，一项衡量同理心、正直和韧性的 SJTs（应用于申请英国全科实践的候选人选拔中）对后续工作表现和资格考试结果做出了最佳预测 [75-76]。在比利时，SJTs 已经成功用于在临床医学和口腔医学学校录取时衡量申请人的人际意识 [77]。相比于其他选拔方法，SJTs 更少受到群体差异的影响（框 15.1）[78]。

关键理论发展和对实践的反思

总而言之，研究显示，某些选拔方法对 VBR 有效（例如 SJTs 和结构化面试），而另外一些选拔方法无效（例如个人陈述

表 15.1 SJTs 问题与回答形式示例

使用多选回答形式的 SJTs 问题	使用排序回答形式的 SJTs 问题	一种情境里嵌套三个 SJT 问题， 使用评级回答形式
你在白天去病房看今天早些时候做过阑尾切除术的患者，你开了强效止痛药的处方，护士长挑战了你的决定 / 拒绝把药开给患者	你在夜班期间正在查看一个患类风湿关节炎的患者，你发现你的带教医师处方不当，甲氨蝶呤用成每天 7.5 mg，而不是每周 7.5 mg	一名医学生正在旁听一名高年资医生和患者的商议，高年资医生说他需要做一些血液检查来排除绝症，高年资医生被紧急叫走，留下医学生跟患者单独相处。患者告诉医学生他很担心他即将死亡，并问他血液检查会提示什么
在这种情境下，选择三项最合适的做法	**对于这种情境，给下面的做法按合适程度排序（1= 最合适的；5= 最不合适的）**	**在这种情境下，下列医学生的回答分别有多合适？**
A. 命令护士给患者开药 B. 与护士讨论为什么她不同意你的处方 C. 向上级同事咨询意见 D. 填写临床事件表 E. 根据护士的意见取消处方 F. 稍后与护士交谈，讨论你们的工作关系 G. 在医疗记录中写上护士拒绝给药 H. 再次回顾病例	A. 询问护士你的带教医生是否在近期有其他药物处置失误 B. 将处方改为每周 7.5 mg C. 直到带教医师第二天早上查房再改变处方 D. 给在家的带教医师打电话，询问改变处方的事情 E. 告诉患者此错误	A. 向患者解释他只是一名医学生，不能就检查的含义给出意见 B. 对患者的顾虑表示认可，并询问他是否愿意将该顾虑反映至高年资医生 C. 告诉患者他不应该担心，以及他不可能死亡

和履历）。这一结论的得出是基于与有效筛选方法设计相关的广泛领域的研究证据，该领域也有一些能够解释为什么某些筛选方法更加有效的重要理论发展。

Motowidlo、Hooper 和 Jackson[79] 提出了隐性特质策略（implicit trait policy，ITP）理论来解释 SJTs 通常可以用来衡量人格特征的原因。根据 ITP 理论，SJTs 测量隐性特质策略和一般经验（根据工作级别也有可能是具体的工作知识）。ITPs 是对表现某些特质所可能带来的成本 / 收益的信念（该信念指导行为）。因此，隐性特质策略是在某些情境下个体对表现某些特质的相对成本 / 收益的判断（因此与特质表现相关，而不是与特质本身相关）。例如，在处理一种情境的时候，做出在这种情境下通常是宜人的判断（例如对一名患者、一名同事或者一位上级）可能比起做出令人不快的判断是一种更为成功的策略。通过这种方式，SJTs 衡量在给定情境下人们对有效行为的认知的程序意识，这很可能与个人的价值观相关。

与价值观相似，人们认为，ITP 也是由基础社会化过程的经验塑造形成的，比如童年时期父母的榜样作用。可以传授令人愉快的表现的益处，比如帮助有需要的人或者容忍；也可以传授令人不快的表现，即自私地关注自己的利益或者以牺牲他人的利益来满足自己的利益。成年早期进入大学后，教育者面临的挑战是教给学生有效的护士或医生行为的作用。传授关于临床医生在任何特定情况下的有效行为的这种社会化，是在大学里有指导的临床实践中形成的。

人格通常是代表人自然而然的行为，价值观反映的是努力方向（动机目标）和行为方式的选择 [6-7]。在此，我们认为，个人对采取某些行动方案（如 SJTs 中测量的）的成本 / 收益也具有程序意识（procedural awareness），这也会指导行为。比如在给定的情况下，我们也许会选择尊重他人。因此，因为 SJTs 能测量隐性特质策略，所以我们也能构建出 SJTs 来测量个体在不同方面的价值观。SJTs 本身不是道德价值观的衡量标准，更多的是个人在工作场景中对于重要的人际关系领域有效行为的意识的衡量标准。

本章重点分析了 SJTs 背后的理论，我们需要知道，SJTs 仅仅是被证明在 VBR 中有用的其中一种选拔方法 [58]。人格测试以及结构化面试，可能也会被证明是 VBR 中有用的选拔方法，这需要进一步的研究来考察这些问题。

框 15.1 开发用于医疗卫生中 VBR 的 SJT 实例

背景

每年，近 8000 名医学毕业生申请英国基础培训项目初级医生职位。所有在英国想要做医生工作的医学毕业生都需要完成这个为期 2 年的项目。由于英国医学院校的扩招以及国际学生申请数量的不断增加，该项目的竞争日益激烈。

卫生部建议实施 SJT 来为基础培训项目岗位评估职业特质、判断力和就业力，并取代先前使用的开放式的基于胜任力的应用问题（open-ended competency-based application questions）。SJT 向申请人提供了作为基础年（foundation year 1，F1）医生可能会遇到的情况，并问他们在这些情境下会怎么做。他们的回答根据领域专家事先确定的关键点来评分。SJT 确保了所选候选人具有一个成功的医生所需要具备的能力倾向和价值观。

关键问题以及如何解决

为了理解和定义成功角色需要的特质，我们对 F1 医生的角色进行了工作分析。基于此分析，我们开发了一个人员规范。每年，教育专家、临床专家和其他基础项目专家都会基于人员规范来开发新的问题。这些问题会被进一步审核，包括来自基础年医生的审核，从而保证假设的情境是现实且适宜的。通过工作分析，识别出需要在 SJT 中进行评估的 5 个目标领域，设计的每一个题目都是为了测量其中一个目标领域。表 15.2 列出了 5 个目标领域，以及可能包含在每个领域下各种场景的示例。

结果和评估

SJT 从 2013 年开始投入使用，到目前为止，大约有 16000 名医学毕业生已经完成了测试，该测试结果和教育成就测试结果一起被基础培训项目应用于决定项目派位。SJT 每年都要进行全面的心理测量分析，结果表明 SJT 作为基础培训项目的筛选方法是可靠、有效和合适的。申请人对测试的反馈是正向的，大多数学生表示考试内容公平、与基础培训项目关系密切以及适合他们的水平。目前正在进行对 SJT 预测效度的分析，比较申请人在此测试中的表现和在基础培训项目中的表现。这将会检测 SJT 在多大程度上能够预测医生在工作中的态度与价值观。

表 15.2　SJT 的目标领域和 SJT 场景示例

职业承诺	例如，在工作时间以外听同事谈论一个患者
应对压力	例如，处理与别人的冲突，如愤怒的亲戚
有效的交流	例如，收集信息并向其他同事传达意图
关注患者	例如，将患者的意见 / 关心的事考虑在内
有效的团队合作	例如，在面对对患者的护理产生分歧的问题时，能够承认和重视同事的技能和知识

注：这些领域都是 NHS 章程中明确列出的价值观，即为患者共同努力、尊重和尊严、致力于医疗服务质量、同情心、改善生命质量、尊重每个人的意见

下一步如何做？

本章探讨了：① 什么是价值观、价值观的理论基础及其如何能成为医疗卫生行业筛选和招录的重要补充；② 价值观与人格、动机和工作行为等因素之间的联系；③ 就有效性而言最适合于 VBR 的筛选方法，以及一些方法比其他方法更加合适的原因。那么，本章的内容如何指导研究？就医学教育的 VBR 而言，需要做些什么？如何将本章中的信息运用到实践中？

就研究而言，现有关于 VBR 研究的一个重要的部分是如何识别高质量、安全的医疗服务提供者；然而，目前文献关于在医疗卫生环境中如何准确测量价值观这一方面还存在着明显的空白。虽然本章已经探讨了多种测量价值观的筛选方法的有效性，但是这个领域未来仍会有很多研究成果。更大范围的研究已经显示出一些选拔方法理论基础的新发展。例如，SJTs 背后的理论显示了 SJT 可以测量可能与个人价值观有关的隐性特质策略[73]。因此，SJTs 在医疗卫生行业招录中对于价值观的测量具有不错的前景。此外，本章还着重强调理解什么组成了“价值观”及其与其他类似概念（如人格）的区别。这对未来的研究很有指导意义，因为虽然已有大量的理论来探讨人格，但是尚没有广泛的研究来考察人格与价值观的联系。在临床实践中，我们需要更多系统的长期的验证性研究来探讨 SJT 与后续行为的关联程度。还需要进一步的研究来检验 SJTs 的结构效度，以揭示 SJTs 怎样才能最好地用于评估价值观。基于排序的 SJTs 回答形式（与评级形式相反）对于测量价值观可能是最佳的，因为研究显示，价值观与目标的选择相关。由于医学实践是全球范围的，所以下一步应结合本章所展示的理论重点探讨跨文化价值观差异的潜在作用。

最后，研究证据支持促进 VBR 作为组织价值观体系建设之中一个部分，因为即便个体被招录时持有组织最看重的有助于开展高质量、有效、人文的医疗服务的价值观，在后续的医疗实践中，如果被安排到非最优价值观占优的团队中，其价值观仍可以通过社会化（价值观内化）或人员流动等途径而改变。这一点说明，除了招录以外，还需要从多个方面来发展和研究组织的价值观。

小结与结论

价值观与人格、能力、动机等心理属性之间存在着复杂的关系。这意味着在招录过程中评估和测量价值观比评估能力和技能更有难度，也不那么直接。

一些筛选方法（如SJTs和MMI）对于VBR是有效的，而另一些（如个人陈述和履历）则不是，继续加深我们对这些方法有效性的理论基础的理解也是很重要的。这一研究领域在医学教育领域仍然是新兴的，有许多方面的问题需要进一步研究。

实践要点

- 人格和价值观是不同的——人格是指持久的性格倾向，而价值观是指持久的目标。
- 价值观与人格、动机和工作行为等因素之间存在联系，因此在招录时测量价值观是很重要的。
- SJTs是测量临床知识之外的各种非学术特质（包括价值观）的一个特别有前景的方法，其与医学教育、培训和实践尤其相关。
- 虽然有越来越多的证据表明，与其他几种选拔工具相比，SJTs在医疗卫生情境中精确测量价值观方面是有效的，但仍需要进一步研究使该领域变得成熟。
- 此外，基于价值观的招录是医疗卫生环境中价值观建设的一部分：除了招录之外，还需从多方面来发展和研究组织的价值观。

致谢

我们非常感谢Maria StLedger和Sarah Stott在文献检索和准备最后文稿方面的帮助与支持。

参考文献

1 Francis R. (2013). *Report of the Mid Staffordshire NHS Foundation Trust Public Inquiry: Executive Summary (Vol. 947). TSO Shop*

2 Cavendish, C. (2013) *An Independent Review into Healthcare Assistants and Support Workers in the NHS and Social Care Settings*. Department of Health, London.

3 Schwartz, S.H. (2012) An overview of the Schwartz theory of basic values. *Online Readings in Psychology and Culture*, **2**.

4 Rokeach, M. (1973) *The Nature of Human Values*. Free Press, New York.

5 Bardi, A. & Schwartz, S.H. (2003) Values and behavior: Strength and structure of relations. *Personality and Social Psychology Bulletin*, **29**, 1207–1220.

6 Parks, L. & Guay, R.P. (2009) Personality, values, and motivation. *Personality and Individual Differences*, **47**, 675–684.

7 Parks, L. & Guay, R.P. (2012) Can personal values predict performance? Evidence in an academic setting. *Applied Psychology: An International Review*, **61**, 149–173.

8 Schwartz, S.H. (1992) Universals in the content and structure of values: Theoretical advances and empirical tests in 20 countries. In: Zanna, M.P. (ed), *Advances in Experimental Social Psychology*. Academic Press, San Diego, CA, pp. 1–65.

9 Schwartz, S.H. (1994) Are there universal aspects in the structure and contents of human values? *Journal of Social Issues*, **50**, 19–45.

10 Schwartz, S.H. & Bilsky, W. (1987) Toward a psychological structure of human values. *Journal of Personality and Social Psychology*, **53**, 550–562.

11 Schwartz, S.H. & Bilsky, W. (1990) Toward a theory of the universal content and structure of values: Extensions and cross-cultural replications. *Journal of Personality and Social Psychology*, **58**, 878.

12 Ravlin, E.C. & Meglino, B.M. (1987a) Issues in work values measurement. In: Preston, L. (ed), *Research in Corporate Social Performance and Policy*. Vol. **9**. JAI Press Inc., pp. 153–183.

13 Locke, E.A. (1997) The motivation to work: What we know. In: Maehr, M.L. & Pintrick, P.R. (eds), *Advances in Motivation and Achievement*. Vol. **10**. JAI Press Inc., pp. 375–412.

14 Meglino, B.M. & Ravlin, E.C. (1998) Individual values in organisations: concepts, controversies, and research. *Journal of Management*, **24**, 351–389.

15 Oishi, S., Schimmack, U., Diener, E. & Suh, E. (1998) The measurement of values and individualism–collectivism. *Personality and Social Psychology Bulletin*, **24**, 1177–1189.

16 Kapes, J.T. & Strickler, R.E. (1975) A longitudinal study of change in work values between 9th and 12th grades. *Journal of Vocational Behavior*, **6**, 81–93.

17 Rokeach, M. (1972) *Beliefs, Attitudes, and Values: A Theory of Organization and Change*. Jossey-Bass Inc., San Francisco, CA.

18 Cable, D.M. & Parsons, C.K. (2001) Socialisation tactics and person-organisation fit. *Personnel Psychology*, **54**, 1–23.

19 Weiss, H.M. (1978) Social learning of work values in organizations. *Journal of Applied Psychology*, **63**, 711–718.

20 Schwartz, S.H. & Bardi, A. (2001) Value hierarchies across cultures taking a similarities perspective. *Journal of Cross-Cultural Psychology*, **32**, 268–290.

21 McCrae, R.R. & Costa, P.T. Jr., (1997) Personality trait structure as a human universal. *American Psychologist*, **52**, 509–516.

22 Mount, M.K. & Barrick, M.R. (2002) *The Personal Characteristics Inventory Manual*. The Wonderlic Corporation, Libertyville, IL.

23 Goldberg, L.R. (1992) The development of markers for the Big-Five Factor structure. *Psychological Assessment*, **4**, 26–42.

24 Judge, T.A., Heller, D. & Mount, M.K. (2002) Five-factor model of personality and job satisfaction: a meta-analysis. *Journal of Applied Psychology*, **87**, 530.

25 Motowidlo, S.J., Borman, W.C. & Schmidt, M.J. (1997) A theory of individual differences in task and contextual performance. *Human Performance*, **10**, 71–83.

26 Schmidt, F.L. & Hunter, J.E. (1983) Individual differences in productivity: An empirical test of estimates derived from studies of selection procedure utility. *Journal of Applied Psychology*, **68**, 407.

27 Roccas, S., Sagiv, L., Schwartz, S.H. & Knafo, A. (2002) The Big Five personality factors and personal values. *Personality and Social Psychology Bulletin*, **28**, 789–801.

28 Williams, R. & Pons, H. (2001) *Cultura y sociedad, 1780-1950: De Coleridge a Orwell*. Nueva Visión.

29 Parks L. (2007). Personality and values: A meta-analysis. Paper presented at the *annual conference for the society of industrial and organizational psychology*, New York.

30 Schneider, B. (1987) The people make the place. *Personnel Psychology*, **40**, 437–453.

31 Schneider, B., Goldstein, H.W. & Smith, D.B. (1995) The ASA framework: an update. *Personnel Psychology*, **48**, 474–773.

32 Bauer, T.N., Morrison, E.W. & Callister, R.R. (1998) Organizational socialization: A review and directions for future research. *Research in Personnel and Human Resources Management*, **16**, 149–214.

33 Chao, G.T., O'Leary-Kelly, A.M., Wolf, S., Klein, H.J. & Gardner, P.D. (1994) Organisational socialisation: Its context and consequences. *Journal of Applied Psychology*, **79**, 730–743.

34 Ostroff, C., Yuhyung, S. & Kinicki, A.J. (2005) Multiple perspectives of congruence: relationships between value congruence and employee attitude. *Journal of Organisational Behaviour*, **26**, 591–623.

35 Bilsberry, J. (2007) Attracting for values: an empirical study of ASA's attraction proposition. *Journal of Managerial Psychology*, **22**, 132–149.

36 Hollup, O. (2012) Nurses in Mauritius motivated by extrinsic rewards: A qualitative study of factors determining recruitment and career choices. *International Journal of Nursing Studies*, **49**, 1291–1298.

37 Arnold, J., Coombs, C., Wilkinson, A., Loan-Clarke, J., Park, J. & Preston, D. (2003) Corporate images of the United Kingdom National Health Service: Implications for the recruitment and retention of nursing and allied health profession staff. *Corporate Reputation Review*, **6**, 223–238.

38 De Cooman, R., De Gieter, S., Pepermans, R. *et al.* (2009) Person-organisation fit: Testing socialisation and attraction-selection-attrition hypotheses. *Journal of Vocational Behaviour*, **74**, 102–107.

39 Anderson, N., Born, M. & Cunningham-Snell, N. (2001) Recruitment and selection: Applicant perspectives and outcomes. In: Anderson, N. (ed), *Handbook of Industrial Work and Organizational Psychology*. Sage, London, pp. 200–218.

40 Guion, R.M. (1998) *Assessment, Measurement, and Prediction for Personnel Selection*. Erlbaum, Mawah, NJ.

41 Schmidt, F.L., Ones, D.S. & Hunter, J.E. (1992) Personnel selection. *Annual Review of Psychology*, **43**, 627–670.

42 Anderson, N. & Ostroff, C. (1997) Selection as socialization. In: *International Handbook of Selection and Assessment*. John Wiley, London, pp. 413–440.

43 Rapping, J.A. (2009) You can't build on shakvey ground: laying the foundation for indigent defense reform through values-based recruitment, training and mentoring. *Harvard Law and Policy Review*.

44 Maierhofer, N.I., Griffin, M.A. & Sheehan, M. (2000) Linking manager values and behaviour with employee values and behaviour: A study of values and safety in the hairdressing industry. *Journal of Occupational Health Psychology*, **5**, 417–427.

45 Finegan, J.E. (2000) The impact of person and organisational values on organisational commitment. *Journal of Occupational and Organisational Psychology*, **73**, 149–169.

46 Ostroff, C. & Zhan, Y. (2012) Person–environment fit in the selection process. In: Schmidt, N. (ed), *The Oxford Handbook of Personnel Selection and Assessment*. Oxford University Press.

47 Kristof-Brown, A.L., Jansen, K.J. & Colbert, A.E. (2002) A policy-capturing study of the simultaneous effects

of fit with jobs, groups and organisations. *Journal of Applied Psychology*, **87**, 985–993.
48 Van Vianen, A.E.M. (2000) Person-organisation fit: The match between newcomers' and recruiters preferences for organisational cultures. *Personnel Psychology*, **53**, 113–149.
49 Amos, E.A. & Weathington, B.L. (2008) An analysis of the relation between employee-organisation value congruence and employee attitudes. *Journal of Psychology*, **142**, 615–631.
50 Verquer, M.L., Beehr, T.A. & Wagner, S.H. (2003) A meta-analysis of relations between Person-Organisation fit and work attitudes. *Journal of Vocational Behaviour*, **63**, 473–489.
51 Hoffman, B.J. & Woehr, D.J. (2005) A quantitative review of the relationship between person-organisation fit and behavioural outcomes. *Journal of Vocational Behaviour*, **68**, 389–399.
52 Kristof, A.L. (1996) Person-organization fit: An integrative review of its conceptualizations, measurement, and implications. *Personnel Psychology*, **49**, 1–49.
53 Tziner, A. (1987) Congruency issue retested using Fineman's achievement climate notion. *Journal of Social Behavior and Personality*, **2**, 63–78.
54 Campion, M.A., Palmer, D.K. & Campion, J.E. (1997) A review of structure in the selection interview. *Personnel Psychology*, **50**, 655–702.
55 Lievens, F. & Thornton, G.C. (2005) Assessment centres: recent developments in practice and research. In: Evers, A., Smit-Voskuijl, O. & Anderson, N. (eds), *Handbook of Personnel Selection*. Blackwell, Oxford, pp. 243–264.
56 Ryan, A.M. & Ployhart, R.E. (2014) A century of selection. *Annual Review of Psychology*, **65**, 20.1–20.25.
57 Salgado, J.F. & Anderson, N. (2002) Cognitive and GMA testing in the European Community: Issues and evidence. *Human Performance*, **15**, 75–96.
58 Patterson, F., Knight, A. *et al* (2016) A systematic review of selection methods. *In press Medical Education*.
59 McDaniel, M.A., Hartman, N.S., Whetzel, D.L. & Grubb, W.L. III, (2007) Situational judgment tests, response instructions, and validity: A meta-analysis. *Personnel Psychology*, **60**, 63–91.
60 Weekley, J.A. & Ployhart, R.E. (2006) *Situational Judgment Tests: Theory, Management, and Application*. Erlbaum, Mahwah, NJ.
61 Patterson, F., Prescott-Clements, L., Zibarras, L., Edwards, H., Kerrin, M. & Cousans, F. (2015under review) Recruiting for values in healthcare: a preliminary review of the evidence. *Advances in Healthcare Sciences*, 1–23.
62 Prideaux, D., Roberts, C., Eva, K. *et al.* (2011) Assessment for selection for the health care professions and specialty training: Consensus statement and recommendations from the Ottawa 2010 Conference. *Medical Teacher*, **33**, 215–223.
63 Cleland J, Dowell J, McLachlan J, Nicholson S & Patterson F. (2012) *Identifying best practice in the selection of medical students*. Research report to the General Medical Council http://www.gmc-uk.org/Identifying_best_practice_in_the_selection_of_medical_students.pdf_51119804.pdf
64 McDaniel, M.A. & Nguyen, N.T. (2001) Situational judgment tests: A review of practice and constructs assessed. *International Journal of Selection and Assessment*, **9**, 103–113.
65 Christian, M., Edwards, B. & Bradley, J. (2010) Situational judgement tests: constructs assessed and a meta-analysis of their criterion-related validities. *Personnel Psychology*, **63**, 83–117.
66 Lievens, F., Peeters, H. & Schollaert, E. (2008) Situational judgment tests: a review of recent research. *Personnel Review*, **37**, 426–441.
67 Motowidlo, S.J., Dunnette, M.D. & Carter, G.W. (1990) An alternative selection procedure: The low-fidelity simulation. *Journal of Applied Psychology*, **75**, 640–647.
68 Patterson, F., Baron, H., Carr, V., Lane, P. & Plint, S. (2009) Evaluation of three short-listing methodologies for selection into postgraduate training: the case of General Practice in the UK. *Medical Education*, **43**, 50–57.
69 Whetzel, D., McDaniel, M. & Nguyen, N. (2008) Subgroup differences in situational judgment test performance: A meta-analysis. *Human Performance*, **21**, 291–309.
70 McDaniel, M.A., Whetzel, D.L., Schmidt, F.L. *et al.* (1994) The validity of employment interviews: A comprehensive review and meta-analysis. *Journal of Applied Psychology*, **79**, 599–616.
71 Steiner, D.D. & Gilliland, S.W. (1996) Fairness reactions to personnel selection techniques in France and the United States. *Journal of Applied Psychology*, **81**, 134–141.
72 Weekley, J.A. & Ployhart, R.E. (2013) *Situational Judgment Tests: Theory, Measurement, and Application*. Psychology Press.
73 Motowidlo, S.J. & Beier, M.E. (2010) Differentiating specific job knowledge from implicit trait policies in procedural knowledge measured by a situational judgment test. *Journal of Applied Psychology*, **95**, 321–333.
74 Patterson, F., Ashworth, V., Zibarras, L., Coan, P., Kerrin, M. & O'Neill, P. (2012) Evaluations of situational judgement tests to assess non-academic attributes in selection. *Medical Education*, **46**, 850–868.
75 Lievens, F. & Patterson, F. (2011) The validity and incremental validity of knowledge tests, low-fidelity simulations, and high-fidelity simulations for predicting job performance in advanced-level high-stakes selection. *Journal of Applied Psychology*, **96**, 927–940.
76 Patterson, F., Lievens, F., Kerrin, M., Munro, N. & Irish, B. (2013) The predictive validity of selection for entry into postgraduate training in general practice: evidence from three longitudinal studies. *British Journal of General Practice*, **63**, 734–741.
77 Lievens, F. (2013) Adjusting medical school admission: assessing interpersonal skills using situational judgement tests. *Medical Education*, **47**, 182–189.
78 Clevenger, J., Pereira, G.M., Wiechmann, D., Schmitt, N. & Harvey, V.S. (2001) Incremental validity of situational judgment tests. *Journal of Applied Psychology*, **86**, 410–417.
79 Motowidlo, S.J., Hooper, A.C. & Jackson, H.L. (2006) Implicit policies about relations between personality traits and behavioral effectiveness in situational judgment items. *Journal of Applied Psychology*, **91**, 749–761.

情绪与学习：利用认知理论和方法论研究情绪对学习的影响

Emotions and learning: cognitive theoretical and methodological approaches to studying the influence of emotions on learning

第16章

Chapter 16

Meghan McConnell and Kevin Eva

（翻译：李文卓　　审校：仇冠楠）

一名家庭医学二年级住院医师刚刚结束了繁忙的轮班工作，她经历了5台阴道分娩手术和2台剖宫产手术。早5时许，一名年轻的女子入院。她是一名急产妇，到达医院时宫口就已经完全扩张，即将生产。最初的胎心音调较为平稳，但当胎头可见时，产妇开始出现宫缩减速恢复不良的情况。在下一轮宫缩中，产妇再次出现宫缩减速的情况，并未恢复。这位住院医师决定尝试使用"Mighty-Vac"方法，她之前曾在高年资产科住院医师的监督下使用过两次这种方法。第一次牵拉后，手柄掉落。护士报告胎心率60次/分。住院医师迅速借助产钳检查胎儿位置，并用两个牵拉器将婴儿的头部拉出。然而，婴儿的脖子上紧紧缠绕着三圈脐带，还附着厚厚的胎粪。婴儿被从会阴处吸出后，马上移入抢救车。每个人都松了一口气。

引言

从这个案例可以看出，情绪可以对医疗卫生专业学习者产生广泛的影响。住院医师期待手术成功，担心手术失败，并在成功完成手术之后产生放松和自豪的感觉。这些情绪可能会对学习者的学习、动机、批判性思考、身份认同形成和终身学习产生潜在影响[1]。更好地理解情绪如何影响学习和知识传播过程，不仅能够帮助学习者灵活应对不同的学习情境，也能够使教育者有意地做出计划，以充分利用这些过程。

为了解情绪在培训和评估方面对临床医生产生的影响，医学教育工作者需要深刻把握情绪研究的相关方法和理论。认知心理学家在研究情绪对学习环境中信息处理的方式、信息组织检索的方式、信息影响学习者决策和行为习惯的方式等方面，有很丰富的经验[1-2]。

本章，我们将利用认知心理学来研究：① 阐释一些情绪如何调控学习的理论方法；② 介绍几种可以应用于不同教育环境中的引发和评估情绪的方法学；③ 识别情绪对于医疗专业人员培训的影响这个课题研究的突出问题。本章内容不仅为了提升读者对于情绪在临床医生培训、分析问题和执行表现力方面所起作用的理解，也可以作为医学教育研究者从事情绪研究的参考指南（见“实践要点”部分）。

定义术语

随着医学教育界意识到情绪在学习情境中发挥的重要作用，研究者在研究与情感、心境、情绪有关联的现象时，概念化和操作化的统一尤为重要[3]（表 16.1）。

情感（affect）指一种广泛的、内生性的神经生理状态，通常包含简单的、非反射的感觉[4]。人们一直是处于某种情感状态中的，尽管其性质和强度随着时间的推移而变化。情感包括例如喜悦、紧张、镇定和倦怠。可以看出，情感是一个概括性术语，不仅包括心境（mood）和情绪（emotion），还涵盖感受、信念、偏好、评价和态度。

心境（mood）通常是指可以独立（free-floating）的情感状态，这些状态可以持续数小时、数天或数周，不与特定对象或事件相关联[5]。例如，一个人可能会在急躁的情绪中醒来，这种状态随时间变化，且不与特定事件、物体或人员相关联。

表 16.1　情感、心境和情绪的定义

术语	定义	举例
情感	一种神经生理状态，可以解释为一种简单的、非反射的感觉	喜悦、悲伤、紧张、镇静、活力、疲倦
心境	一种独立的情感状态，能够持续几小时、几天甚至几周。不与特定的物体或事件相关联	醒来时心情烦躁，没有特定原因而感到满意
情绪	一种心理生理变化，产生于某特定的物体或事件。包括行为反应（如接近或回避等行为）、表达反应[如面部和（或）声音表达]、生理反应（如神经或激素变化）以及认知评价（如对情境的主观评价）	因争论而变得易怒，因积极的表现而高兴

相反，情绪（emotion）则指与特定事件或时点相关的情绪，可以是真实或虚构的，可以发生在过去、现在或未来[3]。例如，对积极的诊断结果感到满意，或为即将与一位十分严厉的监督者一起进行临床轮转而担忧。在认知心理学中，情绪进一步被定义为一系列心理生理变化，这些变化来源于对特定对象或事件的反应。这些变化包括行为反应（如接近或回避）、表达反应［如面部和（或）声音表达］、生理反应（如神经或激素变化）以及认知评价（如对情境的主观评价）[6]。因此，不同情绪状态的学习者会对特定的学习事件做出不同的反应。例如，在收到关于表现评估的建设性反馈后，感到特别焦虑的学习者可能会避开导师（行为反应），变得相当安静（声音表达反应），感觉自己的心脏在剧烈跳动（生理反应），并认为这是一件特别消极的事情（对当前情境的认知评价）。

概念基础

情绪的结构

情绪研究主要有两种分类方法：离散状态方法（discrete state approach）和维度方法（dimensional approach）。

支持**维度方法**的研究者认为，情绪是一种共用一套基础维度的实体。通过类比的方法，每种颜色可以被贴上特定的标签，但色谱却可以通过亮度、色调以及饱和度的维度来简要定义 [7]。环状模型（circumplex model）是情绪研究最常见的维度模型。环状模型根据情绪价态（正与负）以及生理唤醒或激活水平（高与低）[8] 来定义。由此，情绪价态和唤醒水平被认为是一种量化不同情绪状态的正交二维模型。

也有人认为，这些维度过于简单，不足以解释情感的异质性 [7,9]。例如，Fontaine 等人 [7] 分析了三种欧洲文化中的 24 个情绪术语，发现需要 4 个维度才能完全区分这些情绪——情绪价态、激活水平、效力对照（如感受的强或弱，可以将愤怒与蔑视区分开来）、突发事件的反应（如面对意外事件的反应，能将惊异和恐惧与其他情绪区分开来）。除此之外，Lövheim[9] 支持一种称为“情感魔方”（cube model of affect）的三维模型。在这种模型中，情感状态被量化为三种主要单胺神经递质——5- 羟色胺、多巴胺和去甲肾上腺素所产生的作用。

关于情感状态基本维度的数量和性质的争论仍在继续，因为研究人员发现，同一维度空间内，不同情绪可以产生不同的效果 [10-11]。由于每种情绪都被认为是独一无二的，研究人员主张采用**离散状态方法**进行研究 [7,12]。离散模型能够呈现出每种情绪独特的行为和认知表现、躯体和内脏特征、表达行为（如面部、姿势和声音）以及应对事件的反应。例如，焦虑的情绪通常与“不确定、存在威胁”联系在一起 [13]；这时候，个体对外部环境细节的注意力受限并采取回避策略（如存在特定关注点与行动方面的偏好）[14]；呼吸速率、心率和心输出量增加（如特殊的躯体内脏特征）[15] 以及紧张的面部、姿势和声音表现（如表达行为）[16]。

虽然离散状态方法强调了不同情绪的独特之处，但也很明显，有些情绪（如遗憾和内疚、害怕和恐惧、羡慕和嫉妒）之间非常相似。因此，在情绪状态研究方法的变体中，一些研究者尝试对情绪进行分类，使类别之内的情绪之间非常相似。例如，“愤怒”一类中，可能包括暴怒、激怒和恼怒。同一类别情绪的表现（行为、认知、生理、表达等）是极为相似的，但与其他类别存在极大不同。例如，喜爱含义的情绪，如崇拜、同情、爱慕、疼爱，与恐惧含义的情绪，如惶恐、惊恐、惊慌、恐惧之间存在极大差异 [3]。但这种方法是否模糊了离散状态方法和维度方法之间的界限，以及划分类别是否只简单反映了语言中同义词的存在，这些问题还有待于进一步研究。因此，当前可以为研究人员提出的最好建议是：在研究问题时，结合背景条件进行具体分析，选择出最合适的研究模型。

偶发情绪与整体情绪

情绪被认为产生于对特定的物体或事件的反应，所以研究者也可以根据情绪产生的主要原因（或来源）及其与手头任务的相关性来进行概念化。**偶发情绪**（incidental emotions）的产生与任务无关。例如，一个人想要学习三羧酸循环的时候，偶发情绪可能包括之前与同事争吵引起的愤怒，或由于间歇性断网所造成的沮丧。

相反，**整体情绪**（integral emotions）状态与任务直接相关——学习者因正确诊断一项疑难病例而产生兴奋，或第一次在没有高年资医师帮助的情况下给患者插管而产生恐慌。在这些案例中，情绪状态由事件诱发，因此是学习过程的组成部分。

有证据表明，整体情绪和偶发情绪都会影响人们做出的判断和选择 [10,17]。然而，有理由怀疑，偶发情绪和整体情绪会对学习产生不同的影响，从而为进一步详细区分情绪的来源提供了证据。例如，LeBlanc[18] 在一篇研究压力与表现之间关系的文献综述中表明，当正在执行的任务与压力源（如抢救患者）密切相关时，执行者就会将注意力集中于任务本身，表现就可能有所提升；然而，如果压力源是任务执行的过程中偶然产生的（如巨大的噪声和干扰工作的团队成员），那么注意力将无法集中于任务本身，反而集中在压力源上，这就会对表现产生不利影响。因此，无论学习事件是否会诱发情绪，都应调节其对学习过程、知识保持和知识迁移的影响。

理论方法

已经有几种解释情感与认知之间关系的理论发展起来。情绪信息模型（affect-as-information model）[19] 认为，情绪反应能够提供生理和经验信息，这些信息随后会指导个体对不同情况做出反应。根据这一理论，个体对某一特定判断、对象或事件的情绪反应，能够对整个情境的价值（如愉快不愉快、满意不满意）和重要程度（如紧急不紧急、重要不重要）起到信号作用。想象一个医务人员救治受重伤孩子的情境。在这种情况下，焦虑表明这是一个高风险事件。重伤对孩子的健康有重大威胁，并且时间至关重要 [20]。由此看来，情绪信息模型认为，情绪能够通过赋予学习环境中特定的信息优先权，进而对学习产生影响。在很大程度上讲，这是一种维度的方法，因为从情绪中收集到的信息是情绪价态（如情绪值）和生理唤醒水平（如重要性）的函数。

相反，研究人员采用离散状态方法来研究情绪时，强调认知评价在定义不同的情绪状态中的重要性。评价理论学家认为，情感经历是个体对于特定对象、事件或情境进行解释或评价而产生的结果 [12,21]。根据评价理论，情绪产生于对正在进行的事件和情境的解释 [21]；不同个体在相同情境中，会基于自身对于情境的评价（或解释）产生不同的情绪。现在我们想象，一位学习者由于犯了可能对患者造成严重后果的错误而受到导师严厉的批评，这位学习者产生什么样的反应，取决于自身对情境的解释。如果他认为批评是错误的，受到指责的应该是其他人，那么他会感到愤怒；或者他认为自己已经达到了当时情况下的最好程度，那么这位学习者可能会继续保持积极的情绪。评价能够调节情境因素产生的影响，并且可以作为一种教育干预目标来促进积极情绪的发展，因此十分重要 [22]。

为了解释情绪在学术或成就中起到的作用，最近，情绪控制值理论（control-value theory of emotions）发展起来 [22]。这一理论可以用来区分两种类型的情绪：

与正在进行的成就活动相关的活动情绪（activity emotions），以及与成就活动结果相关的结果情绪（outcome emotions）[23]。活动情绪包括因获得学习新事物的机会而兴奋，或对具有挑战性的任务而产生不满；结果情绪包括学术目标达成时所经历的快乐和自豪[22]。这一理论认为，活动情绪、结果情绪以及学习者产生的评价，都会影响学习者的学习参与和学业表现。

由于控制值理论专门为考察成就情境下的情绪而开发，它也因此在理解情绪对动机、学习和表现的影响方面发挥着重要作用[24]。

行为机制

在认知心理学中，情绪一直是过去几十年中众多理论研究和实证研究的主题。一般认为，情绪通过以下 5 个主要途径影响学习过程和学业表现：认知资源、学习和解决问题的策略、记忆、自主性以及兴趣 / 动机[25]。

认知资源

情绪能够影响工作记忆中认知资源的分布。资源分配模型[26]假定，与正在进行的学习活动无关的情绪（偶发情绪）会消耗工作记忆空间，也会减少可用于完成当前学习任务的认知资源。现有可用认知资源的减少反过来会给学业表现带来消极影响[27-28]。例如，一个对即将到来的执业医师资格考试感到焦虑的学习者，或是一个对患者去世而感到悲痛的学习者，他们可用于当前学习的认知资源更少。Fraser 和他的同事们[29]最近在模拟培训中研究了情绪、认知负荷和诊断表现之间的关系，有以下发现：① 当学习者自我报告处于高度“兴奋”和低度“镇定”状态时，认知资源的负荷达到最高；② 学习者在模拟培训中准确诊断心脏杂音的能力随认知负荷的增加而降低。这也是医学教育领域中最早阐释情绪和认知负荷对学业表现的影响的结论之一。

然而，这一领域的大多数研究都聚焦于偶发情绪，即参与者的情绪在完成一个“中性”任务之前就已被测定（或操控）。已经有研究表明，如果情绪是任务需求中的一部分（如对情绪化的词语或图像产生的反应），那么这种情绪对于工作中的记忆有促进作用[30]，且在振奋人心的情境中尤为明显[31]。这些结果表明，偶发情绪和整体情绪对工作中的记忆有不同的影响，继而也会对学习和学业表现产生不同影响。

学习和解决问题的策略

情绪能调节个体对图式、属性、启发式（heuristics）、成见、经验法则等“认知捷径”的使用。消极情绪与使用系统化、分析化的方法有关，而积极的情绪则与更有创造性的解决问题的方法联系在一起[32]。这些研究结果表明，积极的情绪能够促使学习者使用更加灵活的学习策略，如对学习材料加以组织和整理；而消极的情绪可能会导致学习者使用更加死板的方法，如单纯的死记硬背[33-34]。由此可见，情绪能够影响学习者在教育活动中的思考方式。

记忆

高度情绪化的经历往往更容易被记住。一般来说：① 消极事件比积极事件更容易被回想起来 [35]；② 激动人心的经历比没那么激动人心的经历更容易被记住 [36]。相比于没有情绪产生的学习经历而言，学习者可能会从有情绪产生的学习经历中记住更多学习过程中的细节知识。然而，如果情绪是产生于先前其他经历的“延续”（如与当前进行的任务无关），那么这种依靠情绪来增强的记忆就有可能不那么有益。例如，假设一位高级内科住院医师 Janet，曾把患者的过敏反应误诊为哮喘恶化。Janet 因这件事感到非常焦虑、遗憾和愧疚。几周之后，一位 30 岁的男性患者因哮喘并发肺炎被内科收治。Janet 给患者服用了抗生素，但 24 小时后，这位患者的哮喘症状加重，甚至出现了呼吸困难的症状。听到这个消息，Janet 变得焦虑异常，担心自己再一次发生误诊事故。这些情绪经历的重现，会在医师诊治新病例时产生重要的影响。

自主性

在教育情境中，学生必须规划、监控和评估自己所掌握的知识水平，来及时调整学习策略，以达到任务需求和学习目标 [34]。研究人员已经表明，情绪状态可以影响自主性进程：享受学习等积极情绪，能够促进自主性；焦虑或羞愧等消极情绪，会使学习者在认识学习需求时，增加来自外部指导的依赖 [22,34]。此外，研究表明，情绪能影响个体监控和修订学习目标的程度。Richard 和 Diefendorff[37] 发现，处于积极情绪状态的参与者倾向于报告更高的学术目标（如在下一次测试中取得的成绩）；而处于消极情绪状态的参与者倾向于报告更低的目标。作者推断，情绪能对个体产生信号作用，积极的情绪暗示成功的可能性很高，而消极的情绪暗示成功的可能性很低。

兴趣和动机

最后，情绪可以通过激发和保持学习者对学习材料的兴趣，来影响他们的学习和学业表现 [38]。个体兴趣（individual interest）可以被定义为对某些刺激、事件或物体的忍耐倾向，把个体兴趣和积极的情绪结合起来，能够促进学习 [39]。例如，对产科感兴趣的医学生会努力寻找参与相关实习的机会，参与实习之后，不仅学习者的知识量会增加，同时也会产生愉悦、激动等情绪。情境兴趣（situational interest）在诸如教育任务的组织和呈现方式等特定的情境下刺激产生。研究人员认为，在与先前未对教学内容产生兴趣的学习者打交道时，情境兴趣尤其重要 [38-39]。学术环境中的积极情绪，如愉悦，可以给学习者带来更大的参与动机；然而，绝望、厌烦等消极情绪会抑制学习动机 [34]。实证研究表明，基于兴趣的学习有诸多益处，如促进自主学习、提高学习产出等 [38-39]。

总而言之，上述成果表明，情绪能够影响不同的学习认知过程，这一结论同样可以应用于医学教育领域。然而，这些存在于认知心理学实验室中的研究成果可以在多大程度上推广于真实世界的教育实践，还有待于进一步探索。因此，本章的下一节将概述探索情绪影响学习的常见策略。

情绪的引发和测量

有兴趣通过实验研究情绪的研究者，通常会将情绪状态看作独立的变量，通过操纵情绪以确定其对各种现象和结果变量的影响。研究者可以使用自我报告、面部或声音表现、自主或中枢神经系统的活动来测量情绪。

情绪引发策略

研究者已经制订出一系列引发情绪的实验方法来激发短暂的情绪状态，这些情绪状态在理论上可以模拟现实场景中自然发生的情绪 [40]。经引发产生的情绪一般都是偶发情绪，而非整体情绪。

电影

使用电影或电影片段来引发情绪是最常见的方法之一 [41-42]。这些刺激有许多理想的特性：易于标准化、不涉及欺骗、具有高度生态有效性（ecological validity）。同时，它们是动态刺激而非静态刺激 [41]。

音乐

音乐诱导情绪的方法可以广泛应用于各种实验。音乐可以单独发挥作用，也可以与其他刺激相结合使用 [43]。在这类实验中，参与者先被要求尝试着体会一种指定的情绪状态，之后再听一段带有情绪暗示作用的音乐。有趣的是，研究表明，电影能够引起偶发情绪 [44]，但音乐可能更适合于调控个体的情绪价态和生理唤醒水平，而非特定的情绪状态 [44]。

自我参照法

常见的情绪引发方法还有 Velten 法以及自传式回想（autobiographical recall）的方法。在 Velten 法中，参与者会阅读 60 个自我参照语句，再试着去体会参照语句所描述的情绪 [45]。这个过程使用了情绪的维度方法（如处于积极 / 激活状态的参与者阅读语句：“这真棒”“我感觉非常好”“我喜欢这个东西”）。虽然许多研究者都在实验中使用了 Velten 法，但其有效性与相关文献中的说法并不一致 [46-47]。

在自传式回想的过程中，参与者被要求回想一个或多个生活情感事件。例如，参与者可能会被要求回忆一些生气、开心、平静或悲伤的事件，或者把它们写下来。这种方法在实验中会带来生理唤醒水平和情绪价态的变化 [48-49]。

与情绪研究相关的挑战

情绪研究人员在实验设计和实施阶段通常会遇到方法论和伦理上的挑战。上述情绪引发方法通常适用于研究偶发情绪，因为情绪是与实验任务分开引发的。研究者认为，在偶发情绪的引发实验中，不应该让参与者意识到他们的情绪正在被操控或测量，否则，参与者会试图纠正潜在的情绪偏差 [50]。因此，情绪引发通常是作为一个与主要课题无关的项目单独进行研究。

因此，在研究情绪对于学习和学业表现的影响时，通常需要对参与者做出一些隐瞒，从而使参与者无法达到完全的知情同意。因此，要注意以下几点：第一，不要使用过于极端的情绪操控方法，以保证参与者遭受风险的可能性降到最低；第二，研究者必须在完成研究后详细询问参与者的情况，在引发参与者产生消极情绪的情况中要尤其注意。在研究完成后，出于道德伦理，研究者需要尝试排解给参与者造成的愤怒、恐惧、悲伤或羞愧等情绪。

情绪的测量和评估

评估情绪十分复杂，在现实世界中尤其如此，但仍存在一些测量维度情绪和离散情绪的技术手段。本章对非语言的测量手段和自我报告的测量手段做出区分。

非语言的测量手段

非语言的测量手段能够测量随情绪而产生的表情或生理变化，包括面部表情、声音和姿势等方面的变化。面部表情是情绪表达的重要组成部分。已经有研究表明，面部表情与主观体验之间存在着中度至高度的相关性 [51-52]。现已有大量测量面部表情的系统，如面部行为编码系统（facial action coding system，FACS）[53-55]。非语言测量手段的优点在于它不依赖语言，因此可以在不同的文化中使用。

与面部表情工具一样，平均音高、音高变化、声强、语速、音质和清晰度等声音特征也与情绪相关 [56]。然而，证明这些声音特征与离散的情绪状态之间的联系颇具挑战性 [57]。

自主神经系统的变化属于情绪的生理组成部分，可以借助血压反应、心率、皮肤反应和激素水平变化等一系列工具进行测量 [15]。然而，研究者在研究情绪和自主神经系统活动之间的关系时，该选择维度模型 [58] 还是离散状态模型 [59] 仍然存在大量争议。无论是维度的还是离散的情绪状态，个体情绪反应方式之间存在的差异，都有一部分可以用情绪应是实验的差异来解释 [60]。

自我报告的测量手段

尽管情绪的表达和行为成分可以借助一系列工具进行测量，但对实验引发的情绪的成分评估才是最重要的（考虑到它是对真实经历的定义）。然而，这些测量手段相较于非语言的测量手段而言具有更大的挑战性。研究者想要从众多的、都声称能测量情绪不同方面的自我报告量表中选择出最合适的一种，无疑是一项艰巨的挑战。也正因此，研究者对于某一量表的选择通常无法给出很好的解释和证明。

研究者需要对于本章前述的基础理论观点具有深刻的理解，才能从众多的自我报告工具中选择出合适的一种。最基本的层面，就是看研究者对于维度情绪（如情绪价态和唤醒水平）还是离散情绪（如生气或兴奋）更感兴趣。表 16.2 列出了几种最常用的自我报告方法，详见 Ekkekakis[3]。

对未来研究的建议

本章开头提到，医学院校充满了各种情绪体验，因此，了解情绪在学习和学业表现中所起到的作用，对医学教育工作者十分重要。传统上，情绪和理性被视为相互对立的过程，因此存在这样的假设：情绪过程会降低理性、模糊判断，甚至扭曲推理结果。一些医学教育工作者将情绪视为逻辑和理性的对立面，从而促成了一种文化，这种文化或含蓄或明确地鼓励学生

表 16.2 常用的情绪自我报告方法

方法	结构	描述
感受量表 （feeling scale，FS）[61]	维度方法 （情绪价态）	• 单条目量表 • 在 –5 ～ +5 的范围内，有 11 个双极测度，每个奇整数处有锚点 • 得分范围从“非常差”（–5）至“中度”（0）至“非常好”（+5） • 通常与 FAS 量表结合使用（见下文）
感觉唤醒量表 （felt arousal scale，FAS）[62]	维度方法（唤醒水平）	• 单条目量表 • 有 6 个双极测度，在 1（“低唤醒”）和 6（“高唤醒”）处有锚点 • 通常与 FS 量表结合使用（见上文）
循环心境量表 （circular mood scale，CMS）[63]	维度方法 （情绪价态和唤醒水平）	• 单条目量表 • 测量情绪价态和唤醒水平 • 由一个包含 8 种情绪状态的圆环构成（从顶部按照顺时针方向：主动参与、欣喜兴奋、开心友好、镇静松弛、懒散懈怠、厌倦迟缓、郁闷抱怨、惊慌生气）
积极和消极情感量表 （positive affect and negative affect scale，PANAS）[64]	维度方法 （积极与消极情感）	• 包含 20 个形容词，10 个代表积极情绪（现称为正激活），10 个代表消极情绪（现称为负激活） • 每个形容词使用 5 个测度，代表从“极轻度 / 根本不”至“极重度”的程度范围
激活 - 去激活形容词检核表 （activation deactivation adjective checklist，AD ACL）[65]	维度方法	• 包含 20 个形容词 • 测量精力充沛、倦怠、紧张和镇静 • 有 4 个反应测度，代表从“完全感受到”至“轻微感受到”至“不能确定”至“完全没感受到”的程度范围
四维心境量表 （four-dimension mood scale，4DMS）[66]	维度方法	• 测量正向精力、倦怠、负向唤醒和放松 或 • 测量精力唤醒与紧张唤醒
心境状态简况 （profile of mood states，POMS）[67]	离散方法	• 测量 6 对不同的状态：疲惫 - 迟钝、强健 - 敏捷、紧张 - 焦虑、沮丧 - 忧郁、愤怒 - 敌对、混乱 - 困惑 • 包含 65 个形容词，每个形容词都使用李克特五级量表
成就情绪量表 （achievement emotion scale，AEQ）[68]	离散方法	• 用于特定学术环境中 • 基于 Pekrun（2006）的成就情绪控制值理论 • 测量愉悦、希望、自豪、放松、生气、焦虑、羞愧、无助和厌烦 • 对 24 个项目使用李克特五级量表（1= 完全不同意，5= 完全同意）

脱离临床体验。这种“漠不关心”的态度以及对情绪中性的重视，可能会对学习者在复杂的环境中获取和应用临床知识产生重大影响。

尽管大多数医学教育工作者都认识到情绪无处不在，但鲜有研究对于情绪在何时以怎样的方式影响临床环境中的学习和实践做出解释[69-70]。了解情绪对学习和学业表现的影响机制，有利于医学教育工作者更好地针对培训的各个方面制订准确的教学干预措施。以下是一些可能会受益于情绪研究的医学教育探索领域。

专业知识的发展

当前，有两种推理模型可供临床决策使用：一种是快速、自动、直觉、节能型的系统；另一种是慢速、可控、慎重、能量密集型的系统。这两种推理系统已在各种不同背景和情境下进行过深入的研究[71]。虽然这种区分看起来类似于情绪与理性的二分法，却远不止同义词区分。关于情绪对这两种系统模式的影响，人们几乎没有研究过。一些研究表明，临床专业知识相当于许多可用来促进问题解决的诊断策略[72]。虽然新手倾向于使用分析推理[73]，但经验丰富者更倾向于使用非分析推理[74]。然而，在研究新手和专家之间表现的差异时，并没有控制组间情绪的差异。有理由认为，新晋级的临床医生在做诊断时更容易感到焦虑，特别是在评判他们诊断准确性的教育环境中。另一方面，有经验的医生不太可能感到焦虑，因为很多都是他们的日常性工作（尽管有充分的理由相信，在正式的评估环境中，这些熟手医生也会感到焦虑）。情绪价态和唤醒水平的差异可能会放大诊断准确性的差异。因此，情绪在临床专业知识、信心和职业认同的发展过程中产生的影响，是未来研究的一个重要领域。

自主学习者

医疗专业人员只有不断监测其知识储备水平，才有可能发觉自己当前所掌握的临床和（或）专业知识技能与确保患者安全之间的潜在差距。因此，有效的自主学习不仅在医疗培训中意义非凡，对于一名医务工作者的医疗事业也至关重要[75]。自主学习者需要了解情绪如何影响他们的学习过程[76]；训练有素的医生应当意识到情绪会带来感知力、理解力以及行动上的偏差，而这对诊疗活动也大有裨益。

在早期的临床经历中，学习者的情绪往往会增强[70,77]。正如McNaughton[74]所说，“为了证明自己配得上医生这个职业，学生们不仅不敢承认自己对患者或诊疗过程产生过不适，还要把这些不适感隐藏于胜任力的伪装之下”（p. 75）。临床教育者必须发挥积极的作用以培养情绪认知，帮助自主学习者反思自己的情绪，并理解情绪状态对学习和学业表现的影响机制。教育者应该鼓励学习者对其产生的各种情绪进行探讨。需要注意的是，不要仅限于对愤怒、悲伤、羞愧、忧愁等消极情绪的探讨，还应该关注医学教育过程中产生的自豪、兴奋和关爱之类积极的情绪。已经有大量研究证明，情绪有助于增进医患之间诊疗的有效性[78-79]。然而，对医学教育者加以培训使其更加关注学习者的情绪，可以在多大程度上给教育带来潜在益处这一问题还有待研究。

培养健康的医生

到目前为止，医学教育中关于情绪的文献大多聚焦于负面情绪。鉴于医学生和住院医生都认为他们在培训期间承受了巨大的压力、抑郁、威胁和骚扰，研究者们重点关注负面情绪显然有道理 [80]。当问及医生在培训期间的情绪体验时，大多数医生都能阐述一些负面情绪事件。由于医疗专业人员的压力和倦怠高发，医学教育工作者在培训医学生时，尝试着去营造一些积极的情绪体验就显得十分有价值。有研究表明，积极的情绪能够锻炼学习者的韧性，减少其负面情绪体验及压力对身心的不利影响 [81]。这表明，积极的情绪是韧性建设的关键组成部分。但这些发现能在多大程度上应用于医学教育领域还有待进一步研究。

小结

本章的主要目的是向医学教育工作者介绍几种情绪研究的理论和方法。虽然有关情绪对高等教育中学习和学业表现影响方面的研究已经取得了长足进步 [1]，但鲜有研究解释在临床环境中，情绪对医学生获取和应用知识与技能产生影响的机制。如同 Artino 和 Durning[82] 所说，要想推进医学教育发展，就必须拓宽我们认为重要的东西，并且探索情绪在学习中起到的作用。研究人员需要研究医学教育环境中产生的情绪，进而探究医学院校教育到继续医学教育和自主性维持等一系列问题。通过类似研究，医学教育工作者可以利用情绪和学习之间的联系，探究教师是否需要、何时需要、如何调节情绪化的环境，从而达到优化学习的目的。

实践要点

情绪在学习和知识迁移的过程中发挥着重要的作用，但这种作用往往没有得到充分重视。在进行情绪研究之前，需要仔细考虑以下内容：

- 确定研究架构。你对情绪或心境感兴趣吗？你想研究整体情绪还是偶发情绪？
- 构建模型。你会使用维度方法还是离散方法来使情绪现象概念化？
- 权衡测量和（或）操控情绪的方法。结合研究背景，思考“情绪的引发和测量”一节中的策略是否能恰当地应用于你的研究中？

上述要点应该按顺序来考虑，一旦确定了情绪的结构和模型，也就确定了情绪引发和测量的最优方法。

参考文献

1 Schutz, P.A. & Pekrun, R. (eds) (2007) *Emotions in Education*. Academic Press, San Diego, CA.

2 Fontaine, J.J.R., Scherer, K.R. & Soriano, C. (eds) (2013) *Components of Emotional Meaning: A Sourcebook*. Oxford University Press, Oxford, UK.

3 Ekkekakis, P. (2013) *The Measurement of Affect, Mood, and Emotion: A Guide for Health-Behavioral Research*. Cambridge University Press, New York.

4 Gray, E.K. & Watson, D. (2007) Assessing positive and negative affect via self-report. In: Coan, J.A. & Allen, J.J.B. (eds), *Handbook of Emotion Elicitation and Assess-*

ment. Oxford University Press, New York, pp. 171–183.
5 Oatley, K., Keltner, D. & Jenkins, J.M. (2006) *Understanding emotions*, 2nd edn. Blackwell, Malden, MA.
6 Scherer, K.R. (2005) What are emotions? And how can they be measured? *Social Science Information*, **44**, 695–729.
7 Fontaine, J.J.R., Scherer, K.R., Roesche, E.B. & Ellsworth, P.C. (2007) The world of emotions is not two-dimensional. *Psychological Science*, **18**, 1050–1057.
8 Russell, J.A. (1980) A circumplex model of affect. *Journal of Personality and Social Psychology*, **39**, 1161.
9 Lövheim, H. (2012) A new three-dimensional model for emotions and monoamine neurotransmitters. *Medical Hypotheses*, **78**, 341–348.
10 Lerner, J.S. & Keltner, D. (2000) Beyond valence: Toward a model of emotion-specific influences on judgment and choice. *Cognition and Emotion*, **14**, 473–493.
11 Lerner, J.S. & Keltner, D. (2001) Fear, anger, and risk. *Journal of Personality and Social Psychology*, **81**, 146–159.
12 Siemer, M., Mauss, I. & Gross, J.J. (2007) Same situation – different emotions: How appraisals shape our emotions. *Emotion*, **7**, 592–600.
13 Lazarus, R.S. (1991) *Emotion and Adaptation*. Oxford University Press, New York.
14 Eysenck, M.W., Derakshan, N., Santos, R. & Calvo, M.G. (2007) Anxiety and cognitive performance: Attentional control theory. *Emotion*, **7**, 336–353.
15 Kreibig, S.D. (2010) Autonomic system activity in emotion: A review. *Biological Psychology*, **84**, 394–421.
16 Banse, R. & Scherer, K.R. (1996) Acoustic profiles in vocal emotion expression. *Journal of Personality and Social Psychology*, **70**, 614–636.
17 Townsend, E. & Campbell, S. (2004) Psychological determinants of willingness to taste and purchase genetically modified food. *Risk Analysis*, **24**, 1385–1393.
18 LeBlanc, V.R. (2009) The effects of acute stress on performance: Implications for health professions education. *Academic Medicine*, **84**, 25–33.
19 Clore, G.L. & Storbeck, J. (2006) Affect as information about liking, efficacy, and importance. In: Forgas, J. (ed), *Affect in Social Thinking and Behavior*. Psychology press, New York, NY, pp. 123–142.
20 LeBlanc, V.R., McConnell, M.M. & Monteiro, S.D. (2015) Predictable chaos: A review of the effects of emotions on attention, memory, and decision making. *Advances in Health Sciences Education Theory Practice*, **20**, 265–282.
21 Ellsworth, P.C. & Scherer, K.R. (2009) Appraisal processes in emotion. In: Davidson, R.J., Scherer, K.R. & Goldsmith, H. (eds), *Handbook of Affective Sciences*. Oxford University Press, Oxford, pp. 572–595.
22 Pekrun, R. (2006) The control-value theory of achievement emotions: Assumptions, corollaries, and implications for educational research and practice. *Educational Psychology Review*, **18**, 315–341.
23 Pekrun, R., Elliot, A.J. & Maier, M.A. (2006) Achievement goals and discrete achievement emotions: A theoretical model and prospective test. *Journal of Educational Psychology*, **98**, 583–597.
24 Artino, A.R., Holmboe, E.S. & Durning, S.J. (2012) Can achievement emotions be used to better understanding motivation, learning, and performance in medical education? *Medical Teacher*, **34**, 240–244.
25 Schunk, D.H., Pintrich, P.R. & Meece, J.L. (2008) *Motivation in education: Theory, research, and applications*, 3rd edn. Upper Saddle River, NJ, Pearson Education Inc.
26 Ellis, H.C. & Ashbrook, P.W. (1988) Resource allocation model of the effect of depressed mood states on memory. In: Fiedler, K. & Forgas, J. (eds), *Affect, Cognition and Social Behavior*. Hogrefe International, Toronto, pp. 25–43.
27 Ashcraft, M.H. & Kirk, E.P. (2001) The relationships among working memory, math anxiety, and performance. *Journal of Experimental Psychology: General*, **130**, 224–237.
28 Shackman, A.J., Sarinopoulos, I., Maxwell, J.S., Pizzagalli, D.A., Lavric, A. & Davidson, R.J. (2006) Anxiety selectively disrupts visuospatial working memory. *Emotion*, **6**, 40–61.
29 Fraser, K., Ma, I., Teteris, E., Baxter, H., Wright, B. & McLaughlin, K. (2012) Emotion, cognitive load and learning outcomes during simulation training. *Medical Education*, **46**, 1055–1062.
30 Linderstrom, J.R. & Bohlin, G. (2011) Emotion processing facilitates working memory performance. *Cognition and Emotion*, **25**, 1196–1204.
31 Lee, T.H., Itti, L. & Mather, M. (2012) Evidence for arousal-biased competition in perceptional learning. *Frontiers in Psychology*, **3**, 1–9.
32 Bolte, A. & Goschke, T. (2010) Thinking and emotion: Affective modulation of cognitive processing modes. In: Glatzeder, B.M., Goel, V. & Müller, A. (eds), *Towards a Theory of Thinking: Building Blocks for a Conceptual Framework*. Springer-Verlag, Berlin, pp. 261–277.
33 Pekrun, R., Frenzel, A.C., Goetz, T. & Perry, R.P. (2007) The control-value theory of achievement emotions: An integrative approach to emotions in education. In: Schutz, P.A. & Pekrun, R. (eds), *Emotion in Education*. Academic Press, Burlington, MA, pp. 13–36.
34 Pekrun, R., Goetz, T., Titz, W. & Perry, R.P. (2002) Academic emotions in self-regulated learning and achievement: A program of quantitative and qualitative research. *Educational Psychologist*, **37**, 91–106.
35 Humphreys, L., Underwood, G. & Chapman, P. (2010) Enhanced memory for emotional pictures: A product of increased attention to affective stimuli? *European Journal of Cognitive Psychology*, **22**, 1235–1247.
36 Otani, H., Libkuman, T.M., Widner, R.L. & Graves, E.I. (2007) Memory for emotionally arousing stimuli: A comparison of younger and older adults. *Journal of General Psychology*, **134**, 23–42.
37 Richard, E.M. & Dienfendorff, J.M. (2011) Self-regulation during a single performance episode: Mood-as-information in the absence of formal feedback. *Organizational Behavior and Human Decision Processes*, **115**, 99–110.
38 Ainley, M., Hidi, S. & Berndorff, D. (2002) Interest, learning, and the psychological processes that mediate their relationship. *Journal of Educational Psychology*, **94**, 545–561.
39 Rotgans, J.I. & Schmidt, H.G. (2011) Situational interest and academic achievement in the active-learning classroom. *Learning and Instruction*, **21**, 58–67.

40 Baños, R.M., Liaño, V., Botella, C., Alcañiz, M., Guerrero, B. & Rey, B. (2006) Changing induced moods via virtual reality. In: Ploug, T., Hasle, P. & Oinas-Kukkonen, H. (eds), *Persuasive Technology*. Springer, Berlin Heidelberg, pp. 7–15.

41 Gross, J.J. & Levenson, R.W. (1995) Emotion elicitation using films. *Cognition and Emotion*, **9**, 87–108.

42 Rottenberg, J., Ray, R.D. & Gross, J.D. (2007) Emotion elicitations using films. In: Coan, J.A. & Allen, J.J.B. (eds), *Handbook of Emotion Elicitation and Assessment*. Oxford University Press, New York, pp. 9–29.

43 Västfjäll, D. (2002) Emotion induction through music. A review of the musical mood induction procedure. *Musicae Scientiae*, **5**, 173–211.

44 Kreutz, G., Ott, U., Teichmann, D., Osawa, P. & Vaitl, D. (2008) Using music to induce emotions: Influences of musical preference and absorption. *Psychology of Music*, **36**, 101–126.

45 Velten, E. (1968) A laboratory task for induction of mood states. *Behaviour Research and Therapy*, **6**, 473–482.

46 Jennings, P.D., McGinnis, D., Lovejoy, S. & Stirling, J. (2000) Valence and arousal ratings for Velten mood induction statements. *Motivation and Emotion*, **24**, 285–297.

47 Westermann, R., Spies, K., Stahl, G. & Hesse, F.W. (1996) Relative effectiveness and validity of mood induction procedures: A meta-analysis. *European Journal of Social Psychology*, **26**, 557–580.

48 Baker, R.C. & Gutterfreund, D.G. (1993) The effects of written autobiographical recollection induction procedures on mood. *Journal of Clinical Psychology*, **49**, 563–568.

49 Jallais, C. & Gilet, A.L. (2010) Inducing changes in arousal and valence: Comparison of two mood induction procedures. *Behavior Research Methods*, **42**, 318–325.

50 Gasper, K. & Clore, G.L. (2000) Do you have to pay attention to your feelings to be influenced by them? *Personality and Social Psychology Bulletin*, **26**, 698–711.

51 Bonanno, G.A. & Keltner, D. (2004) The coherence of emotion systems: Comparing "online" measures of appraisal and facial expression, and self-report. *Cognition and Emotion*, **18**, 431–444.

52 Mauss, I.B., Wilhelm, F.H. & Gross, J.J. (2004) Is there less to social anxiety than meets the eye? Emotion experience, expression, and bodily responding. *Cognition and Emotion*, **18**, 631–662.

53 Cohn, J.F. & Kanade, T. (2007) Use of automated facial image analysis for measurement of emotion expression. In: Coan, J.A. & Allen, J.B. (eds), *Handbook of Emotion Elicitation and Assessment*. Oxford University Press, Oxford, pp. 222–281.

54 Keltner, D., Ekman, P., Gonzaga, G.C. & Beer, J. (2009) Facial expression of emotion. In: Davidson, R.J., Scherer, K.R. & Goldsmith, H. (eds), *Handbook of Affective Sciences*. Oxford University Press, Oxford, pp. 415–432.

55 Ekman, P., Friesen, W.V. & Hager, J.C. (2002) *Facial Action Coding System*. Salt Lake City, UT, Research Nexus.

56 Scherer, K.R., Johnstone, T. & Klasmeyer, G. (2009) Vocal expression of emotion. In: Davidson, R.J., Scherer, K.R. & Goldsmith, H. (eds), *Handbook of Affective Sciences*. Oxford University Press, Oxford, pp. 433–456.

57 Backorowski, J. & Owren, M.J. (2003) Sounds of emotion: Production and perception of affect-related vocal acoustics. *Annals of the New York Academy of Sciences*, **1000**, 244–265.

58 Feldman, B.L. (2006) Are emotions natural kinds? *Perspectives on Psychological Science*, **1**, 28–58.

59 Levenson, R.W. (2009) Autonomic specificity and emotion. In: Davidson, R.J., Scherer, K.R. & Goldsmith, H. (eds), *Handbook of Affective Sciences*. Oxford University Press, Oxford, pp. 212–224.

60 Stemmler, G. (2009) Methodological considerations in the psychophysiological study of emotion. In: Davidson, R.J., Scherer, K.R. & Goldsmith, H. (eds), *Handbook of Affective Sciences*. Vol. **2009**. Oxford University Press, Oxford, pp. 225–255.

61 Hardy, C.J. & Rejeski, W.J. (1989) Not what but how one feels: The measurement of affect during exercise. *Journal of Sport and Exercise Psychology*, **11**, 304–317.

62 Svebak, S. & Murgatroyd, S. (1985) Meta-motivational dominance: A multi-method validation of reversal theory constructs. *Journal of Personality and Social Psychology*, **48**, 107–116.

63 Jacob, R.G., Simons, A.D., Manuck, S.B., Rohay, J.M., Waldstein, S. & Gatsonis, C. (1989) The circular mood scale: A new technique of measuring ambulatory mood. *Journal of Psychopathology and Behavioural Assessment*, **11**, 153–173.

64 Watson, D., Clark, L.A. & Tellegen, A. (1988) Development and validation of brief measures of positive and negative affect: The PANAS scales. *Journal of Personality and Social Psychology*, **54**, 1063–1070.

65 Thayer, R.E. (1989) *The biopsychology of mood and arousal*. Oxford University Press, New York.

66 Gregg, V.H. & Shepherd, A.J. (2009) Factor structure of scores on the state version of the Four Dimension Mood Scale. *Educational and Psychological Measurement*, **69**, 146–156.

67 McNair, D.M., Lorr, M. & Droppleman, L.F. (1971) *Profile of Mood States (POMS) Manual*. San Diego, CA, Educational and Industrial Testing Service.

68 Pekrun, R., Goetz, T., Frenzel, A.C., Barchfeld, P. & Perry, R.P. (2011) Measuring emotions in students' learning and performance: The achievement emotions questionnaire (AEQ). *Contemporary Educational Psychology*, **36**, 36–48.

69 Artino, A.R. (2013) When I say....emotion in medical education. *Medical Education*, **47**, 1062–1063.

70 McNaughton, N. (2013) Discourse(s) of emotion within medical education: the ever-present absence. *Medical Education*, **47**, 71–79.

71 Evans, J.S.B. (2008) Dual-processing accounts of reasoning, judgment, and social cognition. *Annual Review of Psychology*, **59**, 255–278.

72 Eva, K.W. (2005) What every teacher needs to know about clinical reasoning. *Medical Education*, **39**, 98–106.

73 Ark, T.K., Brooks, L.R. & Eva, K.W. (2006) Giving learners the best of both worlds: Do clinical teachers need to guard against teaching pattern recognition to novices? *Academic Medicine*, **81**, 405–409.

74 Eva, K.W. (2002) The aging physician: Changes in cognitive processing and their impact on medical practice. *Academic Medicine*, **77**, S1–S6.
75 Borrell-Carrió, F. & Epstein, R. (2004) Preventing errors in clinical practice: A call for self-awareness. *Annals of Family Medicine*, **2**, 310–316.
76 Boekaerts, M., Pintrich, P.R. & Zeidner, M. (2000) *Handbook of self-regulation*. Academic Press, San Diego, CA.
77 Ofri, D. (2013) *What doctors feel: How emotions affect the practice of medicine*. Beacon Press, Boston.
78 Marcum, J.A. (2013) The role of emotions in clinical reasoning and decision making. *Journal of Medicine and Philosophy*, **38**, 501–519.
79 Weng, H.C., Chen, H.C., Lu, K. & Hung, S.Y. (2008) Doctors' emotional intelligence and the patient-doctor relationship. *Medical Education*, **42**, 703–711.
80 Dhalin, M., Joneborg, N. & Runeson, B. (2005) Stress and depression among medical students: A cross-sectional study. *Medical Education*, **39**, 594–604.
81 Ong, A.D., Bergeman, C.S., Bisconti, T.L. & Wallance, K.A. (2006) Psychological resilience, positive emotions, and successful adaptation to stress in later life. *Personality Processes and Individual Differences*, **91**, 730–749.
82 Artino, A.R. & Durning, S.J. (2011) It's time to explore the role of emotion in medical students' learning. *Academic Medicine*, **86**, 275.

健康科学领域中的教学设计研究：从学习的分类到整体任务模型

Research on instructional design in the health sciences: from taxonomies of learning to whole-task models

第 17 章

Chapter 17

Jerone J. G. van Merrienboer and Diana H. J. M. Dolmans

（译者：吕泽平　　审校：吴红斌）

大约 1 年前，Inez Delores 成为了一门健康科学领域本科生课程项目的教育主管。现在，她第一次面临每年定期的课程评估。学生们似乎对他们的老师以及课程的质量十分满意。这是个好消息。然而，学生们普遍抱怨，他们对课程的整体体验就像是一套毫无联系的、内部关系含混不清的主题和课堂，并且课程与他们未来职业的关联也并不明确。这使得她十分担心。并且，已毕业的学生和工作岗位的管理人员都反映，学生在将掌握的知识和技能应用于实际工作岗位的过程中存在着一定难度。Inez 想知道是否需要采取一些措施，以及如果需要的话，她能为改进现在的局面做些什么。

引言

这个情景对于在教学设计（instructional design）领域中被研究的问题来说，是一个有代表性的实例。这个研究领域旨在开发循证的指导方针及模型，用以设计教学，其中教学的范围包含了通过教学课堂进行的特定教学材料的设计到完整的课程体系的建立。它覆盖教育的全部阶段。因此，在医学教育领域中，它不仅包括本科生和毕业后项目，还包括继续医学教育。在教学设计领域中开发的指导方针及模型可以帮助医学教育者让教学效果更好、效率更高并且吸引力更强。更好的效果不仅与学习成果相关，也与转化结果（translational outcomes），如更安全的患者照护和更好的患者结果相关。高效率体现在使得投入和成果在时间、努力和资金等方面的平衡更加优化。而更强的吸引力则体现在提高学生学习的动机上。

例如，在上述的那个情景中，学生抱怨他们对自己课程的体验就像一套毫无联系的主题和课堂，而这就提示了“综合目标”[1]（integrative goals）中的原初兴趣（initial interest）。当教学必须达到超越单一的课堂或课程的水平时，便会经常遇到这些目标，比如在教授专业能力素质或复杂的技能时。这个向综合目标的转换为教学设计的研究带来了十分重要的成果：它使得“整体任务”（whole-task），而非关联不同的学习目标，成为了教育项目设计和发展的基础。

本章的主要目标，就是讨论与教学设计领域相关的研究主题。第一部分，会有一段简短的叙述，来介绍描绘出教学设计的各个主要阶段的 ADDIE 模型（analysis，分析；design，设计；development，开发；implementation，实施；evaluation，评估）。其中，主要阶段包括分析、设计、开发、实施和评估。第二部分，会叙述在上述的分析阶段中，研究内容是如何由学习分类法（taxonomies of learning）转移到认知任务分析（cognitive task analysis）的。第三部分，在上述的设计和开发阶段中，主要是关于详述整体学习任务和媒体使用的相关研究主题。第四部分，会叙述在实施与评估部分中，关于整体任务模型如何影响利益相关者的准备工作以及教育组织的质量文化的研究内容。本章以对主要结论以及未来的研究方向的总结来结束。

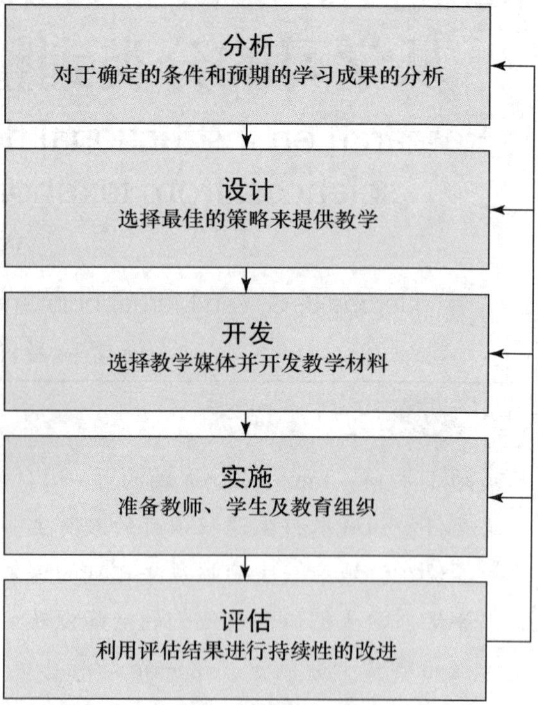

图 17.1 ADDIE 模型

ADDIE 模型

图 17.1 展示了 ADDIE 模型中的五个阶段 [2]：① 对于确定的条件（fixed condition）和预期的学习成果的分析；② 教学策略的设计；③ 教学材料的开发；④ 已开发完成的教学计划在教育组织中的实施；⑤ 为持续改进而进行的评估。虽然这个模型看起来是线性的，并且包括了一些预先确定的必须按照同一顺序来进行的阶段或步骤，但并不需要严格遵照它来实行。这个模型可能会被重复性地使用，去开发一些互相关联的教学单元。当一些特定的信息已经能获取时，可以跳过一些阶段。或者可能后续的一些阶段可以提供一些信息，使得重新考虑先前的阶段变得不再必要。因此，这个模型最好被作为一个项目管理工具，用以帮助教学设计者们考虑必须被实施的多种不同的活动。

在 ADDIE 模型的分析阶段中，关注点在于确定的条件和预期的学习成果。关于确定的条件的分析，包括对于**情境**的分析（设备的可用性、时间和资金、文化问题、学校或工作组织等教学环境 [3]）、对于**目标群体**的分析（他们先前的知识、总体的学习情况、学习风格、学习缺陷与不足 [4]）及对于**任务**和**主题**的分析（需要的工具和目标、获得良好表现的条件、风险）。传统意义上，预期的学习成果常会以学习目标来表示。但正如上文中所提，它们正越来越多地以“综合目标”的形式出现，例如复杂技术或专业能力（如 CanMeds 能力[5]）。比如在上面引用过的例子中的 Inez Delores 可能会决定去设置一个学生们最终必须达到的水平，并且是以专业能力而非一份学习目标的清单的形式展现，以为整合课程内容以及帮助学生们准备进入工作岗位提供更好的基础。

在设计阶段，会在确定条件下筛选出可以最好地帮助学生达到预期学习成果的教学策略。基本的观点在于，确定的条件和预期的学习成果都会在最佳教学策略的决定中起作用。比如，如果预期学习成果是记忆手部骨骼的名称，那么配合记忆术进行练习会是一种合适的教学策略。但如果预期学习成果是重新连接有外伤的手指，则在广泛的多种情景之下进行有反馈的指导练习会是更合适的教学策略。此外，使用高保真度模拟，也就是能在很大程度上模仿真实的工作环境的模拟，可能是一项对于教授复杂的外科技能十分合适的教学策略。当然，这是建立在有足够的设备和资金等可用的条件下，当没有任何设备、资金时，有人指导下的在职学习也许会更实用。例如 Inez Delores 可能就会得出当前的课程体系不能为学生提供足够的练习机会以发展专业能力的结论，并决定在未来的课程中使用更多的以模拟为基础的学习。

在开发阶段，关注点在于筛选和构建合适的教学媒体及教学材料，例如，如果由于教学对象居住在不同的国家和（或）时区而无法组织进行面对面集中教学时，就可以考虑使用在线教学。或者当出于安全考虑而不能在工作环境进行特定的操作技术练习时，可以考虑提供模拟练习。此外，对于不同的教学媒体，分别有着特定的设计准则，诸如教学文本[6]、课程幻灯片[7]、动画和动态模型等多媒体材料[8]、网络学习软件[9]、模拟与教学游戏[10]等。在我们的例子中，Inez Delores 可能决定去设计一些包含临床情境和模拟患者的模拟练习，并要求课程教师去创立这些学习任务且把它们包含进课堂中。

在实施阶段，关注点在于结合即将投入使用的教学环境来引入新开发的教学计划，以及对教学材料实际应用的支持。第一，它与培训教师及职工的策略有关，从为了教授一个新开发的课程而进行的短期教师培训，到为了帮助教师准备从教授传统的墨守成规的规则式课程，再到教授例如整体任务课程而进行的全体教职工的发展培训，这都会包含在其中。第二，它与为学生做好准备的策略有关。第三，对于一些较大的设计项目，它还与准备或改变教育组织以使得其可以最好地支持最新的教学方案相关。例如 Inez Delores 就可能很快意识到，为方便学生们接诊模拟患者和在模拟场景中进行教学，需要翻新教学建筑。并且，她可能决定为她的教职员工们提供关于模拟教学的训练课并组建负责组织进行角色扮演教学和运营教学场景的多学科团队。

最后，在评估阶段中，需要质量管理的过程，从而持续性地评估并改进教学。在这里，十分关键的是，需要考虑的不仅有学生的满意度，还有在确定的条件下（如教学环境、目标群体等）被应用的教学策略对于达到预期学习成果是否恰当。为了评估是否达到了教学目标，所有利益相关者（学生、老师、管理层、学生的未来雇主等）都必须被包含在内。一套良好的评估系统是可持续的、以进步为导向的，并且必须嵌入进一个良好的质量文化氛围。鉴于这个原因，Inez Delores 可能会决定放弃只能收集关于学生满意度及老师、课程的水平数据的当前评估系统，而去引进还可以收集关于学生在课程全过程中的进步及毕业后他们在工作岗位上表现数据的全新评估系统。

教学设计既是一个实践性领域，也是一个研究性领域。ADDIE 模型常被广泛使用，以通过组织方法、制订策略和指导方针的方式帮助诸如 Inez Delores 的教育领域实践者们在最广泛的程度上设计教学。其中最广泛程度是指，教学设计一方面包括对于预期结果的分析，另一方面也包括对于这些目标是否达到的评估。然而，仍然需要一些实证研究以开发循证的方法、策略和指导方针，并将它们在教学设计模型中组织起来。本章的接下来部分聚焦于 ADDIE 模型中各个阶段的研究主题。

分析阶段

在 ADDIE 模型的情境下，分析阶段涉及对于设计者不能改变的确定的条件（情境、目标群体、教学任务和需要教授的课程题材）的分析和对于学生的最终学识水平的分析。其中最终学识水平是指，关于学习者在完成课程的学习之后能完成哪些工作的详情。在这章内，我们重点关注详细描述最终的学识水平的两种途径：通过设立学习目标来达成的传统的学习的分类，以及通过开发**整合性**学习目标来达成的认知任务分析的使用。

学习分类法

关于课程任务及内容分析的传统模型，会以学习目标的形式来描述学生最终的学识水平。一直以来，学习者在教学过后必须掌握的课程任务及内容会以从属于某个特定的学习领域的方式被最先分类，例如认知领域、精神运动领域和情感领域[11]，这与知识、技能和态度三方面基本对应。对于每个领域，预期的学习成果会在之后以不同的学习目标的形式被分析。例如，认知领域中布鲁姆（Bloom）分类法会进一步在（a）知识、（b）理解、（c）应用、（d）分析、（e）综合能力和（f）评价等方面作出区分（更新版本的 Bloom 原始分类请见[12]）。

加涅（Gagné）[13]介绍了另一种在认知领域经常使用的分类。他的分类在言语信息、智力技能、认知策略、态度和精神动作技能间作出了区分。智力技能处于该分类学的核心地位并且拥有 5 个子范畴：① 判别；② 具体概念；③ 定义性概念；④ 规则；⑤ 高阶规则。这个分类法反映了一些事实，即智力技能可以使得其他更高阶的技能得到实现。在教授智力技能时，一件很重要的事就是去识别在所谓的学习层级中，使这项高阶技能可实现的低阶技能。在教学过程中，教学者会经常从层级上较低级的技能开始，推进到层级上较高的技能。例如，当在教授如何连接受外伤后的手指时，你可能会先教授所有手部相关骨骼的名称和需要使用的工具（即具体概念）以及可能会发生的相关并发症（即定义性概念）。接着，你可能会教授执行该手术的标准流程（即规则）。然后，最终你可能会教授处理并发症所需要的决策制订和问题解决过程（即高阶规则）。

除了布鲁姆和加涅的分类外，还有一些其他的学习目标分类。在教学设计方面，它们都可以为基于条件的教学设计模型 [14] 提供信息。这些模型是基于“学习的条件” [13] 的理念，意即对于达到不同的目标，有着不同的必需的教学方法。例如，教导学生对于一个或几个原理的理解（比如理解心肺系统的工作原理）与教导某项手术的实施（比如实行髋关节置换术）的教学方法是不同的。因而，在设计教学时，每项教学目标的最佳教学方法是依靠其在分类中的类别决定的。教学目标会依据它们的优选教学方法被一一教授，而整体的教育目标应在所有单独的教学目标都达成后达到。

当学习目标间的联系很少时，这种基于条件的教学方式更加适用。比如，在护理领域，为患者提供造瘘护理的学习目标和安排患者入院 / 出院的学习目标可以被分别教授，因为这些学习目标并不需要被整合。然而，当学习目标被互相整合时，教学效果可能并不会很好。例如，当一名护士在给予患者造瘘护理时，正确使用必需的工具、处理并发症、与患者合理交流沟通等 [15] 相关的确定的学习目标会被涉及。所有的相关技能必须被同时实行并且需要相互协调，从而提供高质量的造瘘护理。在这个情景下，进行分析，然后得到一份由一些互相独立的学习任务组成的清单，然后再接着一一教授这些学习任务的这种形式并不会十分有益。它会使得学生们体验到碎片化的零碎的课程，因为它并未将学习目标间的联系和它们之间的协调考虑在内。简而言之，比如教导如何给予造瘘护理时使用整体的复杂技能比用一张目标清单来表达更好，因为它同时包含了与这些目标相关的技能的整合与协调。由于这个原因，在 20 世纪 90 年代初期，教学设计领域的学者们开始对学习的分类以及为了教授复杂技能或者专业能力而开展的基于条件的教学模型的价值产生质疑。在这些模型之中，“综合性”目标不被重视，已然处于一种濒危的地位（如文献 [1,16]）。而在其他分析方法之中，认知任务分析（cognitive task analysis，CTA）被提出替代学习分类法，整体任务教学设计模型替代基于条件的模型。

认知任务分析

文献中已经有接近 100 种对不同任务分析方法的描述（见文献 [17]）。基于被分析任务的两种特征，可以对不同的方法进行分类。这两种特征包括：① 执行任务的步骤是否显示出时间顺序；② 步骤是否可观测 [18]。当执行任务所需的步骤显示出固定的时间顺序时（例如实行心肺复苏时），使用**过程分析**的形式；当它们并不显示时间顺序时（例如，在使用医疗处方系统的同时进行触屏打字），使用**基于规则分析**的形式。此外，当相关操作步骤可观察或明显时（例如，操作手术刀），使用**行为分析**的形式；当操作步骤不可观察或隐蔽时，则这时心理步骤会与任务相关（例如进行诊断推理），此时使用**信息处理分析**的形式。能够处理无时间顺序的步骤的分析形式通常也能够处理有时间顺序的步骤，能够处理隐蔽步骤的分析形式通常也能够处理明显的步骤。因此，CTA 中的强有力的形式可以处理所有类型的复杂任务过程，或其所有不同的方面。

Clark 等人[19]描述了一种强有力的 CTA 形式。它区分了三个阶段：① 将构成职业任务过程基础的复杂技能或能力分解为不同方面或其组成性技能；② 复杂技能的非规则方面分析；③ 复杂技能的规则方面分析（表 17.1）。在第一阶段，为成功的任务行为奠定基础的复杂技能会被分解为一些重复性过程中的组成性技能，并在所谓的技能层级中识别出组成性技能之间的相互联系，其中在技能层级中较低阶的技能的完成利于更高阶技能的实现（参见 Gagné 的学习层级）。当预期的结果行为因具体的问题情况而异并且由认知策略及心智模型（mental models）（即复杂技能的非规则方面）的运用来决定时，此时这些不同的组成性技能被归类为“非重复性”。当预期的结果行为在不同的问题情况下均非常相似，并且是由规则或过程（即复杂技能的规则方面）来决定时，它们被归类为“重复性”。

对专业任务执行者的文档分析、观察和半结构化访谈提供了迭代地建立技能层级的信息，而这种技能层级可以将技能组成进行相互关联。图 17.2 提供了为执行肾造口术而构建的技能层级的一小部分（完整分析见[20]）。在这一种层级中，可以在深灰色方框中找到重复性的组成性技能。通常，重复性的组成性技能处于层级的底层，因为它们涉及作为层级中较高阶技能的基础性常规操作；在图 17.2 中，它们涉及了在引针和操作超声仪的控制器时

表 17.1 认知任务分析

	分析对象		主要问题	分析结果
阶段 1 技能分解	整体任务行为的技能组成及其相互关系		- 哪些技能组成构成了复杂技能？ - 哪些技能组成使层级结构中更高阶的技能得以实现？ - 技能组成间的时间关系是什么？	技能的层级
阶段 2 分析结果行为的非规则方面	非重复性技能组成	认知策略	- 专家们如何系统地处理领域中的任务？ - 哪种经验法则可能有助于完成任务？	问题解决的系统方法（SAP）
		心智模型	任务领域是如何组织起来的？	领域模型： - 概念的 - 结构的 - 因果的
阶段 3 分析结果行为的规则方面	重复性技能组成	认知规则或过程	在哪些条件下执行特定活动（如果……那么……）	即时信息显示
		先备知识	为了正确应用规则或执行过程，任务执行者需要知道什么？	

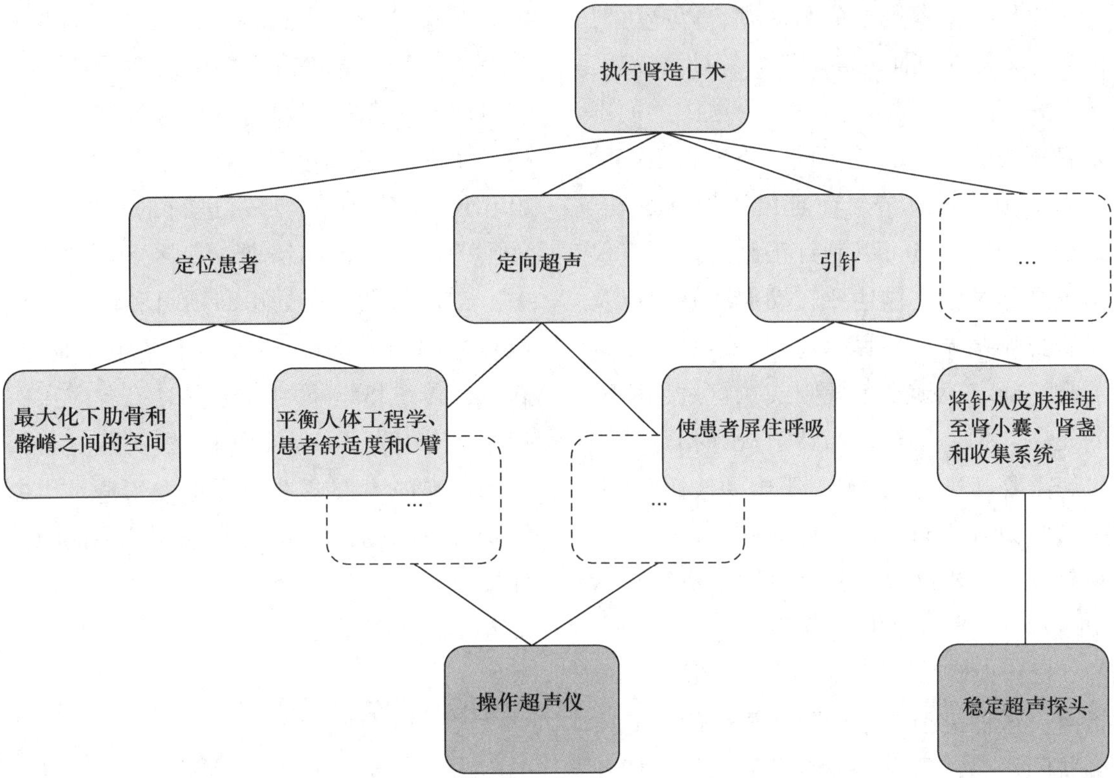

图 17.2　执行肾造口术的部分技能等级层次

稳定超声探头。技能层级指导着第二和第三阶段的进一步知识启发（knowledge elicitation）工作。

在第二阶段，会进一步分析复杂技能的非重复性方面。认知策略（如何有效地处理领域中的任务）可以作为问题解决的系统方法（systematic approaches to problem-solving，SAP）进行分析，它们描述了在随后的问题解决阶段和经验法则方面执行任务的特定方面的系统性方法，这些方法可能有助于每个阶段的成功完成。例如，可以开发一种 SAP 用于引针并描述完成该操作所要经历的阶段和可以帮助处理并发症并成功完成各个阶段的经验法则。反过来，心智模型（这一领域是如何组织的？）可以作为领域模型进行分析。它们将成功的任务分析所必需的知识描述为概念模型（事物是如何在领域中命名的？例如肾系统的不同部分的名称，如皮质、髓质、肾盏、肾盂等）、结构模型（事物是如何在领域中组织的？例如肾的结构）和因果模型（事物如何在领域中起作用？例如肾系统的工作原理）。通常被专业任务执行者使用，以获取复杂技能非重复性方面的数据的知识启发方法（knowledge elicitation methods）包括有声思维报告（think-aloud protocol）（用于 SAP 的开发）及文献研究和访谈（用于领域模型的开发）。

在第三阶段，会进一步分析复杂技能的重复性方面。在此阶段，分析人员会首先使用技术来鉴别过程和规则，以产生对任务行为常规方面的高度细分的计算描述。与SAP相比，规则和过程是算法式的而不是启发式的；与SAP不同，它们不仅有助于有效地执行任务，而且可以保证成功。例如，分析人员可以制订正确操作超声仪的规则和过程，描述要转动哪些旋钮以及要研究哪些显示项目以达到特定目标。接下来，确定正确应用规则或执行过程所需的先备知识。例如，当特定规则指定“如果您需要打开机器，则按下电源按钮”，则先备知识可能与电源按钮的确切位置和外观有关。分析结果通常会在即时信息显示中表示，其中包含用于执行任务规则方面的“操作说明”，例如超声仪旁的快速参考指南。这种类型的分析与计算机编程有很多共同之处，因为它催生了如何执行任务的规则性的算法式描述。

这三个阶段的结果提供了关于成功执行复杂任务所需的技能组成、认知策略、心智模型、规则/过程和先备知识的非常详细的信息。知识和技能可以完全融入复杂技能的表现之中，如果有必要的话，令人满意的态度可以与不同的技能组成相关联。这清楚地表明，例如，对于肾造口术所需的复杂技能而言，在定位患者（一种特定的组成性技能）时要贴心地注意保持患者的舒适和得体，而操作超声仪时则不用（另一种组成性技能，对其而言这些特殊的态度并不重要）。

健康科学领域的一些研究表明，基于CTA的教育计划特别有效（概述见[21]）。其中一个例子是由Velmahos等人的研究[22]提供的；详情同见Clark的研究[21]。在一项对照实验中，他们研究了急诊医学专家的专业知识。急诊医学专家对对照组的参与者教授了急诊流程的传统模式和实践策略，而CTA组的参与者接受了与教授对照组相同的急诊医学专家进行的CTA所收集到的信息进行的培训。在接下来的1年中，CTA组在所有的诊断项目和许多表现项目中的结果都优于控制组达50%以上。此外，传统培训下的医生在对患者应用医疗方案时引发了4次严重的医疗紧急事件，而来自CTA组的医生则没有发生危及生命的错误。因此，CTA似乎为教育课程的设计提供了坚实的基础。下一节将讨论此类过程的设计和开发。

设计和开发阶段

如前一节所述，我们可以区分从学习目标开始设计教学的设计模型（即“基于条件的模型”），以及从完整的现实生活任务开始设计教学的设计模型，后者的教学效果可以通过CTA这种过程进行分析。本章的其余部分将仅讨论整体任务模型[23]，因为在健康科学中，许多教学设计项目涉及专业能力或复杂技能的发展。在整体任务模型中，提供给学生的所有学习任务对于专业人员在现实世界中可能遇到的任务而言都是有意义的、真实的并具有代表性的。然而，学习任务往往与现实生活中的专业任务不同，因为它们可能包含着支持和指导，并且经过了精心设计，从而以最佳的方式支持学习过程。接下来的三个小节将讨论与ADDIE模型的设计和开发阶段相关的有关研究主题。首先，我们讨论关于学习任务的研究。其次，我们以有关整体任务模型的一个常见的例子来讨论教学设计的四个组成部分。再次，我们会关注开发阶段，即教学媒体的选择和教学材料的实际构建。

学习任务

关于学习任务的设计，相关的研究主题涉及任务的真实性、任务之间的差异、任务的不同类型、任务的顺序以及对于任务的支持和指导的脚手架式协助（scaffolding）（表 17.2）。虽然整体任务模型的基本思想是使人们通过练习基于现实任务的学习任务来学习执行现实中的专业任务，但这些学习任务并不必与现实任务完全相同。例如，关于基于模拟学习环境的真实性，我们可以区分心理保真度（学习环境对真实环境中所经历的心理因素的复制）、功能保真度（学习环境的行为方式与真实的环境保持一致）和物理保真度（使学习环境的外观、声音、感觉和气味就像真实的环境）。研究表明，对于所有学习者来说，心理保真度都应该很高，不过高物理保真度对于高级专家学习者尤为重要，但可能对初学者有害 [24]。

第二个主题涉及任务之间的差异。每个现实任务都是独一无二的：没有一个患者与另一个患者相同，并且没有一个干预因素会与另一个干预因素相同。为了达到学习内容的转移，即在全新的、不熟悉的情况下（例如在工作场所而不是在训练环境中）执行学习中获得的复杂技能的能力，使得学习任务在所有的维度上彼此不同至关重要。因为对于现实任务来说，在不同的维度上也是彼此不同的。例如，在进行肾造口术时，学习任务使用不同的患者或模型（肥胖与否、脓毒性或非脓毒性等）、不同的肾问题（肾结石、脊柱侧凸、囊性肾、马蹄肾等）、不同的并发症等是十分重要的。这个原则有时被称为“实践的可变性”，并且有很充分的证据表明，对将学习者迁移到未知情况的准备需要这些学习任务的多样性变化（见 [25]）。尽管变化对于学习内容的迁移是必要的，但仍然存在一个悬而未决的问题，即如何最好地设计差异以优化学习和迁移过程，特别是考虑到某些类型的变化对学习期间的表现有负面影响，但对学习内容的迁移有积极影响（即“转移矛盾” [26]）。

第三个研究主题涉及使用不同类型的学习任务。在这部分，主要问题是特定的任务在哪些条件下可以得到最好的使用。除了学习者必须提出解决方案的传统学习任务或问题外，学习任务还包括模范示例、

表 17.2　关于学习任务的研究：五个主题

主题	研究问题举例①
任务的真实性	学习任务与现实生活中的任务应该有多相似？
任务之间的差异	如何最好地设计各种任务的变化以促进学习内容向现实任务的迁移？
任务类型	不同类型的学习任务如何差异性地影响学习？
任务排序	学习任务如何最好地排序以促进学习和迁移？
任务的脚手架式协助	哪种类型的脚手架式协助最能有效地支持学习过程？

① 根据教学设计方法，这些问题的答案通常取决于目标学习者的特征、教学情境和所教授的任务或主题

案例研究、具有特定目标的任务、逆向学习任务、完成任务（completion tasks）等（概述见文献[27]）。例如，对于肾造口术的学习任务，传统任务需要学习者完成整个肾造口术任务（有或没有专家的指导）；模范示例要求学习者密切观察执行任务的专家并解释他正在做什么以及他为什么这样做；完成任务需要学习者观察专家正在执行的部分任务（困难的部分），但同时也需要学习者自己执行部分任务（更容易的部分）。研究表明，传统任务并不总是支持学习的最佳任务类型。可以在“专业知识反转效应”（expertise reversal effect）中找到一个特别重要的例子，它表明新手学习者从模范示例或案例研究中学到的东西比从执行等效任务中学到的更多，而这种情况对于更有经验的学习者则恰好相反[28]。

第四个研究主题涉及学习任务的排序。在传统的教学计划中，从部分到整体的排序原则占主导地位。在这种方法中，学习任务的组织方式使学生首先练习整个任务的一部分，并只在教学计划结束时练习完整的、现实生活情境中的任务。然而，有越来越多的证据表明，只有在所需的学习部分之间几乎无须协作的情况下，这种方法才有效。对于需要在各部分之间进行大量协作的学习任务，整体任务的排序方法会更有效（对于其荟萃分析，参见文献[29]）。学习者可以对整体任务按从简单到复杂进行排序，这种方法符合“螺旋式课程”的概念[30]。例如，在进行肾造口术时，可以从相对简单的任务（例如患者肾已固定、患者皮肤和肾之间有较小的距离、患者无瘢痕组织时）到整个任务越来越复杂的版本（例如患者肾可移动、患者皮肤和肾之间有较大的距离、患者有瘢痕组织时）。

第五个也是最后一个研究主题涉及脚手架，即为正在开展学习任务的学习者提供支持和指导，并结合在学习者获得更多专业知识的同时淡化这种支持和指导。因此，脚手架的基本思想在于，对于处理特定复杂程度的任务的学习者而言，应首先获得大量的支持和指导，但在后续处理相同的复杂程度的任务时，其获得的支持和指导应越来越少。只有当他们能够在没有任何支持或指导下独立地执行某个特定复杂程度的学习任务时，他们才能继续学习更高复杂程度的任务。研究已经为脚手架下的学习者确定了许多不同的学习方法，包括使用模范示例、流程工作表和行为限制（概述见文献[27]）。然而，导师的指导可以提供最灵活的构建脚手架的方法。例如，当学习者进行肾造口术时，可以由一名监督者给予指导。在学习过程中，监督者密切监视学习者的任务表现并在必要时采取适当的行动。如果出现学习问题，监督者可以指出学习者应该注意的地方，接管任务和（或）提供有用的经验法则（参见模范示例），引导学习者进入下一阶段（参见流程工作表）或阻止他们，以确保他们在进入下一阶段之前成功完成上一个阶段的学习（参见行为限制）。

四要素教学设计

教育中的所有整体任务模型都强调了现实生活任务的重要性，这些现实任务是学习任务设计的基础，因而也是丰硕学习成果的基础。有些模型将自己限制在一种特定类型的学习任务中，例如，基于问题的学习（PBL）中的“问题”、基于项目的学习中的“项目”和哈佛案例法中的“案例”。其他完全根植于传统教学设计的整体任务模型规定或允许在同一教育计划中使用不同类型的学习任务。例如，Merrill 的第一教学原则 [31]、认知学徒制学习 [32] 和 van Merrienboer 的四要素教学设计模型 [18]。

四要素教学设计（four-component instructional design，4C/ID）模型是一种流行的整体任务模型，该模型认为支持获取复杂技能或专业能力的教育项目总是可以由四个部分构成：

1. **学习任务**。指基于现实生活任务的有意义的整体任务的经验，它们构成了教育项目的“支柱”。
2. **支持性信息**。指支持学习和执行学习任务的非重复性方面（即解决问题、决策、推理）的信息。
3. **过程性信息**。指对于学习过程和执行学习任务的重复性方面（即常规行为）具有先决条件性的信息。
4. **部分任务实践**。指对于在教学之后需要学习者具有非常高的自动化程度水平所开展的在学习任务上重复性方面的额外练习。

Vandewaetere 等人 [33] 描述了在 4C/ID 的基础上开发的大规模全科医学教育项目。在其中一个开发的课程“糖尿病患者”中，学习者在模拟任务环境（网络在线或面对面会议）和真实任务环境（即医生式的实践）中都实践了学习任务。任务结果显示实践具有高度可变性并且可以是不同类型的（例如，从系统地观察专家执行任务到自己执行任务）。此外，学习任务排序是从低复杂度到越来越高的复杂程度（即螺旋式）：更高水平的复杂度使得附带的 CanMeds 角色更具有吸引力，比如在作为治疗者的同时还作为一名协作者和沟通者（例如，不仅诊断和治疗糖尿病，还会管理糖尿病患者）。在每个复杂程度下，脚手架都确保学习者在开始时获得充分的由老师和同伴学习者提供的支持和指导，但随着他们的专业知识的增加，他们得到的支持和指导会逐渐减少。

支持性信息有助于学生学习执行学习任务的非重复性方面，包括解决问题、诊断推理及决策。对于上文的例子，为了成功诊断糖尿病患者，支持性信息包括用于诊断糖尿病患者的系统方法和经验法则（即问题解决的系统方法，SAP，其内容可能是基于作为 CTA 一部分的认知策略分析；见表 17.1 中的第 2 阶段）。它还包括有关不同形式糖尿病的信息（即领域模型，其内容可能基于对某个作为 CTA 一部分的心智模型的分析；再次参见表 17.1 中的第 2 阶段），这可能有助于学习者思考鉴别诊断及作出决定。对于每个更高级别的任务复杂性，其支持性信息都会被再次设定，因为学习者需要更多地了解糖尿病以及如何诊断、治疗以便以更高的复杂程度执行任务。因此，支持性信息为学习者已经了解的糖尿病与他们需要了解的糖尿病之间提供了桥梁，以便开展学习任务。在教学设计领域，相关研究涉及呈现策略（例如引导性的发现、自我解释和小组讨论）。呈现策略可以帮助学习者将新的支持性信息与他们已经知道的信息联系起来。

过程性信息允许学生学习执行总是以相同方式执行学习任务的重复性方面。在上例中，过程性信息可以包括即时信息显示。即时信息显示指定了如何使用电子健康记录（electronic health record，EHR）来为糖尿病患者提出经过个体化调整的管理计划（即操作性的说明，其内容可能是基于对规则/过程以及作为 CTA 的一部分的先备知识的分析；见表 17.1 中的第 3 阶段）。这可以通过在线帮助、一份快速参考指南或工作辅助来完成。但是对于在医生实践中执行的学习任务，过程性信息也可以由“在后面注视着学习者”的监督者或移动应用程序提供。随着学习者获得更多的专业知识，过程性信息很快就会消失。在教学设计领域，相关研究涉及帮助学习者构建认知规则的即时呈现策略。可以在“增强现实”中找到一个示例：增强现实眼镜可以用于在学习者正在观察必须执行一定动作的场景时精确地在他的视野中给出指导性的说明。

最后，部分任务实践涉及重复性方面的额外练习，以便学习者可以在选定的任务方面发展出具有极高自动化程度的日常操作。在全科医学中基于 4C/ID 开发的课程之一是“发热的孩子”。在这个课程中，部分任务实践用于“现场诊断”，学习者通过原型病例快速诊断儿童的感染性疾病。此外，它通常被用于在许多不同的整体任务（例如心肺复苏、听诊、缝合、肝触诊、静脉穿刺）中起作用的组成性技能以及例如急诊医学等领域中的关键任务学习。部分任务实践通常提供大量的重复，并且仅在具有意义的整体学习任务的学习中引入了重复性方面之后才开始。在教学设计领域，相关研究涉及旨在使重复性组成性技能完全自动化的实践策略（例如过度学习、分散式练习、时间压缩）。

教学媒体

在 ADDIE 模型的开发阶段，研究通常涉及特定媒体在学习过程中的使用。有些媒体比其他媒体能更好地支持、启用或维持特定的学习过程。表 17.3 概述了 4C/ID 模型的四个组成部分中的每一个的传统媒体和基于信息通信技术（ICT）的媒体。用于学习任务的合适媒体必须允许学习者处理这些学习任务，并且通常采用真实或模拟任务环境的形式。用于支持性信息的合适媒体必须允许学习者研究和讨论同一领域的模型以及如何处理该领域中的任务。适用于过程性信息的媒体必须允许学习者在任务执行期间在需要时能准确地查阅到指导说明。适合部分任务实践的媒体必须允许学习者练习重复性任务的选定方面。

表 17.3 一些传统媒体和基于 ICT 的媒体的例子

	传统媒体	基于 ICT 的媒体
学习任务	真实的任务环境，项目组，角色扮演	计算机模拟的任务环境，高保真度模拟，教学游戏，虚拟现实
支持性信息	教科书，百科全书，讲座，教具	视频，多媒体，超媒体（互联网），微观世界，社交媒体
过程性信息	讲授者，工作辅助，快速参考指南，手册	移动技术，增强现实，网络帮助系统，教学代理/机器人
部分任务实践	技能实验室，实践课，纸和笔	部分任务培训师，基于计算机的训练和实践培训，用于基本技能培训的计算机游戏

从表 17.3 可以看出，根据诸如 4C/ID 的整体任务方法开发的教育项目通常会利用多种不同媒体的丰富组合。

最后，所有教学材料都需要使用所选媒体进行实际构建。讨论“教学信息设计”和相关研究超出了本章的范围。但是，人们已经对此进行了大量的具体研究，以制订教科书、手册、模拟器、教学游戏、多媒体等的构建指南。例如，van Merrienboer 和 Kester[34] 描述了关于构建教育多媒体的 22 条原则的研究，包括一致性原则（教学媒体不应包括不相关的诱导性细节，如教学演示中的音乐）、自我调整原则（让学习者来设置教学演示的速度）和分段原则（将较长的演示文稿进行有意义的分段）。

实施和评估阶段

教学的最终成功取决于教育机构的实施情况以及评估结果是否用于持续改进。基于整体任务模型实施教学远非易事，当教师、学生和教学组织没有做好充分准备时很可能会失败[35]。当完成整体任务课程后，应不断进行改进。为了实现这一目标，重要的是不仅要评估课程内提供的课堂质量，还要评估课程整体（例如课堂之间的联系）。但是如何评估课堂和课程的质量？最重要的是，如何确保这些评估能够带来持续改进。

教职工、学生和教育组织的准备

在教职工层面，重要的是让在该领域工作的专业人员参与设计不同的学习任务，并培训他们如何设计如上文所述的各种学习任务。工作人员还需要接受培训，使他们为执行全新的和不同的教学角色做好准备。在整体任务课程中，教师需要为学生提供支持和指导，并且经常参与模拟学习环境或工作场所的小组教学或学生辅导。教师需要准备好通过教师发展课程来履行这些职责。在这些课程中，教师被鼓励去应用和体验他们学到的知识、接受反馈、进行讨论并与其他教师和教职工建立关系。这些方案可以加强教师对教学态度的积极变化，从而增加其对教育和技能的了解，最重要的是可以引导教师更多地参与教育[36]。这些计划最好随着时间推移而进行推广[37]。其次，教职工在多学科团队中相互协作至关重要，因为基于现实生活任务的整个学习任务很少只与一门学科相关——按照定义来讲，这些任务差不多都是多学科的。因此，在整个任务课程体系中，教师应该在设计与自身专业相关的学习任务时同来自多个学科的专业人员合作。而且良好的协作教学必须要对工作场所有所反映和要求。

学生也需要做准备。首先，学生应该充分了解为什么他们需要基于专业任务的各种整体任务，以及他们为什么应该将学到的知识应用到各种任务中。但这当然不仅仅只是关于告知学生和培训学生如何学习并为小组会议做好准备，而且是要明确在工作场所进行模拟培训或教学活动更为重要，因为学生通常也不熟悉他们的新角色。其次，让学生参与课程设计和评估非常重要。重要的是不仅要让在该领域工作的专业人员参与上述课程的设计，还要让学生积极参与课程的设计和重设计。学生可以因为他们参与了该课程设计的经历而做出有价值的贡献。学生可以在负责设计学习任务的多学科教师团队中发挥重要作用。可以让学生提供有关如何改进学习任务的提示、询问学生这些学习任务是否建立在之前课程提供的学习任务之上。

最后，教育组织的准备也很重要。最大的挑战之一来自于学校学科自治程度高、学科之间的合作有限的特点[38]。许多专业人士更喜欢自主工作并将自己的学科放在第一位，因此鼓励专业人士与其他专业人士合作并不容易。但是，如果缺乏学科或专业之间的合作，那么实施一个综合的整体任务课程将非常困难，甚至是不可能的。因为根据定义，整体任务会与多个不同学科的知识相关。在实施整体任务课程时，通过引入一个负责课程设计、实施和评估的校级管理团队来减少个别教师和学科的自治性是十分重要的。管理团队负责授权并将相关责任委托给负责课程内不同课程设计的多学科团队。管理团队还应决定哪些学科必须在特定课程中进行协作，并任命教师作为不同课程的协调员。这些协调员应负责设计、实施和评估课程。换句话说，来自不同学科的教师团队应该在一定程度上被限制和减少学科的自治权[38]。第二项重要事务是在测评、评估和设计课程材料方面向教师提供教育性支持。

评估和质量文化

更多的时候，课程的评估并没有基于与学生学习实证性相关的条目[39]。通常，评估时使用的是一系列没有有效教学和学习的基础理论的条目[40]。在评估课程时，重要的是从整体任务教学设计模型中推导出需要评估的项目，例如 Merrill 的第一教学原则[31]或 4C/ID[27]，因为这些模型清楚地表明了有效教学的关键组成部分是什么。Merrill 的首要教学原则强调，当教学基于整体任务、先前的知识被激活、给予示范、学生可以应用他们所学并被鼓励将他们所学融入各种任务时，学习效果就会得到提升[40]。评估最好基于这些有效教学原则。Frick 等人[39]制订了一份评估问卷，其中包含衡量这些首要教学原则的条目，包括真实问题、激活、演示、应用和整合等。使用此类评估工具收集到的信息有助于改进整体任务课程中的课堂。换句话说，在评估课程时，应根据当前教学设计的理论或模型以及有效教学的证据来确定有效教学的关键方面。

评估整个任务课程时的另一个重要问题在于应该让不同的利益相关者参与进来。不仅要有学生，还要有老师、校友和在该领域工作的专业人士。不同的利益相关者对于课程应在多大程度上为专业实践做好准备有不同的看法。此外，关于数据收集，不应仅使用一种方法，而应使用各种方法。更多情况下，问卷只由学生来填写。在改进课程时，从各种来源收集数据十分重要，例如，从访谈或观察，以及从各种利益相关者那里收集数据。各种方法和各种利益相关者可以为数据做出丰富的贡献，提供改进建议[40]。

然而，仅仅收集评估数据不足以鼓励课程进行持续改进。如今，几乎所有学校都会收集有关课程质量的评估数据，但这并不会让所有学校的课程不断改进。评估通常会导致许多官方文件或评估结果在纸质文件上看起来很可观，但这并不会导致实际的变化[41-42]。持续改进课程不只是评估和检查的问题，最重要的是应该使之成为一种参与的人所拥有的思维框架[43]。确保评估能够促进持续改进并非易事。它需要发展基于共同价值观的组织文化[41]。但如何发展组织的质量文化呢？

如今，“质量文化”的概念已被应用于高等教育。这是一个复杂的概念，不仅包括教学工具，还包括承诺、价值观、沟通、参与以及自上而下和自下而上的互动等促成因素[41]。到目前为止，关于如何加强持续改进和质量文化知之甚少，但这一领域已经成熟并适合研究。Kleijnen 等人[44]进行了一项研究，以深入了解哪些因素可以从教师的角度来加强持续改进。对资深教职人员的访谈表明，在该领域工作的学生和外部专业人员的积极参与、对课程的明确的共同愿景、工作人员在评估中的坚定承诺和积极参与、明确共同责任、强有力的合作、简短的正式和非正式的沟通渠道以及外部导向促进了课程的不断完善。因此，尽管如上文所述应该降低学科的自治水平，但确保教师感到自主，并致力于积极参与整体任务课程的设计、开发、实施和持续改进也很重要。

框 17.1 理论影响与 ADDIE 模型

在 ADDIE 模型中，分析和设计阶段的指南和模型通常与特定的研究范式或学习观点相关联，例如行为主义、文化历史理论、认知理论或社会建构主义理论（关于观点的概述见[45]）。例如，关于学习目标规范的原始学习分类法基于行为主义和信息处理方法。整体任务方法，如首要原则教学[31]、认知学徒学习[32]和 4C/ID[27]通常基于认知和（或）社会建构主义观点。例如，4C/ID 将其四个要素中的每一个链接到认知模式的构建和自动化：认知图式的构建源于在归纳学习的同时执行学习任务和制订新的支持性信息（即将其与先前知识联系起来）；认知图式的自动化源于认知规则的形成，这种规则来自过程性信息以及部分任务实践导致的继发性强化。此外，以工作场所学习为重点的整体任务方法通常依赖于文化历史观点，例如，活动理论[46]将学习分析为三个实体——个人、使用的对象和工具，以及社区互动的结果。

小结

在此我们将结束对健康科学领域教学设计研究的简要描述。短短一个章节并不能算对这样一个广泛的研究领域的合理对待。但是，我们能够确定一些重要的研究主题。对于分析阶段，研究旨在开发针对综合目标的分析方法，这些目标通常会包含现实生活中的特征，对于预期行为的整体性描述而不是一个个单独的学习目标，例如 CTA。对于设计阶段，可以从基于条件的模型到整体任务模型进行转换，其中基于现实任务的学习任务提供了教育项目的基础。对于开发阶段，研究旨在确立关于基于 ICT 的教学材料的构建原则，例如多媒体、基于计算机的模拟、教学游戏等。对于实施阶段，研究强调了为新开发的教学而使教师、学生和组织做好准备的策略的重要性。最后，对于评估阶段，本章强调质量文化的重要性，以便评估不会成为繁重的责任，而会切实带来持续改进。

未来对健康科学教学设计的研究将越来越多地旨在开发教学设计指南和模型，使学习者能够应对医疗卫生专业领域中快速变化的、日益复杂的问题（新的技术、更多的跨专业工作、日益增加的文化多样性等）。

学习者不仅必须准备好以高水平的熟练程度执行熟悉的专业任务，而且还必须培养在其专业领域中执行新的、不熟悉的任务所必需的能力。这些能力通常被称为 21 世纪的技能，包括适应性专业知识和认知准备 [47]。针对学习者发展进行的教学设计研究应该着重于，当学习者达到某领域的初始熟练程度后，为他们引入不熟悉学习任务形式的新颖度应该有多高，以及如何激励学习者去探索这些任务并利用有限的脚手架去帮助解决和进行错误反思。当新颖任务在不规则的时间间隔内重新出现时，学习者们应该回答表 17.2 中提出的研究问题，而教学者应"……创造偶尔的学习挑战，使学习者面对一些（他们学习过的）惯例不起作用的情况，并培训他们从面对已学习过的知识时的自动反应模式切换到解决问题的模式" [27]（p. 265）。我们坚信，好的教学设计研究可能有助于开发教学设计模型、更好地为学习者的未来任务做好准备，并使教师和教学设计者实现教育创新。这可能会让我们距离一种理想的情况更为接近。在这种情况下，学生们对他们的教育项目的体验将不再是一系列不连贯的主题和课程，而是一条具有挑战性的通往他们未来职业的道路。而他们的职业将是不断进步与变化的，每一天都将与前一天有所不同。

实践要点

- 关于现实任务的认知任务分析（CTA）为整体任务课程的设计提供了良好的基础。
- 整体任务课程可以从四个相互关联的要素设计：①学习任务；②支持性信息；③过程性信息；④部分任务实践。
- 四个要素的媒体将有所不同，因此，整体任务课程通常会利用多种丰富的媒体组合。
- 成功实施整体任务课程需要对教师、员工和教育组织以及质量文化这些方面认真做好准备，以确保评估能够带来持续改进。
- 好的教学设计研究可能有助于实现未来的健康科学教育改革，从而有助于提高医疗质量。

参考文献

1 Gagné, R.M. & Merrill, M.D. (1990) Integrative goals for instructional design. *Educational Technology, Research and Development*, **38**, 23–30.

2 Molenda, M. (2003) In search of the elusive ADDIE model. *Performance Improvement*, **42** (**5**), 34–37.

3 Tessmer, M. & Richey, R.C. (1997) The role of context in learning and instructional design. *Educational Technology, Research and Development*, **45**, 85–115.

4 Morrison, G.R., Ross, S.M., Kalman, H.K. & Kemp, J.E. (2013) *Designing Effective Instruction*, 7th edn. Wiley, Hoboken, NJ.

5 Norman, G. (2011) CanMEDS and other outcomes. *Advances in Health Sciences Education*, **16**, 547–551.

6 Hartley, J. (1994) *Designing Instructional Text*, 3rd edn. Kogan Page, London.

7 Bartsch, R.A. & Cobern, K.M. (2003) Effectiveness of PowerPoint presentations in lectures. *Computers and Education*, **41**, 77–86.

8 Mayer, R.E. (ed) (2014) *The Cambridge Handbook of Multimedia Learning*, 2nd edn. Cambridge University Press, New York.

9 Jochems, W., van Merriënboer, J.J.G. & Koper, R. (eds) (2004) *Integrated E-Learning*. RoutledgeFalmer, London, UK.

10 Annetta, L.A. (2010) The "I's" have it: A framework for serious educational game design. *Review of General Psychology*, **14**, 105–112.

11 Bloom, B.S. (1956) *Taxonomy of Educational Objectives*. Allyn and Bacon, Boston, MA.

12 Marzano, R.J. & Kendall, J.S. (2007) *The New Taxonomy of Educational Objectives*. Corwin press, Thousand Oaks, CA.
13 Gagné, R.M. (1985) *The Conditions of Learning*, 4th edn. Holt, Rinehart & Winston, New York.
14 Ragan, T.J., Smith, P.L. & Curda, L.K. (2008) Outcome-referenced, conditions-based theories and models. In: Spector, J.M., Merrill, M.D., van Merrienboer, J.J.G. & Driscoll, M.P. (eds), *Handbook of Research on Educational Communications and Technology*, 3rd edn. Erlbaum/Routledge, Mahwah, NJ, pp. 383–400.
15 Fastré, G.M.J., van der Klink, M.R. & van Merrienboer, J.J.G. (2010) The effects of performance-based assessment criteria on student performance and self-assessment skills. *Advances in Health Sciences Education*, **15**, 517–532.
16 Van Merrienboer, J.J.G., Jelsma, O. & Paas, F. (1992) Training for reflective expertise: A four-component instructional design model for complex cognitive skills. *Educational Technology, Research and Development*, **40 (2)**, 23–43.
17 Jonassen, D.H., Hannum, W.H. & Tessmer, M. (1989) *Handbook of Task Analysis Procedures*. Praeger, New York.
18 Van Merrienboer, J.J.G. (1997) *Training Complex Cognitive Skills*. Educational Technology Publications, Englewood Cliffs, NJ.
19 Clark, R.E., Feldon, D.F., van Merrienboer, J.J.G., Yates, K.A. & Early, S. (2008) Cognitive task analysis. In: Spector, J.M., Merrill, M.D., van Merrienboer, J.J.G. & Driscoll, M.P. (eds), *Handbook of Research on Educational Communications and Technology*, 3rd edn. Erlbaum/Routledge, Mahwah, NJ, pp. 577–594.
20 Tjiam, I., Schout, B., Hendrikx, A., Scherpbier, A., Witjes, J. & van Merrienboer, J.J.G. (2012) Designing simulator-based training: An approach integrating cognitive task analysis and four-component instructional design. *Medical Teacher*, **34**, e698–e707.
21 Clark, R.E. (2014) Cognitive task analysis for expert-based instruction in healthcare. In: Spector, J.M., Merrill, M.D., Elen, J. & Bishop, M.J. (eds), *Handbook of Research on Educational Communications and Technology*, 4th edn. Springer, New York, pp. 541–551.
22 Velmahos, G.C., Toutouzas, K.G., Sillin, L.F. *et al.* (2004) Cognitive task analysis for teaching technical skills in an inanimate surgical skills laboratory. *American Journal of Surgery*, **187**, 114–119.
23 Van Merrienboer, J.J.G. & Kester, L. (2008) Whole-task models in education. In: Spector, J.M., Merrill, M.D., van Merrienboer, J.J.G. & Driscoll, M.P. (eds), *Handbook of Research on Educational Communications and Technology*, 3rd edn. Erlbaum, Mahwah, NJ, pp. 441–456.
24 Aggarwal, R., Mytton, O.T., Derbrew, M. *et al.* (2010) Training and simulation for patient safety. *Quality and Safety in Healthcare*, **19**, i34–i43.
25 Marton, F. (2006) Sameness and difference in transfer. *Journal of the Learning Sciences*, **15**, 499–535.
26 Van Merrienboer, J.J.G., Kester, L. & Paas, F. (2006) Teaching complex rather than simple tasks: Balancing intrinsic and germane load to enhance transfer of learning. *Applied Cognitive Psychology*, **20**, 343–352.
27 Van Merrienboer, J.J.G. & Kirschner, P.A. (2013) *Ten Steps to Complex Learning*, 2nd rev. edn. Routledge, New York.
28 Kalyuga, S., Ayres, P., Chandler, P. & Sweller, J. (2003) The expertise reversal effect. *Educational Psychologist*, **38 (1)**, 23–31.
29 Wickens, C.D., Hutchins, S., Carolan, T. & Cumming, J. (2013) Effectiveness of part-task training and increasing-difficulty training strategies: A meta-analysis approach. *Human Factors*, **55**, 461–470.
30 Harden, R.M. (1999) What is a spiral curriculum? *Medical Teacher*, **21**, 141–143.
31 Merrill, M.D. (2013) *First Principles of Instruction*. John Wiley and Sons.
32 Collins, A., Brown, J.S. & Newman, S.E. (1989) Cognitive apprenticeship: Teaching the craft of reading, writing and mathematics. In: Resnick, L.B. (ed), *Knowing, Learning, and Instruction: Essays in Honor of Robert Glaser*. Erlbaum, Hillsdale, NJ, pp. 453–493.
33 Vandewaetere, M., Manhaeve, D., Aertgeerts, B., Clarebout, G., van Merrienboer, J.J.G. & Roex, A. (2015) 4C/ID in medical education: How to design an educational program based on whole-task learning: Medical Teacher - AMEE Guide 93. *Medical Teacher*, **37 (1)**, 4–20.
34 Van Merrienboer, J.J.G. & Kester, L. (2014) The four-component instructional design model: Multimedia principles in environments for complex learning. In: Mayer, R.E. (ed), *The Cambridge Handbook of Multimedia Learning*, 2nd edn. Cambridge University Press, New York.
35 Dolmans, D.H.J.M., Wolfhagen, I.H. & van Merrienboer, J.J.G. (2013) Twelve tips for implementing whole-task curricula: How to make it work. *Medical Teacher*, **35**, 801–805.
36 Steinert, Y., Mann, K., Centeno, A. *et al.* (2006) A systematic review of faculty development initiatives designed to improve teaching effectiveness in medical education: BEME guide no 8. *Medical Teacher*, **28**, 497–526.
37 Stes, A., Min-Leliveld, M., Gijbels, D. & van Petegem, P. (2010) The impact of instructional development in higher education: The state-of-the art of the research. *Educational Research Review*, **5**, 25–49.
38 Bland, C.J., Starnaman, S., Wersal, L., Moorhead-Rosenberg, L., Zonia, S. & Henry, R. (2000) Curricular change in medical schools: How to succeed. *Academic Medicine*, **75**, 575–594.
39 Frick, T.W., Chadha, R., Watson, C. & Zlatkovska, E. (2010) Improving course evaluations to improve instruction and complex learning in higher education. *Educational Technology, Research and Development*, **58**, 115–136.
40 Dolmans, D.H.J.M., Stalmeijer, R.E., van Berkel, H.J.M. & Wolfhagen, H.A.P. (2011) Quality assurance of teaching and learning: Enhancing the quality culture. In: Dornan, T., Mann, K., Scherpbier, A. & Spencer, J. (eds), *Medical Education - Theory and Practice*. Elsevier, Edinburgh, UK, pp. 257–264.
41 Ehlers, U.D. (2009) Understanding quality culture. *Quality Assurance in Education*, **17**, 343–363.
42 Spencer-Matthews, S. (2001) Enforced cultural change in academe. A practical case study: implementing

quality management systems in higher education. *Assessment and Evaluation in Higher Education*, **26**, 51–59.

43 Harvey, L. & Stensaker, B. (2008) Quality culture: understandings, boundaries and linkages. *European Journal of Education*, **43**, 427–440.

44 Kleijnen, J., Dolmans, D., Willems, J. & van Hout, H. (2014) Effective quality management requires a systematic approach and a flexible organizational culture: A qualitative study among academic staff. *Quality in Higher Education*, **20**, 103–126.

45 Van Merrienboer, J.J.G. & de Bruin, A.B.H. (2014) Research paradigms and perspectives on learning. In: Spector, J.M., Merrill, M.D., Elen, J. & Bishop, M.J. (eds), *Handbook of Research on Educational Communications and Technology*, 4th edn. Springer, New York, pp. 21–29.

46 Engeström, M.Y., Miettinen, R. & Punamaki, R.L. (eds) (1999) *Perspectives on Activity Theory*. Cambridge University Press, Cambridge, UK.

47 Bohle Carbonell, K., Stalmeijer, R.E., Konings, K.D., Segers, M. & van Merrienboer, J.J.G. (2014) How experts deal with novel situations: A review of adaptive expertise. *Educational Research Review*, **12**, 14–29.

认知负荷理论：研究和计划教学以使学习效果最大化

Cognitive load theory: researching and planning teaching to maximize learning

第 18 章

Chapter 18

Jimmie Leppink, Tamara van Gog, Fred Paas and John Sweller
（翻译：林 琳 审校：廖凯举）

患者报告患有急性严重胸痛。住院医师必须立即采取行动，这意味着他们必须询问患者合适的问题，进行身体检查，考虑诊断——这对进一步检查和决策有启示作用。同时继续监测患者的血压、脉搏和呼吸并与其他人沟通。做到这些要求住院医师付出相当大的脑力劳动，对于学生来说更是如此。事实上，如果试着兼顾所有方面，学生可能会很容易思想超负荷，学习过程也可能会受阻。如果培训学生一次只关注一个特定方面（例如血压、心脏、肺和心肺复苏），学生可能不会觉得非常复杂或困难，但可能无法充分促进综合技能的整合和协调，而恰当应对任务需要这种综合技能。那么问题就在于如何使学生能够承受复杂任务带来的过度工作记忆负荷（即需要在一定时间内同时加工的信息元素的数量），从而使学生获得更多知识和技能。

引言

认知负荷理论是为那些处于繁重信息处理负荷的人们而设计的，因此它对教育和实践都有启示作用。在下文中，我们将讨论作为理论基础的认知架构及其通用设计指南，然后将其应用于医学教育和实践。到本章结束时，你将获得有关认知负荷理论的知识；具体而言，是关于以下四个不同的组成部分：① 认知架构，主要包括与教学和有关领域相关的部分；② 认知负荷的类别；③ 测量认知负荷的技术；④ 基于随机对照试验的认知负荷效应，该试验将基于认知负荷理论新的教学、学习或解决问题的方法途径与常规方法途径进行比较。通过认知负荷效应的比较，可以提出值得推荐的教学方式或有关途径。以下概述了这些方面。

认知架构

近年来，在讨论人类认知架构时，认知负荷理论越来越重视生物进化 [1]。首先，它使用了 Geary 的进化教育心理学来对信息进行分类 [2-4]。Geary 将知识分为两个基本类别：生物初级知识和生物高级知识。生物初级知识是我们进化时获得的知识。它往往非常复杂，但很容易获得，不需要有意识地去努力。它也是模块化的，不同类型的知识可能是在不同时期获得的。例如，学习识别面孔、获得解决问题的一般策略、学习母语的听和说等通用技能。相反，生物高级知识是我们能够获得，但不是通过进化就可以获取的知识，例如写作或数学。我们创办了教育机构，以便为人们提供具有文化重要性且通过其他途径不太可能获得的生物高级技能。医学课程的每个主题都可能包含生物高级知识。

生物高级知识的特定结构和功能构成了与教学设计相关的人类认知结构部分，可以用描述人类认知基础信息流的五个原则来描述。

1. **信息存储原则**。人类信息处理系统依赖于大量信息的存储。教学的目的是改变长时记忆中保存的生物高级信息的存储。在长时记忆中，信息元素能够以指示这些元素如何相关的认知图式（即知识网络）的形式存储数年或数十年。如下面的第 4 点所示，工作记忆可以在有限的时间内保存有限量的通过感觉记忆获得的新信息，但在从长时记忆中检索信息时没有已知的限制。
2. **引用与重组原则**。人类信息加工系统通过从他人的信息系统中引用信息来获得其庞大的信息存储。人类通过模仿其他人、倾听别人说的话并阅读他们所写的内容以达到同样的目的。认知负荷理论旨在协助这些过程。值得注意的是，虽然我们从其他人那里获取的信息倾向于初级知识（我们是极少数已经进化成既能为他人提供信息又能从其他人那里获取信息的物种之一），但我们在教育背景下获得的信息是高级知识。
3. **随机组合与生成原则**。尽管人类信息加工系统通过从其他渠道引用信息以获得大部分信息。然而，加工后所形成的新信息必须要在第一时间就得以生成。而随机生成，然后在问题解决期间进行有效性测试，创造了人类知识的最初来源。人们通常仅会在通过引用和重组原则无法获得信息时才用此原则来获取知识 [5]。
4. **变化最小通道原则**。有限工作记忆容量的观念构成了认知负荷理论的核心 [6]。工作记忆负荷或认知负荷是由需要在一定时间内同时加工的信息元素的数量决定的 [7]。当加工新的信息时，维持时间和容量限制非常窄。在未经训练的情况下，任何时候可以加工不超过 2 个或 3 个元素，并且新的信息可以在工作记忆中保存不超过 20 秒 [8-10]。工作记忆可以确定哪些新的信息会影响系统，并确保允许添加到信息存储的新信息量是很小的、变化是递增的。至关重要的是，我们在进行教学设计时要考虑工作记忆的限制，并努力减少不必要的工作记忆负荷。
5. **环境组织与联结原则**。该原则为人类信息加工系统提供了最终的解释说明。它确保信息存储中保存的适当信息用于决定特定环境中的操作。当加工来自长时记忆中的有组织的信息时，工作记忆的容量和持续时间限制被解除。一旦收到适当的环境信号，与长时记忆相关的限制就会消失 [11]。

在这种结构的基础上，认知负荷理论假设学习是存储在长时记忆中的知识的逐步发展。知识会影响被工作记忆加工的信息元素。取以下一系列数字 0031433885709 为例。根据变化最小通道原则，试图将此系列数字记忆为一个随机的数字系列是非常困难的，对大多数人来说是不可能的，因为 13 个数字超过了工作记忆的容量。使用环境组织与联结原则，如果我们添加这是荷兰电话号码的信息，那么对于持有 0031（即 31）是荷兰的国家代码这一长时记忆的人来说，要加工的数字的数量从 13 个减少到了 9 个。如果我们进一步添加这串数字是该国南部城市马斯特里赫特的固定电话的信息，那些知道（0）43 代表马斯特里赫特固定电话的人“仅”需加工 7 个元素。最后，对于那些知道组合 003143388 表明这是来自马斯特里赫特大学的固定电话号码的人来说，这项工作似乎很容易；对他们的工作记忆容量的要求仅限于加工存储在长时记忆中的作为工作记忆中一个元素的 0031（荷兰）、43（马斯特里赫特）、388（大学）的图式，记忆和加工剩余的 4 个数字。这样，通过环境组织与联结原则，通过使用存储在长时记忆中的适当信息，可以使不可能的任务变得简单。

同样地，第一次看到某人肺部的 X 线片时，新手学生可能会察觉到待仔细加工的无数元素几乎是无结构的。需要时间来加工所有这些元素以尝试开发初步图式并理解所呈现的内容。对于一个更有经验的学生，他之前已经看过类似的 X 线片并开发了初步图式，相同的 X 线片预计需要更少的工作记忆容量，因为长时记忆中的知识使他能够整合生理学、解剖学、肺部疾病理论和 X 射线的投影几何学知识 [12]。总之，与新手相比，更有经验的学生有更多的工作记忆资源可用于从容加工剩余的未知元素。

认知负荷的类别

在复杂材料，例如 X 线片中加工的元素数量，不仅取决于其中存在的元素的个数，还取决于这些元素之间存在的交互作用的程度。如果元素之间没有交互，则可以单独学习所有元素。例如，学习解剖结构的名称可能是一项艰巨的任务，因为必须学习大量的结构。尽管如此，由于在学习中每个名称都可以独立于其他名称，因此使任务变得困难的不是元素之间的交互性水平。

相反，一些信息难以被接收，不是因为它们具有非常多的元素，而是因为相对少量的元素之间有交互作用，因此它们需要同时被学习。同时加工大量元素（例如生理学、解剖学、肺部疾病理论和 X 线的投影几何学）会对工作记忆造成沉重的负担。例如，人体是一种复杂的生物系统，其中器官以各种方式发生交互作用。因此，难以孤立地研究该系统中特定器官的功能。鉴于下丘脑通过脑垂体将神经系统与内分泌系统联系起来，因此有必要将这两种系统作为神经内分泌系统进行联合研究。在诸如此类的复杂系统中，元素交互水平通常很高，我们应该在进行教学和工作环境设计时考虑元素的交互性。认知负荷理论主要关注由于较高的元素交互性导致的困难。较高的元素交互性会导致繁重的工作记忆负荷，因为必须在工作记忆中同时加工交互元素。相反，由于大量孤立元素导致的困难不会造成繁重的工作记忆负荷，因为每个元素可以单独加工而无需参考其他元素，从而减少认知负荷的影响。

最初，认知负荷理论以认知负荷的两个来源进行区分，即内在认知负荷和外在认知负荷，后来又加入了关联认知负荷的概念。

1. **内在认知负荷**。内在认知负荷一方面是信息中交互作用元素数量的直接函数，另一方面是学习者或执行者长时记忆中知识的可用性[13]。新手学习者如果对所提供的信息类型几乎没有任何了解，则必须选择、组织和整合所有交互作用的元素，以便学习或执行。然而，随着学习的进步，信息元素逐渐融入存储在长时记忆的知识中，这些知识可以通过环境组织与联结原则作为工作记忆中的单个元素来加工（见前文）。因此，特定信息所强加的内在认知负荷对新手来说要比对更高级的学习者高得多。
2. **外在认知负荷**。外在认知负荷也是由于元素的交互性。然而，在这种情况下，元素交互性是由于教学过程或信息的呈现方式引起的。外在认知负荷是指学习者或执行者参与与学习目标无关的认知过程[14-15]。这种过程的一个例子是必须在精神上将在空间或时间上分开但相互参照的信息来源进行整合。与在空间或时间上整合的形式中呈现的相同信息相比，这带来了非常高的认知负荷而妨碍了学习。作为另一个例子，应该以视觉方式呈现的信息以口头形式呈现（例如，口头描述心脏血管等解剖结构，而不是使用图解在视觉上呈现它们）也增加了外在认知负荷；将单词翻译成心理图解需要工作记忆资源，因此无法用于学习。如果内在认知负荷高或者在认知负荷较低的条件下导致次优知识学习，则施加外在认知负荷的过程可能妨碍学习或表现。也就是说，即使可以在不妨碍学习的情况下管理无关的认知负荷，通过强加有助于学习的认知负荷的过程来替代无关的认知负荷应该可以更好地学习。
3. **关联认知负荷**。这种类型的认知负荷于 20 世纪 90 年代被纳入到认知负荷框架中[16-17]，是有助于学习的认知负荷。鉴于在认知负荷理论中，学习是长时记忆中知识的逐渐发展，这种第三类的认知负荷是将长时记忆或环境的相关信息与新信息元素相关联而产生的[18]。换言之，它属于加工内在认知负荷的工作记忆资源[19]。例如，在实践中，所诊断复杂病例的多样性增加了认知负荷，但认知负荷的这种增加可以帮助学习。要求学习者比较和区分案例而不是单独加工每个案例增加了任务的内在认知负荷，需要更多的工作记忆资源（即关联认知资源）来加工新任务。因此，在 20 世纪 90 年代末引入的“关联认知负荷”现在被称为“关联认知资源”或用于加工内在认知负荷的工作记忆资源，与内在认知负荷有关[20]。

在该理论的传统（即 20 世纪 90 年代后期）版本中，内在认知负荷、外在认知负荷和关联认知负荷被认为是认知负荷的三种类型。然而，在最近的概念重建中，只有内在认知负荷和外在认知负荷被认为是其类型：应尽量减少外在认知负荷，以便学习者可以用工作记忆资源（即关联认知资源）来加工内在认知负荷并参与学习。内在和外在认知负荷的总和应该在工作记忆的容量范围内。

图 18.1 提供了低内在和低外在认知负荷（a）、低内在和高外在认知负荷（b）、高内在和低外在认知负荷（c）以及高内在和高外在认知负荷（d）的图示。

回想一下，所施加的内在认知负荷的量一方面取决于元素的数量和信息中元素之间的交互水平，另一方面取决于在学习者的长时记忆中可获得的知识。虽然内在认知负荷取决于学习者面对的信息的内在本质，但学习者所体验的外在认知负荷的数量取决于信息呈现给学习者的方式。

在情况（a）中，学习者面对具有低内在认知负荷的信息，并且呈现该信息的方式施加了低外在认知负荷。深灰色区域表示未用于加工此特定信息的工作记忆资源。

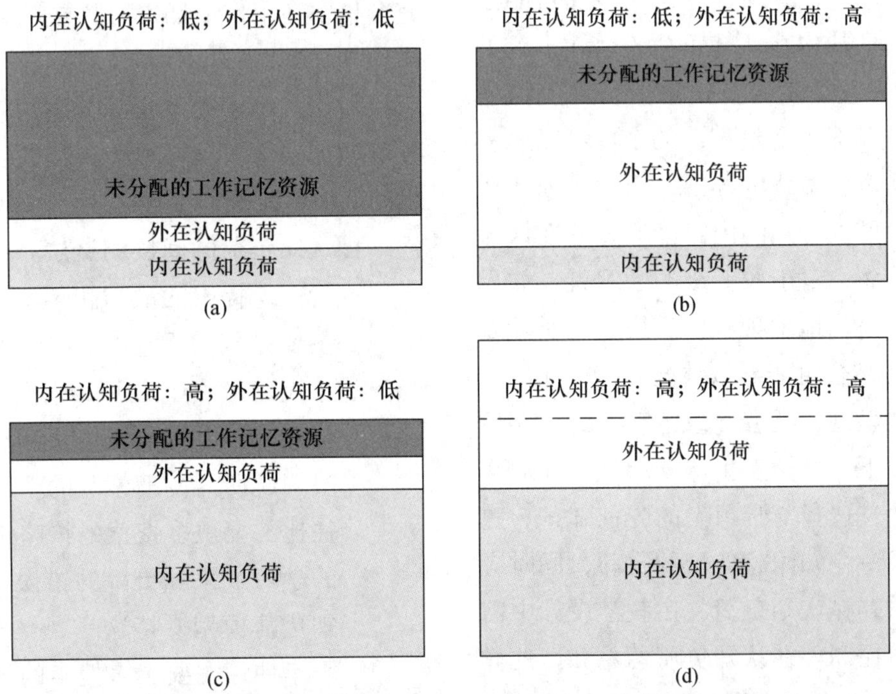

图 18.1 作为认知负荷的两种类型的内在和外在认知负荷

低内在认知负荷可能意味着两件事：要么是非常容易的信息，要么虽然是新手学习者认为复杂的信息，但是对于这种类型的知识，有充分了解的个体学习者感觉容易领会。情况（a）和情况（b）之间的区别在于，在后者中，信息的呈现方式要求学习者参与不必要且不利于学习的过程。例如，如果以视觉方式呈现立方体，则可能发生情况（a），如果以口头方式描述相同的立方体而不是以视觉方式呈现，则将更可能发生情况（b）。立方体本身并不是一个非常复杂的形状，大多数人都了解立方体是什么，并对立方体的外观有自己的心理表征。提供口头而不是视觉描述，学习者可能会或可能不会意识到描述是关于立方体的，但立方体的口头描述所需的加工是外在的。

同样，对于接受过人体肺部X线检查培训的人来说，看到另一个X线片可能会产生相当低的内在认知负荷（远低于新手学习者的情况）。当在视觉上呈现应该呈现的X线片时，受过训练的个体可以非常容易地注意到最终的异常，而口头描述在X线片中可以看到的内容会增加外在认知负荷。然而，对于较低级的学习者，如果该信息被适当地呈现，口头描述与实际看到X线片结合可能导致情况（c）。如果没有恰当地呈现，就会导致情况（d）。在后一种情况下，可能发生认知超载。简而言之，应通过选择与学习者的先前知识、熟练程度或专业知识相匹配的材料，同时应尽量减少外在认知负荷，在教学设计中需要优化内在和外在认知负荷的总和。这样做，我们可以使学习者尝试参与认知过程，通过将他们的来自长时记忆中的知识与元素以及元素和新元素之间的交互作用联系起来，帮助他们处理内在认知负荷。

认知负荷理论已经为如何优化内在认知负荷、如何最小化外在认知负荷以及如何鼓励学习者分配工作记忆资源以处理内在认知负荷提供了许多指导。详细信息可以在 Van Merriënboer 和 Sweller[21] 以及 Van Merriënboer 和 Kirschner [22] 的著述中找到。我们现在将重点关注认知负荷的测量以及未来研究的考虑因素。

认知负荷的测量

鉴于工作记忆负荷的概念是认知负荷理论的核心，测量工作记忆负荷对于检验特定假设至关重要，并能为进一步研究和教育实践提供具体指导。在认知负荷理论的前20年研究中，认知负荷的测量几乎完全集中在工作记忆负荷 [6] 或脑力劳动 [23] 或认知负荷的核心建构上。这三个术语可互换使用，用于指示实际分配用于处理任务所施加要求的认知能力，因此反映了实际的认知负荷 [16,24]。

1. **认知负荷的间接测量法**。在认知负荷理论提出的最初几年，认知负荷主要是间接测量的。在20世纪80年代和90年代初期，人们发现，需要进行较少搜索以解决问题（即解决问题所需的搜索）的学习策略往往比需要更多搜索的策略带来更好的学习成果和更少的错误 [25-27]。认知负荷模型支持这一观点 [6]。尽管由于使用需要更多搜索的学习策略而对工作记忆资源的额外需求会带来更高的认知负荷，并且可能需要更多的学习时间，但脑力劳动的增加不太可能促进更好的学习或表现。这一发现似乎包含着两个观点。首先，学习时间可以提供间接的认知负荷测量[28-29]。其次，解决问题的搜索策略不会改变将要学习的信息的内在复杂性。由于更密集的问题解决搜索而导致的外在认知负荷对学习或表现没有影响，可能被认为是无关的认知负荷。然而，后来的研究表明，信息内在复杂性的增加（例如数学方程中的多个变量）也会增加错误率[30]。因此，显而易见的是计算模型（例如与解决问题的搜索数量变化相关联）、学习时间（或任务时间）和错误率可以作为认知负荷的间接测量指标，尽管这些测量作为认知负荷指标的有效性可能是任务依赖性的。

2. **认知负荷的主观测量法。**自 20 世纪 90 年代初引入九点单维脑力劳动评定量表以来，主观测量一直被用于评估学习者所体验的认知负荷[23]。尽管工作量和认知负荷与不同环境的关联程度尚不完全清楚，但多维 NASA 任务负荷指数（task load index，TLX）是另一种工具的示例，用于针对五个方面（即心理需求、身体需求、时间需求、自己的表现和努力以及挫折感）的七点评定量表[31]主观测量工作负荷量，该量表已用于认知负荷研究[32-34]。

3. **效率测量法。**通过主观或客观技术测量总体认知负荷可以得到非常丰富的信息，特别是将学习成果以所谓的效率进行测量[35-37]。效率测量将成绩表现与达到成绩表现所需的成本（就总体认知负荷而言）联系起来，也就是花费一定努力所获得的学习成果。如果以相同的成本实现更高的成绩表现或者以更低的成本达到相同的成绩表现，则可以实现更高的效率。然而，虽然外在认知负荷显然是不必要的，但是学习需要一些内在认知负荷，尚不清楚应将内在认知负荷视为成本的程度。例如，太少的内在认知负荷可能使任务看起来很无聊[38]。如果我们成功地分别测量了内在和外在认知负荷，我们可以测试内在认知负荷（例如，降低元素交互水平以实现较低的内在认知负荷）和外在认知负荷（例如，需要进行更多搜索以解决问题的学习策略比需要较少搜索的学习策略带来更高的无关认知负荷）的特定假设。这将使研究用外在认知负荷而不用总体认知负荷来表达成本成为可能，总体认知负荷是内在和外在认知负荷的总和。内在和外在认知负荷之间的区别对教育实践和教育研究很重要。更多的认知负荷对学习不一定是负面的。在该领域存在一个常见的误解，即认知负荷需要尽可能降低。尽管外在认知负荷需要最大限度地减少，但基于认知负荷理论的教学也会尝试使用所有可用的工作记忆资源来处理内在认知负荷。应通过选择与学习者的先前知识或专业知识一致的材料，在教学设计中优化内在认知负荷，同时尽量减少外在认知负荷。在这样的环境中，学习者可能尝试着分配可用的工作记忆资源以应对内在认知负荷并实际参与学习。

4. **认知负荷的类别测量法**。近年来，一些研究试图开发用于测量一种或多种类型的认知负荷的工具[39-43]。绝大多数此类研究的缺点是一种或多种类型的认知负荷仅由单个条目表示。相对于使用单个指标进行测量，对不同类型的认知负荷使用多个指标可以更精确地测量，并能够帮助研究人员更清楚地将不同类型认知负荷区分开。此外，当涉及一个非常具体的教学特点或认知过程来测量外在或关联认知负荷时，可能会出现一个概念性问题，因为对于低级的学习者有益的教学特点可能对更高级的学习者没有益处（即专长逆转效应）[44-46]。例如，在一些研究中，经验较少的医学生在特定情况下的表现优于经验丰富的医生[47]。最近，开发了一种新的心理测量工具，采用可变换的方法来制订测量不同类型的认知负荷时要询问的问题，这将至少可以在某种程度上解决无法区分内在和外在认知负荷的问题[48]。已有研究支持认为内在和外在认知负荷可分别由两个因素来测量[49]。表 18.1 给出了组成这两个因素的 8 个条目：问题 1 ～ 4 重点针对内在认知负荷，问题 5 ～ 8 涉及外在认知负荷。

5. **认知负荷的生理测量法**。不同的研究人员都建议使用生理测量方式来测量认知负荷。在 20 世纪 90 年代前半期进行的一项研究表明，脑力劳动九点量表比心率变异性对任务复杂性的差异更敏感，因为前者可以解释更多任务复杂性和成绩表现的变化[50-51]。一些研究建议使用功能磁共振成像（fMRI）等技术，并重点关注例如当学习者处理信息时背外侧前额叶皮质的活动增加程度[52-53]。其他研究建议使用脑电图（EEG）[54]。使用 EEG，一种所谓的超文本引导（即将片段连接在一起的介绍性文本）的研究发现，使用这些引导比使用没有引导的超文本产生更好的学习效果，α、β、θ（EEG）测量在超文本引导组的结果明显较低，这表明超文本引导的使用使得认知负荷降低[55]。此外，不同的研究人员都认为特定的眼球追踪变量可能与认知负荷有关[56-59]。例如，瞳孔直径的增加与认知负荷的增加呈正相关，至少在非老年人群中是这样[60-61]。有人认为扫视率和幅度与认知负荷呈负相关[62-64]。最后，平均停留时间（即在视觉刺激中聚焦在相同位置或区域的时间）也预计会反映出更高的认知负荷[65]。同样，这些变量与认知负荷的关系是高度依赖于任务的。

然而，眼球追踪变量和（各个类别）认知负荷之间的上述及其他关系需要并值得进一步研究。

6. 次级任务测量法。测量认知负荷的另一种方法是通过对次级任务的成绩表现进行研究[66-67]。次级任务要求人们投入额外的认知努力，这是学习或表现的主要任务的次级因素。这种任务的一个例子就是在学习过程中识别随机呈现的音调[68]。另一个例子是回忆或记住字母[69]。这一理念是，工作记忆资源越少，感兴趣的主要任务就可以占据更多的工作记忆资源，就可以在次级任务上表现良好。

7. 组合测量法。次级任务测量法并未被广泛用作主观测量，因为它们需要更复杂的实验设计，并且像生理测量法一样需要更先进的工具。此外，目前尚不清楚使用次级任务或生理测量法如何使我们能够区分内在和外在认知负荷。与次级任务测量法相比，主观测量法（如表 18.1 中所示的工具）可以帮助我们区分内在和外在认知负荷，但在特定情境中可能比单条目脑力劳动评定量表更难以使用。例如，如果一个人必须在一系列所说的 8 项任务之后提供脑力劳动评分，则使用单条目脑力劳动量表比在 8 项任务中的每一条目后使个体回答 8 个条目更容易。但是，有可能在 8 项任务之后使用单条目脑力劳动评定量表，并且使个体在完整过程结束时或者优选地在每个区块之后（例如 4 个）回答该 8 个条目的问卷。这个过程可以让研究人员深入了解投入单独任务的脑力劳动程度，以及所体验的总体内在和外在认知负荷。精心设计的实验结合了本节讨论的两种或更多种测量方法：间接测量、主观反应测量、生理测量和次级任务测量。对这些不同类型的测量之间的趋同和分歧可能产生新的发现。例如，如果我们在表 18.1 中提出的两个量表之间发现一致的相关性，并且特定的眼球追踪测量和这些测量的结果与认知负荷理论一致，这些发现可能会促进所考虑的测量确实能够获得内在或外在认知负荷的预期，最终使这些测量进一步完善。如果我们在测量之间没有发现一致的相关性，可能会引起关于为什么以及在何种情况下不同类型的测量会发生分歧的新研究。

认知负荷效应

认知负荷效应是认知负荷理论的经验表现。认知构架、认知负荷的类别和用于测量认知负荷的技术都是产生认知负荷效应所必需的。每种通常都包括认知负荷理论产生的教学程序与可供替代的传统使用程序的比较，但不总是如此。在某种情况下，这种比较总是使用随机对照试验[24,44-49]。

该理论产生了大量的认知负荷理论效应，每种效应都有可能改变教学程序[18]，

表 18.1 用于测量内在认知负荷（即问题 1 ～ 4）和外在认知负荷（即问题 5 ～ 8）的新型心理测量工具

以下 8 个问题都涉及刚刚完成的活动。请花时间仔细阅读并按照所呈现的 0 ～ 10 的数值范围回答每个问题，其中“0”表示完全没有，“10”表示完全如此：

0 1 2 3 4 5 6 7 8 9 10

[1] 这项活动的内容非常复杂。

[2] 这项活动涉及的问题非常复杂。

[3] 在这项活动中，提到了非常复杂的术语。

[4] 我在这项活动的复杂性上投入了很高的脑力劳动。

[5] 这项活动的解释和说明非常不清楚。

[6] 这项活动的解释和说明充满了不明确的语言。

[7] 在学习方面，这项活动的解释和说明非常无效。

[8] 我在这项活动中对不明确和无效的解释和说明付出了非常多的脑力劳动。

所有这些影响都与医学教育和实践相关[20-21]。

最广泛研究的效应之一是工作样例效应（worked example effect），它表明用演示如何完成任务的样例（以书面形式或由教师或更高级的学生展示）来代替大量练习题，对于几乎没有任何先验知识的学生的学习更有效（即需要更少的时间或精力）[17,70-71]。在医学教育中，基于样例的学习已被证明对各种任务都有益，例如学习诊断某些疾病[72-73]，或通过模拟训练掌握支气管镜检查技能[74]。最近，还显示了通过对自己的初步诊断进行结构化反思而获得诊断知识[75-76]，在通过为学生提供反思的样例时，使其更加具有成效和效率[77]。

医疗决策需要知识的广度和深度、知识的组织、沟通技巧以及处理情绪和压力的能力。随着学生在医学领域的经验的积累，他们对疾病和相关现象的了解变得越来越精细。这会影响要加工的元素或组块信息，并且可能会降低学生在决策时认知负荷超载的可能性。后者可能特别适用于涉及情感的情况。首先，人们可能期望情绪可以促进对相关线索或模式的识别，并因此支持在特定环境中的学习或决策。然而，如果消极情绪（例如强烈压力）或积极情绪刺激出现偏倚，学习和决策可能会受到损害[78-80]。此外，如果负面情绪（例如出于对先前误诊的了解）或积极情绪促使我们思考是什么原因导致了这种情绪，这种想法消耗了工作记忆资源并可能妨碍学习和决策的制订[81]。例如，在一项研究中发现，当使用人体模型教授医学生时，如果人体模型“死亡”，则“死亡”的情绪影响增加了认知负荷，影响了学习效果[82]。

在决策过程中，医学生主要依靠各种课程中积累的基础科学或生物医学知识，包括解剖学知识[47,83]。解剖学似乎是许多学生感觉到学习困难的主题。举例来说，如人脑的解剖学，人脑是一个大的三维结构，很难在二维图像中表现出来。大脑或大脑部分的二维图像已经包含许多交互作用的元素，并且必须在头脑中构建大脑或一个大脑区域的三维图像，这导致了额外的内在认知负荷。为了避免过多的内在认知负荷，重要的是学生首先要详细研究大脑部分的二维图像，学习与这些部分相关的一些核心功能并学习重要的术语。对于如何整合大脑部分的二维图像以获得三维表现的口头解释，不太可能弥补在足够详细地研究大脑的二维图像时所缺乏的时间。口头解释更可能施加一个无关的认知负荷，因为就像从六个正方形中推导出一个立方体，从二维图像中导出人类大脑的三维呈现是一种视觉而非语言的过程。

如何培养医学生成为这一领域的专家是一项重大的挑战。在文献中发现了应对该挑战的不同方法。在传统方法中，学生需要记住大量信息并将其整合到结构化的知识中。虽然记忆在医学课程中发挥着重要作用，特别是在早期阶段，但没有经验支持这样的假设，即让学生记忆最少的教学指导会带来最佳学习效果。包括医学在内的各种领域的研究表明，特别是在学习知识的早期阶段，学生从精心设计的样例的研究中学到的东西远远多于从自主解决问题中所学到的 [84]。自主解决问题的能力可能会由于缺乏先验知识而导致较高的内在认知负荷，并且由于对需要解决问题的搜索，可能会产生大量的外在认知负荷。然而，一旦学生通过教学指导对特定现象或情况有了足够的了解，就可以预期自主解决问题产生比样例研究更好的结果 [44-46]。因此，基于问题的学习（PBL）[85-86] 可以“作为高年级学生的补充方法而促进他们的探索和自学”（与临床表现形式的样例相结合），但不能期望在单一使用时产生最佳学习成果 [87]。换句话说，一旦学生（应该）对所考虑的话题有足够的知识储备，PBL 就可以成为医学课程后期的有用方法。

认知负荷理论的一个主要优势是，基于该理论产生的指南是以精心设计的随机对照试验为基础的。进行随机对照试验在医学教育研究中具有重要意义，因为就像测量和检查认知负荷的复杂性一样，如果在适当的情况下随机对照试验设计得很好，它们就能够在教学效果或动机影响学习或表现方面得出因果结论（参见本书中 Cleland、Stansfield 和 Gruppen 著述的章节）。当然，使用随机对照试验研究因果关系的这一明显优势并不能否定基于相关或定性方法的其他技术的使用。这些技术在研究认知过程以及开发测量工具（例如表 18.1 中所示的测量工具）时非常重要。该调查问卷是在统计教育背景下开发和测试的原始形式 [48]，由文献综述 [88-89]、定性研究 [90] 以及随后相关研究和随机对照试验 [48-49] 的综合结果得出。文献综述和定性研究产生了一个可能增加内在或外在认知负荷的元素框架。这保证了在相关研究（即讲座）中使用问卷，并且将最终量表用于随机对照试验。尽管已经提供了语言学习 [49] 和医学教育的并行版本（表 18.1），但是一方面的定性和相关研究与另一方面的随机对照试验的结合可能表明问卷需要进行一些调整或扩展才能用于具体情境。

最后，在可能的情况下，在实施新的教学程序之前进行精心设计的随机对照试验，基于试验的结果改进教育实践，这种做法是定量研究方法在医学教育中保证效果和应用的极好证明。

小结

在本章中，我们概述了认知负荷理论及其各种关键组成部分，包括如何最好地测量认知负荷以及哪些研究设计在这一研究领域受到青睐。本章的内容未必能够完整地描述这个广泛的研究领域，但我们希望已经阐述了认知负荷在学习中的重要性，并能够激发你对该主题的研究兴趣。

实践要点

认知负荷理论对医学教育研究有很多启示。通过认知负荷理论与精心设计的试验之间的持续进行的互动，医学教育研究可以向前迈出关键的一步。主要信息总结为如下四个要点：

- 人类工作记忆的局限性对学生和从业者在医学环境下可以加工的信息量和种类有明显的启示作用。
- 不恰当的信息呈现方式能够对工作记忆资源施加不必要的额外要求，从而可能导致复杂环境中的认知负荷超载。
- 组合使用不同类型的认知负荷测量方法，可以发现适用于不同类型认知负荷相关指标的适宜测量方法。
- 教育实践应是基于在引入新的教学程序之前而不是之后进行的精心设计的随机对照试验的结果。

参考文献

1 Paas, F. & Sweller, J. (2012) An evolutionary upgrade of cognitive load theory: Using the human motor system and collaboration to support the learning of complex cognitive tasks. *Educational Psychology Review*, **24**, 27–45.

2 Geary, D. (2007) Educating the evolved mind: Conceptual foundations for an evolutionary educational psychology. In: Carlson, J.S. & Levin, J.R. (eds), *Psychological Perspectives on Contemporary Educational Issues*. Information Age Publishing, Greenwich, CT, pp. 1–99.

3 Geary, D. (2008) An evolutionarily informed education science. *Educational Psychologist*, **43**, 179–195.

4 Geary, D. (2012) Evolutionary educational psychology. In: Harris, K., Graham, S. & Urdan, T. (eds), *APA Educational Psychology Handbook*. Vol. **1**. American Psychological Association, Washington, D.C., pp. 597–621.

5 Sweller, J. (2009) Cognitive bases of human creativity. *Educational Psychology Review*, **21**, 11–19.

6 Sweller, J. (1988) Cognitive load during problem solving: Effects on learning. *Cognitive Science*, **12**, 257–285.

7 Barouillet, P., Bernardin, S., Portrat, S., Vergauwe, E. & Camos, V. (2007) Time and cognitive load in working memory. *Journal of Experimental Psychology: Learning, Memory, and Cognition*, **33**, 570–585.

8 Barouillet, P., Gavens, N., Vergauwe, E., Gaillard, V. & Camos, V. (2009) Working memory span development: A time-based resource-sharing model account. *Developmental Psychology*, **45**, 477–490.

9 Cowan, N. (2001) The magical number 4 in short-term memory: a reconsideration of mental storage capacity. *Behavioral and Brain Science*, **24**, 152–153.

10 Peterson, L. & Peterson, M.J. (1959) Short-term retention of individual verbal items. *Journal of Experimental Psychology*, **58**, 193–198.

11 Ericsson, K.A. & Kintsch, W. (1995) Long-term working memory. *Psychological Review*, **102**, 211–245.

12 Lesgold, A., Rubinson, H., Feltovich, P., Glaser, R., Klopfer, D. & Wang, Y. (1988) Expertise in a complex skill: Diagnosing x-ray pictures. In: Chi, M.T.H., Glaser, R. & Farr, M.J. (eds), *The Nature of Expertise*. Erlbaum, Hillsdale, NJ.

13 Sweller, J. (1994) Cognitive load theory, learning difficulty, and instructional design. *Learning and Instruction*, **4**, 295–312.

14 Sweller, J. & Chandler, P. (1994) Why some material is difficult to learn. *Cognitive and Instruction*, **12**, 185–223.

15 Sweller, J., Chandler, P., Tierney, P. & Cooper, M. (1990) Cognitive load as a factor in the structuring of technical material. *Journal of Experimental Psychology*, **119**, 176–192.

16 Paas, F. & Van Merriënboer, J.J.G. (1994) Instructional control of cognitive load in the training of complex cognitive tasks. *Educational Psychology Review*, **6**, 51–71.

17 Sweller, J., Van Merriënboer, J.J.G. & Paas, F. (1998) Cognitive architecture and instructional design. *Educational Psychology Review*, **10**, 251–296.

18 Sweller, J. (2010) Element interactivity and intrinsic, extraneous, and germane cognitive load. *Educational Psychology Review*, **22**, 122–138.

19 Kalyuga, S. (2011) Cognitive load theory: How many types of load does it really need? *Educational Psychology Review*, **23**, 1–19.

20 Sweller, J., Ayres, P. & Kalyuga, S. (2011) *Cognitive Load Theory*. Springer, New York.

21 Van Merriënboer, J.J.G. & Sweller, J. (2010) Cognitive load theory in health professional education: design principles and strategies. *Medical Education*, **44**, 85–93.

22 Van Merriënboer, J.J.G. & Kirschner, P.A. (2013) *Ten Steps to Complex Learning: A Systematic Approach to Four-Component Instructional Design*, 2nd edn. Routledge, New York.

23 Paas, F. (1992) Training strategies for attaining transfer of problem-solving skills in statistics: A cognitive load approach. *Journal of Educational Psychology*, **84**, 429–434.
24 Paas, F., Tuovinen, J., Tabbers, H. & Van Gerven, P.W.M. (2003) Cognitive load measurement as a means to advance cognitive load theory. *Educational Psychologist*, **38**, 63–71.
25 Ayres, P. & Sweller, J. (1990) Locus of difficulty in multistage mathematics problems. *American Journal of Psychiatry*, **103**, 167–193.
26 Owen, E. & Sweller, J. (1985) What do students learn while solving mathematics problems? *Journal of Educational Psychology*, **77**, 272–284.
27 Sweller, J. & Cooper, M. (1985) The use of worked examples as a substitute for problem solving in learning algebra. *Cognitive and Instruction*, **1**, 59–89.
28 Chandler, P. & Sweller, J. (1991) Cognitive load theory and the format of instruction. *Cognitive and Instruction*, **8**, 293–332.
29 Chandler, P. & Sweller, J. (1992) The split-attention effect as a factor in the design of instruction. *British Journal of Educational Psychology*, **62**, 233–246.
30 Ayres, P. (2001) Systematic mathematical errors and cognitive load. *Contemporary Educational Psychology*, **26**, 227–248.
31 Hart, S.G. & Staveland, L.E. (1988) Development of NASA-TLX (Task Load Index): results of empirical and theoretical research. In: Hancock, P.A. & Meshtaki, N. (eds), *Human Mental Workload*. North-Holland, Amsterdam, pp. 139–183.
32 Gerjets, P., Scheiter, K. & Catrambone, R. (2004) Designing instructional examples to reduce intrinsic cognitive load: Molar versus modular presentation of solution procedures. *Instructional Science*, **32**, 33–58.
33 Gerjets, P., Scheiter, K. & Catrambone, R. (2006) Can learning from molar and modular worked examples be enhanced by providing instructional explanations and prompting self-explanations? *Learning and Instruction*, **16**, 104–121.
34 Kester, L., Lehnen, C., Van Gerven, P.W.M. & Kirschner, P.A. (2006) Just-in-time, schematic supportive information presentation during cognitive skill acquisition. *Computers in Human Behavior*, **22**, 93–112.
35 Hoffman, B. & Schraw, G. (2010) Conceptions of efficiency: Applications in learning and problem solving. *Educational Psychologist*, **45**, 1–14.
36 Paas, F. & Van Merriënboer, J.J.G. (1993) The efficiency of instructional conditions: An approach to combine mental effort and performance measures. *Human Factors*, **35**, 737–743.
37 Van Gog, T. & Paas, F. (2008) Instructional efficiency: Revisiting the original construct in educational research. *Educational Psychologist*, **43**, 16–26.
38 Young, M.S. & Stanton, N.A. (2002) Attention and automation: new perspectives on mental underload and performance. *Theoretical Issues in Ergonomics Science*, **3**, 178–194.
39 Ayres, P. (2006) Using subjective measures to detect variations of intrinsic load within problems. *Learning and Instruction*, **16**, 389–400.
40 Cierniak, G., Scheiter, K. & Gerjets, P. (2009) Explaining the split-attention effect: Is the reduction of extraneous cognitive load accompanied by an increase in germane cognitive load? *Computers in Human Behavior*, **25**, 315–324.
41 De Leeuw, K.E. & Mayer, R.E. (2008) A comparison of three measures of cognitive load: Evidence for separable measures of intrinsic, extraneous, and germane load. *Journal of Educational Psychology*, **100**, 223–234.
42 Eysink, T.H.S., De Jong, T., Berthold, K., Kollöffel, B., Opfermann, M. & Wouters, P. (2009) Learner performance in multimedia learning arrangements: An analysis across instructional approaches. *American Educational Research Journal*, **46**, 1107–1149.
43 Galy, E., Cariou, M. & Mélan, C. (2012) What is the relationship between mental workload factors and cognitive load types? *International Journal of Psychophysiology*, **83**, 269–275.
44 Kalyuga, S., Ayres, P., Chandler, P. & Sweller, J. (2003) The expertise reversal effect. *Educational Psychologist*, **38**, 23–31.
45 Kalyuga, S., Chandler, P., Tuovinen, J. & Sweller, J. (2001) When problem-solving is superior to studying worked examples. *Journal of Educational Psychology*, **93**, 579–588.
46 Leppink, J., Broers, N.J., Imbos, T., Van der Vleuten, C.P.M. & Berger, M.P.F. (2012) Self-explanation in the domain of statistics: An expertise reversal effect. *Higher Education*, **63**, 771–785.
47 Kalyuga, S., Rikers, R.M.J.P. & Paas, F. (2012) Educational implications of expertise reversal effects in learning and performance of complex cognitive and sensorimotor skills. *Educational Psychology Review*, **24**, 313–337.
48 Leppink, J., Paas, F., Van der Vleuten, C.P.M., Van Gog, T. & Van Merriënboer, J.J.G. (2013) Development of an instrument for measuring different types of cognitive load. *Behavior Research Methods*, **45**, 1058–1072.
49 Leppink, J., Paas, F., Van Gog, T., Van der Vleuten, C.P.M. & Van Merriënboer, J.J.G. (2014) Effects of pairs of problems and examples on task performance and different types of cognitive load. *Learning and Instruction*, **30**, 32–42.
50 Paas, F. & Van Merriënboer, J.J.G. (1994) Variability of worked examples and transfer of geometrical problem-solving skills: A cognitive-load approach. *Journal of Educational Psychology*, **86**, 122–133.
51 Paas, F. & Van Merriënboer, J.J.G. (1994) Measurement of cognitive-load in instructional research. *Perceptual and Motor Skills*, **79**, 419–430.
52 Paas, F., Ayres, P. & Pachman, M. (2008) Assessment of cognitive load in multimedia learning: Theory, methods and applications. In: Robinson, D.H. & Schraw, G. (eds), *Recent Innovations in Educational Psychology that Facilitate Student Learning*. Information Age Publishing, Charlotte, pp. 11–35.
53 Whelan, R.R. (2007) Neuroimaging of cognitive load in instructional multimedia. *Educational Research Review*, **2**, 1–12.
54 Antonenko, P., Paas, F., Grabner, R. & Van Gog, T. (2010) Using electroencephalography to measure cognitive load. *Educational Psychology Review*, **22**, 425–438.

55 Antonenko, P. & Niederhauser, D.S. (2010) Using electroencephalography to measure cognitive load. *Computers in Human Behavior*, **26**, 140–150.

56 Holmqvist, K., Nyström, M., Andersson, R., Dewhurst, R., Jarodzka, H. & Van de Weijer, J. (2011) *Eye-Tracking: A Comprehensive Guide to Methods and Measures*. Oxford University Press, Oxford.

57 Underwood, G., Jebbert, L. & Roberts, K. (2004) Inspecting pictures for information to verify a sentence: eye movements in general encoding and in focused search. *Quarterly Journal of Experimental Psychology Section A-human Experimental Psychology*, **57A**, 165–182.

58 Van Gog, T. & Jarodzka, H. (2013) Eye tracking as a tool to study and enhance cognitive and metacognitive processes in computer-based learning environments. In: Azevedo, R. & Aleven, V. (eds), *International Handbook of Metacognition and Learning Technologies*. Springer, New York, pp. 143–156.

59 Van Gog, T. & Scheiter, K. (2010) Eye tracking as a tool to study and enhance multimedia learning. *Learning and Instruction*, **20**, 95–99.

60 Van Gerven, P.W.M., Paas, F., Van Merriënboer, J.J.G. & Schmidt, H.G. (2004) Memory load and the cognitive pupillary response in aging. *Psychophysiology*, **41**, 167–174.

61 Van Orden, K.F., Jung, T.P. & Makeig, S. (2000) Combined eye activity measures accurately estimate changes in sustained visual task performance. *Biological Psychology*, **44**, 85–93.

62 Recarte, M.A. & Nunes, L.M. (2003) Mental workload while driving: Effects on visual search, discrimination, and decision making. *Journal of Experimental Psychology: Applied*, **9**, 119–133.

63 Veltman, J. & Gaillard, A. (1998) Physiological workload reactions to increasing levels of task difficulty. *Ergonomics*, **41**, 656–659.

64 Williams, L.J. (1988) Tunnel vision or general interference? Cognitive load and attentional bias are both important. *American Journal of Psychiatry*, **101**, 171–191.

65 Zwahlen, H.T., Adams, C.C. & DeBald, D.P. (1988) Safety aspects of CRT touch panel controls in automobiles. In: Gale, A.G., Freeman, M.H., Haslegrave, C.M., Smith, P. & Taylor, S.H. (eds), *Vision in Vehicles*. Elsevier, Amsterdam, pp. 335–344.

66 Britton, B.K. & Tesser, A. (1982) Effects of prior knowledge on use of cognitive capacity in three complex cognitive tasks. *Journal of Verbal Learning and Verbal Behavior*, **21**, 421–436.

67 Kerr, B. (1973) Processing demands during mental operations. *Memory and Cognition*, **1**, 401–412.

68 Marcus, N., Cooper, M. & Sweller, J. (1996) Understanding instructions. *Journal of Educational Psychology*, **88**, 49–63.

69 Chandler, P. & Sweller, J. (1996) Cognitive load while learning to use a computer program. *Applied Cognitive Psychology*, **10**, 151–170.

70 Renkl, A. (2014) Towards an instructionally-oriented theory of example-based learning. *Cognitive Science*, **38**, 1–37.

71 Van Gog, T. & Rummel, N. (2010) Example-based learning: Integrating cognitive and social-cognitive research perspectives. *Educational Psychology Review*, **22**, 155–174.

72 Kopp, V., Stark, R. & Fischer, M.R. (2008) Fostering diagnostic competence through computer-supported, case-based worked examples: Effects of erroneous examples and feedback. *Medical Education*, **42**, 823–829.

73 Kopp, V., Stark, R., Kühne-Eversmann, L. & Fischer, M.R. (2009) Do worked examples foster medical students' diagnostic knowledge of hyperthyroidism? *Medical Education*, **43**, 1210–1217.

74 Bjerrum, A.S., Hilberg, O., Van Gog, T., Charles, P. & Eika, B. (2013) Effects of modeling examples in complex procedural skills training: A randomized study. *Medical Education*, **47**, 888–898.

75 Mamede, S., Van Gog, T., Moura, A.S., De Farias, R.M.D. & Peixoto, J.M. (2014) How can students' diagnostic competence benefit most from practice with clinical cases? Effects of structured reflection on future diagnosis of the same and novel diseases. *Academic Medicine*, **89**, 121–127.

76 Mamede, S., Van Gog, T., Moura, A.S. *et al.* (2012) Reflection as a strategy to foster medical students' acquisition of diagnostic competence. *Medical Education*, **46**, 464–472.

77 Ibiapina, C., Mamede, S., Moura, A.S., Eloi-Santos, S. & Van Gog, T. (2014) Effects of free, cued, and modeled reflection on medical students' diagnostic competence. *Medical Education*, **48**, 796–805.

78 Brenner, L., Koehler, D. & Tversky, A. (1996) On the evaluation of one-sided evidence. *Journal of Behavioral Decision Making*, **9**, 59–71.

79 Croskerry, P. (2009) A universal model for diagnostic reasoning. *Academic Medicine*, **84**, 1022.

80 Kahneman, D. (2011) *Thinking, Fast and Slow*. Farrar, Straus and Giroux, New York.

81 Fraser, K., Ma, I., Teteris, E., Baxter, H., Wright, B. & McLaughlin, K. (2012) Emotion, cognitive load and learning outcomes simulation training. *Medical Education*, **46**, 1055–1062.

82 Fraser, K., Huffman, J., Ma, I. *et al.* (2014) The emotional and cognitive impact of unexpected simulated patient death: A randomized controlled study. *Chest*, **145**, 958–963.

83 Patel, V.L., Evans, D.A. & Groen, G.J. (1989) Biomedical knowledge and clinical reasoning. In: Evans, D.A. & Patel, V.L. (eds), *Cognitive Science in Medicine: Biomedical Modeling*. MIT Press, Cambridge, pp. 53–112.

84 Mancin, H., Harasym, P., Eagle, C. & Watanabe, M. (1995) Developing a "clinical presentation" curriculum at the University of Calgary. *Academic Medicine*, **70**, 186–193.

85 Barrows, H.S. (1984) A specific, problem-based self-directed learning method designed to teach medical problem-solving skills, and enhance knowledge retention and recall. In: Schmidt, H.G. & de Volder, M.L. (eds), *Tutorials in Problem-Based Learning*. Van Gorcum, Assen, The Netherlands.

86 Barrows, H.S. (1996) Problem-based learning in medicine and beyond: A brief overview. In: Wilkerson, L. & Gijselaers, W.H. (eds), *New Directions for Teaching and Learning*. Vol. **68**. Jossey-Bass Publishers,

San Francisco, pp. 3–11.
87 Qiao, Y.Q., Shen, J., Liang, X. *et al.* (2014) Using cognitive load theory to facilitate medical education. *BMC Medical Education*, **14**, 79–85.
88 Leppink, J. (2010) Adjusting cognitive load to the student's level of expertise for increasing motivation to learn. In: *Proceedings of the Eighth International Conference on Teaching Statistics*. International Association for Statistical Education, Auckland, NZ.
89 Leppink, J. (2012) *Propositional knowledge for conceptual understanding of statistics [PhD Dissertation]*. Boekenplan, Maastricht.
90 Leppink, J., Broers, N.J., Imbos, T., Van der Vleuten, C.P.M. & Berger, M.P.F. (2011) Exploring task- and student-related factors in the method of propositional manipulation (MPM). *Journal of Statistics Education*, **19**, 1–23.

第19章 Chapter 19

刻意练习和掌握性学习：专业医学行为的源泉

Deliberate practice and mastery learning: origins of expert medical performance

William C. McGaghie and Theresa Kristopaitis

（翻译：李文龙　　审校：周舒艾君）

2009年1月15日，美国航空公司1549航班从纽约市的拉瓜迪亚机场起飞，前往北卡罗来纳州夏洛特的夏洛特/道格拉斯国际机场。起飞几分钟后，飞机撞上了一群大雁，两台发动机发生完全性故障。空中客车A320失去了所有动力。飞机驾驶员、机长Chesley Sullenberger（萨利机长），副驾驶Jeff Skiles和机组人员毫不犹豫地应对危机。与航空交管所的沟通排除了在拉瓜迪亚或附近的新泽西州泰特波罗机场的地面着陆，唯一的选择是将飞机迫降在哈德逊河。水上迫降非常成功，所有155名乘客和机组人员在此事故中幸免于难，只有几个人受了轻伤。Sullenberger和飞机上全体工作人员因为在此事故中面临压力，但冷静地应对危机，拯救生命之举，立即成为了国家英雄。

引言

Sullenberger在美国航空公司1549航班水上安全迫降事件中表现出的技能和领导力现已成为传奇。Sullenberger（以及乘客和全体机组人员）只是因为侥幸或者幸运，才使得哈德逊河上近乎完美的安全迫降和所有155人生还吗？完全不是。在之后的一次杂志采访中，Sullenberger机长说："从某种程度上，我在职业生涯中所做的一切都是为了那一刻做准备，从某种程度上，我所做的一切都促成了那样的结果。"[1] Sullenberger在其回忆录《最高职责：我对真正重要的东西的探索》（*Highest Duty: My Search for What Really Matters*）[2]中也写到他对于飞行的热衷从小时候就开始，"在16岁的时候，我已经独自在空中一次又一次地练习飞行了，有一条重要的原则支撑着我：'绝不停下学习，不论是专业的还是个人的'"。

Sullenberger机长和飞行机组人员在一次可能的灾难性危机中能取得这样一个圆满的结果，是因为他们对这样的情况做过多次演练。商业航空公司的飞行员在获得飞行执照之前必须经过仔细筛选和严格训练。飞行员和飞行机组人员在其整个职业生涯中还要接受强制参加的年度反复训练，以保持他们的专业知识和执照。飞行预备和年度反复训练包括大量基于模拟的练习和反馈，这需要对飞行中的情景做出迅速、专业的反应，其中一些可能会造成危及生命的后果。简而言之，航空公司的飞行员和机组人员在整个职业生涯中都会进行例行飞行和飞行危机管理训练。航空业的顶级飞行安全记录表明，历史上所有事故的发生必事出有因，绝非偶然。

本章以 Sullenberger 机长的飞行经历为例，并以此抛砖引玉，进一步丰富美国航空公司 1549 航班的故事。文章将阐述临床医学技能习得的教育史、专业医学行为的定义和表现，以及在以习得并保持医学专业知识为目的的对认知、运动、社交、创意和专业技能的刻意练习（刻意练习是医学专家表现的源泉）中，如何将在教室、实验室、临床情境中获得的知识与技能迁移到患者照护实践和患者结局中。

本章将使用批判现实主义法来对现有文献进行回顾、综合和报告[3]。批判现实主义法重点关注研究领域中最引人注目的研究，并不需要详尽已有文献。它同时也依赖于严谨的方法和专业判断。Rycroft-Malone 及其同事说，“现实主义的回顾侧重于理解和解开某种干预起作用（或无作用）的机制，从而提供其如何起作用的解释，而非判断……现实主义方法特别适合用于综合复杂干预措施的证据”[4]。因此，我们回顾的证据有选择性，并侧重于关键报告和例子，以加强想法和论点。本章对现有文献的整理既不系统也不全面。我们打算实现三个目标：① 帮助建立医疗卫生专业领域刻意练习（deliberate practice，DP）和医学专业知识的联系；② 报告如何将医学教育实验室中获得的临床技能迁移到患者照护实践以及患者结局中；③ 邀请医学教育研究人员推进学术议程。除此，也提供了一些关于改进教学和评估实践的实用想法和建议。

本章有 7 个部分，将按照以下几个逐级递进的开篇标题进行：① 临床医学教育简史及其持续存在的问题；② 以实证和科学为基础的医学专业行为的定义；③ 刻意练习的定义、目标、特征以及教育者的角色；④ 为了习得和保持医学技能的刻意练习和掌握性学习（mastery learning，ML）；⑤ 教育结果转化；⑥ 研究议题；⑦ 小结。结尾部分有一张写有方便应用的 5 条便利提示和实践要点。

临床医学教育史

传统临床医学教育的理论基础建立在 19 世纪 William Osler 爵士在 1903 年为纽约医学会的演讲中所发表的关于临床能力习得的思考中。这场演讲题为“以医院作为一所大学”，后来收录在 Osler 的文集 *Aequanimitas*①中[5]。这篇文章反映了 Osler 在欧洲医学教育中的早期经验，他认为这种经验优于现存的美国模式。Osler 表示：“激进改革的需求是在这个国家引入临床职员制度……” Osler 继续说道：“在自然教学方法中，学生从患者开始，与患者一起继续下去，结业也与患者在一起（补充强调）。教他如何观察，给他足够的事例去观察，而后经验就会从事例本身产生。”

① 拉丁文，“淡定”之意。——译者注

Osler 关于自然教学方法的想法得到了约翰•霍普金斯大学外科医生同事 William Halsted 的认可，他在 1904 年描述了“外科医生的培训”[6]。Osler 和 Halsted 认为临床医学课程体现在患者身上，即学生接触患者和随着时间的推移积累的经验，足以确保接受临床培训的医生成为合格的医生。这是一个被动的仅基于纵向患者经历的临床医学课程。尽管作为当时的远见之士，Osler 和 Halsted 也没能给结构化分级的医学要求、技能训练、反馈式客观评价、责任心以及指导性反思留点空间以让新手医生们掌握技术。Osler 传统临床课程主导了 20 世纪的医学教育，进入 21 世纪后仅做适度调整[7]。

19 世纪的临床医学教育模式在 2014 年表现为本科临床实习、研究生住院医师轮转和专科医师培训，这些都是以时间（几周或几个月）和空间（临床医院）来架构的。临床教育经历在复杂的医疗环境中进行，在这种环境中，医学教育经常依赖于患者照护和经济激励。Osler 的自然教学法的结构化和可操作的表现每天都可以在医学院校、住院医师培训（residency）和专科医师培训项目中见到，在这些地方仍保留和维持着传统的“时间至上”的教育实践，比如早交班和教授查房。很少对医学生或者住院医师的关键学习成果（比如临床技能习得、病历书写和医疗团队沟通）进行严格的考核，或者很少能以可靠的数据为基础，对医学学习者和他们的学习进展做出有效的决定[8-9]。然而，传统教育实践一直靠认证要求得以维持，而这些要求直到现在一直维持现状并被认为是教育惯性（educational inertia）[10]。

过去 20 年的医学教育研究已经取得了明显成果，这些成果对 Osler 的基于纵向临床教育的自然教学法提出了质疑。在过去 20 年中，研究生住院医师中的严格临床技能教育产生了一致的有关结果。例如，由 Mangione 及其同事于 1993 年和 1997 年发表的两项大型研究首先表明临床、全科医学、心脏专科培训的住院医师在心脏听诊的客观测量方面表现不佳[11-12]。多年的住院医师培训并没有任何益处，因为高年资住院医师的表现和第一年住院医师的表现并没有差别。在这些基本技能上，经过心脏专科培训的医生（22%，校正）的表现相比住院医师（20%，校正）稍好。在这两项研究中，住院医师和经过心脏专科培训的医生在评估心音上表现得并不比医学生好。1999 年的一项大型独立的研究报告了关于住院医师对肺部听诊的精通程度，其结果也如心脏听诊结果一样不尽如人意[13]。

最近发表的许多其他研究，客观评估了仅基于患者照护经历的临床教育培训的医师，其所获得的临床技能并不合格。对此，有 3 个例子：① 1996 年，一项对 126 名儿科住院医师进行的为期 3 年的研究报告显示：接受培训的住院医师基本技能的收获没有达到学院的期望，这些基本技能包括体格检查、病史采集、实验室检查的运用和电话随访管理[14]。② 2004 年在密歇根大学和 2013 在西北大学开展的两个相似但独立的研究揭示了作为第一年住院医师缺乏深厚的技能和知识，这些技能和知识包括可以基本熟练掌握关键的实验室指标、跨文化交流、循证医学、影像图解读、无菌技术、侵入性操作（如腰椎穿刺）、重症监护室（ICU）技能以及心脏听诊[15-16]。③ 2013 年，一项关于 81 名内科、急诊科、麻醉科、普外科第一年住院医师在西北大学开始研究生培训的研究表明："住院医师不能可靠地识别 10 种基本的心电图结果。尽管他们几乎都是从美国医学院校毕业而且在标准化测试中表现出很高的水平"[17]。

最近 Richard Bell 及其同事的一项研究表明：仅以临床经验作为获得医学技能的间接测定标准，效率明显低下[18]。此项研究中，外科住院医师项目负责人用以下标准将 300 项操作分为 A、B、C 三级：

> A 级：已毕业普外科住院医师应该具有的独立完成手术的操作能力。
> B 级：已毕业的住院医师应该熟悉操作程序，但不一定有能力执行的操作。
> C 级：已毕业的住院医师既不需要熟悉也不用胜任的操作。

使用以上标准对 2005 年 6 月所有完成美国普外科住院医师规范化培训的住院医师（n=1022）的实际操作经历进行了回顾和比较。

研究结果发人深省，而且直接针对 Osler 的自然教学法。Bell 及其同事[18]陈述道：

> 大部分项目负责人认为这 300 项操作中 121 项是 A 级操作。2005 年美国住院医师毕业生（n=1022）在住院医师培训期间，这 121 项操作中仅有 18 项平均做了 10 次以上，83 项操作平均不到 5 次，31 项不到 1 次。这 121 项操作中，61 项模式操作（最常见的报道）完全没有接触过。此外，住院医师在具体的操作经验上存在显著差异。

Bell 及其同事得出结论[18]：

> 必须研究出一些方法，来使外科医生能够在他们住院医师培训期间极少经历的操作上达到基本的能力要求。甚至对于经常做的操作，重复的次数也还不够，强调需要客观地评价住院医师是否真正地获得了这些操作的基本能力。

这些和其他的临床医学教育研究的观点相一致。仅凭临床经历是不足以保证接受住院医师培训的医生获得临床能力的[19-20]。Osler 的自然教学法仅基于纵向的临床经历，而没有课程目标与管理、效果预期、学习者操作和监督、严格的评价和反馈、高达成度标准以及清晰的教育里程碑，这种做法并不充分，必须重建并改善。

医学专业知识

在本章中，我们承认临床医学中专业知识有两种不同的定义：① 专业共识；② 科学研究特征明显的专业行为表现法。

专业共识

几十年来，一直依赖着专业共识作为界定医学课程目的和目标、本科医学院校和研究生医学培训项目的全科和专科医学领域资格考试的内容和结构及认证要求的权威来源[7,10]。医学专家之间通过权衡达成的共识，是目前定义医学专业的金标准，这些共识体现在教育课程、测试和考试标准准则，以及学校和项目的认证要求上[21]。

最近美国医学院校协会（Association of American Medical Colleges，AAMC）发布了一份2014年的报告，题目为《入职住院医师核心置信职业行为》（*Core Entrustable Professional Activities for Entering Residency*，CEPAER），将专业共识表述为界定医学专业知识的方法[22]。该CEPAER报道确定了美国医学院校新本科毕业生在进入研究生（毕业后）住院医师教育开始，在没有直接监督下应当有能力完成的13项核心置信职业行为（entrustable professional activities，EPAs），它们是专业操作单元，而不是医疗人员的属性（能力）。这是对美国本科医学院校的一种呼吁，现在它们当中没有一所能够证明其毕业生已做好准备以满足EPA的期望。EPA的范围是从病史采集、体格检查到进入并讨论安排医嘱和处方、转出/收入患者及完成一个医生的常规操作。EPA是医学专业操作的基本单元，是对所有医学院校本科毕业生的合理期望，它被临床医师专家及代表小组陈述，并被AAMC认可及公开发表[22]。

专业行为表现法

专业行为表现法（expert performance approach）体现了一种实证地界定医学专业知识的新方法。这是一个系统的框架，用以研究专业知识，构建并实施医学专业知识的界定[23-25]。专业行为表现法在划归医生的专业知识方面既不依赖于临床经验，也不依赖于同行提名。由Choudhry等人[26]总结的许多研究表明，即使是数十年的临床经验也不能代表客观测评的临床专业知识。从20世纪70年代[27]到现在[28]的研究也一致发现，拥有高学历或专业证书的被同行称为“高级”（superior）或者“专家”（expert）的临床医生或心理治疗医师，当用受控条件来测评临床技能时，表现得并不比其他专业人员（甚至某些外行人）更好。专业行为表现法避开了将医生的临床经验和其在同行中的地位作为有效度量专业知识的标准。

相反，专业行为表现法（expert performance approach）建立在科学的原则和方法基础上，从而研究和划归医学专业知识。它聚焦于某个领域专业知识的临床任务或问题，从而客观地测评出专业的卓越表现[29]。这种测评和指定医学专业知识的策略避开了使用基于专业经验或同行声誉的有争议的标准来鉴定可重复的卓越表现。如Causer和Williams[29]提到的，“专业行为表现法的意图是重新创造一个使研究者能够在相同的行为表现条件下，在实证上量化行为表现并对个体进行比较的环境”。

专业表现方式具有三个相互关联的阶段：① 分离出专业知识的特征；② 确认专业行为表现产生的机制或原因；③ 创造能够促进个体和团队通过实践、评估、反馈及指导来获得专业知识的教育环境[29]。

第一个阶段包括识别和研究医生在需要迅速采取行动的典型情况下对临床医学问题的反应。之后将在实际环境中观察到的卓越表现，复制为受控实验室条件下标准化的模拟医学挑战。不同年龄、不同经验的医生对临床挑战做出反应，其表现被客观地衡量，并且开发、优化度量标准来获取成功的表现。识别和分离出医学专业知识特征的研究例子有放射医学（影像学图像解读）[30]、手术（腹腔镜和机器人手术）[31-32] 及临床认知（知识量及知识结构，例如肾生理）[33] 的研究。

第二个阶段是在研究人员成功测量医学专家在代表性临床任务中的卓越表现后实施的。这一阶段旨在确认产生卓越表现的机制。这通过运用过程跟踪法来完成，例如医生工作中用到的"有声思维"记录、口头报告、眼球运动、触觉传感及视频记录 [20,34]。此类过程获得的数据会用于推导理论和模型来理解和解释医生对临床能力的习得和行为表现。例如认知预演，作为一种精神训练法，它可以对技能习得及后续行为表现产生积极的影响 [35]。

专业行为表现法的第三个阶段涉及培训环境的设计、实施和管理，它们可以使医生及医疗团队获得临床专业知识。该阶段旨在创造和管理一个教育项目、一门课程以培养医生，他们具有高标准、可测评、在临床情境中通用的并且不易遗忘的知识、临床技能和优秀的职业素养。此类临床医学课程的一个核心特征是给医生在训练中提供机会，在受控条件下努力工作来获得专业行为表现法前两个阶段中确认并阐释的临床技能 [21]。

表 19.1 举例说明了医学本科教育、研究生教育及继续医学教育三个阶段的专业行为表现法。

专业行为表现法正逐渐成为一种新策略，用以明确医学专业知识标准并对各级医学教育课程制订期望、结构及结果测量。不论它们是源自经验还是实证研究，现在都可以通过学习科学中的一个新的概念"刻意练习"（DP）来实现医学学习目标，它为技能和知识获取提供了清晰的循证技术。

刻意练习

刻意练习（DP）是由心理学家 K. Anders Ericsson[36-38] 及其同事构思并提出的一个术语。Ericsson 致力于研究和解释在

表 19.1 本科医学教育（UME）、研究生 / 毕业后医学教育（GME）及继续医学教育（CME）中的专业行为表现法的三个阶段

阶段	UME	GME	CME
1. 分离专业知识的特征	心脏听诊，即辨别心音 [86]	内科住院医师的基本临床技能：体格检查结果、操作技能、重症患者管理、医患沟通 [16]	支气管树的诊断影像及对超声影像的解读 [87]
2. 确认产生或者导致专业知识的机制	听觉敏锐度、心脏生理学的先备知识、成就动机	医学博士学位、美国执业医师资格考试（USMLE）第一和第二阶段需要的先备知识、简单的临床经验、成就动机	获得执照的医疗卫生专业人员、广博的临床经验、成就动机、机构认可的机会
3. 创造一个促进专业知识获取的教育环境	高保真心脏学模拟器、辅导下的刻意练习、测量、反馈及最低表现标准 [86]	为期 3 天的小组教学式"临床训练营"、刻意练习、评估、反馈及最低表现标准 [16]	先备知识、重症监护模拟场景、事前事后评估、刻意练习、反馈、自我评估、在线自主学习档案 [87]

多种领域中专业知识的习得，这些领域包括体育、音乐、写作、科学及内科和外科学这样的习得专业[39]。其研究目标是分离并解释一些变量，这些变量有益于可重复性的卓越（专业）行为表现的获得及维持。Ericsson 及其同事一致发现各技能领域专业行为表现的源头并不在于所测得的智力、学习天赋或者纵向的经历。相反，专业知识的获得是源于在某个专注技能领域将近 10 000 小时的刻意练习[40]。

Ericsson 这样写道自己的研究小组

> "……确认了一系列的条件，其中的训练都一致地与表现进步相关。当个体（a）被给定了目标明确的任务，（b）被激励去提高，（c）提供反馈及（d）充分的机会得以重复并逐渐改善其行为表现时，个人能力就能获得显著提升。有意识地提高一个人的表现，使其高于现有水平，需要全神贯注，也经常需要解决问题和更好地执行任务的方法"[38]。

医学教育环境中的 DP 意味着学习者要参与有难度的目标导向的工作，由教师监督，教师在高期望的条件下提供反馈、纠正并重审及改进。仅仅维持临床现状并不够。为了说明这一点，世界著名的心外科医生 Denton A. Cooley[41] 在其回忆录 *100 000 Hearts* 中描述了他在动物实验室和尸体解剖室、生物工程实验室和木工作坊里无数小时的练习以及他经历的专注于外科手术的练习，并从不同来源获得反馈，从而掌握和提高技术。这远远超过了 Ericsson 设定的在多种领域中专业知识获得所需的最低要求 10 000 小时准则。体育界另一个刻意练习的例子是篮球明星迈克尔•乔丹（Michael Jordan）。尽管拥有身体天赋和团队合作精神，乔丹在其职业生涯中每天要自由投球 500 次（练习投篮）[42]。如此相似，Sullenberger 机长、Denton Cooley 和 Michael Jordan 从未停止过练习并且总是尝试着提高。

对于打算将该方法嵌入学习者教育经历中的医学教育者来说，这里提供了一个更实用、更精细的 DP 定义。DP 的十个基本特征列表是从若干资源中提取出来的[38,43-44]。

刻意练习的十个基本特征

1. 具有良好专注力和积极辅导的强动机学习者；
2. 参与到明确的学习目标或任务中；
3. 在适当水平的难度上（强调难度方面）；
4. 有专注的、重复的练习（停下和开始）；
5. 这会有严格的、精确的教育测量；
6. 这来源于教育资源（例如，模拟器和教师）的即时的、信息丰富的反馈，并侧重于薄弱领域；
7. 这里接受培训的人也要监控他们的学习经历和实时的策略、错误及理解水平；
8. 并且有意识地参与到更多的 DP 中并逐渐改善行为；
9. 并继续评估以达到熟练的标准；
10. 然后进入另一个任务或者单元。

以 DP 为基础的医学教育与传统临床教育为基础的医学教育的有效性对比证据毫无疑问地表明 DP 产生了更好的结果。2011 年 *Academic Medicine* 中报道的一项近期的元分析（meta-analytic）研究，对 14 项传统临床教育和基于模拟的 DP 临床教育的结果进行了比较[45]。定量结果准确，且毫无例外，传统的即 Osler 式临床教育在每个个体比较和所有 14 项研究中都存在不足。总体效应量（r=0.71）转化至 Cohen 的 d 系数为 2.00，效应非常明显[46]。这些及其他证明 DP 与获得医学技能[47]之间有效应关系的实证数据强烈表明，传统的仅具有临床经历的 Osler 式医学教育方法已经过时。

医学教育者有责任创造条件，使学习者能够经历为获得并维持基本的临床技能、判断力和职业素养（医学教育的核心目标）所需的 DP。这是一个行为工程（behavioral engineering）问题。问题是，考虑到个体医学学习者或临床照护团队的学习目标，如何设计、实施和校正教育经历以帮助学习者获得能力？答案源于深思熟虑的课程计划、DP 管理、可信的测量、反馈、学习者成绩达到熟练标准并进入下一个目标。

医学教育者努力工作，以学习者利益出发，实现 DP 的责任。在 DP 环境中，被动经验对教师和学习者都是没用的。教育者是主动的导师和教练[48]。最近的例子说明了 DP 对临床医学学习者知识和技能获取方面的效力，包括对患者转诊沟通[49]、小儿复苏[50]和手术技术表现[51]。在这些和其他以 DP 为特征的研究中，学习者是积极参与的接受培训者，而不是被动的观看者。

另一个体育类比是关于在 DP 中教练指导的重要性，这对医学教育研究者而言具有启发意义。这个例子来源于北卡罗莱纳大学著名的篮球教练 Dean Smith（Michael Jordan 的导师）所著的 *Basketball: Multiple Offense and Defense*[52] 一书。Smith 写道："组织、准备、执行以及教练的整个哲学体系都是在最重要的练习环节中实现的。"他继续写道："每个球员的动机都应该是走出练习场时，成为一个比初到球场时更加优秀的球员，教练有责任帮助每个球员达到这个目标。" Smith 继续描述每天 2 小时的训练，课程以目标为导向，包括表扬和同伴压力等在内的计划精确，没有闲散时间，只有两次 90 秒钟的喝水时间。Smith 教练声称："教练必须将球员逼到他们想停下来的极点。""这种努力内化为精神上的坚韧……一个球队越努力地实现目标，他们实现目标的决心就越强。"

医学教育中的 DP 经历与之接近，但并不是其翻版，也并不完全是竞技体育项目中的强度。以内科医生 Diane B. Wayne[53] 和其教育团队的工作为例，该团队使用 DP 模型来教育内科住院医师进行胸腔穿刺术以达到高水平及统一的掌握性学习（ML）标准。在医学模拟实验室中，每个接受培训的医生胸腔穿刺术技能训练的刻意练习时间不少于 4 小时。有一些住院医师需要额外增加 20 ～ 90 分钟才能达到熟练。最后的结果是在培训结束时，所有住院医师无一例外都达到或者超出获得该项临床技能的目标。该研究报告总结道："……住院医师强烈赞同使用医学模拟器练习，它可以增强临床技能，他们从培训课程中收获了有用的反馈，并且使用模拟器的 DP 具有宝贵的教育经验”[53]。

刻意练习和掌握性学习

医学教育中的掌握性学习（ML）是一种特别严格的基于胜任力的教育形式[54]。ML 要求“人人卓越”，无论学习时间长短，知识和技能的获取都要达到很高的成就标准。如其他文献所述[55-56]，ML 模型至少有包括 DP 在内的 8 项属性，用以促进医学学习者取得高成就。

掌握性学习的 8 项属性

1. 基线，即诊断性测试
2. 明确的学习目标，以单位表示，按难度排序
3. 专注于目标的教育活动（例如刻意的技能练习）
4. 每个单元最低的掌握性通过标准（minimum passing mastery standard，MPS）
5. 带有反馈的形成性测试以评估每个单元的 MPS 进度
6. 如果表现≥MPS 则进入下一单位，或者
7. 继续练习或者学习直到达到 MPS
8. 接受培训的人之间学习时间各不相同，但效果是统一的

ML 的目标是保证所有的医学学习者都只有很小的结果差异或者没有差异地实现所有的教育目标。这是对从一门课程中获取专业医学表现的一个实用的可操作的定义。达到某一单元教育目标的掌握性标准所需的时间因人而异[55-56]。

在医学教育中，ML 主要用于获取和维持临床操作技能，例如高级心脏生命支持[57]、腹腔穿刺[58]、中心静脉插管[59]。然而，具有 DP 的 ML 也用于帮助学习者获取并完善认知和情感领域的教育结果。例如，研究表明，让一个家庭参与到困难的临终问题谈话中的能力，是一种临床技能，这种能力是通过标准化病人刻意练习而提高的能力，就像一项有创手术的表现一样[60]。

Barsuk 及同事最近的一项研究阐明了刻意练习协同掌握性学习（伴 ML 的 DP）在帮助第一年内科住院医师学习腰椎穿刺技术并获得此项基本临床技能中的作用[61]。该研究也将这些内科住院医师的腰椎穿刺能力和用传统临床教育学习此项操作的第二、三、四年的神经科住院医师的腰椎穿刺能力进行了对比。正如预期，内科住院医师在使用腰椎穿刺模拟器进行基线预测试时表现出很大的差异。然而，在最少 3 小时的以 DP 为特征、带有反馈的教育课程之后，所有的内科住院医师在后测中达到或者超过了腰椎穿刺的掌握性标准。相比之下，36 名接受传统培训的第二、三、四年神经科住院医师尽管有更多的腰椎穿刺临床经验，但其中只有 2 名（占总人数的 6%）达到了腰椎穿刺的通过标准。研究者还报告说，42% 传统培训的神经科住院医师在获得脑脊液标本后甚至不能详细说明脑脊液的常规实验室检查。文章总结道：“尽管（传统培训的）神经科住院医师在腰椎穿刺中有临床经验，但他们很少能够完成一项模拟腰椎穿刺操作”[61]。

和这篇腰椎穿刺掌握性学习的研究报道一起发表的是一篇题为《腰椎穿刺的经历会带来专业技能吗？一句医学格言的失败》（*Does experience doing LPs result in expertise? A medical maxim bites the dust*）的社论[62]。这篇社论指出："Barsuk 等人[62]的研究显然为我们所有人敲醒了警钟，我们都是在'看一看、做一做、教一教'这种所谓'学徒制'的临床培训模式的时代中接受培训的。旧的培训方法已不足以保证最好的教育，从而对患者提供最好的医疗照护。"

现在越来越多的研究证据表明以刻意练习协同掌握性学习（伴 DP 的 ML）为特征的医学教育可以为个人和大众带来更好的健康结局[63]。这一系列的调查研究将医学教育研究描述为转化科学，强有力的教育干预结果与更好更安全的患者照护实践及患者结局直接相关联[64]。

教育结果转化

结果转化是在从教室或模拟实验室开始逐渐形成的可测量的教育效果（T1），向下游转变到提高了的更安全的患者照护实践（T2）、更好的患者结局（T3）[64]和附带效应（T4），例如成本节省[65]、技能保持[66-67]和系统的教育及患者照护的提高[68-69]。

最近至少有 5 篇已发表的综述，讨论了从强有力的医学教育干预中获得结果转化[70-74]。综合在综述里的大部分原始研究报告，大多采用了基于模拟的医学教育，其中多以刻意练习协同掌握性学习为模型。这个不断扩大的医学教育科学的共同信息是包含可靠测量在内的严格实施的医学教育，对患者及公共卫生结果有重要影响，例如降低了 ICU 感染率[75]、更低的分娩并发症[76]、更快的手术恢复[77]、降低了的住院时间[78]、更少的输血和 ICU 入院[78]。我们预期，随着该训练模式的传播和科学的进步，以刻意练习和掌握性学习为特征的医学教育干预产生的这一系列转化结果将得以拓展。

教育结果转化难以达到，并且无法通过孤立的一次性研究实现。相反，医学教育研究的转化结果来自具有主题性、持续性以及累积性的整合式教育和健康服务研究项目。这些研究项目通常涉及不同的科学家和学者组成的跨学科团队，它必须精心设计和管理才能产生强有力的结果[79]。

研究议题

完全解决医学专业行为的 DP 和 ML 起源问题所需的研究议题既广泛又深刻。其他出版物已经开始了对议程设置的讨论[43,74]。下面简短列举仅涵盖我们认为急需可靠研究证据的主题。我们选择强调 7 个值得研究关注的关键问题。

1. 需要更多研究使用专业行为表现法来更好地在实验室背景下确认可重复的卓越医学表现（专业知识）。今天这样的研究工作的数量非常少。鉴于影响同行提名和社会赋予的专业称号的瑕疵和偏见来源，我们需要更多地依赖循证方法来赋予专业 / 专家资格。
2. 制订能够产生可靠数据的措施，以

便对教育干预的效果做出有效决定，这是一个长期的问题。本章涵盖的大部分研究使用了观察清单以测定主要结果。迫切需要创建一些措施，以便捕捉复杂临床案例中不能简化为二元反应（完成 / 未完成）的专业表现（例如，管理一个具有多个相互影响的问题的糖尿病患者）。

3. 刻意练习（DP）并没有统一的结构。例如，根据所获得和研究的知识或者技能组合，DP 有很多可能的变化。需要进行研究以分离出使刻意练习有效的条件、强度、持续时间、反馈特征和其他调节变量。
4. 医疗保健现在是一个基于团队的事业，而不是由单独从业者所提供的。因此，需要进行严谨的研究以确定掌握性学习模式是否对基于团队的胜任力培养有用。尽管早期的研究非常有前景，我们还需要更多地了解医疗保健中基于团队胜任力的转化潜能 [76,80]。
5. 需要开展研究以确定和衡量使模拟导师有效的技能组合和刻意练习经历。这是关于专业行为表现法的研究，研究重点关注医学模拟教师和临床实践的医学专家之间专业知识的对比。需要有证据来更好地理解来自个体导师和教育团队的专业知识。
6. 需要有以实施科学的原则为框架的制度研究来更好地理解以 DP 和 ML 为特征的创新性教育计划是如何产生、实施、维持以及评估的 [81]。定量和定性研究计划不仅需要证明是创新性的，例如基于模拟的刻意练习协同掌握性学习产生的预期结果，也需要表明在不同情境下这些结果是如何以及为什么转化和实现的 [82-83]。
7. 实验室中获得和评估专业行为表现法具有局限性，因为它强调焦点技能领域和标准化的任务。这种方式适用于在专业技能领域（例如放射医学）工作的医疗卫生专业人员，但对于那些在受控较少的专业环境中（例如家庭医学和急诊医学）活跃的人来说效果就相对较差。在不受控制的或者不熟悉领域的专业表现非常复杂，但必须要去适应 [84-85]。需要进行医学教育研究来更好地理解及衡量临床医生之间的适应性专业知识。也需要建立教育模式，来促进医疗卫生专业人员从刻意练习中获得适应性专业知识。

小结

本章首先介绍了一个关于航空专业行为的英雄轶事，以及 Sullenberger 机长如何将飞行专业知识归功于从青年开始的多年的持续训练。进而继续讨论临床医学教育简史，来揭示今天仍以各种形式存在的 Osler 遗留下的被动临床学习方法。然后讨论了当一种新的研究范例——专业行为表现法——开始实证性地界定医学专业知识时，医学专业知识的界定通常是如何基于专业共识的。刻意练习以学习科学为基础，被详细地定义，包括它和掌握性学习的结合以达到获得和维持临床技能的学习目标。本章最后简要讨论了教育结果转化，并提出了研究议题。

现在大量的研究证据清楚地表明，如果深思熟虑和审慎地设计、实施和评估，与 ML 结合的 DP 能产生强大的、有时甚至是转化性的结果。我们鼓励其他的教育科学家加入到这次临床医学教育创新的研究合作中。

实践要点

1. DP 和 ML 可以对在教室和模拟实验室中的医学学习者产生强大而持久的结果（T1 结果）。
2. 精心设计和执行的医学教育和卫生服务研究项目可以产生下游的结果，可以通过改进患者照护实践、更好的患者结局和附带效应来衡量这些结果（T2、T3 和 T4 结果）。此类研究项目需要具有主题性、可持续性和累积性。
3. 以 DP 和 ML 为特征的医学教育和研究可以通过有限的资源来完成。对于成功而言，精心的研究计划和才思敏捷的同伴比充足的预算更重要。
4. 在以 DP 和 ML 为特征的环境中，医学教育者的角色至关重要。设定目标、积极辅导、测量进步、给予反馈及认可学习者的成功都是必须实现的关键教育活动。
5. 在医学教育中关于 DP 和 ML 的议题不断拓宽和深入，充满着重要的教学学术机会。

参考文献

1 Shiner L. (2009) *Sully's Tale: Chesley Sullenberger talks about that day, his advice for young pilots, and hitting the ditch button (or not)*. URL http://airspacemag.com/as-interview/aamps-interview-sullys-tale-53584029/?no-ist [accessed on 15 April 2014]

2 Sullenberger, C. (2009) *Highest Duty: My Search for What Really Matters*. Harper, New York.

3 McGaghie, W.C. (2015) Varieties of integrative scholarship. *Academic Medicine*, **90**, 294–302.

4 Roycroft-Malone, J., McCormack, B., Hutchinson, A.M. *et al.* (2012) Realist synthesis: illustrating the method for implementation research. *Implementation Science*, **7**, 33.

5 Osler, W. (1932) The hospital as a college. In: Osler, W. (ed), *Aequanimitas*. P. Blakiston's Son & Co., Philadelphia.

6 Halsted, W.S. (1904) The training of the surgeon. *Bulletin of the Johns Hopkins Hospital*, **15**, 267–275.

7 Ludmerer, K.M. (1996) *Learning to Heal: The Development of American Medical Education*. Johns Hopkins University Press, Baltimore.

8 Downing, S.M. (2004) Reliability: on the reproducibility of assessment data. *Medical Education*, **38**, 1006–1012.

9 Downing, S.M. (2003) Validity: on the meaningful interpretation of assessment data. *Medical Education*, **37**, 830–837.

10 Nasca, T.J., Philibert, I., Brigham, Y. & Flynn, T.C. (2012) The next GME accreditation system—rationale and benefits. *New England Journal of Medicine*, **366**, 1051–1056.

11 Mangione, S., Nieman, L.Z., Graceley, E. *et al.* (1993) The teaching and practice of cardiac auscultation during internal medicine and cardiology training. *Annals of Internal Medicine*, **119**, 47–54.

12 Mangione, S. & Nieman, L.Z. (1997) Cardiac auscultatory skills of internal medicine and family practice trainees: a comparison of diagnostic proficiency. *JAMA*, **278**, 717–722.

13 Mangione, S. & Nieman, L.Z. (1999) Pulmonary auscultatory skills during training in internal medicine and family practice. *American Journal of Respiratory and Critical Care Medicine*, **159**, 1119–1124.

14 Joorabchi, B. & Devries, J.M. (1996) Evaluation of clinical competence: the gap between expectations and performance. *Pediatrics*, **97**, 179–184.

15 Lypson, M.L., Frohna, J.G., Gruppen, L.D. *et al.* (2004) Assessing residents' competencies at baseline: identifying the gaps. *Academic Medicine*, **79**, 564–570.

16 Cohen, E.R., Barsuk, J.H., Moazed, F. *et al.* (2013) Making July safer: mastery learning of clinical skills during intern bootcamp. *Academic Medicine*, **88**, 233–239.

17 Wilcox, J.E., Raval, Z., Patel, A.B. *et al.* (2014) Imperfect beginnings: incoming residents vary in their ability to interpret basic electrocardiogram findings. *Journal of Hospital Medicine*, **9**, 197–198.

18 Bell, R.H. Jr., Biester, T.W., Tabuenca, A. *et al.* (2009) Operative experience of residents in U.S. general

surgery programs: a gap between expectation and experience. *Annals of Surgery*, **249**, 719–724.

19 Kyser, K.L., Lu, X., Santillan, D. *et al.* (2014) Forceps delivery volumes in teaching and nonteaching hospitals: are volumes sufficient for physicians to acquire and maintain competence? *Academic Medicine*, **89**, 71–76.

20 Ericsson, K.A. (2014) Necessity is the mother of invention: video recording firsthand perspectives of critical medical procedures to make simulated training more effective. *Academic Medicine*, **89**, 17–20.

21 Kern, D.E., Thomas, P.A. & Hughes, M.T. (eds) (2009) *Curriculum Development for Medical Education: A Six-Step Approach*. The Johns Hopkins University Press, Baltimore.

22 Flynn, T., Chair, Drafting Panel. (2014) *Core Entrustable Professional Activities for Entering Residency* (CEPAER). Washington, DC, Association of American Medical Colleges.

23 Ericsson, K.A. & Smith, J. (1991) Prospects and limits of the empirical study of expertise: an introduction. In: Ericsson, K.A. & Smith, J. (eds), *Toward a General Theory of Expertise: Prospects and Limits*. Cambridge University Press, New York, pp. 1–38.

24 Ericsson, K.A. & Ward, P. (2007) Capturing the naturally occurring superior performance of experts in the laboratory. *Current Directions in Psychological Science*, **16**, 346–350.

25 Ericsson, K.A. & Williams, A.M. (2007) Capturing naturally occurring superior performance in the laboratory: translational research on expert performance. *Journal of Experimental Psychology Applied*, **13**, 115–123.

26 Choudhry, N.K., Fletcher, R.H. & Soumerai, S.B. (2005) Systematic review: the relationship between clinical experience and quality of health care. *Annals of Internal Medicine*, **142**, 260–273.

27 Elstein, A.S., Shulman, L.S. & Sprafka, S.A. (1978) *Medical Problem Solving: An Analysis of Clinical Reasoning*. Harvard University Press, Cambridge, MA.

28 Dawes, R.M. (1994) *House of Cards: Psychology and Psychotherapy Built on Myth*. Free Press, New York.

29 Causer, J. & Williams, A.M. (2013) Professional expertise in medicine. In: Lanzer, P. (ed), *Catheter-Based Cardiovascular Interventions*. Springer-Verlag, Berlin, pp. 97–112.

30 Lesgold, A., Glaser, R., Rubinson, H. *et al.* (1988) Expertise in a complex skill: diagnosing X-ray pictures. In: Chi, M., Glaser, R. & Farr, M.J. (eds), *The Nature of Expertise*. Erlbaum, Hillsdale, NJ, pp. 311–342.

31 Schijven, M. & Jakimowicz, J. (2003) Construct validity: experts and novices performing on the Xitact LS500 laparoscopy simulator. *Surgical Endoscopy*, **17**, 803–810.

32 Verner, L., Oleynikov, D., Holtman, S. *et al.* (2003) Measurements of the level of surgical expertise using flight path analysis from *da Vinci*™ robotic surgical system. In: Westwood, J.D., *et al.* (eds), *Medicine Meets Virtual Reality 11*. IOS Press, Amsterdam, pp. 373–378.

33 Norman, G.R., Eva, K., Brooks, L. & Hamstra, S. (2006) Expertise in medicine and surgery. In: Ericsson, K.A., Charness, N., Feltovich, P.J. & Hoffman, R.R. (eds), *The Cambridge Handbook of Expertise and Expert Performance*. Cambridge University Press, New York, pp. 339–353.

34 Ericsson, K.A. (2006) Protocol analysis and expert thought: concurrent verbalizations of thinking during experts' performance on representative tasks. In: Ericsson, K.A., Charness, N., Feltovich, P.J. & Hoffman, R.R. (eds), *The Cambridge Handbook of Expertise and Expert Performance*. Cambridge University Press, New York, pp. 223–241.

35 Driskell, J.E., Cooper, C. & Moran, A. (1994) Does mental practice enhance performance? *Journal of Applied Psychology*, **79**, 481–492.

36 Ericsson, K.A., Krampe, R.T. & Tesch-Römer, C. (1993) The role of deliberate practice in the acquisition of expert performance. *Psychological Review*, **100**, 363–406.

37 Ericsson, K.A. (2004) Deliberate practice and the acquisition and maintenance of expert performance in medicine and related domains. *Academic Medicine*, **79**, S70–S81.

38 Ericsson, K.A. (2008) Deliberate practice and acquisition of expert performance: a general overview. *Academic Emergency Medicine*, **15**, 988–994.

39 Ericsson, K.A., Charness, N., Feltovich, P.J. & Hoffman, R.R. (eds) (2006) *The Cambridge Handbook of Expertise and Expert Performance*. Cambridge University Press, New York.

40 Ericsson, K.A., Prietula, M.J. & Cokely, E.T. (2007) The making of an expert. *Harvard Business Review*, **85**, 115–121.

41 Cooley, D.A. (2012) *100,000 Hearts: A Surgeon's Memoir*. Dolph Briscoe Center for American History, University of Texas at Austin, Austin, TX.

42 Jordan, M. (1998) *For the Love of the Game*. Crown Publishers, New York.

43 McGaghie, W.C. (2008) Research opportunities in simulation-based medical education using deliberate practice. *Academic Emergency Medicine*, **15**, 995–1001.

44 Shadrick, S.B. & Lussier, J.W. (2009) Training complex cognitive skills: a theme-based approach to the development of battlefield skills. In: Ericsson, K.A. (ed), *Development of Professional Expertise: Toward Measurement of Expert Performance and Design of Optimal Learning Environments*. Cambridge University Press, New York, pp. 286–311.

45 McGaghie, W.C., Issenberg, S.B., Cohen, E.R. *et al.* (2011) Does simulation-based medical education with deliberate practice yield better results than traditional clinical education? A meta-analytic comparative review of the evidence. *Academic Medicine*, **86**, 706–711.

46 Borenstein, M. (2009) Effect sizes for continuous data. In: Cooper, H., Hedges, L.V. & Valentine, J.C. (eds), *The Handbook of Research Synthesis and Meta-Analysis*, 2nd edn. Russell Sage Foundation, New York, pp. 221–236.

47 McGaghie, W.C., Issenberg, S.B., Petrusa, E.R. & Scalese, R.J. (2006) Effect of practice on standardized learning outcomes in simulation-based medical education. *Medical Education*, **40**, 792–797.

48 Gifford, K.A. & Fall, L.H. (2014) Doctor coach: a deliberate practice approach to teaching and learning clinical skills. *Academic Medicine*, **89**, 272–276.

49 Sawatsky, A.P., Mikhael, J.R., Punatar, A.D. *et al.* (2013) The effects of deliberate practice and feedback to teach

standardized handoff communication on the knowledge, attitudes, and practices of first-year residents. *Teaching and Learning in Medicine*, **25**, 279–284.

50 Hunt, E.A., Duval-Arnould, J.M., Nelson-McMillan, K.L. *et al.* (2014) Pediatric resident resuscitation skills improve after "rapid cycle deliberate practice" training. *Resuscitation*, **85**, 945–951.

51 Palter, V.N. & Grantcharov, T.P. (2014) Individualized deliberate practice on a virtual reality simulator improves technical performance of surgical novices in the operating room: a randomized controlled trial. *Annals of Surgery*, **259**, 443–448.

52 Smith, D. (1999) *Basketball: Multiple Offense and Defense*. Allyn and Bacon, Boston.

53 Wayne, D.B., Barsuk, J.H., O'Leary, K.J. *et al.* (2008) Mastery learning of thoracentesis skills by internal medicine residents using simulation technology and deliberate practice. *Journal of Hospital Medicine*, **3**, 48–54.

54 McGaghie, W.C., Miller, G.E., Sajid, A. & Telder, T.V. (1978) *Competency-Based Curriculum Development in Medical Education*. Public Health Paper No. 68. World Health Organization, Geneva.

55 McGaghie, W.C., Siddall, V.S., Mazmanian, P.E. & Myers, J. (2009) Lessons for continuing medical education from simulation research in undergraduate and graduate medical education: Effectiveness of continuing medical education: American College of Chest Physicians evidence-based educational guidelines. *CHEST*, **135**, 62S–68S.

56 Wong, B.S. & Kang, L. (2012) Mastery learning in the context of university education. *Journal of NUS Teaching Academy*, **2**, 206–222.

57 Wayne, D.B., Butter, J., Siddall, V.J. *et al.* (2006) Mastery learning of advanced cardiac life support skills by internal medicine residents using simulation technology and deliberate practice. *Journal of General Internal Medicine*, **21**, 251–256.

58 Barsuk, J.H., Cohen, E.R., Vozenilek, J.A. *et al.* (2012) Simulation-based education with mastery learning improves paracentesis skills. *Journal of Graduate Medical Education*, **4**, 23–27.

59 Barsuk, J.H., McGaghie, W.C., Cohen, E.R. *et al.* (2009) Use of simulation-based mastery learning to improve the quality of central venous catheter placement in a medical intensive care unit. *Journal of Hospital Medicine*, **4**, 397–403.

60 Szmuilowicz, E., Neeley, K.J., Sharma, R.K. *et al.* (2012) Improving residents' code status discussion skills: a randomized trial. *Journal of Palliative Medicine*, **15**, 768–774.

61 Barsuk, J.H., Cohen, E.R., Caprio, T. *et al.* (2012) Simulation-based education with mastery learning improves residents' lumbar puncture skills. *Neurology*, **79**, 132–137.

62 Nathan, B.R. & Kincaid, O. (2012) Does experience doing lumbar punctures result in expertise? A medical maxim bites the dust. *Neurology*, **79**, 115–116.

63 McGaghie, W.C., Issenberg, S.B., Cohen, E.R. *et al.* (2011) Medical education featuring mastery learning with deliberate practice can lead to better health for individuals and populations. *Academic Medicine*, **86**, e8–e9.

64 McGaghie, W.C. (2010) Medical education research as translational science. *Science Translational Medicine*, **2**, 19–8.

65 Cohen, E.R., Feinglass, J., Barsuk, J.H. *et al.* (2010) Cost savings from reduced catheter-related bloodstream infection after simulation-based education for residents in a medical intensive care unit. *Simulation in Healthcare*, **5**, 98–102.

66 Ahya, S.N., Barsuk, J.H., Cohen, E.R. *et al.* (2012) Clinical performance and skill retention after simulation-based education for nephrology fellows. *Seminars in Dialysis*, **25**, 470–473.

67 Moazed, F., Cohen, E.R., Furiasse, N. *et al.* (2013) Retention of critical care skills after simulation-based mastery learning. *Journal of Graduate Medical Education*, **5**, 458–463.

68 Barsuk, J.H., Cohen, E.R., Feinglass, J. *et al.* (2011) Unexpected collateral effects of simulation-based medical education. *Academic Medicine*, **86**, 1513–1517.

69 Cohen, E.R., Barsuk, J.H., McGaghie, W.C. & Wayne, D.B. (2013) Raising the bar: reassessing standards for procedural competence. *Teaching and Learning in Medicine*, **25**, 6–9.

70 McGaghie, W.C., Draycott, T.J., Dunn, W.F. *et al.* (2011) Evaluating the impact of simulation on translational patient outcomes. *Simulations in Healthcare*, **6**, 42–47.

71 McGaghie, W.C., Issenberg, S.B., Cohen, E.R. *et al.* (2012) Translational educational research: a necessity for effective healthcare improvement. *CHEST*, **142**, 1097–1103.

72 Zendejas, B., Brydges, R., Wang, A.T. & Cook, D.A. (2012) Patient outcomes in simulation-based medical education: a systematic review. *Journal of General Internal Medicine*, **28**, 1078–1089.

73 Griswold, S., Ponnuru, S., Nishisaki, A. *et al.* (2012) The emerging role of simulation education to achieve patient safety: translating deliberate practice and debriefing to save lives. *Pediatric Clinics of North America*, **59**, 1329–1340.

74 McGaghie, W.C., Issenberg, S.B., Barsuk, J.H. & Wayne, D.B. (2014) A critical review of simulation-based mastery learning with translational outcomes. *Medical Education*, **48**, 375–385.

75 Barsuk, J.H., Cohen, E.R., Feinglass, J. *et al.* (2009) Use of simulation-based education to reduce catheter-related bloodstream infections. *Archives of Internal Medicine*, **169**, 1420–1423.

76 Draycott, T.J., Sibanda, T., Owen, L. *et al.* (2006) Does training in obstetric emergencies improve neonatal outcome? *British Journal of Obstetrics and Gynaecology*, **113**, 177–182.

77 Zendejas, B., Cook, D.A., Bingener, J. *et al.* (2011) Simulation-based mastery learning improves patient outcomes in laparoscopic inguinal hernia repair: a randomized controlled trial. *Annals of Surgery*, **254**, 502–511.

78 Barsuk, J.H., Cohen, E.R., Feinglass, J. *et al.* (2013) Clinical outcomes after bedside and interventional radiology paracentesis procedures. *American Journal of Medicine*, **126**, 349–356.

79 Page, S.E. (2007) *The Difference: How the Power of Diversity Creates Better Groups, Firms, Schools, and Society.* Princeton University Press, Princeton, NJ.

80 Siassakos, D., Fox, R., Bristowe, K. *et al.* (2013) What makes maternity teams effective and safe? Lessons from a series of research on teamwork, leadership and team training. *Acta Obstetricia et Gynecologica Scandinavica*, **92**, 1239–1243.

81 Bonham, A.C. & Solomon, M.Z. (2010) Moving comparative effectiveness research into practice: implementation science and the role of academic medicine. *Health Affairs*, **29**, 1901–1905.

82 Dixon-Woods, M., Bosk, C.L., Aveling, E.L. *et al.* (2011) Explaining Michigan: developing an ex post theory of a quality improvement programme. *Milbank Quarterly*, **89**, 167–205.

83 Barsuk, J.H., Cohen, E.R., Potts, S. *et al.* (2014) Dissemination of a simulation-based mastery learning intervention reduces central line-associated bloodstream infections. *BMJ Quality and Safety*, **23**, 749–756.

84 Ericsson, K.A. (2014) Adaptive expertise and cognitive readiness: a perspective from the expert performance approach. In: O'Neil, H.F., Perez, R.S. & Baker, E.L. (eds), *Teaching and Measuring Cognitive Readiness.* Springer, New York, pp. 179–197.

85 Carbonell, K.B., Stalmeijer, R.E., Könings, K.D. *et al.* (2014) How experts deal with novel situations: a review of adaptive expertise. *Education Research and Reviews*, **12**, 14–29.

86 Butter, J., McGaghie, W.C., Cohen, E.R. *et al.* (2010) Simulation-based mastery learning improves cardiac auscultation skills in medical students. *Journal of General Internal Medicine*, **25**, 780–785.

87 American College of Chest Physicians (2014). *Critical care ultrasonography live learning course materials, update 2014.* URL http://www.chestnet.org/Education/ [accessed 16 July 2014]

重构扩大医学教育入学机会的研究：运用理论指导实践

Reframing research on widening participation in medical education: using theory to inform practice

Sandra Nicholson and Jennifer Cleland

（翻译：孙斯曼　　审校：贾娜丽）

第 20 章

Chapter 20

在我参加的医学院校面试中，其他大多数学生都是中产阶级……好吧，我不知道他们是不是中产阶级。他们留给我的印象像是中产阶级。但有时感觉他们有着你没有的经历。他们接触过完全不同的事情、遇到完全不同的人。有时感觉医学就像个游戏，如果你与足够多的人有接触联系，你就有优势。因为你可以从这个人身上获得工作经验，或者你可以通过这种方式获得优势。我知道这听起来好像我在说风凉话，但确实认识人会有所帮助。（焦点小组参与者，伦敦市中心学校，p. 12，访谈 3）[1]

引言

这位来自英国的医学申请者的关注点在那些来自“非传统的”较低社会经济（参见后面的定义）背景的人中是典型的。医学院招生处教师也表达了这些申请者在医学院校录取过程中所面临或可能面临的不利因素的看法[2-3]。此外，这个问题并非英国独有：世界各地，那些拥有着能促使他们在医学领域成功的学术或个人特质的年轻人都面临与种族、少数族裔和（或）低收入等人口因素有关的多种不利因素[4]。

这些“不利因素”中往往含有一个共同的关键因素：大学前教育的不平等。有人认为，这一因素是不同种族、低收入或其他人口不利因素群体在医学院申请时存在弱势（under-representation）的基础[5-6]。因此，有必要了解和解决部分医学院申请者在教育上的不利和不平等因素，以便在全球范围内增加医学生的多样性。关于大学前教育不平等的详细描述超出了本章的范围，但本章包括其中有关资源贫乏的学校[7]和在低教育期望文化中发生的学校教育[8]。

本章的目的是介绍目前缺乏理论研究的医学扩大招生（widening access，WA）领域如何通过使用理论和概念框架来取得进展。由于相对缺乏对该主题的深入研究，本章与本书中的其他章节内容不同，我们将首先提出问题，然后概述研究是如何通过使用理论和概念框架来超越现有证据以指导实践和未来研究的。对此，将基于同一数据集从三个理论视角对其进行解释来说明。虽然认识到本书的重点是医学教育研究，但 WA 的问题主要与临床医学相关，因此本章的重点是临床医学教育。首先，我们呈现一些定义以帮助说清楚这一问题（框 20.1）。

框 20.1 关键定义

扩大入学机会（widening participation，WP）是指在高等教育（higher education，HE）中，鼓励那些来自贫困家庭背景的学生、成年学生和来自特殊民族、文化群体的学生以及残疾学生等人参与其中，并占有一定比例的政策。这建立在确保机会平等的基础上，并与改善社会流动性有关，而社会流动性可以被定义为打破不利因素代代相传的现象 [9]。当社会具有流动性时，个人在收入或职业方面就有更多的进步机会。暑期学校（summer schools）和旨在增加弱势群体教育期望的活动就是 WP 政策提出的举措的例子。

另一方面，扩大招生（widening access，WA）更强调选拔过程的平等性或公平性，这些过程充当了高等教育的关口。这可能涉及特定选拔政策，这些政策会增加某些弱势群体的入学率。在美国最高法院裁定平权行动为非法之前 [10]，美国就存在平权行动政策。事实证明，平权行动成功地增加了在医学院就读的黑人和少数族裔（black and minority ethnicities，BME）人数 [11]。澳大利亚一些医学院对于来自农村背景的申请人有一些特定的名额保留，毕竟他们由于总体 GPA 分数较低，因教育劣势而可能无法成功竞争 [12]。

“非传统的”医学生是指那些因性别、种族、民族、文化、社会经济地位或残疾而使他们有别于主流医学生的群体，其明显特征为他们在医学生申请中表现为弱势群体，这在整个医学职业中也是如此。

牢记这一点，到本章结尾，读者将能够：

- 了解到与 WP 和 WA 相关的问题在国际上可能会有所不同，但解决这些问题的方法往往在不同背景下具有共性。
- 有赖于当前研究的贡献，同时认识到需要增加该领域实证研究的复杂性。
- 考虑使用不同的理论视角来进行理解，并使用英国数据作为案例研究材料，对社会变革如何成功实现提出新的见解。

为什么扩大医学入学机会很重要?

国际上已经提出了提高医学院学生多样性的呼吁 [13-16]。医学生多样性是一个多方面、极其复杂的问题，由社会公正、流动性和平等等社会学概念驱动（见下文定义），并改善国际医疗卫生。

社会公正

大量文献证据表明，有志于医学并达到必要的医学学术和非学术入学标准非常复杂，这其中包含了如社会公正 [17]、社会平等社会问题，也包括文化和社会资本及“内部知识”等社会学问题 [3,18]。

学生拥有的资本是 WP 中的一个关键概念，通常被归类为文化资本和社会资本，我们先来对此进行定义。帕特南（Puttman）[19] 将社会资本定义为社会组织的主要特征，例如促进协调和合作以实现互利的网络规范和网络信任。布尔迪厄（Bourdieu）[20] 的文化资本概念指的是一个人由于其特定的社会阶层或社会团体而形成的象征性元素的集合，例如技能、品味、态度、服装、言谈举止、物质财产或文凭。与他人共有类似形式的文化资本会产生集体认同感和群体立场（“像我们这样的人”）。简而言之，社会资本是关系，而文化资本可以是如从口音到地址到关系的任何东西。对于这种讨论而言重要的是，社会和文化资本在不同的社会群体中分布不均，拥有资本可以帮助一个人的社会流动，而没有资本则会阻碍社会进步。对于医学院申请者来说，那些来自“传统”背景（例如医学家庭，接受相对优越的教育）的人有能力通过例如“打电话给爸爸或妈妈的朋友”来获得实习机会或获取如何更好地撰写他们申请文书的建议。他们拥有申请医学院的同龄人网络，以及能够在申请流程中获得教师提供的知识性建议。家庭和学校能够鼓励他们拥有从事医学事业的愿景 [8]。他们知道如何与医生交谈 [21]。来自“非传统”背景的申请者没有这样的社会或文化优势。事实上，如果在大学前教育或家庭中，进入大学并不是其传统，那么以医学院为目标的决定就可能是反文化的 [18]。大学可能被视为一个陌生的环境，具有外来的风气，医学院可能被视为“不适合我这样的人” [22]。不幸的是，有证据表明这才是较符合实际情况的假设：医学和医学院文化并不欢迎和适合弱势群体学生 [23-25]。

社会和文化资本的概念强调了申请就读医学院存在社会和情感风险，以及金融风险。这表明仅通过提供财政支持的扩大入学学生多样性的方法，虽然对于来自某些群体的申请人来说 [26] 的确解决了一个主要障碍，但这只解决了部分问题。

改善医疗卫生

教育与培训具有潜在的差异，具有多元化、文化能力强的医疗卫生从业团体，能够很好地理解和解决健康的社会决定因素，这对于提高医疗卫生质量至关重要 [27]。改善医疗卫生服务的供给是可行的，“医生应该尽可能代表他们所服务的社会，以便提供最好的医疗服务” [28-31]。这一假设意味着增加医疗队伍的多样性将改善医疗卫生。这基于“相似的人之间会相互善待对方” [32]，并且在文化上和语言上都能提供适当的照护，以提高患者满意度这样的假设 [33-34]。然而目前，考虑到医生和患者之间的相似性和差异的各种维度（例如性别、种族、阶级、母语、文化成长），这似乎是一个无法实现的目标。在更多样化的医学院里训练的医学生似乎可以更好地了解来自不同社会文化背景的其他人，这增加了他们为不同背景的人提供医疗卫生服务的能力 [11,29,20,35]。虽然增加少数群体在医学中的代表性已被确定为改善临床照护和减少医疗卫生服务差异的途径，但这些结果取决于这些学生一旦获得资格是否会选择在多样性和贫困地区实践 [36-38]。

然而，虽然解决社会公平 / 平等和改善医疗卫生等问题值得称赞，但有充分证据表明，尽管有各种国家举措（例如配额制度、立法、WA 的活动基金、政策）和当地活动（例如专门通道 /WA 的计划、指导），以弥补弱势群体不足的情况，但全球医学院和医学界的一些社会、文化和种族群体的代表性仍然严重不足。例如，英国医学总会最近进行的一项调查证实，英国医疗机构员工中较低社会经济地位群体的人数仍然严重不足 [39]。同样，美国医学院校协会（AAMC）发现，占美国人口 1/4 以上的弱势少数族裔群体的美国医学博士的比例不到 13%，美国执业医师占比不到 9% [40-41]。

为什么在过去的几十年里，对 WP 和 WA 如此之大的投资和相关措施对实际情况的影响却如此之小？毫无疑问，这有很多原因，其中一个原因，我们认为在于这些方法本身的属性。希望读者从上面的章节可以清楚地看出，医学教育入学机会的持续不平等的相关问题明显反映了社会学复杂性。与这种复杂性相反的是，许多用于解决 WP 和 WA 问题的方法在相关研究的质量方面相对简单和（或）构思薄弱。我们用文献综述的数据来支持这一观点。

评估 WP 和 WA 对医学研究的质量：英国案例研究

我们采用定性综合法（qualitative synthesis）汇编了 [42] 关于英国医学院校 WA 举措的研究报告 [43]。审查的重点是地方层面而不是国家层面的变革举措，后者例如建立公共机构以保护和监督普遍公平地参与高等教育 [44]、肯定性行动立法 [10] 或在医学应用方面使用补偿方法 [45]。鉴于识别我们研究特征的 10 篇文章具有不同的研究设计和方法，定性综合法被认为是一种适当的方法 [3,25,46-53]。

在 10 项研究中，有两项是观察性的定量研究，分析现有数据集以检验结构变化［引入本科毕业生入学和大学预科课程（课程长度延长以便进行预备和支持活动 [52]）或使用特定能力测试作为录取过程的一部分 [51]］对英国医学院学生的人口统计学特征有何影响。

其他研究的重点是使用各种方法接触和帮助弱势群体的潜在申请人，表 20.1 对此进行了汇总。通常进行的活动是邀请预申请人参加医学院 / 大学校园的活动，而扩展活动是医学院工作人员 / 学生到外面的教育申请机构去开展活动。对于感兴趣的读者，Cleland 等人 [43] 将进一步讨论各种举措。

所确定的研究具有明显的设计和理论局限性［例如，除了一项研究之外的所有研究都使用观察设计（见第 1 章，解释了这种方法的局限性）；没有研究具有理论基础］。与此相关，可能更重要的是，由于整体比部分的总和更大，他们只关注要解决的近期挑战（例如增加作者所在医学院的 WA 申请人数）。这些研究不是累积性的，而是对当地倡议的本地评估：我们没有发现任何英国医学教育中的研究可扩展理解或以提供可推广信息的方式来研究医学中 WP 和 WA 的问题。此外，它们主要考察参与者体验的心理社会方面，而忽视医学院环境或文化的任何制度相关方面，而后者可能影响实践议题，从而影响参与者的经验和学习 [54-57]。没有一项研究具有足够说服力，以保证已有观点、实践或理论的改变 [58]（p. 753）。如果要“确定研究领域是否正在取得进展，则需要判断是否遗弃了实证方面不支持的想法、研究工作中激烈对话是否发生了变化、人们研究工作的重点是否继续发展” [59]（p. 295）。可以评述认为，与医学教育中的其他主题相比，我们对医学中 WA 的理解仍然相对简单，本书其他部分将对此进行说明。

我们在本章余下部分的目的是说明如

表 20.1　确定的不同类型 WA 干预措施的概述

干预类型	强度	举例	目标
医学院内	高	寄宿课程	为学生提供信息、建议和指导，以及大学经验的样本，以提高激励和发展对大学生活的适当期望
	低	校园开放日，会谈，在医学院举行的会议	
医学院外	高	扩展项目指导计划	支持符合特定 WA 标准的学生，以培养进入医学课程所需的知识、技能和要求
	低	会谈，在高中学校和其他外部地点举行的会议	

何采用更复杂的 WA 研究方法，以更深入地理解该主题，并使隐藏可见或者模糊的东西显性化。通过这种方式，WA 研究可以说明为什么这一领域的行动在很大程度上未能实现其远大的目标，以及未能促进更好的实践努力方向。现在还要及时说明的是，虽然每个国家都有自己的特殊问题，如美国和南非的种族问题、英国的社会经济阶层问题、澳大利亚招募偏远和农村地区实践者的需要、许多其他国家的人口问题等，WP 的总体目标在很大程度上是共通的。这个共同问题的少数优势之一是，至少来自不同国家的一些证据和经验教训可以在不同背景下迁移或推广。当然前提是，提供这些证据和这些经验教训的研究得到适当的概念化。

理论的重要性

理论为研究人员提供了不同的“视角”，通过这些视角可以查看复杂的问题和社会话题，以将注意力集中在数据的不同方面，并为其提供进行分析的框架 [60]（p. 631）。

对当前实践的阐释，使我们对如何以及为什么要按照我们的方式做事有更加细致和清晰的理解，这是任何研究计划中的重要一步。当然，最终是希望鼓励变革。为此，可以使用各种理论来帮助设计研究问题，指导相关数据的选择，解读数据，并提出对观察到的现象的根本原因或影响的解释。此外，“理论的运用使得研究人员有可能理解并为决策者和医疗服务提供者传达深层次的发生过程，从而发展潜在（生成）原则的知识” [60]（p. 634）。这与 WP 研究特别相关，其中结果实际上可以为政策提供信息 [61]。因此，从这一点开始，本章旨在说明该领域的原始研究和严谨性研究如何在影响 WP 政策和实现成功变革方面发挥重要作用。

为此，我们提供了我们自己研究中的三个例子，因为它们说明了如何使用不同的理论框架来解释数据 [62]。不同的框架显然会强调不同的内容，而对 WA（或实际上的任何主题）的研究计划可能会借鉴一些理论，因为每个理论都会有助于阐明问题的某些要素 [63]。

在这些例子中，数据是相同的：来自

我们在 2012 年开展的对英国医学院校招生主管和（或）招生人员的 26 次电话访谈的定性数据 [43]。我们从一个批判教育学分析开始 [64-65]，然后考察基于不同的包容性哲学观点对理解和实施 WP 的不同 [66-67]，最后借鉴 Braun 等人的政策制订启发来解释 WA 的不同方法 [68-69]。每个例子都包括对该理论的简要介绍、如何使用它以及它对研究过程和结果的补充。

示例 1：批判教育学

如果教育从根本上与社会优势相关联，那么超越个体学生而去关注维持社会与教育背景 / 结构的群体和群体过程以及组织结构与系统就很重要 [70]。Freire 的批判教育学（critical pedagogy）概念框架 [64-65] 对于探索权力关系、社会正义、深层意义、根本原因以及总体组织和政策问题是适宜的。

批判教育学被比作一个“反映教学与学习之间复杂性的棱镜，它揭示了我们之前可能忽略的隐藏的微妙之处。它倾向于关注社会、文化、政治甚至经济条件，并且它是在历史的广阔视野下完成所有这些的” [71]（p. 26）。

简而言之，批判教育学是一个评估相关背景的过程，包括教育发生的社会政治和组织背景，强调创造更平等社会所需的条件。

对于 Freire 和其他批判教育学家来说，教育学、与教学有关的结构和过程应该专注于为学生提供适当的知识和技能，使之成为一个“批判性的公民”，这个过程也促进民主，而不是让学生主要参加考试 [66]。这涉及教育的核心，也是教育的目的。教育是提供经济劳动力、维持社会结构，还是提供自我决定（一个人控制自己生活的过程）的手段？通过这种方式，批判教育学提供了一种方法，可以通过关注权力来探索为什么某些社会成员在医学院录取过程中一直被边缘化。

关注与医学教育相关组织结构中的权力关系，不仅可以探索利益相关者的观点，还可以探索为什么某些决策和政策得到实施，更重要的是为什么有些决策和政策不会得到实施。这涉及探索可能的紧张关系领域，当它们被阐明和更好地理解时，就可以用来作为变革的潜在有效推动力 [66]。

使用批判教育学作为概念框架将增加对影响 WP 的组织结构问题的理解，而这些组织结构问题反过来又可以为在医学教育中解决 WP 的工作指明方向。

我们现在举例说明批判教育学如何能够提供一个理论视角来检验 WP 中的不同组织层面关系或紧张关系，包括个体之间（微观：在这个例子中，指申请人和他们的教师）、小组之间（中观：医学院、医学院招生和选拔政策）和机构或国家之间（宏观：政治议程、国家政策和影响），旨在突出反映这些结构内部和结构之间的内在权力斗争的冲突和差异 [72]。

微观 - 中观层面的紧张关系

招生主管评论了学校儿童和其教育环境遇到既有文化规范时所面临的挑战，这些规范不能满足大学教育和尤其是医学院的期望。例如：

> 我最近和一个毕业年级的医学生谈到了这一点，她告诉我，当她说她想学习临床医学时，她的（高中）学校告诉她，哦，这所学校的孩子不学临床医学。你为什么不当护士？这正是态度倾向，学校的经验也强化了这一点。（访谈 17）

另一位受访者解释了她是如何试图让中学，尤其是那些在为学生进入大学提供有限经验的中学参与进来的。

> 实际上，我确实在暑期学校为任何想要参加的教师发出公开邀请，但没有人参加。这并不让我感到惊讶。我想，还有很多工作要做……我认为中学教师对于大学的高等教育有一定程度的，我不认为是怀疑，而可能是存在异议。（访谈 18）

中观层面的紧张关系

最常讨论的问题之一是难以获得与医学相关的工作经验。工作经验被认为是微观 - 中观和中观 - 宏观层面的紧张关系。来自非传统社会经济群体的申请人经常描述，由于缺乏医疗社会关系（或社会资本，见上文）而难以获得适当的工作经验。此外，许多受访者还描述了在英国国家医疗服务体系（NHS）合作伙伴如何更难以获得相关的医疗工作经验，它们有时会因缺乏一般资源而试图限制提供工作经历和（或）数量。这位受访者证实了这一点，但也描述了她是如何试图克服这些问题的。

> 如果医院不准备与我们交谈，那么他们就不会和孩子说话。那太令人伤心了。所以这就是为什么我要尝试各种各样的方法，看看我现在是否可以先走校友路线……因为正如我所说，我认为这对医生来说也是令人沮丧的，因为他们想要帮助别人，你知道，他们希望帮助孩子们进入那里，但如果他们遇到障碍，那就是如何尝试绕过这些障碍。（访谈 25）

在中观层面的受访者之间发现了进一步的差异和分歧，识别出了扩大入学机会的真正愿望与安抚当局的“口惠而实不至”的紧张关系。这种矛盾心理的部分原因似乎是由于缺乏证据而导致的，因此对如何最好地使用 WP 感到犹豫不决。

> 我希望这种研究能够帮助我们前进，因为……因为它也事关心灵和思想，你知道，而且……是的，我们需要一个良好的证据基础，但我们还需要真正负责招生的人们的参与，他们对向前迈进有点准备，并且至少在其中一些领域可能会有所集中。（访谈 2）

中观 - 宏观层面的紧张关系

如果在中观层面上存在矛盾是因为医学院正在等待或者在质疑有关 WP 的基本前提和目标的证据，那么 WP 倡议的实施可能会被忽略。受访者称之为“政治辞令”，其中受访者认为 WP 实践仅被用作政治议程的工具，它缺乏证据，且未被纳入医学院主要选拔过程中。例如，来自贫困地区的医学生更愿意在这些地区当医生的假设受到了质疑。

我们需要问问自己这是否真的发生了。如果有人来自内陆城市的某个地方，在政府救济院长大，家庭贫寒，未受过最好的教育，等等，但他成功了，他们会回去、会想在那里工作吗？他们真的带着那样的背景和理解吗？我希望有些人确实会这样做，但实际上并不知道大多数人是否这样做。（访谈2）

最后的例证提供了一个例子，说明了制订有效的医学院选拔策略、扩大入学机会的愿望，而这些目标可能并不总是与国家政策总体相协调，这之间存在紧张关系。它还通过强调关键问题，为政策制订者考虑如何引入有效变革铺平了道路。

您可以招募最有可能成功的人，而不是在您预期辍学率较高的地方招收20%的学生。而你……你明白我的意思吗？……那种不正当的激励措施。是的，这就是正在发生的事情。一方面，你改善日益扩大的招生获取途径，但由于其运作方式，你几乎注定会受到政府政策的惩罚。（访谈7）

示例2：探索与扩大入学机会存在冲突的哲学

WP旨在鼓励一个包容的高等教育体系，而不是以前认为的精英主义传统，其中较少一部分人受到少数更具选拔性的机构的教育[61,73-74]。然而，包容性哲学不同，这些不同的哲学对理解和解决WP有不同的含义。我们再次借鉴了Freire的概念，包括Giroux[66]和Habermas[67]的概念，他们将转化性学习与社会转型联系起来。

转化性学习关注个体的个人成长，因此不一定依赖于获得资格或工作所需的指导性知识。这与专业发展有关，医学生学到许多不仅仅反映他们日常工作技术性的事情。在这种背景下，转化性学习突出了弱势学生如何以一种既增强自身社会流动性又影响医学专业性质的方式参与教育。我们稍后再讨论这个问题。

Sheeran[61]确定了两类包容性教育者（inclusive educators）：“精英主义者”和“民主主义者”。“精英主义者”模式更多地是关于“公平招生”（WA）而不是WP本身（框20.1）。精英主义关注的是确保有能力的候选人获得学习机会，而不是在他们入学或反思这种行动目的后投入太多支持（如果有的话）。顶级大学和医学院通过试图吸引来自弱势群体的最聪明的学生，给予他们更好的学习经验和准备，使他们的入学机会与他人平等，从而寻求Sheeran[61]所谓的“璞玉”理念。这促进了一种观念，即非传统背景的学生在某种程度上是缺乏教育的，因此，在被认为令人满意之前需要在教育上“补足”，或者这些学生面临“障碍”，因为制度在实施有效的WA方面仍不够努力[75]。“精英主义者”也赞同WP有可能通过招收具有较低或非传统资格的学生来降低标准，并最终有可能破坏具有良好记录的医学教育体系。“为什么要修补一些没有破坏的东西？”这可能是“精英主义者”的哀怨。

民主主义者的立场截然不同。正如Habermas和Giroux所言，民主主义者认为教育本质上是一种解放或转化性体验[66-67]。

从他们的角度来看，高等教育中的 WP 不仅仅是增加来自较低社会经济群体学生的代表性，而且是“一种关注知识和学习民主化的教育方式，以重新定义高等教育的特征”[76]（p. 10）。根据这一理念，非传统学生拥有的知识、经验和观点，可以帮助他们与更多来自不同背景的患者，并通过提出观点和充当挑战长期以来医学文化的已有资源，为同龄人的教育做出贡献。转化性教育者抵制“病态化”的非传统学生缺乏必要的先决条件技能或特征，并挑战对什么构成一名优秀医学生的既定认知，以及什么构成合法医学知识的固有观念[77]。

我们认为医学中在 WA 这方面要有所作为，首先要探讨医学文化的既定元素，通过包容理解了什么，这种理解如何与现有实践一致或不一致，以及如何成功实施任何理想的实践变革。Sheeran[61] 指出，“包容性哲学”包括贡献者所赞同的假设和政治承诺，这往往不明确，可能导致隐含的观点无人质疑。如果我们真的不了解利益相关者对 WA 的看法，以及他们持有的观点和价值观，那么我们也无法确保任何提议的变革或举措能够成为实现成功的最佳机会。

为了说明这一点，我们从访谈数据中吸取了许多无争议的选拔实践和 WP 倡议的隐含意义。

我想我们需要停下来问一下我们的目的是什么，目标是什么，目标本身的证据或理由是什么，等等。因为我们的目标是，扩大入学机会以确保我们不会错过那些真正能成为优秀医生的人，我不认为签下此约会给任何人带来任何麻烦。（访谈 2）

来自参与者的这种反映表明，她理解并同意 WA 的目标之一是确保任何将可能成为优秀医生的候选人都被考虑，无论他的背景如何。这相当于一种精英主义者方法，参与者接着指出，这种方法将很容易被社会接受。然而，这位参与者还进一步阐述了她所谓的“政治目标”，这被视为与医学院选择和 WP 政策的目标截然不同，并且也许是相分离的东西：

但通常被认为是政治目标的是一些不同的东西，而且……更多的人来自于，你知道，社会……呃，贫穷，更贫困的社会经济群体，考虑到他们的家庭、社区或他们的出身，以及……不知何故，当你有更多来自这些背景的学生时，成功将会被定义。但实际上，成功不应该这样定义。有一个……至少被认为是一个政治主题，因为它只是关于反对人口统计的数字，等等，但我不认为任何人……我怀疑医学院里负责招生的人数很少，呃，或者甚至，甚至，你知道，更多，呃，在这个行业，更普遍地说，谁会说，这本身就是一个可辩护的目标。（访谈 2）

她的观点强调了医学教育中 WP 存在冲突的哲学。另一位参与者强化了这一观点，他对于转化性教育和社会正义风气出现的地方持不同的观点。

该体系必须认识到我们体系内部不平等

带来的后果，特别是我们的教育体系。因此，似乎有一些重新设计正在进行，这并不困扰我。我认为应该有一个关于应该设定的关键点的辩论。必须讨论一下，嗯，我们应该在多大程度上平衡它？（访谈14）

另一位参与者确认存在冲突的哲学，简要地指出了精英和民主的立场，并对个人、医学院和政府在决策过程中可能发挥的作用进行了额外的描述。

某些决定要么是政治决定，要么是对选拔角色的判断。我们是选拔了最好的人来接受医学教育，还是希望选拔能够成为最佳医生的人？或者我们是否真的试图在我们想要的基础上选拔？医学院的组成尽可能接近社会的横截面；这是一个合理的目标吗？这是一个政治决定吗？如果是这样，那么大学的角色是否应该与之相适应呢？嗯，所以，嗯，我，我不知道。如果能就所有这些问题进行辩论就好了，我有我自己的观点，但是，那根本不重要。（访谈20）

参与者最后评论说她的观点“根本不重要”，这有助于我们了解一些负责医学院招生的教师和高级职员可能会感到被排除在有关政策的决定之外，或者可能在存在分歧的情况下参与颠覆性变革。

示例3：政策制订

我们最后一个例子显示了访谈数据如何表明各个医学院解释和实施WP政策的不同。例如，如前所述，一些学校为来自特定背景的学生开设了扩展医学课程[3,25]，其他学校认可预科项目[52]，另外一些学校在决策中明确考虑背景因素，有些则开办辅导项目[50]。

从政策制订的角度来看，这种方法的多样性并不令人惊讶：“政策通常不会告诉你该做什么，而是创造一种环境。在这种环境中，决定该做什么的各种选择范围都被缩小或改变了，或者设定了特定目标或结果”[78]（p.19）。将宏观层面的政策决策付诸微观层面的实践是解决立法或其他国家驱动所要求问题的复杂过程，但通常没有明确指导该如何做。将政策付诸实践不仅具有创造性、复杂性和综合性，而且也是一个受限制的过程，这个过程在制度内以原创和创造性的方式制订（而不是实施）。就WA而言，医学院校必须在其所处环境的限制和可能性范围（如可用资源的范围）内，根据自己的文化来解读政策[68]。换句话说，背景是政府决定的WA政策如何落地实施的核心。

Braun等人[69]提出了一个四维的启发式框架，其中情境（例如环境）、专业（例如承诺）、物质（例如资源）和外界（例如绩效压力）相互作用以影响政策制订。我们用这个框架来说明背景对于医学教育中WP政策制订的重要性[79]。

我们的数据表明，医学院所在地在一般的制度风气和体制方面与WP政策制订非常相关，而且社会群体在WP活动中是特定的目标。

受访者：“我确实认为我们在WP中有背景因素，我认为这可能是因为我们的地理位置，很不幸（笑）。呃，你知道，这个领域有很多不利因素。”

WP 活动的最终目标是相同的——即吸引将成为医生的医学生尽可能代表他们所服务的社会，以便为英国人提供最好的照护[25-26]——但这由于医学院的地理位置不同而在某种程度上有所差异。

专业概念是指受访者的个人观点和态度，以及这些可能如何影响 WP 政策的制订。我们的大多数受访者都致力于 WP 的原则，认为这是他们工作的核心部分。然而，他们讨论了医学院可以采取哪些措施来解决社会不平等问题的局限性，以及他们的 WP 活动可以做些什么来解决医学院无法控制的问题。

访谈 22:“我们只能从那些提交了申请的人中选择……”

物质性是指诸如预算、人员配置和基础设施等的实用性，它们可以对当地的政策制订产生相当大的影响（将此与 Nimmo 和 Fenwick 在本书其他地方提出的物质性概念相比较，有何相似之处和区别？）。我们的参与者对 WP 的资助观点和经验各不相同。有些是非常积极的：例如，我们的参与者谈论了大学范围内资源的可用性，而另一些人则谈到了国家 WP 计划，这些计划来自资金支持。似乎有些医学院的 WP 资源比其他学校多。然而，这显然与学校的情况、地理位置、历史和外部环境相关。从数据中可以清楚地看出，一般而言，医学院倾向于将其可用的 WP 资源集中用于开发和推出 WP 活动上，而不是评估这些活动的影响（见上文）。因此，我们的参与者谈到了他们学校的 WA 活动，但无法告诉我们这些活动是否真的对他们的学生群体产生了影响。

最后一个维度是外部环境。医学院并非存在于真空中。各种各样的压力和期望来自于一系列关键利益相关者（例如申请人、学生、政府、更广泛的大学）。一些（但不是全部）学校担心来自 WP 背景的学生会在学业上遇到困难，从而使医学院在排行榜上的声誉受损。

访谈 7:“你被定位于招收最有可能成功的人……”

政策制订框架的使用使我们能够更好地理解为什么 WP 政策流程在不同的医学院中的表现不同。这种更好的理解可以为决策提供信息，比如什么可以改变，以及如何最好地指导变革。

总结和研究启示

本章广泛概述了与 WP 和 WA 在全球范围内相关的一些问题，并指出医学教育研究目前对这些问题的研究不够充分。为此，我们简要说明了如何使用三种不同的理论视角来更深入地理解这些复杂的主题。

批判教育学强调了英国医学界试图增加来自弱势背景学生的代表性而产生的一些紧张局面，并进一步阐明了这些 WP 计划在很大程度上失败的可能原因。一些招生工作人员对于一些国家和政府政策的矛盾情绪被揭露出来，中观和宏观组织层面之间的紧张关系凸显出来。这种结构性分析在医学教育中曾被忽视。我们还展示了如何通过审视招生人员对“包容性”的看法来探索医学教育对精英主义的青睐，并强调了如果WP真正被提倡，就要有更具“转化性”教育观点的价值。我们的第三个例子，即政策制订，提供了一个进一步的框架，以探索医学院如何在自己的个体背景下解读WA政策以及与实施相关的因素。

通过理论视角来审视与WP和WA有关的医学问题，我们通过确定一些可能成为变革障碍的态度和信念以及结构性问题，推动了对该主题的研究。通过明确这些障碍，我们可以考虑在未来的研究中如何最好地解决这些障碍，以便更好地了解医学文化和医学实践如何影响WP[80]。

这些视角已被明确地用于审视与WP和WA相关的问题，但它们同样可以用于阐明和放大[63]医学教育的其他方面。使用批判教育学探索组织层面之间的紧张关系可能有助于研究变化是如何发生的（例如，实施新的评估系统、引入新的课程）或研究结构性问题如何影响组织结构内的过程（例如，医学院的层级结构如何影响课程的开发和交付）。批判教育学也可用于比较医学院校的权力动态（例如，一些学校如何将自己定位为相较于其他学校的精英）。在医学教育研究中使用政策制订框架将很有助于开展更有力的研究，旨在探索政策和组织结构中被忽视的领域（例如，在不同背景下如何制订工作场所的评估指南）。

需要注意的一点是，选择一个概念框架来阐明一个特定的问题或情况可能很复杂[63]。我们没有轻易选择这三个视角，而是系统地和批判性地查阅了相关文献以确定潜在的框架。通过研究证据和大量讨论，我们确定了最能说明问题的框架。

小结

WP和获得学习医学的机会是医学教育研究和实践领域的一个例子，我们不仅需要关注某些事情是否有效（尽管我们需要对这个问题进行更多的研究），而且还要深入研究，看事情是怎样运作的、为谁和在什么情况下运作。以这种方式发展知识需要严谨的研究和更复杂的理论方法，这些方法吸收来自不同领域和学科的知识和资源。

实践要点

- WA在医学中的应用是一个全球性的问题，但迄今为止研究很少：我们仍然不知道什么起作用、对谁起作用。
- 某些群体在医学中代表性不足的原因很复杂，总的来说，解决这个问题的研究和方法却不恰当地过于简单化。
- 本章阐述了教育文献中的一些如何能够更深入地理解研究主题的理论观点：批判教育学、转化性学习和政策制订。
- 我们敦促研究人员通过在研究哲学、设计和过程实施中考虑和整合适当的理论观点来提高对该主题的定性和定量研究的复杂性。

参考文献

1 Cleland J.A. and Nicholson S. (2013) *A report of current practice to support Widening Participation in medicine to the UK Medical Schools Council (MSC)*. URL http://www.medschools.ac.uk/Publications/Documents/MSC-Selecting-for-Excellence-End-of-year-report.pdf
2 Reay, D. (1998) 'Always knowing' and 'never being sure': familial and institutional habituses and higher education choice. *Journal of Educational Policy*, **13**, 519–529.
3 Garlick, P.B. & Brown, G. (2008) Widening participation in medicine. *BMJ*, **336**, 1111–1113.
4 Scott, I., Yeld, N., McMillan, J. & Hall, M. (2005) Equity and excellence in higher education: the case of the University of Cape Town. In: Bowen, W., Kurzweil, M. & Tobin, E. (eds), *Equity and Excellence in American Higher Education*. University of Virginia Press, Charlottesville, VA, pp. 261–284.
5 Chowdry, H. & Goodman, A. (2013) Widening participation in higher education: analysis. *Journal of Royal Statistical Society*, **176**, 1–26.
6 Sacker, A., Schoon, I. & Bartley, M. (2002) Social inequality in educational achievement and psychosocial adjustment throughout childhood: magnitude and mechanisms. *Social Science and Medicine*, **55**, 863–880.
7 Howard, T. (2002) "A tug of war for our minds": African American high school students' perceptions of their academic identities and college aspirations. *High School Journal*, **87**, 4–17.
8 Hill, N.E., Castellino, D.R., Lansford, J.E. *et al.* (2004) Parent academic involvement as related to school behaviour, achievement, and aspirations: demographic variations across adolescence. *Child Development*, **75**, 1491–1509.
9 Millburn, A. (2012) *Fair access to professional careers. A progress report by the independent reviewer on social mobility and child poverty*.
10 Rosenbaum, S.D., Teitelbaum, J.J.D. & Scott, J. (2013) Raising the bar on achieving racial diversity in higher education: The United States Supreme Court's decision in Fisher v University of Texas. *Academic Medicine*, **88**, 1792–1794.
11 Cohen, J.J. & Steinecke, A. (2006) Building a diverse physician workforce. *JAMA*, **296**, 1135–1136.
12 Laven, G. & Wilkinson, D. (2003) Rural doctors and rural backgrounds: how strong is the evidence? A systematic review. *Australian Journal of Rural Health*, **11**, 277–284.
13 Carrasquillo, O. & Lee-Rey, E.T. (2008) Diversifying the medical classroom: is more evidence needed? *JAMA*, **300**, 1203–1204.
14 Cohen, J.J. (2003) The consequences of premature abandonment of affirmative action in medical school admissions. *JAMA*, **289**, 1143–1149.
15 Burrow, G.N. (1998) Medical student diversity – elective or required? *Academic Medicine*, **73**, 1052–1053.
16 Sikakana, C.N.T. (2010) Supporting student-doctors from under-resourced educational backgrounds: an academic development programme. *Medical Education*, **44**, 917–925.
17 Archer, L. & Leathwood, C. (2003) Identities, inequalities and higher education. In: Archer, L., Hutchings, M. & Ross, A. (eds), *Higher Education and Social Class: Issues of Exclusion and Inclusions*. Routledge Falmer, London, pp. 175–191.
18 Reay, D., David, M. & Ball, S. (2001) Making a difference?: institutional habituses and higher education choice. *Sociological Research Online*, **5**. URL http://www.socresonline.org.uk/5/4/reay.html
19 Putman, R.D. (1995) Bowling alone: America's declining social capital. *Journal of Democracy*, **6**, 65–78.
20 Bourdieu, P. (1986) The forms of capital. In: Richardson, J. (ed), *Handbook of Theory and Research for the Sociology of Education*. Greenwood Press, New York, pp. 241–258.
21 Hafferty, F.W. (1988) Cadaver stories and the emotional socialization of medical students. *Journal of Health and Social Behaviour*, **29**, 344–356.
22 Greenhalgh, T., Russell, J., Boynton, P., Lefford, F., Chopra, N. & Dunkley, L. (2006) "We were treated like adults"-development of a pre-medicine summer school for 16 year olds from deprived socioeconomic backgrounds: action research study. *BMJ*, **332**, 762–767.
23 Orom, H., Semalulu, T. & Underwood, W. III, (2013) The social and learning environments experienced by underrepresented minority medical students: a narrative review. *Academic Medicine*, **88**, 1765–1777.
24 Greenhalgh, T., Seyan, K. & Boynton, P. (2004) "Not a university type": focus group study of social class, ethnic and sex differences in school pupils' perceptions about medical school. *BMJ*, **328**, 1541–1544.
25 Brown, G. & Garlick, P.B. (2007) Changing geographies of access to medical education in London. *Health and Place*, **13**, 520–531.
26 Long, B. (2008) *The effectiveness of financial aid in improving college enrolment. Lessons for policy [Internet]*. Harvard Graduate School of Education. URL http://gseacademic.harvard.edu/~longbr/Long_._Effectiveness_of_Aid_Lessons_for_policy_(I-08) [accessed 14 October 2014]
27 Mahon, K.A., Henderson, M.K. & Kirch, D.G. (2013) Selecting tomorrow's physicians: the key to the future health care workforce. *Academic Medicine*, **88**, 1806–1811.
28 British Medical Association. *Equality and diversity in UK medical schools*. 2009.
29 Whitla, D.K., Orfield, G., Silen, W., Teperow, C., Howard, C. & Reede, J. (2003) Educational benefits of diversity in medical school: a survey of students. *Academic Medicine*, **78**, 460–466.
30 Saha, S., Guiton, G., Wimmers, P.F. & Wilkerson, L. (2008) Student body racial and ethnic composition and diversityrelated outcomes in US medical schools. *JAMA*, **300**, 1135–1145.
31 Xu, G., Fields, S.K., Laine, C., Veloski, J.J., Barzansky, B. & Martini, C.J.M. (1997) The relationship between the race/ethnicity of generalist doctors and their care for underserved populations. *American Journal of Public Health*, **87**, 817–822.
32 James, D., Ferguson, E., Powis, D., Symonds, I. & Yates,

J. (2008) Graduate entry to medicine: widening academic and socio-demographic access. *Medical Education*, **42**, 294–300.
33 Laveist, T.A. & Nuru-Jeter, A. (2002) Is doctor–patient race concordance associated with greater satisfaction with care? *Journal of Health and Social Behavior*, **43**, 296–306.
34 Cooper, L.A., Roter, D.L., Johnson, R.L., Ford, D.E., Steinwachs, D.M. & Powe, N.R. (2003) Patient-centered communication, ratings of care, and concordance of patient and physician race. *Annals of Internal Medicine*, **139**, 907–915.
35 Niu, N.N., Syed, Z.A., Krupat, E., Crutcher, B.N., Pelletier, S.T. & Shields, H.M. (2012) The impact of cross-cultural interactions on medical students' preparedness to care for diverse patients. *Academic Medicine*, **87**, 1530–1534.
36 McGrail, M.R., Humphreys, J.S. & Joyce, C.M. (2011) Nature of association between rural background and practice location: A comparison of general practitioners and specialists. *BMC Health Services Research*, **11**, 63.
37 De Vries, E. & Reid, S. (2003) Do South African medical students of rural origin return to rural practice? *South African Medical Journal*, **93**, 789–793.
38 Wade, M.E., Brokaw, J.J., Zollinger, T.W. *et al.* (2007) Influence of hometown on family physicians' choice to practice in rural settings. *Family Medicine*, **39**, 248–254.
39 GMC report National Training Survey (2013) *Socio-economic status questions* URL http://www.gmc-uk.org/publications/23538.asp
40 Association of American Medical Colleges (2011) *Table 31: Total enrollment by U.S. medical school and race and ethnicity*. URL https://www.aamc.org/download/160146/data/table31-enrll-race-sch-2011.pdf [accessed 23 July 2013].
41 American Medical Association (2008) *Total physicians by race/ethnicity 2008*. URL http://www.ama-assn.org/ama/pub/aboutama/our-people/member-groups-sections/minority-affairs-consortium/physicianstatistics/total-physicians-raceethnicity.page [accessed 23 July 2013]
42 Baumeister, R.F. & Leary, M.R. (1997) Writing narrative literature reviews. *Review of General Psychology*, **1**, 311–320.
43 Cleland J. A., Dowell J., McLachlan J., Nicholson S. and Patterson F. (2012) Identifying best practice in the selection of medical students (literature review and interview survey). http://www.gmc-uk.org/about/research/14400.asp
44 Office for Fair Access (2008) *Access agreement monitoring: outcomes for 2006-7*. Bristol, UK.
45 Gale T. and Parker S. (xxxx) *Widening participation in Australian Higher Education*. Report to the Higher Education Funding Council for England (HEFCE) and the Office of Fair Access (OFFA), England. CFE (Research and Consulting) Ltd, Leicester UK and Edge Hill University, Lancastershire, UK. URL http://www.deakin.edu.au/arts-ed/efi/pubs/wp-in-australian-he.pdf
46 Beedham, C., Diston, A. & Services, C. (2006) Widening participation in medicine: the Bradford Leeds. *The Clinical Teacher*, **3**, 158–162.
47 Holmes, D. (2002) Eight years' experience of widening access to medical education. *Medical Education*, **36**, 979–984.
48 Day, E., Hunt, L., Islam, S. & Vasanth, N.C. (2005) Widening participation in medicine. *Medical Education*, **39**, 505–533.
49 Dunkley, L., Dacre, J., Russell, J. & Greenhalgh, T. (2006) Widening access to medical school: Dick Whittington Summer School. *The Clinical Teacher*, **3**, 80–87.
50 Kamali, A.W., Nicholson, S. & Wood, D.F. (2005) A model for widening access into medicine and dentistry: the SAMDA-BL project. *Medical Education*, **39**, 918–925.
51 Tiffin, P.A., Dowell, J.S. & McLachlan, J.C. (2012) Widening access to UK medical education for under-represented socioeconomic groups: modelling the impact of the UKCAT in the 2009 cohort. *BMJ*, **344**, e1805.
52 Mathers, J., Sitch, A., Marsh, J.L. & Parry, J. (2011) Widening access to medical education for under-represented socioeconomic groups: population based cross sectional analysis of UK data, 2002-6. *BMJ*, **342**, 918–918.
53 Wright, S.R. & Bradley, P.M. (2010) Has the UK Clinical Aptitude Test improved medical student selection? *Medical Education*, **44**, 1069–1076.
54 Maudsley, G. & Strivens, J. (2000) Promoting professional knowledge, experiential learning and critical thinking for medical students. *Medical Education*, **34**, 535–544.
55 Howe, A. (2002) Professional development in undergraduate medical curricula – the key to the door of a new culture? *Medical Education*, **36**, 353–359.
56 Bleakley, A. (2006) broadening conceptions of learning in medical education: the message from teamworking. *Medical Education*, **40**, 150–157.
57 Brosnan, C. & Turner, B.S. (eds) (2009) *Handbook of the Sociology of Medical Education*. Routledge, Oxon and New York.
58 Eva, K.W. & Lingard, L. (2008) What's next? A guiding question for educators engaged in educational research. *Medical Education*, **42**, 752–754.
59 Eva, K.W. (2009) Broadening the debate about quality in medical education research. *Medical Education*, **43**, 294–296.
60 Reeves, S., Albert, M., Kuper, A. & Hodges, B.D. (2008) Why use theories in qualitative research. *BMJ*, **377**, a949.
61 Sheeran, Y., Brown, B.J. & Baker, S. (2007) Conflicting philosophies of inclusion: the contestation of knowledge in widening participation. *London Review of Education*, **5**, 249–263.
62 Lingard, L. (2007) Qualitative research in the RIME community: critical reflections and future directions. *Academic Medicine*, **82**, 128–130.
63 Bordage, G. (2009) Conceptual frameworks to illuminate and magnify. *Medical Education*, **43**, 312–319.
64 Freire, P. (1985) *The Politics of Education: Culture, Power, and Liberation*. Bergin & Garvey, South Hadley, MA.
65 Freire, P. (1986) *Pedagogy of the Oppressed*. Continuum, New York.
66 Giroux, H. A. (2010) *Rethinking education as the practice of freedom: Paulo Freire and the promise of crit-*

ical pedagogy. URL http://truth-out.org/archive/component/k2/item/87456:rethinking-education-as-the-practice-of-freedom-paulo-freire-and-the-promise-of-critical-pedagogy [accessed 19 August 2014]

67 Habermas, J. (1990) *Moral Consciousness and Communicative Action (C. Lenhardt & S. Weber Nicholsen, Trans)*. Cambridge, Polity Press.

68 Braun, A., Maguire, M. & Ball, S.J. (2010) Policy enactments in the UK secondary school: examining policy, practice and school positioning. *Journal of Education Policy*, **25**, 547–560.

69 Braun, A., Ball, S.J., Maguire, M. & Hoskins, K. (2011) Taking context seriously: towards explaining policy enactments in the secondary school. *Discourse: Studies in the Cultural Politics of Education*, **32**, 585–596.

70 Goho, J. & Blackman, A. (2006) The effectiveness of academic admission interviews: an exploratory meta-analysis. *Medical Teacher*, **28**, 335–340.

71 Wink, J. (2005) *Critical pedagogy: Notes from the real world*, 3rd edn. Allyn and Bacon, Boston, MA.

72 Trowler, P. (2008) *Cultures and change in higher education*. Palgrave Macmillan, Basingstoke and New York.

73 Newby H. (2004) *Doing widening participation: social inequality and access to higher education*. Colin Bell memorial lecture, given at the University of Bradford, 30 March. URL www.hefce.ac.uk/news/events/2004/bell.doc [accessed 29 April 2006]

74 Thomas, L. (2005) *Higher education widening participation policy in England: transforming higher education or reinforcing elitism?*, Ad-Lib, 29, Article 1. URL www.cont-ed.cam.ac.uk/BOCE/ adlib29/article1 [accessed 30 April 2006]

75 Baker, S., Brown, B.J. & Fazey, J.A. (2006) Individualisation in the widening participation debate. *London Review of Education*, **4**, 169–182.

76 Thompson, J. (2000) *Stretching the Academy: The Politics and Practice of Widening Participation in Higher Education*. National Institute for Adult Continuing Education, Leicester.

77 Brosnan, C.J. (2009) Pierre Bourdieu and the theory of medical education: Thinking "relationally" about medical students and medical curricula. In: Brosnan, C.J. & Truner, B.S. (eds), *Handbook of the Sociology of Medical Education*. Routledge, Abingdon, United Kingdom, pp. 51–68.

78 Ball, S.J. (1994) *Education Reform. A Critical and Post-Structural Approach*. Open University Press, Buckingham, UK.

79 Cleland, J.A., Nicholson, S., Kelly, N. & Moffat, M. (2015) Taking context seriously: explaining widening access policy enactments. *Medical Education*, **49**, 25–35.

80 Krupat, E. (2010) A call for more RCTs (research that is conceptual and thoughtful). *Medical Education*, **44**, 852–855.

第21章

Chapter 21

定性研究方法学：采用方法学借鉴、转变和引入

Qualitative research methodologies: embracing methodological borrowing, shifting and importing

Lara Varpio, Maria Athina（Tina）Martimianakis and Maria Mylopoulos

（翻译：董芮岚　审校：毕　丽）

你对定性方法和定性方法学很熟悉，你曾读过几篇介绍性的文章并开展过一些定性研究项目。所以当你继续了解定性研究的复杂性时，自己不再是初学者。你最近对初学者如何应对不确定性产生兴趣，想知道关于这段特殊的学习经历还可以了解到什么。于是你想进一步探索这一问题，并决定进行一项定性研究。然而，在考虑研究背景、回顾已发表的研究内容时，你不确定哪种定性方法最适合做此项研究的调查。医学教育中常用的方法似乎都不适合这个研究问题和背景。你不知道要做什么，也不知道应该将多少现有理论用于数据收集和分析。你好奇更宽广的培训背景对个人经历会有何影响，好奇研究结果是否会对学习者经历有新的描述、形成新模型或对现有理论进行修订。最后，为制订一个有说服力的研究设计，你意识到这项研究必须既要灵活地采用定性方法，又要保证定性的严谨性。但是应该怎么做呢？

引言

在过去的10年中，从事医学教育的学者见证了定性—定量方法的争论逐渐得以解决[1]。学者们一致认为，每种方法都可以有效地应用于不同的研究问题，每种方法都为研究领域提供了信息充分的见解[1-2]。这个研究领域已经意识到这两种方法不同。

这一共识得到了许多文章的支持，文章中阐明了定性和定量方法在认识论、本体论和方法学等之间的差异[3-5]（参见本书中McMillan所著的章节，以及本章末尾的推荐阅读）。定性方法的指导[6-9]越来越多地出现在医学教育相关的论文中，帮助学者有效地参与和评估定性学术研究（更多有用资源请参阅推荐阅读）。

但随着定性方法学和方法越来越频繁地被使用，医学教育者们必须不断“评价我们对于定性研究的文化期望”[10]（p.S130）。定性方法学和方法拥有并处于复杂的结构之中。每种定性方法都有自己的发展历史，包括影响方法结构和操作技术发展的争议期。使用定性方法的医学教育学者不应该掩盖这些重要差异。这些差异能够细化研

究方向。

在本章中，我们将探讨一些定性方法学中重要的差异。但我们没有向医学教育学者过多描述定性方法学和方法。这些已经在其他文章中巧妙且详细地进行了介绍（参见推荐阅读）。我们研究了在定性研究中如何灵活使用方法学，并且分别描述了在医学教育研究中实现这种灵活性的三种方式：① 方法学**借鉴**（borrowing）；② 方法学**转变**（shifting）；③ 方法学**引入**（importing）。我们通过分析其在特定定性方法中的应用来探索这些灵活性技术。我们研究与定性描述有关的方法学借鉴、审视扎根理论相关的方法学转变、研究影响话语分析使用的方法学引入。我们通过比较已发表的医学教育研究文章来例证这些灵活性方法，体现重要差异。我们在分析的过程中既不赞扬也不批评所选论文，我们的目的是说明方法学可能存在的多样性。

方法学借鉴

按照惯例[11-12]，我们认为划分定性方法的界限是模糊的。正如 Denzin 和 Lincoln 提到的，定性研究中会

> “广泛地对内部关联进行解释，总是希望更好地理解当前的研究对象。然而，应该明白每种解释都使得我们以一种不同的方式看待世界。因此，在任何研究中往往致力于使用一种以上的解释”[12]（pp.3-4）。

基于这一前提，我们提议借鉴一种方法学的要素来指导使用了另一种方法学进行的研究。例如，一项研究可以在使用定性描述（一种不寻求理论发展的方法）的同时，借鉴扎根理论相关的技术（一种寻求理论发展的方法），比如持续的分析比较法。这种方法的混合并不意味着研究设计糟糕，而意味着研究人员有意识地使用特定的方法来构建一个回答特定问题的研究。

要实现成功的方法学借鉴，借鉴应该是明确而有目的的。方法学借鉴要求学者熟练掌握这两种方法——研究使用的主要方法和借鉴的方法。掌握方法学的专业知识是必要的，学者因此能够阐明借鉴的目的和程度。

为了阐明方法学借鉴的实践，我们审视了它如何应用于定性描述。我们将定性描述定义为一种方法学，并说明学者如何借鉴其他方法来促进他们的定性描述研究（这一对比附于框 21.1）。虽然这些论文说明了方法学借鉴促成不同类型定性描述研究的过程，但它们并未明确认识到并阐述借鉴的目的。为了恰当地利用方法学借鉴的灵活性，我们建议研究者必须正确区分、描述和评价研究中所使用的方法学。

框 21.1 定性描述研究中的方法学借鉴

示例 1

Colbert et al.（2009）The patient panel conference experience: What patients can teach our residents about competency issues. *Academic Medicine* 84（12）, 1833-1839.

该研究的目的是描述：① 当地为住院医师教育开展的患者小组实验；② 混合方法试点研究的结果，该研究针对患者小组创新对住院医师的实验进行了考察。作者将该研究的方法标记为定性描述。虽然作者没有明确地描述对实验方法的借鉴，但他们对方法的描述清楚地体现出实验方法对研究的影响。

该研究在其数据收集和数据分析中明显使用了方法学借鉴。首先，所有研究数据都是通过调查问卷收集的，问卷结合 Likert 量表问题（生成定量数据）和开放式自由文本输入问题（生成定性数据）。调查问卷广泛用于具有后实证主义根源的定量研究方法。正如 Creswell 在后实证主义实验中证实的那样，“研究人员通过实验者的测量结果来收集实验仪器的信息”[1]（p. 7）。其次，实验方法的借鉴明显出现在定性编码过程中，该过程被用于确保客观性和准确性。为了“提高准确性”（p. 1834），作者阐述道，研究使用特定方法来“减少研究者偏倚”（p. 1834），包括从“较多的受试者样本”（p. 1834）中收集数据，从而“使样本更具代表性”（p. 1834），让具有不同背景的多名研究者进行内容分析（p. 1834），从而“减少研究者偏倚”（p. 1834）。这个描述再现了后实证主义传统的批判多元主义[2]，使用多种三角互证技术（包括数据、研究者、理论与方法在内的三角互证）来无偏倚、更客观地解读数据。

示例 2

Killam L. A. & Heerschap C.（2013）Challenges to student learning in the clinical setting: a qualitative descriptive study. *Nurse Education Today*, 684-691.

这项研究的目的是描述对高年级护理专业学生在临床环境中学习挑战的认识。这一描述是通过专题小组讨论产生的。该研究被标记为定性描述研究。

虽然没有明确说明，但该研究显然借鉴了现象学。作者借鉴这种方法聚焦一个小组的个体对某现象（在这一案例中，是在临床环境中的学习挑战）的亲身体验。现象学家想要“（描述）所有参与者在经历某种现象时的共同之处”[3]（p. 76）。作者将参与者的报告总结为护理学生所面临挑战的“普遍本质”[4]（p. 76），但描述仅限于报告层面，并未作出解释。

当作者通过多次数据引用呈现参与者的经验时，现象学的借鉴显而易见。这种借鉴在一个复合的“普遍本质”描述的介绍中得到进一步发展，该描述表达了参与者经历的内容以及他们如何体验它的复杂性[5]。他们看到了主题之间的关系，但避免过度简化参与者描述主题之间的相互关联。

定性描述

典型的定性描述源于自然调查[13-14]，它的前提是所有调查都能够反映具体价值，所有知识的产生都与产生的背景息息相关，所有现象都需要在其自然状态中进行全面审视（参见本书前面 Cleland、McMillan、Mann 和 MacLeod 所著的章节）。虽然定性描述来源已久，但学界对它的兴趣是近日由 Sandelowski 的更新掀起的[11,15]。

定性描述旨在用参与者的共通语言描述一种现象，利用充足的细节和细微差别来准确描述现象的复杂性，且不能通过理论框架来解释[11,15]。定性描述是对“某些事件的日常描述的综合性总结”[11]（p. 336），且不会出现理论解释。正如 Sandelowski 总结的那样，定性描述强调“（数据）线的读取，而不是（数据）线之内、之间、之上或之外的读取”[11]（p. 78）。好的定性描述的标志是对事件的准确报告并且对参与者选择这些事件的理由不做解释[11]。

这种“直接”的数据报告并不意味着定性描述是一种理论方法[15]。选择一个研究问题是解释过程的开始（见第 3 章）。同样，决定数据收集方法也是一种解释行为。因此，和每个研究一样，定性描述涉及了解释工作；然而，定性描述的目的是用事件术语描述事件。这些描述不应出现一个“急转弯”，即利用外部理论进行数据分析[11]。

定性描述的维度和使用不如许多其他研究方法（如扎根理论）那样严格。Sandelowski 将定性描述表述为抵制方法相关技术的简单分类和划分：

鉴于定性描述各种表现形式以及兼容了

采样、数据收集和数据分析技术为一体的特点，它决不能被描述为人为发明的任何一种方法[15]（p. 78）。

定性描述不规定数据收集和分析的具体过程。它对所有定性采样、数据收集和数据分析技术都是开放的，因此将产生最合适的方法来对所研究现象进行类数据（near-data）[11]描述。在这个过程中，定性描述中往往采用了方法学借鉴。学者可以从其他方法中借鉴元素或技术来指导定性描述数据收集和分析的过程。用 Sandelowski 的话说，借鉴就是将其他研究方法的“色调、音调和纹理”[11]（p. 337）变成定性描述的“弦外之音”。

借鉴不同的方法使得定性描述研究之间的差异巨大。框 21.1 中的两篇论文都用了“直接”和“类数据”的定性描述，但是却以非常不同的方式进行。

方法学转变

我们认为每种方法都在连续地转变中。正如范式、本体论和认识论（参见 McMillan 所著的第 2 章）随着时间发生变化，也正如不同学科采用不同的方法学，传统方法学也随着这些发展而转变。例如，Edmund Husserl 在 20 世纪初提出了先验现象学（transcendental phenomenology）。先验现象学着重于研究个体的意识体验，以揭示现象的本质意义。为了实现这一目标，研究人员将先前的个人知识和态度排除在外。在 Husserl 之后不久，Martin Heidegger 提出了一种新的现象学——解释现象学（hermeneutic phenomenology）。解释现象学通常认为不能将个人与外界分开。因此，解释现象学家研究受现象影响的个人知识和态度，而不是将它们排除在外。如今，当一个学者使用现象学时，他必须选择其中一种能最好地回答其研究问题的现象学——先验现象学或解释现象学。选择使用先验现象学并不意味着学者使用了一种过时的现象学，而是学者从方法学转变的连续体中选择了一种方法。学者所要明白的是方法学是如何转变的，以便选择适用于自己研究的方法学。

我们使用扎根理论（GT）来说明方法学上的转变。首先，我们描述了 GT 方法的转变连续体。然后，我们使用两篇论文（框 21.2）来展示方法学中发生的典型的转变以及每次 GT 转变后所产生的研究类型。

框 21.2 扎根理论研究中的方法学转变

示例 1

Mahant, S., Jovcevska, V., & Wadhwa, A.（2012）The nature of excellent clinicians at an academic health science center: a qualitative study. *Academic Medicine* 87（12）, 1715-1721.

本研究的目的是通过探索同行提名的“优秀”临床医生取得优秀临床表现的过程和原因（p. 1715）来了解在学术医学中心的优秀临床医生的属性。这项研究体现了后实证主义的扎根理论，最突出的特点是研究人员在探索他们的研究兴趣和具有实际意义的研究结果时运用了留白思想。

从引言来看，该研究的目的是“通过探索优秀临床医生的个人经历和道德品质，可能会对优秀临床表现的影响因素提出重要见解”（p. 1715）。基于这个目的，为了根据研究对象的经验和感知发展理论，研究者有目的地进行数据的收集和分析。在文章的讨论部分阐述了数据模型与由专业知识、领导力和动机构成的现有理论框架之间的重叠。但更重要的是，作者并不打算在这些框架的基础上进行研究，而是用它们来使该研究中提出的理论变得有意义。最后，优秀临床医生的“整体模型”（holistic model）在现实情境中呈现出来（即在儿科学术医学中心的优秀临床医生）。

示例 2

Mylopoulos M. et al.（2012）Renowned physicians' perceptions of expert diagnostic practice. *Academic Medicine* 87（10）, 1413-1417.

该研究“通过探索同行提名为优秀的医生如何更广泛地概念化他们的诊断实践和诊断特长，旨在寻求进一步改善优秀诊断的实质性理论（substantive theory）”（p. 1413）。虽然研究问题类似于框 21.2 的示例 1 中 Mahant 等人（2012）的研究问题，但这是一个建构主义的扎根理论研究，因此，以一种截然不同的方式对问题进行了探讨。最值得注意的是，调查以适应性专业知识（adaptive expertise）为理论框架，研究结果定位于当前的医学教育这一话题。

在引言中，作者使用适应性专业知识作为他们研究问题和数据收集方法的理论指导。数据分析结合了演绎和归纳分析，在适应性专业知识的理论框架下提出有意义的主题。此外，研究人员在数据分析中独特的视角使得研究小组对数据的观测更加明朗。研究讨论部分强调了优秀诊断模型的特征，这些模型在当前医学教育话题中最为突出：阐述对适应性专业知识和胜任力导向教育的交叉点的理解，并阐明研究结果如何建立在现有的适应性专业知识理论之上，并作为该理论的支撑。

扎根理论

扎根理论（GT）是一种归纳方法，旨在使用从访谈、观察和文本之间的结合所获取的定性或定量数据来形成实质性理论[16]。它可能是医学教育研究中最著名和最常用的定性方法。GT 的普遍使用可能是由于它明确定义了数据收集和分析技术，该技术是最初由 Glaser 和 Strauss[16] 提出。这些技术包含了一些从其他定性方法中借鉴的技术，都通过循序渐进的文本的归类和明确定义，清楚解释了定性研究[17]。这些技术包括数据收集和分析的迭代、持续的比较法、理论抽样、理论饱和度和归纳编码四个部分，以最终产生解释社会现象的理论。通常，在评估 GT 研究的质量时，研究人员会判断这些技术是否得到了有效利用。

然而，严谨并不仅仅是完成定性研究任务所必需的[18]。此外，GT 方法学的多种常见方法已经出现或反映了指导研究过程的潜在的认识论和本体论的转变[19]。这些转变改进了 GT 技术，展现了技术的典型使用。因此，理解方法学中每种传统的潜在范式、技术使用方法如何反映这种范式以及由此产生的知识至关重要。作为研究人员，我们必须在将自身从范式上进行情景化（即了解我们自己的认识论和本体论立场），以便更好地选择探索感兴趣现象的 GT 方法。

GT 起源于符号互动论[20]，它对方法学最初的认识论基础的塑造和使用技术的发展有着重要意义。符号互动论假定人们基于事物对他们的意义而对事物采取行动；这些意义源于社交，并通过解释进行修改[20]。要理解社会现象，我们必须探索人们赋予物体、事件和行为的意义。据此，GT 的第一步是基于“所感兴趣现象基本的社会形成过程是什么？”这一问题[16]。因此，GT 是一种后实证主义的方法学，旨在生成“基础而严谨的”归纳性的理论来反映某一现实。这种取向体现在 GT 的要求中，即研究人员是一个白板，理论生成完全是系统分析收集到的参与者数据并且归纳发现的过程。虽然关于系统分析的细节一直存在争议（最著名的是 Glaser 和 Strauss 集中在 GT[21] 的验证和拓展问题上的争议），但在建构主义 GT 发展之前，挖掘现实的后实证主义 GT 比较根深蒂固 [22]。

顾名思义，建构主义 GT 方法就是将方法学从后实证主义转变为建构主义，最著名的方法学转变者是 Kathy Charmaz。建构主义 GT 保留了原始 GT 方法的许多技术；然而，Charmaz 的方法学转变旨在解释性地理解知识并使知识情景化（而不是在原始 GT 方法学的层面进行概述或碎片化的解释评价）。建构主义 GT 对研究的历史、文化、社会、情境和内在联系进行探究。也许最重要的是，建构主义 GT 不是把研究人员看作白板，而是承认研究对象以及研究人员的观点和立场。在这些方面，建构主义 GT"承认先前的知识和理论观念，并对其进行严格审查" [23]（p. 402）。建构主义 GT 广泛普及，研究人员使用建构主义 GT 改进（即精炼和精心制订）现有的理论，而不是形成新的理论来解释社会现象 [24]。

以 Clarke[25] 为首的一些研究人员，提出"扎根理论是如何扎根的？"，并提出扎根理论家必须抛开基本的社会过程，并将"一般情况"包含在内。于是，Clarke 将最新的 GT 方法转变为后现代主义。这种转变尚未在医学教育研究中找到有意义的立足点，但是当方法学刚刚进入某一领域时，立足普遍较不稳（参见下面对方法学引入的描述）。

框 21.2 中描述的文章说明了医学教育学者如何驾驭由 GT 方法发展而来的方法学转变。第一篇文章采用了后实证主义 GT 方法，而第二篇文章采用建构主义 GT 方法。

方法学引入

在医学教育这样的跨学科领域，学者们经常从其他学科和领域引入方法学。方法学引入涉及将方法的概念和工具从其开发或经常使用的领域大规模转移到基本未开发方法的领域。这种引入是有价值的，它为提出新问题、以新方式解决旧问题、激发认识论方面的辩论来使概念更新或创新创造了机会。然而，方法引入不是一个简单的过程。在将一种方法从旧领域迁离并将其引入新领域时，支持该方法的基本条件往往会落在后面。引入领域的本体论和认识论定位往往与原领域的定位不同。这意味着该方法的使用原理及相关的严谨的指标在新领域中可能不再受用。引入领域可能不熟悉引入的方法在其原领域中形成的知识内容和类型。因此，使用引入的方法需要从本体论和认识论的角度重新讨论该方法在新学科中的使用，还需要找到将其与已有的相关知识联系起来的途径，以便在新领域中使用。

当一种方法被引入一个领域时，方法与该领域的接合往往看起来不完善。随着时间的推移，该方法引来更多研究者使用并且在新环境的使用越来越频繁，因此形成了使用该方法的习惯，并且在更多特定环境中埋下该方法本体论和认识论的深根。

例如，在医学教育领域中，可以说形成了GT方法的使用习惯，但尚未形成定性描述的使用习惯。当方法学引入处于最早阶段时，学者需要进行大量的描述和论证工作。例如，在引入方法时，研究人员应明确说明使用哪些严谨的指标来评价新的研究，并应为修改这些指标来满足引入领域的期望做好准备。

为了说明方法学引入的挑战和可能性，我们研究了福柯话语分析（Foucauldian discourse analysis，FDA）。我们在其他形式的话语分析的背景下讨论FDA，并概述它如何被引入医学教育领域。我们讨论了在我们的领域中使用FDA方法的一些途径，指出了学者必须进行的讨论，以使FDA顺理成章地成为理解和解决医学教育问题的一个严谨方法。

话语分析

话语分析是一个广义的术语，涵盖了语言研究的各种方法。区分不同话语分析方法的一个办法是确定研究人员希望通过语言研究所要实现的目标。例如，Hodges等[26]将话语分析方法分为三类：

1. 正式的语言话语分析（如社会语言学），侧重于语言的使用和文本在发音层面的含义（所说的是什么以及如何说）。
2. 经验话语分析（如对话分析和体裁分析），侧重于语言和言语构建社会行为的方式。
3. 批判性话语分析（critical discourse analysis，CDA）（如福柯话语分析），侧重于系统意义在各种语境中出现和运作的方式，包括对个人或组织一言一行的限制。

在本章中，我们将讨论第三种话语分析，即CDA，特别是福柯话语分析。

在CDA中，话语一词表示一组相互关联的言语和行为，具有基本的架构力，换句话说，特定话语的言语和行为使人（即主体）和事物（即客体）以特定的方式存在。从广义上讲，话语是以事实呈现的意义系统。以问责制话语举例。这类话语是对人们的行为和交流进行管辖，以此让他们对社会和自身行为负责（例如，他们开展工作的方式、他们经营业务的方式或他们决策的方式）。人们在履行或抗拒责任方面承担不同的角色。这些角色（或身份）可被立即识别，并且与问责过程相关。例如，当一个人担任肿瘤学家的角色时，他会与他们专业团体、所在医院、医疗团队和患者之间发生言语和行为。问责制话语是这些言语和行为的一部分。这种话语影响了肿瘤学家的思想和行为，要求他承认并接受为患者提供话语所定义的高质量、遵循道德的照护。问责制话语要求肿瘤学家以某些方式行医（甚至只能以某些方式行医），这样才能被贴上“好医生和有责任的医生”的标签。

与建构主义模式一致（参见Mann和MacLeod所著的章节），CDA方法学通过研究话语来理解现实话语、社会话语和身份话语是如何产生和再现的。CDA方法试图了解现实话语、社会话语和身份话语是如何支撑某些机构的权力以及行为和知识。继续上述例子，在问责制文化中，为强大的问责过程研究和提供证据的人可以获得知名度，并且因其专业知识而受到重视。他们提供的证据加强了问责制话语的主导地位。在这个过程中，他们也可能受到问责制文化潜在的意外影响，例如过度监管员工及其工作效率。举例说明，肿瘤学家制订出一个更安全有效的化疗方案，将受到来自他的专业机构、医院、同事和患者的尊重，并获得社会价值。该方案加强了医院的问责制文化，因为现在有一个可以坚持的“标准”。然而，这位肿瘤学家也可能无意中增加了职业岗位间的紧张关系，因为使用该方案需要在团队中进行新的分工和照护责任的划分。总之，在 CDA 研究中，知识产生被认为包含两方面：① 更广泛的社会政治关系；② 制订自然的、可接受的期望行为标准。

FDA 指的是受福柯（Michel Foucault）研究启发的文本分析方法。首先，FDA 认为现实是模糊的、多样的和具有特定文化背景的。虽然 FDA 将其分析重点放在语言上，但这种方法的目的是展现在各种情境中权力的运行方式，以构建客体和主体的立场。FDA 对常理和笼统的现象说明进行剖析。FDA 的目标是展现世界观如何成为无可争议的真理。再来讨论问责制话语的例子，在如今的北美医疗环境下，几乎不会再去争论说医生对他的行为不负责。使用 FDA 方法的研究可能会问：这个“事实”是如何产生的？这个“事实”带来的结果是什么？话语如何继续维护这一“事实”？

福柯对思想是自然发展或演变的这一线性历史概念提出挑战。而事实上，FDA 的一个中心原则是将思想视为有缘由、依情况而出现的。这是对学者们的挑战，特别是那些认同实证主义 / 后实证主义方法的学者（见第 1 章）。重新审视我们的例子，话语分析不评估问责制本身的优点，而是研究重视问责制能带来什么。举例来说，FDA 能够证明重新重视问责制度将会为创建新理念（例如问责制报告要求）和新事物（例如绩效检查表）或有用的主体 / 身份岗位（例如好的记录员）开辟空间。在此过程中，使用 FDA 方法的学者将努力证明，对问责制的重视可能会掩盖能够保障患者照护高质量且合乎道德的其他方式。

FDA 方法学研究人员关注语言，但不提取人们个人言论的意义。该方法通过关注语言来精炼描述外界的详述对个人、他们之间的交流以及他们所在的领域的影响。换句话说，分析的重点是通过个人、组织和事物来展现影响力。受福柯影响，在医学教育领域工作的研究人员使用话语分析来显示主导话语（例如胜任力和循证医学）带来的意外影响力，并挑战该领域那些理所当然的假设 [27-32]。

FDA 没有一套独特的自身方法学技术。这对研究人员如何在工作中表现出严谨性有影响，特别是当他们将 FDA 方法引入一个缺少该方法使用经验的跨学科领域时。正如框 21.3 中提到的论文，医学教育学者在他们的论文中利用相当大的篇幅来建立 FDA 方法学的可信度。他们详细描述采取的步骤，并解释他们选择的理由。这就是方法学引入所要做出的努力。

框 21.3　福柯话语分析研究中的方法学引入

示例 1

Rowland, P. & Kitto, S.（2014）Patient safety and professional discourses: implications for interprofessionalism. *Journal of Interprofessional Care*. Early online: 1-8.

本研究依靠福柯的话语理念和管理理念，试图探索三个相互关联的研究问题：① 患者的健康是如何体现并构成医疗实践的一部分的？② 患者健康为何能促使人们以特定角度思考医学实践和提供医疗保健？③ 与患者健康相关的医疗策略和知识何以形成医学实践的现状？（p. 2）作者首先对患者健康的主流概念提出质疑。作者没有去了解医疗保健系统中对患者健康构成威胁的因素，而研究了“患者健康的首要构成”（p. 2）。作者展示了每个专业对患者健康的愿景和这些愿景彼此之间的联系，并明确了愿景对不同专业利益的保护作用和让其中一个愿景更加突出后产生的影响（预料中或预料外）。

作者在文中用了一整节内容向读者介绍 FDA 的主要原则。文中定义了话语的概念，它如何与管理理念关联，并解释了为什么话语分析能够在患者健康问题上提供一个有用的视角。作者将他们的研究与其他社会科学家的研究结合起来，探索如何将“患者健康政策和计划置于广泛的实践系统中”（p. 2）。他们详细介绍了如何将已出版论文和从经验产生的文本存档。鉴于此，作者用两个表格进行了补充，一个表格简要罗列了所分析的文件，另一个表格提供从经验产生的文本的人口统计信息。作者还提供了各自在研究中的岗位信息（概念上、地理上和专业上），并介绍了他们在过程中鼓励自我反思的方式。对研究方向及研究方法和过程的介绍如此详细，表现出他们为了将方法（这里指 FDA）引入一个无法自动识别其是否合理的领域付出的努力。

示例 2

Haddara, W. & Lingard, L.（2013）Are we all on the same page? A discourse analysis of interprofessional collaboration. *Academic Medicine* 88, 1509-1515.

本研究的目的是探讨共同的跨专业合作（IPC）话语（p. 1509）是否可以将 IPC 纳入胜任力导向的教育框架和医院认证模型中。作者并未描述跨专业合作的出现，而是展示了它的多样性。在研究过程中，他们隐含地怀疑跨专业主义的无条件兼容性其实是一种单一的形式，引出了医疗提供和跨专业教育的隐性意义。这些作者仅将已发表的同行评议文献纳入其存档文本中。他们给出这样界定的理由是“这些文献是个人的思想和方法交流后的结晶，因此，它是一个合理的研究出发点”（p. 1510）。他们还将他们的存档文本划分为护士 - 医师 IPC，因为它“可以说是在现代医疗保健中占主导地位的跨专业中心轴”（p. 1510），并且因为“护士与医生的关系……史上早于现在医疗人员中的其他职业的出现”（p. 1510）。他们解释了囊括与美国和加拿大医疗保健背景相关的文章，以及审读 1960—2011 年期间发表的论文的理由。作者确实用好几个段落来阐述关于存档文本的限定范围、论文的汇编以及用于理解论文意义的分析步骤。他们对此作出解释说，他们的方法学违背了“公式化分析规则”，因此这么长的篇幅很关键（p. 1510）。作者提到判断使用 CDA 的研究的严谨性和可信度的关键出发点是研究问题、研究概念框架和方法选择之间的一致性。为了帮助读者展现分析过程，和在医学教育中使用 FDA 方法的许多学者一样，他们列出了一个表格来对比讨论部分所关注的 IPC 的两个主要话语的特征。

小结

在本章中，我们定义、阐述并例证了在医学教育研究中灵活运用定性方法学的三种方式：方法学借鉴、方法学转变和方法学引入。对这些方法的区分和介绍可能在很大程度上是源于作为医学教育定性研究工作者的我们所进行的反思性实践。在我们向读者努力介绍定性研究的过程中，不得不融入医学教育的大环境并与之和谐。我们的研究是一个深受后实证主义影响的领域。虽然定性与定量的争论可能会结束，但医学教育后实证主义方法的影响将会越来越深，甚至在本章中也可以看到这种影响，例如，我们使用了术语“严谨”而不是“可信度”。这种影响也表现在期刊审稿人要求作者定义和阐述人种志或“主题”，而不是要求对“一项实验”或“*P* 值”进行描述。我们明白在方法部分语言上的让步和解释性描述的必要性。定性研究方法学和方法在医学教育领域里仍然相对较新。从事医学教育工作的定性研究人员能够解释我们的方法学和方法，以便为该领域的发展和向更广泛的群体提供知识做出贡献。

但同样重要的是，医学教育定性研究学者应对自己的实践和方法做出评价。我们希望方法学的借鉴、转变和引入为学者思考定性方法之间和其本身的显著差异提供方法。正如医学教育领域中为定性和定量认识论、本体论和方法学结合的混合方法研究留有空间一样，定性研究也为多种定性方法的结合留有空间（无论是从多种方法学中借鉴，还是从方法学的转变方法中选择或将不同的方法引入该领域）。此外，正如混合方法研究人员必须找到证明严谨和可信度的方法一样，利用多种方法的定性研究也必须展现其可信度指标，这是使用每种方法的基本条件。

实践要点

- 在定性研究中可以利用定性方法之间的显著差异灵活运用方法学。
- 借鉴一种方法的要素来指导使用另一种方法进行的研究时应该说明且明确目的。
- 学者必须做出明智的选择，从方法学的转变中选择能给研究问题最佳答案的方法。
- 将一个方法引入一个新的领域时，研究人员必须明确解释应该使用什么指标来判断新研究的严谨性，并应如何根据引入领域的期望来修改这些指标。

推荐阅读

范式、本体论和认识论

Bunniss, S. & Kelly, D.R. (2010) Research paradigms in medical education research. *Medical Education*, **44**, 358–366.

For introductory overviews or summaries:

Bergman, E., de Feijter, J., Framback, J. *et al.* (2012) AM last page: a guide to research paradigms relevant to medical education. *Academic Medicine*, **87**, 545.

For more in depth explanations:

Howell, K.E. (2013) *An Introduction to the Philosophy of Methodology*. SAGE Publications, Thousand Oaks, CA.

定性方法和方法学

Ng, S., Lingard, L. & Kennedy, T.J. (2014) Qualitative research in medical education: Methodologies and methods. In: Swanwick, T. (ed), *Understanding Medical Education: Evidence, Theory and Practice*, 2nd edn. The Association for the Study of Medical Education, Wiley Blackwell, pp. 371–384.

For introductory overviews or summaries:

Pope, C. & Mays, N. (eds) (2006) *Qualitative Research in Health Care*, 3rd edn. Blackwell Publishing, Malden, MA.

For more in depth explanations:

Creswell, J. (2013) *Qualitative Inquiry & Research Design: Choosing Among Five Approaches*, 3rd edn. SAGE Publications, Thousand Oaks, CA.

Denzin, N.K. & Lincoln, Y.S. (eds) (2000) *Handbook of Qualitative Research*, 2nd edn. SAGE Publications, Thousand Oaks, CA.

参考文献

1 Bordage, G. (2006) Moving the field forward: going beyond quantitative-qualitative. *Academic Medicine*, **8**, S126–S128.
2 Norman, G. (2010) Interpretation and inference: towards an understanding of methods. *Advances in Health Sciences Education*, **15**, 465–468.
3 Illing, J. (2014) Thinking about research: theoretical perspectives, ethics and scholarship. In: Swanwick, T. (ed), *Understanding Medical Education: Evidence, Theory and Practice*, 2nd edn. The Association for the Study of Medical Education, Wiley Blackwell, pp. 331–347.
4 Bunniss, S. & Kelly, D.R. (2010) Research paradigms in medical education research. *Medical Education*, **44**, 358–366.
5 Bergman, E., de Feijter, J., Framback, J. *et al.* (2012) AM last page: a guide to research paradigms relevant to medical education. *Academic Medicine*, **87**, 545.
6 Ng, S., Lingard, L. & Kennedy, T.J. (2014) Qualitative research in medical education: methodologies and methods. In: Swanwick, T. (ed), *Understanding Medical Education: Evidence, Theory and Practice*, 2nd edn. The Association for the Study of Medical Education, Wiley Blackwell, pp. 371–384.
7 Barbour, R.S. (2005) Making sense of focus groups. *Medical Education*, **39**, 742–750.
8 Harris, I. (2003) What does "*The Discovery of Grounded Theory*" have to say to medical education? *Advances in Health Sciences Education*, **8**, 49–61.
9 DiCicco-Bloom, B. & Crabtree, B.F. (2006) The qualitative research interview. *Medical Education*, **40**, 314–321.
10 Lingard, L. (2006) Qualitative research in the RIME community: critical reflections and future directions. *Academic Medicine*, **8**, S129–S130.
11 Sandelowski, M. (2000) Whatever happened to qualitative description? *Research in Nursing & Health*, **23**, 334–340.
12 Denzin, N.K. & Lincoln, Y.S. (2000) The discipline and practice of qualitative research. In: Denzin, N.K. & Lincoln, Y.S. (eds), *Handbook of Qualitative Research*, 2nd edn. SAGE publications, Thousand Oaks, CA.
13 Guba, E.G. & Lincoln, Y.S. (1982) Epistemological and methodological bases of naturalistic inquiry. *Educational Technology Research and Development*, **30**, 233–252.
14 Lincoln, Y.S. & Guba, E.G. (1985) *Naturalistic Inquiry*. SAGE, Beverly Hills, CA.
15 Sandelowski, M. (2010) What's in a name? Qualitative description revisited. *Research in Nursing & Health*, **33**, 77–84.
16 Glaser, B.G. & Strauss, A.L. (1967) *The Discovery of Grounded Theory: Strategies for Qualitative Research*. Aldine de Gruyter, Hawthorne, NY.
17 Merriam, S. (2009) *Qualitative Research: A Guide to Design and Implementation*. Jossey-Bass, San Francisco, CA.
18 Barbour, R. (2001) Checklists for improving rigour in qualitative research: a case of the tail wagging the dog. *British Medical Journal*, **322**, 1115–1117.
19 Birks, M. & Mills, J. (2011) *Grounded Theory: A Practical Guide*. SAGE, Los Angeles, CA.
20 Blumer, H. (1969) *Symbolic Interactionism; Perspective and Method*. Prentice-Hall, Englewood Cliffs, NJ.
21 Strauss, A. & Corbin, J. (1998) *Basics of Qualitative Research: Techniques and Procedures for Developing Grounded Theory*. SAGE Publications, Thousand Oaks, CA.
22 Charmaz, K. (2006) *Constructing Grounded Theory*. SAGE Publications, London.
23 Charmaz, K. (2008) Constructionism and the grounded theory method. In: Holstein, J.A. & Gubrium, J.F. (eds), *Handbook of Constructionist Research*. Guildford Press, New York.
24 Thornberg, R. (2012) Informed grounded theory. *Scandinavian Journal of Educational Research*, **56**, 243–259.
25 Clarke, A.E. (2005) *Situational Analyses: Grounded Theory after the Postmodern Turn*. Sage Publications, Thousand Oaks, CA.
26 Hodges, B., Kuper, A. & Reeves, S. (2008) Qualitative Research: Discourse Analysis. *BMJ*, **337**, a879. doi:10.1136/bmj.a879
27 Haddara, W. & Lingard, L. (2013) Are we all on the same page? A discourse analysis of interprofessional collaboration. *Academic Medicine*, **88**, 1509–1515.
28 Hodges, B.D., Martimianakis, M.A., McNaughton, N. & Whitehead, C. (2014) Medical Education ... Meet Michel Foucault. *Medical Education*, **48**, 551–645., June 2014 (published ahead of print May, 2014)
29 Martimianakis, M.A. & Hafferty, F. (2013) The world as the new local clinic: A critical analysis of three discourses of global medical competency. *Social Science and Medicine*, **87**, 31–38.
30 McNaughton, N. (2013) Discourse(s) of emotion within medical education: the ever-present absence. *Medical Education*, **47**, 71–79.
31 Razack, S., Lessard, D., Hodges, B.D., Maguire, M.H. & Steinert, Y. (2014) The more it changes; the more it remains the same: a Foucauldian analysis of Canadian policy documents relevant to student selection for medical school. *Advances in Health Sciences Education*, **19**, 161–181.
32 Whitehead, C., Kuper, A., Freeman, R., Grundland, B. & Webster, F. (2014) Compassionate care? A critical discourse analysis of accreditation standards. *Medical Education*, **48**, 632–643.

第 3 部分

作为医学教育研究者的实践实施

Developing your practice as an educational researcher

如何讲述令人信服的科学故事：巧妙地使用研究文稿和演讲风格的技巧

第 22 章

Chapter 22

How to tell compelling scientific stories: tips for artful use of the research manuscript and presentation genres

Lorelei Lingard and Erik Driessen

（翻译：高田敬　　审校：郑兰斌）

"你学会如何写作与他们无关，要让他们觉得你生来就会写作。"

——欧内斯特•海明威

引言

为什么研究人员要向其他人阐释他们的工作内容？当然有来自学术界的压力，要求同行评议的报告和出版物作为学术水平的象征性证据。但研究人员阐释他们的工作更重要的原因是知识构建是一种社会行为和修辞活动；也就是说，是一种分享观点、争论并说服他人就已知事实达成一致的行为。为了推动知识领域向前发展，需要共同讨论我们所学到的知识成果：我们需要报告观点、见解并质疑彼此的方法，争论新兴想法的相关性与应用价值，并通过彼此努力以拓展视野。科学知识的推进不仅要通过系统性的程序、细致的分析、对结果深思熟虑，也要通过知识创造的社会行为和修辞活动。这就是研究人员为什么要将他们的工作阐释给他人。因此，没有研究人员可以轻率地对待有效的研究性写作和演讲报告的事务。

作为一种社会行为和修辞活动，在框架化传播中我们注意风格在研究性写作和演讲报告中的作用[1]。在修辞风格理论中，我们使用的术语"风格"不仅仅意味着结构[2-3]。虽然结构很重要，但它还受到风格的其他三个维度的影响：目的、受众和场合。为了有效沟通，研究人员需要了解其所参与的风格的所有四个方面：什么是必需的结构？谁是目标受众，以及他们的共同价值观和一般期望是什么？这种风格的目的是什么？这种风格在什么场合下是一种合适的交流策略？总之，风格就是我们在多种交流情境类型下如何识别和构建沟通行为的类型。风格是我们如何创造共同的秩序感、如何实现共同的目标[2,4]。

作者和讲者倾向于几乎完全专注于风格的结构维度，他们需要考虑在他们的 PPT（PowerPoint）展示中需要哪些分节、标题，或者考虑他们论文的字数限制。然而，可以用一个简单的对比例子说明为什么风格的四个维度都是有效沟通必不可少的。想象一下，你分别要在全国会议演讲中对同事们、在感恩节晚宴上对大家庭以及在电梯中对副院长汇报你的最近一份研究报告。在会议演讲的情境中，你的目的是在规定的时间内详细解释你的研究的方法和结果，以便与学科同行一起拓展知识构建。在感恩节晚宴的情境中，你的目的是用对话式语言讲述一个轶事，能够使你的家人（假设家人和你没有共同的学科专长）发现其有吸引力与相关性，并且要在甜点时间之前讲完（在我们的家庭文化中，这指的是不会过于自我夸大）。在第三种情境中，你的目的是在电梯打开前，用比较平易但仍然正式的语言汇报一个研究亮点，从而表明你工作的重要性和认可度。第一种情境要求引言、方法、结果和讨论的整体结构，以满足受众的期望；在另外两个场合，这种整体结构将是一个严重的风格失误。这个例子说明的是，尽管我们在撰写论文或准备讲话时倾向于特定结构，但结构只是有效传播的一部分，它还由目的、场合和受众决定。因此，本章提供的技巧将使你与书面和口头研究性传播风格的所有四个特征相协调。本章还将简要讨论社交媒体为传播科学提供的可能性。

写作

本节提供有关研究写作四个关键方面的建议：进入对话、描述差距、讲述故事和打磨语言（框 22.1）。

进入对话

关于着手写作要记住的第一件事就是

框 22.1　将研究写作作为社会和修辞行为的关键原则
进入对话
找出问题所在
描述差距
设置悬念
讲一个故事
小心地打磨语言

你并不是在写一篇研究报告，而是在写一篇从研究结果中得出的故事。这是一个批判性的修辞转变：它将撰写论文的行为从作为研究者所做事情的描述性报告转变为关于读者世界中某些事物的有说服力的故事。记住：没有人关心你的研究本身（这很令人难过，但很真实）。但是如果你能让受众认为这与他们世界中的一个突出问题有关，那么他们可能会关心你的故事，并进入目前关于这个问题的学术讨论。出于这个原因，作者应该问自己的第一个问题是“这篇论文是关于世界上的什么问题？”。

作者应该问自己的第二个问题是“关于这个问题相关的学术对话发生在哪里？”。这些问题指导你选择期刊受众、你在文献中的工作情况以及你对结果和讨论部分的语言组织。不应把期刊当作论文合集，而是作为共同问题学术对话的社会环境，这么考虑是非常有用的。从这个角度来看，你的论文被期刊接收至少部分是因为你为正在进行的关于共同问题的讨论提供了一个相关且合乎逻辑的“对话转向”的信号。因此，你选择一个期刊，不仅需要考虑其影响因子，还要考虑你正在撰写的问题与学术共同体关心的问题之间的一致性。

一旦你选择了正在加入的对话并找到了进行此对话的期刊，那么想将你的对话转向为与此相关需要理解该期刊的价值观。他们是否重视国际层面的工作？他们是否优先考虑从事理论构建的工作？他们是否更喜欢与多个教育背景相关的工作，或者探讨问题的政策方面的工作？探索期刊的价值观可以帮助你以与受众产生共鸣的方式清晰阐明你的故事所探讨的问题。在图22.1的例子中，作者通过与编辑沟通并阅读期刊在类似主题上发表的论文来收集有关期刊价值观的信息，然后调整他们的引言以反映这些价值观：与患者预后相关、有新闻价值、科学的顶级品质与新闻风格。

对话隐喻也可以有效地指导对文献综述的目的的理解，这通常会形成一篇论文。你并不是要对一个主题所说的所有内容进行详尽的讨论，在投稿之前你要确定对话的重点，并合理组织，以便接下来投稿比较自然。考虑一下，你的文献综述并不是一个单纯的引文列表，而是作为创造一种吸引力的手段——读者应该体验一种强大而明确的逻辑，让你的论文不可避免地随时被分享出去。并且还要搜索文献以找到实际的对话，即在其他人的工作中以不同的方式采用的材料的评论：包括已发表的论文、社论、播客、经常被引用的论文。尽可能地将文献视为表达该领域学者观点的对话转变的记录——而不仅仅是作为参考文献。正如引言的以下第二段所示，你想要表明人们正在积极地建立你所在领域的知识体系，并且你正在加入它们（图22.2）。

我们中的许多人都很健谈，但是我们的智慧似乎在书面上抛弃了我们。因此，将自己想象成社交对话的一部分对写作者可能很有帮助，因为这样可以让他依靠直觉使用沟通礼仪。尽管是在学术写作独特的修辞场合，基础知识仍然适用。例如，想象自己参加一个你所在领域的高级研究人员举行的鸡尾酒会。如果你希望加入一个小组，并热心参与对话，你必须首先聆听，抓住争论的主线，然后及时给出紧密相关的贡献。你必须选择合适的时机并判断你的语气，这样你进入谈话才能顺利而有吸引力，而不是突然和无礼。你不想成为那种可怕的人，那种由于他们的打断而使热烈的谈话偏离正轨的人，或者说话滔滔不绝完全无视辩论中的其他立场的人。提交给期刊的研究论文也是如此，因此把你的写作当作对话转换吧。

描述差距

我们已经确定，你的论文是一个会话

> “经验”是否意味着“在多年后以增强了的信心犯了同样的错误”[1]，这取决于你的自我分析和批判性。当谈到你的学生需要“更具反思性”时，你的意思是他们应该通过系统、批判性地评估与分析行动和信念以及作为其背后的假设来指导他们未来的行为[2]。现在所有英国医生都应该在假设患者将从中受益的情况下，将反思作为终身学习的重要基础[3-4]。在医学教育中强调反思性学习相对较新，当然也没有确凿的证据证明患者直接受益于医生的反思性学习[5]。然而，有证据表明，反思可以帮助学生从他们的经历中学习。
>
> 摘录自：Driessen, E. W., Tartwijk, J. & Dornan, T. (2008) The self-critical doctor: helping students become more reflective. *British Medical Journal*, 336, 827-830.

图 22.1 表明期刊的价值观

> 许多人将与非急性患者相关的临床活动描述为具有有限的教育价值，将这些活动命名为“临床服务”或更具贬义性的“枯燥的粗活”[1-7]。这些术语指的是患者照护所必需的任务，但这些任务在教育上没有价值，或者为了教育目的而经常重复。在一份已发表的评论中，一位内科住院医师将临床服务任务贴上“非教育性、非医生水平的粗活”的标签[4]（p. 13）。住院医师在服务活动上花费了大量时间（约 25%）[1-2,9]。如果这些活动真的是非教育性的，那么这个时间可以重新分配以改善教育[3,7]。然而，对于特定任务是否具有教育价值存在分歧[5-6]，经验丰富的医生认为这种服务或“粗活”对于培养临床敏锐度和实践治疗技巧至关重要[10]。例如，与家庭交谈（通常被住院医师认为是非教育性的）等活动提供了学习“患者照护、专业和沟通技巧”[9]的机会（p. 17）。关于某项活动是被视为教育活动还是非教育活动[5-6]的分歧表明，根据遇到的环境不同，可能有从这些任务中实现不同类型的学习的机会。
>
> 摘录自：Vanstone, M., Goldszmidt, M., Weijer, C., Watling, C. & Lingard, L. (2013) Resigned Professionalism? Non-acute inpatients and resident education. *Advances in Health Sciences Education*, 17(4), 247-255.

图 22.2　文献综述是对话转向的写照

转向，讲述一个故事，有助于受众对他们世界中重要问题的理解不断进步。那么，为了成为引人注目的对话，论文必须在引言结束之前（最好是在前几段）中确定三件事：① 确定一个问题；② 在当前关于这个问题的知识或思想上找到差距；③ 阐明一个吸引点，让读者相信这种差距是重要的。在图 22.3 中的示例中，快速列出第一段中的问题、差距和吸引点：

你可能听说过，引言必须包括“明确的研究问题”或“目的陈述”：事实上，这些可能是引言的“黄金规则”中你所熟悉的两个。当然，做这些事情中的一个或两个可能会有所帮助，但是两者都没有问题的修辞偏向、突出性、差距和吸引点。你可能有一个感兴趣的研究问题，而你的受众不认为是紧要问题。或者你有一个明确的目的陈述，把工作引到没有知识体系差距的方向。不要把你的信心放在明确的研究问题或目的陈述上，以引起读者的注意。问题、差距和吸引点是证实你的故事的必要组成部分。

如果你还记得本章开头提出的前提，其中有关问题、差距和吸引点的三个步骤是最有用的：研究的传播是一种社会化和修辞化行为。你的受众将对什么构成世界中重要的问题产生不断变化的印象，而你需要在进行文献综述时感受这一不断变化的社会背景的脉搏。你是在写一个无可争议的小问题（一个罕见的事件），一个正在积极研究的问题，还者一些读者可能认为已经解决的问题？医学中的职业素养问题即是后一种情况的一个例子。在 20 世纪 90 年代末的医学教育研究期刊中，这是一个相当新颖的问题；今天，一位有职业素养故事要讲的研究人员进入了一种很热闹

> 随着跨专业照护的出现[1-2]，出现了关于领导力和团队合作的新问题。如何分担责任并减少权力差异？医生的角色是如何改变的？[3] 医疗团队如何看待他们工作的这些方面？如果不深入了解这些问题，我们就无法了解如何最好地教育医生和其他临床工作人员，使他们了解他们对协作团队的责任。
>
> 摘录自：Lingard, L., Vanstone, M., Durrant, M., Fleming-Carroll, B., Lowe, M., Rashotte, J, Sinclair, L. &Tallett, S. (2012) Conflicting messages：examining the dynamics of leadership on interprofessional teams. *Academic Medicine*, 87(12), 1762-1767.

图 22.3　展示问题、差异和吸引点

的情境。在这种情境下，有很多内容已经被讲述过，编辑和读者可能已经形成了一种倦怠感和一种信念，认为我们现在肯定已经解决了这个问题。如图 22.4 所示，在这种情况下，找到差距是一个特别关键的步骤：

这个例子表明了在将职业素养作为行为和能力进行探索方面取得了很大进展，并且这种背景被认为是重要的，同时关注“将抽象原则转化为行动”的问题，因为这个空白仍有待弥补。

相似的情况，你可能会发现一个与读者产生共鸣的问题，并自己明确声称在当前知识方面存在空白。然而，如果读者不相信这个空白很重要——也就是说填补这个空白不会改变什么——那么你的故事就没有“吸引点”来吸引他们。例如，我可以断言，在疗养院中工作人员沟通不畅是世界上很重要的一个问题，我可以说明我们对轮班工作如何促成这个问题理解上的空白。但是，如果我没有一个吸引点——比如论证沟通障碍与其他机构中心的医疗错误之间的因果关系集中于轮班之间的信息交接过程中——那么读者可能不会认为值得去填补这个空白。如果发生这种情况，研究设计的精细程度或结果的稳定程度无关紧要；将吸引点定义为对空白的重要性或相关性的要求，它拉近了我们的共同价值观（比如患者安全和减少错误的价值观），如果没有吸引点，故事将缺乏活力。

讲述故事

正如我们所说，最好的学术论文讲的是一个故事，而不是报道一项研究。在好故事共同的特征中，具有辨识度的角色和连贯的情节至关重要。研究论文作者的一个常见问题是，文中可能会挤满了不断增长的角色列表——概念、理论和关键词。这个问题可能会出现是因为许多医学教育问题是复杂的现象，要求作者将这些问题置于跨学科的文献中研究。但是，当关键词堆积起来时，可能会出现不一致的情况。也就是说，读者根本无法跟上情节，因为舞台上有太多人物，来来往往，彼此之间的关系并不完全清楚。正如这种解释表明的那样，一种用于确保故事连贯性的启发

> 评估职业素养已经成为医学教育者的一个重要问题，目前的趋势集中在观察到的行为和能力上，以最大限度地提高可靠性和有效性。虽然直接观察显然很重要，但单独评估行为是不够的——评估者还必须考虑行为发生的背景、可能存在的任何价值冲突以及情况的解决。很明显，行为本身并不总是职业素养的明确指标，而且抽象原则转化为具体行为是复杂的。
>
> 医学生的职业素养水平主要由教师参与评估，但对于他们认为学生应如何行动知之甚少。在最近的一项研究中，我们发现主治医生经常对于学生在挑战性情况下应该或不应该做什么产生分歧。各个教师之间甚至在他们自己本身对于在特定情境中他们认为适当的医学生行为存在显著差异。为了超越对行为者的简单分析，我们的其他一些工作已经检验了学生在面对职业困境时的推理。这项研究表明，当面对具有挑战性的专业情境时，学生的动机不仅基于专业原则，还基于影响（或“行为本身”）或其行为的潜在影响。了解学生如何通过这些困境进行推理，可以为他们在面对这些挑战时如何做出决定提供重要的见解。然而，在考虑学生的行为方式时，仍然不清楚教师如何通过这种困境进行推理。
>
> 摘录自：Ginsburg, S., Lingard, L., Regehr, G.R. & Underwood, K. (2008) Know when to rock the boat: How faculty rationalize students' behaviours. *Journal of General Internal Medicine*, 23(7), 942-947.

图 22.4 在充分研究的领域中找到差距

式方法就是戏剧的隐喻。将关键词和想法视为戏剧中的演员，在所有这些扮演主角的演员中，问问自己，哪个是主角，哪个是配角。在随后的示例引言中，虽然有许多关键词——“沟通”“患者安全”“手术室团队”“性别”“护士”和“沉默”——组织发出信号，表明这个故事的主旨是“沉默”，其他想法都在为此服务（图 22.5）。

在撰写论文时，主要角色不应该改变；尽管只要关系明显，你可以根据需要添加新角色，但是引言中的主要角色仍应在讨论中出现。如果读者清楚为什么会出现这些角色，加入讨论的新角色可能会使情节线复杂化。在看文章的任何时候，读者都应该清楚哪些想法处于正在展开的戏剧的前台，哪些想法在后台。

讨论可能是你撰写研究论文中最困难的部分。为什么？因为故事的情节线需要一个戏剧弧——它需要在解决问题或紧张局势以及下结论之前达到高潮。许多作家在没有达到故事高潮的情况下结束了：他们的讨论完成了总结，回顾了设计的局限性并展望未来的研究——但没有把结果的故事引申到任何有趣的方面。那些忽视“那又怎样？”的作家，完全可能错误地认为完成一项研究足以是写论文的理由。然而不是这样，因为正如我们所说，研究和故事并不是一回事。

许多关于学术写作的评论都在学术研究论文中论证了“那又怎样？”的重要性[5]。为什么结果很重要？他们如何重新定义问题，挑战常见假设，推进你所加入的对话？你的研究结果只是为对话贡献的一部分；你对“那又怎样？”的讨论是另一部分。你正在讲述一个故事，该故事为观众正在对话讨论的世界上的问题提供重要见解。解释“那又怎样？”的一个关键点是将其视为对你的研究细节不感兴趣的读者可能仍然关心的部分。例如在本章作者（LL）的工作中，可能意味着对手术室或团队沟通实践不感兴趣的人可能会在他关于外科手术住院医师如何参与手术室戏谑的研究中

引言

研究表明，沟通不足是导致医疗错误的主要原因，手术室（operating room，OR）中医务人员之间的沟通对患者安全至关重要[1-4]。在对如手术室或病房等环境中的护士与医生沟通的研究中，护士坚持不懈地报告说，他们被视为其他人的被动听众，并且他们在能够沟通的内容和沟通时间上受到限制[5-6]。以 OR“剧场”[7-8]中展示知识和能力的方式，生物医学话语对其他类型的医疗话语[9-10]的持续支配以及护士的权利被剥夺或“受压迫群体”的地位，对护士的交流限制进行分析[11-12]。护士还报告称自己是“和平的守护者”，其作用是为外科医生保持一个平静的环境以专注于工作，这种角色有时被描述为性别角色或“女性事物”[7]。

对 OR 中团队沟通的调查研究表明，与外科医生相比，护士和麻醉师对沟通有效性的积极看法较少，并且不太可能对“如果我担心要发生什么时我愿意干预手术”的类似陈述做出积极反应[13]。在我们自己的人种志中，不同职业的领导者向我们讲述了在 OR 中发生了一些令人担忧并且“没有人说什么”的情况。由于护士在患者安全和倡导方面发挥着核心作用，因此护士往往是在为什么没有人发言的问题中呈现为主体。

到目前为止，还没有研究直接审视言语行为，包括被定义为受限制或者有问题的沉默。鉴于难以记录沟通中的沉默以及沉默在定性研究中的传统边缘作用，这可以理解[14]。使用来自三个医院手术室中跨专业交流的多年研究的观察数据，我们在本文中的目标是使用批判性的人种志方法直接审视在 OR 交流性意见交换中的受限制和沉默的实例。

摘录自：Gardezi, F., Lingard , L., Espin, S., Whyte, S., Orser, B., & Baker G.R (2009) “Why didn’t anybody say anything” Silence, power, and communication in the operating room. *Journal of Advanced Nursing*, 65(7), 1390-1399.

图 22.5　作为故事中角色的关键词

发现价值。在这种情况下，“那又怎样？”可能意味着语言是隐性课程的核心力量；如果是这样，他的论文的引言和讨论部分将需要参与关于隐性课程的对话，以提出语言的核心作用，并说明为什么我们认识到这在医学教育中的作用很重要。正如这个例子所显示的那样，“那又怎样？”经常超出所进行的特定研究的背景。这是通过一系列抽象、联系和扩展的过程实现的——但是其中是有一条细线连接的！考虑到数据性质，当心过度发散或广泛的不妥当的过度概括。

打磨语言

到目前为止，我们的建议主要是概念性的：将研究论文视为加入该领域的学术对话、清晰地表达一个问题、找出差距和吸引点以进入该对话；并用一个清晰的角色、一个有力的情节和一个明确的“那又怎样？”来讲述一个故事。不幸的是，作者遵循所有这些建议，仍然会写出一篇薄弱的论文。为什么？因为写作只是部分靠概念，它还需要认真注意语言本身的打磨。

正如 Helen Sword 近期指出的那样，不幸的是，学术写作经常不是时尚和引人注目的。更常见的是，它被隐藏在迷宫般的逻辑中，并被她称之为“沉闷的语法”[6]所拖累。本章的目的不是为写作提供全面的指导。我们强烈推荐 Sword 的书，该书跨越学科，借鉴经验证据，并以其自己的风格和幽默的文笔使读者满意。但是，我们将简要地考虑这些主要问题的主要原因和解决方案。

我们称之为逻辑迷宫的第一个问题，是反映在曲折复杂的论点中迷失的读者体验。这个问题通常与在整篇论文中引入过多的主要角色的问题有关，而这些角色似乎是随意的而没有表明相互关系。在这种情况下，有效地利用每个段落的第一个句子即主题句，将很有帮助。主题句表示段落的主要思想，并将其与前一个想法联系起来。要检查你的主题句是否正确实现了目的，请尝试将主题句剪切并粘贴到列表中。当你阅读列表时，它应引导你完成故事的逻辑步骤。或者，使用另一个比喻，你可以将主题句作为“路标”，告诉读者我们下一步去哪里，以及该目的地与我们去过的地方的关系。

第二个问题是“沉闷的语法”，指的是让读者陷入困境而不是迅速理解他的句子结构[6]。作者经常通过使用简单句子中的主语位置（主要动词的代理人）或主要动词（动作的来源），或者在复杂句子中处理多个主语位置和动词来创建糟糕的语法。

句子的主语位置是行动的主体。使用我们的戏剧比喻，它是你放置主角的地方。当主语是名词化短语，或包含在名词短语中的抽象概念时，学术写作会失去活力。看这个例子：在全球化和跨专业化的背景下，医学教育中胜任力的概念正在发生变化。从语法上讲，这句话没有任何错误。但它缺乏活力，因为主语位置的名词短语——医学教育中胜任力的概念——是一个抽象的想法。抽象的想法并没有明确、有活力的动词动作的主体。当然，学术研究写作充满了抽象的想法，因此作者需要学习如何处理它们而不会给读者带来认知负担。通过改写，这句话可以更生动有力地表达同样的观点：全球化和跨专业化改变医学教育者对胜任力概念化的方式。这里的主要变化是通过去除介词短语“胜任力的”和“在医学教育中”的层次来简化名词短语。抽象的概念——全球化和跨专业化——仍然处于主语的位置，但它们没有用这样的层次来阐述，所以不太可能让读者陷入困境。

修改后的句子——全球化和跨专业化改变了医学教育者对胜任力概念化的方式——还解决了“糟糕语法”背后的第二个问题：被动动词结构。被动动词删除动作的主体，这样句子里没有人实际做任何事情。为了说明“研究人员采访医学生”是一个主动的动词构造，很明显是谁进行了采访，而“医学生接受了采访”是一种被动的动词结构，它删除了采访的主体（研究人员）。在我们上述例句的第一个版本中，动词短语“正在改变”，将动作主体从主语位置移除，并将其置于句子末尾的介词短语中（在面对全球化和跨专业化时）。改写后将动作主体置于主语位置，通常放在动词之前，这使句子更有力量。现在，动作主体——全球化和跨专业化——显然正在做变革的行动。

作为一个相关的提示，作者应该注意动词“to be”的相互作用，它可以表示被动结构：研究被进行、调查结果被确定。被动式结构让读者努力理清“谁在踢谁？”[7]即使在主动语态使用时——全球化是一项重要的运动——“是”并没有太多表现力，其他喜欢用的词如“makes”“shows”和“does”也一样缺乏表现力。动词是你在文章中创造动作的地方，所以尽可能使用动词！通常情况下，需要修订的句子已经包括名词形式的词，这些词放入动词位置可以产生动作。如我的修改版所示，这些句子将名词“概念”改为动词“概念化”。

最后，当句子可能呈递给读者的主要想法有多种可能的候选用词，即多个名词化语素时，可能会产生糟糕的语法。在我们最初的例子中——面对全球化和跨专业化，医学教育中胜任力的概念正在发生变化——介词短语“面对全球化和跨专业化”在读者得到句子的主要特征之前引入了两个名词化词组或抽象概念（全球化和跨专业化）。请记住，主要角色位于主句的主语位置：在这种情况下，它是“医学胜任力的概念”。在这种情况下，可怜的读者在主要动词出现之前已经遇到三个大概念，她可能会对她应该关注哪些内容并且将其作为故事的主角感到困惑。带从句的复杂句子情况更糟，其有两个主语和两个动词，只有一个是句子的“主要”主语和动词。来看这个例子：尽管全球化和跨专业化是相对新的问题，但胜任力的概念面对这些情况时正在变化。在此示例中，从句是从从句副词“尽管”开始的。这个从句有一个主语位置，由“全球化”和“跨专业化”两个词填补该位置，主句（没有从句副词的那个）也有一个主语位置，由“胜任力的概念”这个词填补。可以理解，当在两个从句主语位置出现两个复杂的名词化短语时，读者可能会不知所措。更进一步减轻句子表达力度的是，这两个从句都使用一个缺乏力量的“to be”动词结构。我们的观点并非是在学术写作中应避免使用从句，在观点之间建立复杂的关系也是必要的。但是作者应该考虑从属关系如何影响读者对句子中主要想法和主要行为的理解，并有策略地运用这种句子结构。

展示你的工作

试着回忆一下你作为旁观者最近参加的一次演讲。很有可能这个演示文稿很乏味，你的思路随着演讲者走神，他背对着你，从充满文字的幻灯片中读取文字并通过最后一批幻灯片追赶时间。遗憾的是在国际会议期间漫步穿过任何会议中心，这都将是你看到的大部分场景。

为什么科学家固执地做着无聊的演讲？因为我们认为这是人们对科学家的期望。毕竟，这就是我们的导师发表演讲的方式，是我们参加会议时所看到的样子。“修辞性弱”似乎是我们表明“科学可信”的方式。我们担心更简单有趣的演讲会以一种浅薄的光环玷污我们的科学精神。当然，这种恐惧也混合了人们普遍的不敢在人群前讲话的恐惧。事实上这是美国成年人中的头号恐惧，排在对蛇、高处、疾病、财务问题甚至死亡的恐惧之上 [8]。在我们登台的那一刻，大多数人都是双脚沉重地站在观众面前，避免任何与观众互动的意图。然而，科学知识是通过公开分享我们的深入见解而建立起来的，以便对它们进行改进、挑战和详尽阐述。因此，作为科学家，我们必须学会克服演讲的恐惧。

我们为撰写科学文章提出的大多数建议也适用于科学演讲。我们的中心思想——你不是在展示学术研究，而是源于你的研究内容的故事——在口头报告的情况下显得尤为重要。观众的注意力是有限的，而你的演讲只是长长的会议日一系列演讲中的一个。因此，必须在演讲开始时抓住观众注意力，并在整个演讲期间维持他们对话题的兴趣。演讲的开始应该遵循我们的问题—差距—吸引点的结构：向观众明确你关注的问题、与此相关将发生什么样的对话内容以及为什么你今天的投稿对他们有意义。此节内容以上述结构为中心，基于我们作为演讲者和旁观者的经验，提供了简短报告和长时间演讲汇报的一系列建议。

讲故事

除有趣的研究数据外，故事、轶事和案例是你演讲的基本要素 [9]。故事可以帮助你与受众建立联系，这非常重要，如图 22.6 中的故事所示。

故事必须反映你的核心信息，不应与其他抽象信息无关。只有这样，它们才能将演示文稿中的抽象内容带回现实。大多数科学报告都是高度抽象的，关注新的抽象理论和数据。听众需要时间和精力来消化抽象信息，如果能将抽象信息包含在故事当中，则能让它更加易于被人接受，也更令人难忘。故事将你的抽象信息置于上下文语境中，我们知道语境在知识构建中起着非常有影响力的作用 [10]。

杀死你的宝贝

很容易理解为什么大多数演讲者认为他们在太短的时间内无法讲完。一年多来，你一直在努力研究，现在你急于分享

故事的力量

本章的作者之一（ED）受邀演讲了一个在那个时候是一个相当新的主题：档案袋（portfolios）。到达会议室后，他体验到了充满敌意的气氛，在会议主席的讲话中，他发现观众——对医学教育感兴趣的老师——在他甚至一句话都没说之前已经决定不同意他。在他们看来，档案袋很糟糕，从他们的问题和评论中可以清楚地看出，他们对演示文稿的主要信息没有任何信心。完全沮丧的是，他未能使关于这个新主题的演讲成功，他想到了如何防止灾难在下一次发生。如何说服强烈反对的观众对来自文献的知识有信心？他找到了答案，明确将自己作为演讲者和主题（档案袋）与受众的世界（医疗和医学教育）联系起来。他开始他的下一个演讲，将讲述一位曾对儿子进行过复杂手术的儿科医生。这个故事将在内容层面上将医生职业的复杂性变得可触摸，同时解释如何利用档案袋来学习和评估这种复杂性。此外，在关系层面，故事会将演讲者与观众联系起来。这是一个带有快乐结局的情感故事，直接吸引观众：他们中的大部分都是医生，很多人也是父母。下次他有机会展示档案袋时，演讲出人意料地成功。这个故事有助于打破他与已经出现抵触意见的观众之间的隔阂，并获得听众对他言论的信任。从那天开始，故事、叙事、例子和轶事成为他演讲的重要组成部分。

图 22.6　在演讲中讲述故事

从文献综述中学到的东西，阐述你所选择的实验方法，解释结果，提出结论并提出重要建议。诀窍是将所有这些工作做成 10 分钟的报告，而这 10 分钟不会被观众用于收发电子邮件。我们为撰写文章做的戏剧比喻对口头展示同样有效。在 10 分钟的戏剧中，只有主角的空间。因此，在你的简短演讲中，你必须训练自己坚持一点：最多两条主要信息。这意味着，除了讲故事，选择是引人入胜和有效谈话的第二个主要因素。正如我们的一位同事所说，为了让人们参与你的演讲，你应该保持简单和简短；为了增加他们的参与度，你应该做到更简单、更简短。这是一件难以实现的事情。你想分享你所知道的东西，炫耀你的想法和见解 ——简而言之，炫耀你的宝贝。相反，谚语应该是：杀死你的宝贝。只应包括有助于向受众传达主要思想的信息，而其他不直接有助于传达主要信息的内容，无论你多喜欢也应忽略掉。我们在“写作”部分讨论的原则，以及你先前了解的观众知识，应该能指导你的选择。

运用视觉效果

对于我们大多数人来说，准备演讲归结为撰写 PowerPoint 幻灯片演示文稿。这可能解释了为什么对于大多数人来说，讲述演示文稿归结为阅读 PowerPoint 幻灯片上的文本。PowerPoint 幻灯片等视觉辅助工具是否有助于传达你的信息取决于具体场合以及听众心目中设定的对该场合的一般期望。但是，可以肯定地说，当 PowerPoint 起到阅读效果而非展示汇报的效果时，它并没有帮助你吸引观众。因此，请不要将幻灯片作为拐杖，应考虑幻灯片能为观众做什么，而不是为你做什么。

当你的受众相对较少时，提供讲义可能会有所帮助，在演示期间讨论包含数据摘要的讲义，而不是使用 PowerPoint 演示文稿，可能会有更好的效果。如果你确实使用了诸如 PowerPoint 幻灯片之类的视觉辅助工具，那么你需要做的第一件事就是确保这些辅助工具在视觉上支持你的故事和信息。出于多种原因，充满了项目符号文本的幻灯片，只会阻碍而不是支持你的故事和信息。首先，PowerPoint 的结构很难产生一个好故事，因为要点导致抽象的概述而不是详细的叙述。其次，以文本密集型 PowerPoint 为基础的演示文稿要求观众同时倾听和阅读，这会产生无关的认知负荷（参见 Lippink 等人在本书中有关认知负荷的更多内容）。观众可能会比你说话更快地阅读你的幻灯片，影响你控制故事时间的能力，从而加剧了无关认知负荷的产生。对能够在故事中有效地构建戏剧弧的讲者来说，控制时间是核心。好的故事讲述者可以建立高潮，编织支线情节，插入惊喜并实现解决方案，如果读者思路跳出，所有这些都会受到威胁。

因此，明智地使用 PowerPoint 幻灯片作为辅助工具，而不是作为剧透或依赖的拐杖。我们建议使用相关图片或图画以及最少文本的幻灯片。我们不建议你在演讲之前分发幻灯片的讲义版本：这只是诱惑人们在你开始之前了解故事的结局。如果你打算向观众发放讲义，那么它应该与幻灯片展示的版本不同。例如，它可以包含一个完整的研究概要和方法论细节，这会降低你口头故事的效果，但可能会引起一些听众的兴趣。Garr Reynolds 关于 PowerPoint 演示文稿设计的书籍是一个很好的指南，可以使你的 PowerPoint 文本更少、更直观 [11]。

虽然我们不会因为发言者是否应该记住他们的谈话而争辩，但是记住前几张幻灯片会有助于缓解紧张，而在谈话开始时紧张往往会更糟。你也应该记住用于结尾的剧本；当演讲者以蹩脚的讲话结束时，例如“就是这样”或者“我现在开始回答问题”，一个好的演讲很容易被破坏。最后一段结束语应该是令人难忘的东西，并反映故事的主旨。同样，发言者应该熟悉他们的演讲，他们可以与观众保持规律的目光接触，以判断他们对演讲的反应。这意味着要注意你的身体在讲台上的位置：确保你看到的是观众而不是屏幕。在你出席之前，询问是否会在讲台上有一台笔记本电脑。如果这样做，就没有必要后背朝向观众。如果你不这样做，那么将需要排练讲话，直到知道每张幻灯片在故事中的位置，并且可以在不阅读文本的情况下进行而无需每次都看。关于幻灯片之间的切换也是如此：理想情况下，演讲者在幻灯片出现之前讨论接下来会发生什么，以帮助听众轻松地在故事中进行逻辑切换。

在社交媒体上传播科学

在考虑沟通工作的可能性时，大多数科学家都会考虑将他们的工作写入期刊文章或书籍（章节），并在学术会议、研讨会或其他会议上展示他们的工作。使用社交媒体传播研究工作不太常见，但这变得越来越重要。这可能归因于对媒体的不熟悉，以及担心在新媒体上犯下明显的错误。另一个可能使科学家不愿意使用社交媒体的因素是他们认为社交媒体上的大多数沟通都肤浅而无法控制，因此不适合交流像科学工作一样严肃的事情。尽管如此，越来越多的科学家发现了社交媒体为讨论科学和传播他们的工作提供的可能性 [12]。博客、Twitter 和 Facebook 可以帮助提高科学工作和研究人员的知名度。例如，在 Twitter 上推荐和讨论文章，并由潜在的广泛受众选择阅读。这些媒体提供了你的论文引起更广泛受众关注的可能性，而不是局限于所发表论文期刊的读者。

社交媒体不仅提供了增加工作影响力的可能性，还提供了传统科学期刊所没有的新的可能性。关于科学的沟通不必等到研究结束并且已经发表后进行。例如，在研究设计期间，研究人员就可以发布他们所遇到的问题或困境，然后用 Twitter 上的讨论来加强他们对主题的理解。与其他研究人员进行交流和讨论的这种可能性可以促进知识的发展，并引发你所在领域的科学争论。没有获得组织期刊俱乐部或其他学术活动的研究小组支持的研究人员，可以参加在线期刊俱乐部和社交媒体讨论。

小结

我们在本章中使用了一种修辞方法进行传播，让作者和演讲者思考如何从他们的研究工作中讲述出引人入胜的故事。我们提出的建议源于我们自己的经验和榜样，这些经验和榜样都是我们贯穿作者和演讲者的科学职业生涯所追求的。我们建议，“追随”你认为沟通实践有效的人员所进行的写作和演讲。当阅读或听到他们的工作时要保持分析：他们是如何构建他们的论文的？是什么让他们的风格如此有效？他们与其他演讲者的区别是什么？如果你需要寻找演讲的榜样来追随，那么 TED（技术、教育和设计）网站（www.ted.com/talks）就是优秀演讲者的良好来源。我们还建议在你的研究领域之外寻找榜样：来自其他学科的科学家，或者以非研究风格写作的作者也可以给你的学术交流以启发。

实践要点

- 将你的论文或演讲视为对学术对话的贡献。
- 在你的开场白中，旨在识别问题、找到差距并清晰地表达吸引点。
- 讲述具有明确的主角和引人注目的情节的故事。
- 创造书面语言注意力，以便在整个故事中顺利地使读者跟上。
- 在简短的演讲中简单介绍故事，并策略性地运用视觉效果。

拓展阅读

写作

1 Sword, H. (2012) *Stylish Academic Writing*. Harvard UP, Cambridge, MASS.
2 Glasman-deal, H. (2010) *Science Research Writing for Non-Native Speakers of English*. Imperial college press, London.

演讲

3 www.ted.com/talks
4 Heath, C. & Heath, D. (2007) *Made to Stick: Why Some Ideas Survive and Others Die*. Randomhouse, New York.
5 Reynolds, G. (2012) *Presentation Zen: Simple Ideas on Presentation Design and Delivery*, 2nd edn. New Riders, Berkeley.

社交媒体

6 http://socialnetworkingforscientists.wikispaces.com/General
7 http://superfund.oregonstate.edu/apha-round table-communication-strategies#.U6vzNI1_sRV

参考文献

1 Devitt, A.J. (2004) *Writing Genres*. Southern Illinois University Press, Carbondale.

2 Miller, C.R. (1984) Genre as social action. *Quarterly Journal of Speech*, **70**, 151–167.
3 Lingard, L. & Haber, R.J. (1999) Teaching and learning communication in medicine: A rhetorical approach. *Academic Medicine*, **74**, 507–510.
4 Bazerman, C. (1988) *Shaping Written Knowledge: The Genre and Activity of the Experimental Article in Science*. University of Wisconsin Press, Madison.
5 Taylor, R.B. (2005) *The Clinician's Guide to Medical Writing*. Spring, New York, pp. 23.
6 Sword, H. (2012) *Stylish Academic Writing*. Harvard UP, Cambridge MASS, pp. 6.
7 Lanham, R.A. (1992) *Revising Prose*, 3rd edn. Macmillan P, New York.
8 Motley, M.T. (1997) *Overcoming Your Fear of Public Speaking-A Proven Method*. Houghton Mifflin, New York, pp. 3.
9 Heath, C. & Heath, D. (2007) *Made to Stick: Why Some Ideas Survive and Others Die*. Randomhouse, New York.
10 Brown, J.S., Collins, A. & Duguid, P. (1999) Situated cognition and the culture of learning. *Educational Researcher*, **18**, 32–42.
11 Reynolds, G. (2012) *Presentation Zen: Simple Ideas on Presentation Design and Delivery*, 2nd edn. New Riders, Berkeley.
12 Bik, H.M. & Goldstein, M.C. (2013) An Introduction to Social Media for Scientists. *PLoS Biology*, **11**, e1001535. doi:10.1371/journal.pbio.1001535)

领导力、管理和指导：将理论应用于实践

Leadership, management and mentoring: applying theory to practice

第23章

Chapter 23

Judy McKimm, Helen O'Sullivan

（翻译：于正珩　　审校：郑兰斌）

你的职务里包含医疗、教学、管理以及教育研究等各种工作。你对教育研究中以工作为基础的评估领域十分感兴趣，并且已经发表了一些有关这个话题的论文——大多是用学生实习以及实习基金以支持数据收集与分析。仅凭自己已经不能再完成更多工作了，但你刚刚又被要求做一项新的国家级项目负责人，该项目关注跨学科视角下的基于工作的评估。在肩负其他责任的情况下，你该如何领导及管理这个新的跨专业研究队伍？你该如何确保项目交付时能够满足资助方列举的各种条件？

引言

无论你是一个即将开始第一个项目的研究新手，还是一个领导庞大队伍的资深研究人员，更多地了解领导力与管理理论总是很有帮助，这能让你（以及他人）的研究更顺利地进行。在这一章中，我们会探讨一些相关的理论、模型以及理念，以及它们是如何应用于三个层面的：

- 个人层面——认识你自己，以及你的动机、长处和局限。
- 人际层面——同研究者、参与者和资助者一起工作。
- 组织或系统层面——明确你的研究在组织和复杂系统中的定位[1]。

在本章最后，你应该能够描述：

- 领导力的关键概念、理论和模型，以及它们是如何被应用于医学教育研究的。
- 领导力与管理的区别以及如何适当地运用这两套技能。
- 项目管理的原则。
- 作为研究领导者的角色是什么。
- 如何发展并指导医学教育研究者。
- 如何构建组织研究能力。

领导力与管理理论

这一节将更充分地介绍许多现有的领导力与管理理论。“管理”经常被描述为提供稳定与秩序、与作出计划和解决问题相关；而“领导力”则倾向于与改变、行动、方向的确定以及愿景相关联。当然，在现实中这二者在研究语境中都必需。如果不

能高效地管理资源，那么梦想运营大型国家级项目是不可能的。研究也需要和教育医疗服务方向结合，供未来的政策和实践参考；也需要被妥善管理，以便研究者可以获得或保持他们自己和组织的声誉。

就像教育的大多数方面一样，这些方法受文化、事件及趋势的影响。在任何时候，尽管一些理论和方法可能占据主流，但由于人们所持视角不同，各种有关领导者该如何作为、如何表现的范例都会存在（类似于本书之前介绍的科研的世界观的概念）。受篇幅所限，本章不会过深地讨论各种理论，而是选取医学教育研究相关的、在不同情景下的方法做介绍。

一套具有影响力的概念是语境与权变理论，包括情境型领导力理论 [2-3]。在这个视角下，领导者需要学会让他们的行为与风格适应情境或语境：因此领导力是随情境而变的。这看起来很显而易见，但领导者们却很难做到甚至不能做到，其原因是他们改变工作方式不够快，难以适应特定的环境，特别是在一个快速变化的时代中。例如，与一个研究新手工作，和与一个可以独立发展和运营项目的经验丰富的、资深的研究者工作，需要的领导力风格可能截然不同。

早期对领导力的解读大多集中在个人品质或领导者个人性格特点上：一个英雄型领导者应该在“一线领导”，并且成为榜样。如今我们仍能看到这种现象（例如，一个外科医生主导着手术室，而整个团队都不敢挑战他），而领导和管理研究活动的紧张关系之一就是实现个人作为和团队方法间的平衡。大学中的行为实践可以加剧个人与集体活动的紧张性，因为大学经常评价和奖励个人贡献（例如晋升和终身教职），而不是集体的成就 [4]。这与医疗领导力的转变产生了对比，医疗领导力（在本章写作之时）正在向协作型或分散型领导力 [5] 方式转变：领导活动因此被高度分配到整个组织，责任与义务为成员共享。目前“协作型领导力” [6] 理念被当作一种既自下而上也自上而下地改进医疗服务的方式传播。这些概念与医疗和教育的核心价值观紧密契合，经常体现服务型领导力的思想 [7]——持续性、简易化、职责、做出改变、工作即天职——或是“生态型领导力”，即领导力与环境结合，目的在于增强可持续性并且在相互关联的系统中工作。这首先强调了医学教育研究是在一个复杂且快速变化的世界中开展的。其次，领导者需要运用适应型领导力 [8]，在这个过程中领导者要明白改进一个组织所需要的有意义的步骤。适应型领导者可以循序渐进地帮助组织及个人向着目标前进，他们明白并且洞察这其中的复杂性，因此他们能够确保研究“符合”专业、学科、组织、系统或服务的导向和需求——这些要求各不相同，并且有时是竞争性的 [9]。这些洞察十分重要，不仅为了个人的满足与动机——大部分人希望感觉到自己的研究在某些地方“产生了改变”——也是为了寻求资助和支持或传播研究成果。

表 23.1 总结了一些在不同时期主流的领导力和管理方法。请注意这是按时间顺序排列的，不过需要注意，这个总结并不全面（参考章后的拓展阅读以获取更多细节）。

对于工作在医疗服务和学术机构交叉领域的研究者来说，了解主流领导力方法

表 23.1　主流领导力方式的关键特征和假设

领导力方式	关键特征	关键假设
特质论	以个性为基础的英雄领袖，“伟人”，属于个人领袖的品质	领导是天生的，不是后天培养的
任务 vs. 团队、风格	管理是任务、团队和个人之间的平衡	领导者是管理者，其他人的行为是可以改变的
权变理论 情境型领导力	领导者的风格和行为取决于情境	领导者的行为是可以改变的
“新范式”——变革型、魅力型领导力	领导者可以通过人格和“人的工作”（people work）的结合来改变人 / 组织	个人领导者对组织的成功至关重要 领导者可以“学习领导力”
追随力（followership）	追随者与领导者同样重要	追随者和领导者共同构建领导力
服务型领导力	领导者要先服务，然后有所作为	领导者的价值观与组织保持一致
真诚型、价值道德型领导力	追随者珍视始终如一和真诚的领导者	领导者自己的价值观很重要
适应型领导力	为了推动组织变革，领导者需要适应在复杂的环境中舒心地工作	领导者在复杂的有机系统中工作，这些系统中有“代理者”（agency）
分散型领导力	领导力存在于一个组织的“所有层次”	领导是一个过程，建设社会资本很重要
协作、集体、共享型领导力	领导力是指共同努力实现共同的目标和成果	我们分享的权力越多，我们拥有的权力就越多
生态型领导力	领导力需要在更广泛的环境中运作	可持续性和社会责任很重要

和流行文化规范与价值观十分必要。这对于研究连续体末端的“评价”与“改进”工作尤其重要。一方面，实验室科研工作者单独或与小组花费大量时间在一个独立项目或部分项目上；但如改进和标准化本科生和研究生评价这种宏观的、多机构的研究工作，则需要完全不同的技巧与方法。在这些工作中，项目计划、利益相关分析、风险管理和期望管理处于核心地位——后续部分会对此进一步说明。

一个在教育和医疗领域都有影响力的典型例子是“变革型领导力”[10-11]。变革型领导者结合了有效领导者的个人品质（鼓舞人心，调动积极性及超凡的个人魅力），以及能够采取前瞻性、战略性、方向性措施去改变服务、组织和思维方式。虽然变革型领导力理论被批评过多地关注个人品质（一个人如何去学习“超凡的个人魅力”？）、自恋型领导力[12]、强调更多的男性特征和“西方”的倾向，但是“追随者”仍然希望从领导者那里得到一些东西，包括受到鼓舞、受到激励和得到对个人的关注。因此，领导者需要在与他人建立和保持关系的主要角色中发挥他们的个人优势和品质。这就是为什么当你进入领导角色时，了解自己和什么让你“活跃”起来是如此重要。在日常研究活动中必不可少的一些品质（比如对细节的关注、高度的责任心、制订高标准）可能会阻碍你和与工作方式不同的人的关系，可能会让他们觉得你过于挑剔或要求过高。

追随力

正如上一节所述，许多研究集中在领导者的素质、行为和风格上，最近更多的研究集中在领导者与组织、团队和系统的相互作用和影响上。在更多关注领导者的研究中，研究要么没有注意到追随者，要么认为他们是相当消极被动的。然而，关于追随者的研究有很多，许多研究人员认为，需要更多关注那些与领导者共事或为他做事的人的行为方式[13]。领导者和追随者之间的关系包含了一定的支配和顺从，但这种关系并不总是单向的。他们可以描述为被动的追随者、主动的追随者、小“l”型（leader）领导者和大“L”型（Leader）领导者几种类型[14]。这种方式可以很有效地将你和其他人在领导者 - 追随者关系或活动中所处的位置概念化。你可以为学生和早期专业研究人员提供很多参与主动的追随者或小“l”领导力的机会，让他们通过小项目、在研究活动中发挥领导作用，或在向更有经验的研究人员学习“手艺”[15]时与他们一起工作。

Kelley（1998）的模型从一个更详细的角度解释了为什么领导者与某些追随者之间存在差异（反之亦然），该模型描述了五类追随者：

1. **绵羊型追随者**（sheep）：消极，需要外部激励，需要强有力的引领和监督。
2. **肯定型追随者**（yes-people）：有决心与领导一起工作以实现目标、完成任务。他们是墨守成规的人，往往对领导不加质疑，非常忠诚。
3. **口头型追随者**（pragmatics）：保持中立和观望的态度，在完全同意之前，不致力于创新或重大变革。
4. **疏离型追随者**（alienated）：可以是非常消极的，通过质疑领导者（和其他人）的决定和行动来对抗和破坏团队。他们经常认为自己是团队 / 组织 / 项目的合法领导者。
5. **明星型跟随者**（star followers）：积极、活跃、独立的思考者，在彻底评估领导者的决定或行动前，他们不会接受领导者的决定或行动。他们的独立和智慧意味着他们可以在没有领导者在场的情况下取得成功[16]。

因此，当下研究的重点是追随者的积极作用，追随者如何塑造领导者的行为，以及如何考虑权力、依赖和社会影响[17]。根据 Kelley 的模型，领导者需要知道每个追随者可能会如何看待情况，进而知道他们可能会如何行动，这反过来又会影响领导者的行为。例如，如果你的研究小组有很多项目的截止日期有冲突，你就会在分配任务时考虑你的“追随者”的技能、对研究的看法以及之前的表现。绵羊型追随者和肯定型追随者在明星型追随者的指导下可以更好地完成革新性的工作，口头型和疏离型追随者需要做更多的工作和提供支持，在他们与你同心协力和动力满满之前可以做一些程序化、不是特别重要的工作。根据你的追随者的反应（例如，如果一个务实的人完全接受了一项研究），你的领导力风格可能需要修正，你可能会给这个人更多的责任——这就是如何共同创建关系。

权力取决于许多因素，包括对资源的控制或影响（例如资金、空间、设备或拥有适当技能的人）、接触到拥有这些资源的人的机会以及在组织中的职位。领导者依靠（有时是挑战）追随者来支持他们做出决策、提供信息、满足个人需求，并以某种方式行事。因此，领导者和追随者之间会产生一种互惠契约（隐性或显性）。重要的是，追随者要学会了解他们的领导者，这样他们才能安全地发挥社会影响力。“顽固分子”“告密者”或挑战领导者的追随者可能会发现自己处于危险之中。Oc 和 Bashshur 建议追随者应该意识到领导者的需求（你是否有一些他们需要的东西，比如专业知识或技能？），通过相应的资源和信息建立优势和权力、缩短社会距离（与领导者“接近”）、在数量上寻求安全（建立联盟）[17]。

作为研究的领导者

人格类型和领导力

领导者是天生的还是后天培养的？任何人都能成为一个领导者吗？或者在成为一个成功的领导者之前，你需要一套不变的人格特质和特征吗？多年来，这个问题一直是管理和领导学界争论不休的话题。Judge 等人（2002）开展了一项大规模的研究项目，研究不同的人格特质，并将其成功地与领导力联系起来[18]。他们还回顾了一些其他同事的研究，这些同事研究了一系列的人格特质，以确定是否有强有力的证据表明领导力是依赖人格特质的。许多研究表明，成功的领导力与多种人格特质有关，如情感成熟、适应性和社交能力，但显著相关的特质仅有两种：自信和外向[18-19]。尽管对外向这个词有流行的理解，但在心理学中认为外向是指从发生在自我之外的互动中获得能量。所以外向的人从与人合作中获得能量、动力和行动力。

确定你的技能、优势和动机

由于缺乏大量的真实证据将人格特质和成功的领导力联系起来，这种领导力的“特质论”受到了严厉的批评，并已被一些理论代替，如权变型领导力（领导者在不同情境下使用最适合的领导风格）、变革型领导力（领导者使用他的愿景来激励追随者改变他们的期望和看法，从而使组织朝着一个共同的目标前进）、分散型领导力（领导力的界限是开放和可协商的，团队的所有成员都有领导的责任）和协作型领导力（如早先讨论的，领导者的角色是建立团队内协作和跨界与其他领导团队协作）[20]。然而，无论你认为哪一种或哪一些领导力理论与你的个人背景最相关，当你参与到领导事务中时，个人发展将使你能够反思领导风格和表现，并帮助你发展和成长为一位领导者。个人发展过程最好的基础是对你现有的技能、优势和动机的深入了解。这可能具有挑战性，甚至存在困难，尤其是如果你已经在职业生涯中站稳脚跟，而且从来没有真正反思过自己的优缺点。然而，它可以非常强大，可以帮助解释令人沮丧的人际关系和工作领域。它还可以让你深入了解你可能天生喜欢的工作领域和领导力，并揭示在技能方面的一些局限。

分析工具和领导力清单

在一个在线搜索引擎中输入“领导力清单”可以得到超过5500万个结果！分析工具和清单对帮助你进行自我分析和洞察没有坏处。有些组织可能有一个开发单元来运行各种清单，帮助进行分析和反思，并可以促成或推荐课程。其他组织举办你可能想参加的当地或区域的课程，或者在研讨会上的工作坊。

有两种流行的有助于个人发展的清单方法值得使用：

- 基于Myers Briggs特质类型指标™的清单——这很有说服力，因为没有正确或错误的类型，它不仅会帮助你理解自己的偏好和行为，还有其他同事的思维和行为方式[21-22]。
- 基于360°反馈的清单——当你可以在线管理这些清单，而你的同事可以匿名提供反馈时，这些清单尤其有用。

然而，所有这些清单都应该以健康的怀疑态度对待！所有最常用的清单都有与之相关的批评，但没有一份清单能表明你所有方面的潜在领导力风格。当使用一个得到充分支持的个人发展计划时——无论是在组织发展的机构项目中，还是与一位经验丰富、给予支持的导师或教练合作时——它们的作用最为强大。当然，关注你领导力风格的缺点也很自然。然而，审视自己的长处也同样重要，因为你往往会认为这些长处理所当然。清楚自己的优势、喜好和动机可以帮助你通过发挥这些优势而发展事业。

领导历程

无论你是一位正在从事研究领导工作的成熟领导者，还是研究领导力是你领导他人的第一个尝试，你都处在一个充满挑战和挫折、退步和成功的领导历程中。许多人可以提供支持，你也会发现自己为他人扮演着不同的支持角色。除了正式的直接管理之外，监督、指导和培训也是需要培养的有用技能。在你职业生涯的不同阶段或在不同的情况下，你可能会想利用它们。

广义定义如下：

- **指导**：为受训者提供指导、支持，有时也为受训者提供建议，以帮助他进行转型或改变，为他的专业发展提供帮助。
- **培训**：开发个人能力、释放潜能，实现个人和（或）组织目标。
- **监督**：监督绩效，给予反馈，支持专业发展。

找一个有经验和支持你的导师可以帮助你渡过一段艰难的旅程。所在组织可能会有一个正式的指导系统在运行，这有助于协调师徒关系，并提供正式的构架进行指导。如果没有，建议你通过自己的努力找到一位导师。想想在你的领域取得成功的同事，你应该充分熟悉他们的工作，仰慕他们所取得的成就。他们可能在你的组织中，也可能在之外，但出于实际原因，他们应该在地理位置上足够接近你，这样联系会更方便。你可以向你的直接上司征求建议。当你联系潜在导师时，第一次会面是要确定是否有建立师徒关系的基础。你需要非常清楚地知道除了建立师徒关系，你还需要得到什么（例如，晋升、巨额经费申请机会、管理一个研究小组或提升你的形象），还要制订一份指导协议，详细说明你们多久见面一次、师徒关系建立多久等。在一个职业生涯中可能有几个导师。因此，设立时间界限，例如 2 年，有助于防止师徒关系在多年后不再有效。如果发现自己正处于职业的十字路口，而且个人生活正在影响工作和职业计划，或者你想要考虑职业和生活方式的选择和可能性，那么寻求指导是有用的。它也可以帮助你发现和发展优势和策略以达到你或其他人的最佳状态。

真诚、正直和韧性

一个著名的领导力理论是“真诚型领导力”[23]，这个理论在领导力研究中也有应用。真诚的领导者被认为拥有（或可获得）一系列品质和行为。这些包括：

- **洞察力**：洞察力不仅仅是对未来的愿景，它还意味着领导者能够克服复杂局面，决定最佳的行动路线。
- **主动性**：他们带头，不要求追随者做他们自己不会做的事情。
- **吸引力**：领导者将人们吸引到他们的愿景和价值观中，并拥有良好的个人网络，以实现变革。
- **影响力**：他们能带来改变，（就像服务型领导力）正是想要改变的愿望驱使他们做出可持续的改变。
- **正直**：在交易和沟通中，以价值为导向、开放和诚实——符合社会规范和价值观的“道德指南针”。

Beverly Alimo-Metcalfe 和他的同事对领导力进行了一项大规模的研究，他们得出结论，领导者的 13 种属性对他们所领导的团队的效率和成功有着显著的影响。其中，领导者的正直和对团队成员的真诚关怀可以解释大部分原因[24]。

作为一个领导者，培养正直的品质对于赢得和保持对你所领导的人的尊重和信誉至关重要。成为正直型领导的第一步是审视你自己的道德和伦理准则以及价值体系，并弄清楚你已经在多大程度上遵循了这些价值观。例如，作为一名医疗从业者，尊重患者的隐私和尊严是第二天性，但是如果你的研究不能保护你的学生的隐私或尊严，你就不能传达你自己的价值观和道德体系，这对你来说并不舒服。建立一种开放沟通的文化，慷慨地承认和奖励他人的成就和成功。坚持自己的价值观可能是一项挑战，尤其是在那些正经历重大变革或资源紧张的组织中。但最终，只有你才能决定你所在的组织是否能够支持你维护这种正直。如果不是，你可能有一些重大的决定要做！

所有的领导者都会遇到困难的情况和棘手的同事。领导一项教育研究可能会被失败的拨款申请、被拒绝的论文、出问题的研究以及行为不符合预期的同事所打断。一个好的领导者有能力从这些挫折中恢复过来，从挫折中学习并继续前进。这种能力——或叫做韧性——可以培养，有一个支持你的客观的同事，比如你的导师或批评你的朋友，你可以和他们讨论困难，他们可以给你一个客观的看法，这很有帮助。

培养韧性的一部分是找到一种平衡工作与生活的方法——为那些能让你的身体、情感、精神和智力恢复活力的活动腾出时间。

领导变革

领导者需要对管理和领导变革得心应手。研究人员天生就有好奇心（我想知道为什么，我想知道怎么办，我想知道能不能），这种好奇心与一种积极的领导力特质密切相关，即乐于接受新体验。需要记住的是，不同的人或群体可能对变革有不同的看待方法和心理反应。作为领导者，你的职责之一就是将愿景传达给其他人和团队，这就要求了解他们的立场，这样你就可以相应地提出自己的主张。例如，展示用以变革部分医学课程的评估证据可能会得到一群同事非常积极的响应，但另一群同事可能会觉得变革威胁了他们的角色，或者觉得被长时间地强迫处在难以改变的实践中，他们可能有抵触心理并为计划带来阻碍。对此，需要更仔细的处理、大量的讨论和沟通，并且需要相信这些变革将对他们和他们的实践产生积极的影响。任何变化，即使是积极的变化（比如一项研究获得大量资助或晋升到一个新的岗位）都会带来损失和焦虑。作为结果，你不得不放弃一些正在进行的工作，同事对新的挑战可能会面临自我怀疑。从损失—悲伤循环的角度考虑变化，变化曲线[25]或过渡曲线[26-27]有助于解释你自己或他人的反应。这些周期中的大多数可以识别出普遍的反应和适应变化的阶段：

- 早期回避或否认。
- 能力或效率下降。
- 挫折、怨恨或愤怒。
- 走向接受新现实并放手的一步。
- 开始理解新的工作和行为方式。
- 最后，将改变融入日常生活。

作为在组织中发展研究文化的一部分，你可以决定改变研究学生管理的方式，将每个导师只做自己的事情的临时性管理转变为更合作的管理流程。这个管理流程中，研究学生的培训由集体完成，评估进展的流程也更系统化。首先要弄清楚谁会受到这种变化的影响，谁可能会将其视为对他们的自主权甚至是能力的威胁。它还将说明改革的好处，例如丰富学生的经验、提高程序的效率，从而节省重复工作的时间，以及对新主管的支持和指导。如果可能的话，找一个对变化持积极态度的同事，让他看到变化的好处，并提供大量的咨询机会，让他表达自己的担忧。让资深同事、学生和支持的委员参与进来，可以让你获得改革的权力，并在有关权威的问题上提供帮助。

通过理解和减少负面影响（真实的或感知到的）来管理变革，可以帮助个人度过这个周期；通过很好地规划、提供时间和支持来适应变化，允许对已经发生的事情感到悲伤，并预期（希望是暂时的）能力或生产力的丧失。

除了领导变革过程的个人和人际方面之外，其他变革模型或方法更关注系统组织方面，对此，特别是当计划和事情出错或停滞时可能有用。

使用项目管理方法

正如前文所述，领导者需要关注变革

管理更广泛的方面，对于那些在医疗实践或管理教育项目方面有经验的人来说，管理多个优先事项似乎是第二天性。然而，一个研究项目的成功与否取决于研究人员计划、实施、分析和撰写研究报告的能力。正式的项目管理流程帮助你预测问题，从而减轻压力。本节不提倡高度正式的项目管理程序，但建议使用项目管理的原则而使研究更富有成效和乐趣。

定义成功

一开始就想清楚你想从项目中得到什么成果，这通常很有帮助。如果你的项目来自外部资助，你可能已经在资助申请中对此进行了说明。研究项目的终点可以分为两类：

- **产出**：是有形的，通常是实体的东西，比如期刊论文或会议报告。它们也可以是一个产品，比如一个评估工具或一些在线学习材料。
- **结果**：是产出所产生的结果，例如“医学本科生在临床考试中表现会更好”。

在一开始就定义清楚，你就可以在项目结束时根据这些来评估项目。参见下文中的例子。

利益相关者分析

医学教育研究通常涉及许多不同的人群，他们的利益可能存在冲突。在大学或其他教育机构进行的研究可能会涉及医疗卫生专业的学生、教师和专业服务的同事，也可能涉及其他学生群体。如果研究是在医疗环境中进行的（例如审视在研究生医学培训中基于工作场所的评价过程），可以增加临床同事和患者的参与度。通过确定项目的涉众是谁，就可以计划如何让他们参与进来，并与他们进行适当的沟通。从一开始就让关键的利益相关者持支持态度，可以对项目的成功做出真正的贡献。对于较大的项目，涉众（或他们的代表）通常作为指导或管理组的一部分。你还需要确保研究计划得到管理机构（如研究伦理委员会）的审查和批准（如果适用于你所在的机构或国家）。

高水平的时间节点

一旦知道你想要达到的目标和需要涉及的人，你就可以为项目制订一个高水平的时间节点。计划的截止日期可能会因资助申请的条款或临时职位的固定性质而改变。例如，一个 1 年哲学硕士研究生的高水平时间节点可能是这样的：

8 月 /9 月	研究伦理申请
8 月	开始文献综述
9 月	组织焦点小组讨论
10 月 /11 月	记录焦点小组，计划调查问卷
12 月	试点研究和验证问卷
1—3 月	发放问卷及跟进
3—4 月	分析问卷数据
5—6 月	写论文
8 月	完成

医学教育研究人员经常在提供服务和教学职责之间奋力挣扎，因此时间节点必须切合实际，并考虑到其他重要任务以及生活事件和假期。例如，如果你知道你的研究人员是一名从事兼职硕士项目的医生，

并且他们每周有 2 天可以从临床工作中解脱出来，那么将这一点考虑在内对于预估工作计划是明智的。从事全职研究的人的工作计划将大不相同。

分解工作

规划过程的下一个阶段是将每一个主要任务分解成小步骤，组成更大的任务。这个阶段的一种常见方法是在便利贴上写下所有的小阶段，然后将它们分组或排列在白板或白板纸上。这样做的好处是，在确定最终的项目计划之前，你可以重新安排便利贴，尝试不同的项目组织方式。其他人认为在这个阶段使用思维导图方法更有用。无论你如何执行项目计划的这一部分，请有经验的研究人员在此阶段审查计划非常有用。他们会指出哪些地方你低估了做某事所需的时间，或者错过了关键阶段。一旦你把便利贴、活页纸、思维导图做成你喜欢的格式，很有必要拍下详细的计划。如果你足够幸运，研究项目有预算，你需要将成本计入项目的各个部分，这样你就可以在项目期间跟踪支出。

一旦分解了你的工作，你可以尝试用不同的方法来安排项目，通过相对简单的工具，如电子表格或甘特图（Gantt charts），或者如果项目更大或更复杂，你可以使用更复杂的软件。这是一个个人喜好的问题，超出了本章的范围，但是有很多书籍、网站、课程描述和建议不同的方法和技术。

确定和管理风险

在计划阶段，你应该为你的项目确定一些主要风险，并找出如何提前将风险最小化，或者在潜在风险实际发生时计划你可能做什么。例如，医学教育研究的风险可能包括以下几个方面：

- 自愿参与项目的学生数量非常少。
- 数据质量差，没有真正显示任何内容。
- 在你完成前 1 周，有人发表了完全相同的研究报告。
- 你丢失了笔记本电脑，而你所有的数据都在上面。

一旦深思熟虑，列出所有可能的风险（即使其中一些似乎有点过于戏剧性！）。你可以根据对项目有多严重的影响，将风险分别赋值 1 ～ 5，然后按照发生可能性（概率）再次赋值 1 ～ 5，以此来排出风险的优先级。然后，每个风险的得分将为 1 ～ 25，你可以为得分超过 10 的每个风险制订一个管理策略。

因此，你对上述风险的缓解策略可能是这样的：

风险	管理措施
自愿参与项目的学生数量非常少	• 提前与学生沟通研究的益处 • 从学生群体中找出能够动员支持的倡导者 • 为参与研究者提供适当的激励
数据质量差，没有真正显示任何内容	• 进行试点研究 • 收集数据时定期回顾
在你完成前 1 周，有人发表了完全相同的研究报告	• 参加会议和学术网络 • 与这方面的领导进行协商 • 在会议上展示试点研究和想法，并获得反馈
你丢失了笔记本电脑，所有的数据都在上面	• 将数据存储在多个位置

管理项目

一旦项目启动并运行，管理和监控项目非常重要，这样你就可以处理任何意外的问题，或者在截止日期临近时让项目回到正轨。如果有一个团队参与到这项研究中来，这一点尤为重要。可以通过定期策划的团队会议进行监控，团队中的每个成员都可以在会议上报告他们的进展。可以通过改编以下的标题来制作一个简单的报表：

- 本月进展情况
- 下个月的目标
- 任何问题 / 阻碍进展的障碍 / 讨论条目

跟踪支出和管理预算也很重要。你自己的机构会有财务报告机制，但保留自己的收支账目，以确保你适当地计划预算，这也很有必要。

花时间收尾

也许项目中最不受关注的部分是项目的结尾。所有的项目都应该有一个正式的终点，通常这是一个自然的阶段——论文发表、博士论文提交、研究助理的合同到期等。在项目的最后有一些明显的步骤，例如为资助机构完成一份报告，或者为一个研究伦理委员会写一份终期报告。对项目进行评估也非常重要，即使其他人没有正式要求这样做。在这段反思期间可以吸取宝贵的经验教训，而且不必太长或太复杂。Kirkpatrick 评价培训方案的模式可以有效地适用于评价教育研究项目 [28-29]。快速记下从中学到的教训可以帮助规划下一个项目。

培养及维持机构的研究能力

教育研究能力建设面临的挑战

医学教育研究通常在大学、医疗机构或两类机构联合开展。对于这些组织来说，教育研究的优先级往往让位于医疗服务、教学和生物医学科学研究。因此，作为医学教育研究的领导者，你的角色之一就是在你的组织中进行研究能力建设。能力建设主要包括两个方面：

- 培养自己和希望开展教育研究的同事的技能和专业知识。
- 保障资源——包括设备、消耗品、交通的财务资源等有形资源和人力资源；换句话说，就是时间！

研究的领导者也可以通过提高学术水平和教育、将教师置于他们共同体中有影响力的职位、制订研究计划和促进转化与应用研究以提升声誉等方式来实现目标 [30]。

利用资金资源

为新的教育研究项目争取大量的资金是非常困难的。资助者通常需要看到已成功完成项目并完成论文出版的跟踪记录，以便将资助项目的风险降到最低。然而，这就引出了一个问题：如果我不能获得资金，我该如何开始呢？你自己的机构可能会提供小额资金来推动新的教育研究领域，许多外部机构也会提供小额资助计划。这些都是相对较小的金额，但它们使你能够开始并证明你有能力开展外部资助的项目。

开发人力资源

作为一名研究领导者，你能进行的实

际研究的数量将受到你可用时间的限制。即使你没有其他的职责，这段时间也有限，而扩大这一能力的唯一途径是招收博士生和（或）研究助理。如前所述，研究生获得外部资助的奖学金机会很少，但可能有机构资助的研究生奖学金供你申请，或者有对你的工作感兴趣的兼职自费学生。

你可能会有更多的资深同事，他们都是资深的医疗卫生专业人士，很少有实施研究项目的经验。你甚至可能有在某一研究领域（例如生物医学科学）经验丰富但渴望进行教育研究的同事。如果这些同事没有博士学位，那么鼓励他们在兼职的基础上攻读博士学位是他们发展必要的研究技能的一个很好的方式。然而，这需要对所涉及的时间有一个现实的概念。其他可能的选择包括攻读哲学硕士或理学硕士、医学/健康教育硕士或研究方法的强化课程。

即使你的研究团队只是你和一名兼职博士生，也值得从一开始就营造一个“研究团队”的氛围。通过一系列研讨会、工作坊和期刊俱乐部，并鼓励同事在国内和国际会议上展示他们的工作，你可以避免产生孤立感，并鼓励在你的研究中形成一种开放和可评估的文化。这样一来，你就有额外的优势，增加你的对内、对外形象。在建立研究小组时，建立关系网的能力很重要，成功地建立关系网将带来合作的机会，从而扩大你进行研究、写作和出版的能力。

跨学科和跨机构的工作

增强你的能力和扩展你的工作的一种方法是通过跨学科和多学科的工作。一种简单的方法是将完成的研究项目中的方法应用到另一个专业小组中，最好是通过个人联系和地理位置很容易接触到的研究小组。因此，举例来说，如果你刚刚在医学本科生中进行了一项关于同伴辅助学习的研究，那么就有可能将该项目扩展到同一机构的护理专业学生。另一种方法可能是申请一项基金，来观察医学、口腔、护理、理疗和兽医学专业的学生参与的同伴辅助学习。资助机构往往更有可能为那些他们可以看到在不止一个专业领域或范围内有影响的项目提供资助。通过与其他机构合作来建设机构能力是可能的，这在进行国际合作时尤其重要。

有计划的机会主义者

为了发展和完成一项成功的研究体和成果，你必须非常清楚希望遵循的研究方案。然而，要求资助和邀请合作的呼声可能与本项目和你的计划或愿景并不完全一致。有时你需要抓住机会，修改你的研究计划，使之符合某个资助机构或组织的特殊优先考虑。在有机会的情况下，稍微改变一下你的研究领域以适应机会，保持开放态度将使你的研究生涯具有可持续性。与此相关的是“视野扫描”（horizon scanning，它有助于开发洞察力）——了解国家和国际政策和问题的最新进展，了解地方和国家在医学教育方面的优先事项，以及了解重大事件对国家政策的潜在影响。你可以订阅新闻提醒和电子邮件来帮助解决这个问题，专业组的成员资格可以提供与同事讨论这些问题的机会。

小结

总之，有关领导力的文献可以为领导者和追随者如何在医学教育研究中更成功地工作提供有益的视角、模型和解释的框架。发展自我认知，深入了解自己的优势、动机和偏好，是更有效地工作、与他人互动、发挥最大作用的关键。研究领导者作为变革推动者和能力建设者的作用也至关重要。研究通常以团队形式进行，研究领导者的角色是支持、发展和提高学生、同事和组织去学习和应用研究证据的能力。了解你工作和互动的系统和组织（正式的和非正式的）也将帮助建立长期的愿景和权力基础，并使你能够在机会出现时抓住它们。最后，让人欣慰的是，要记住，提高领导力是一个过程：它是一个持续一生的旅程，没有人是完美的。

实践要点

- 领导力和管理是不同的，但在医学教育研究中两者都是必需的。
- 领导力可以被认为是人际层面、个人层面以及组织或系统层面的——从本质上说，领导力就是了解你自己、关系、对话和变化。
- 了解一些领导力理论和方法可以帮助你更有效地领导。
- 项目管理方法可以帮助避免医学教育研究中的缺陷和失败。
- 培训和指导对你和你的团队都很有用，但个人发展需要与组织能力建设相结合。

拓展阅读

Bolman, L.G. & Gallos, J.V. (2010) *Reframing Academic Leadership*. John Wiley and Sons Inc, New York.

Goffee, R. & Jones, G. (2006) *Why Should Anyone be Led by You? What it Takes to be an Authentic Leader*. Harvard Business Review Press, Boston, MA.

Leadership Quarterly Yearly Review e.g. 2013 *issue 'Advances in traditional leadership theory and research', guest editor Chester A Schriesheim – these annual reviews provide excellent summaries of the latest in general leadership research and development*.

McKimm, J., Cotton, P., Garden, A. & Needham, G. (2013) Educational leadership. In: Walsh, K. (ed), *Oxford Textbook of Medical Education*. Oxford University Press, Oxford.

Obolensky, N. (2010) *Complex Adaptive Leadership: Embracing Paradox and Uncertainty*. Gower/Ashgate Publishing Ltd, Farnham.

Preedy, M., Bennett, N. & Wise, C. (2012) *Educational Leadership: Context, Strategy and Collaboration*. Open University/Sage, Milton Keynes.

Swanwick, T. & McKimm, J. (2014) Educational leadership. In: Swanwick, T. (ed), *Understanding Medical Education: Evidence, Theory and Practice*. Wiley Blackwell ASME, Chichester.

许多网页资源提供了有用的管理工具的资料和例子，这些工具可用于研究项目（例如策略管理；SWOT，PESTLE，风险分析；选择评价，利益相关者分析），包括：

JISC 站点有许多开放的资源供研究人员使用，特别是在大学

www.jiscinfonet.ac.uk/infokits

Mindtools——关于领导和管理你自己和团队的大量资源、职业和专业发展，免费的每周时事资讯，有很多提示和技巧，还有一个俱乐部

www.mindtools.com

Businessballs——职业和个人发展以及进一步解释章节中一些模型和框架

www.businessballs.com

参考文献

1 Swanwick, T. & McKimm, J. (2014) Faculty development for leadership and management. In: Steinert, Y. (ed), *Faculty Development in the Health Professions: A Focus on Research and Practice*. Springer, Dordrecht.

2 Fiedler, F. (1964) A contingency model of leadership effectiveness. In: Berkowitz, L. (ed), *Advances in Experimental Social Psychology*. Academic Press, New York, pp. 149–190.

3 Hersey, P. & Blanchard, K. (1988) *Management of Organizational Behaviour*. Englewood Cliffs, NJ, Prentice Hall.

4 Leiff, S. & Albert, M. (2010) The mindsets of educational leaders: how do they conceive of their work?

Academic Medicine, **85**, 57–62.

5 Bolden, R. (2010) Leadership, management and organisational development. In: Thorpe, R., Gold, J. & Mumford, A. (eds), *Gower Handbook of Leadership and Management Development* (5e). Gower, Farnham, pp. 117–132.

6 Eckert, R., West, M., Altman, D., Steward, K. & Pasmore, B. (2014) *Delivering a Collective Leadership Strategy for Health Care*. The King's Fund, London.

7 Greenleaf, R.K. (1977) *Servant Leadership: A Journey into the Nature of Legitimate Power and Greatness*. Paulist Press, Mahwah, NJ.

8 Heifetz, R.A. & Linsky, M. (2004) When leadership spells danger. *Education Leader*, **61**, 33–37.

9 Randall, L. & Coackley, L. (2007) Applying adaptive leadership to successful change initiatives in academia. *Leadership and Organization Development Journal*, **28**, 325–335.

10 Bass, B.M. & Avolio, B.J. (1996) *'Postscript' In Improving Organisational Effectiveness Through Transformational Leadership*. Sage, London.

11 Leithwood, K., Jantzi, D. & Steinbach, R. (1999) *Changing Leadership for Changing Times*. Open University Press, Buckingham.

12 Maccoby, M. (2007) *The Leaders We Need and What Makes us Follow*. Harvard Business School Press, Boston.

13 Kellerman, B. (2008) *Followership: How Followers are Creating Change and Changing Leaders*. Harvard Business Press, Boston, MA.

14 Kelley, R.E. (1988) In praise of followers. *Harvard Business Review*, **66**, 142–148.

15 Bohmer, R. (2010) Leadership with a small 'l'. *BMJ*, **340**, c483.

16 Kelley, R.E. (1998) Followership in a Leadership world. In: Spears, L.C. (ed), *Insights on Leadership Service, Stewardship, Spirit and Servant Leadership*. John Wiley and Sons, Inc, New York, pp. 170–184.

17 Oc, B. & Bashshur, M.R. (2013) Followership, leadership and social influence. *Leadership Quarterly*, **24**, 19–934.

18 Judge, T.A., Bono, J.E., Ilies, R. & Gerhardt, M. (2002) Personality and leadership: a qualitative and quantitative review. *Journal of Applied Psychology*, **87**, 765–780.

19 Siebert, S.E. & Kraimer, M.L. (2001) The five factor model of personality and career success. *Journal of Vocational Behavior*, **158**, 1–21.

20 Storey, J. (2004) Changing theories of leadership and leadership development. In: Storey, J. (ed), *Leadership in Organisations: Current Issues and Key Trends*. Routledge, Abingdon.

21 Myers, I.B. & Myers, P.B. (1995) *Gifts Differing: Understanding personality type*. Mountain View, CA, Davies-Black/CPP Inc.

22 Quenk, N.L. (2002) *Was That Really Me? How Everyday Stress Brings Out Our Hidden Personality*. Mountain View, CA, Davies-Black/CPP Inc.

23 George, B. (2007) *True North: Discover Your Authentic Leadership*. John Wiley and Sons, New York.

24 Alimo-Metcalfe, B., Alban-Metcalfe, J., Bradley, M., Mariathasan, J. & Samele, C. (2008) The impact of engaging leadership on performance, attitudes to work and wellbeing at work: a longitudinal study. *Journal of Health, Organisation and Management*, **22**, 586–598.

25 Kübler-Ross, E. & Kessler, D. (2005) *On Grief and Grieving: Finding the Meaning of Grief Through the Five Stages of Loss*. Simon & Schuster Ltd, New York.

26 Fisher, J.M. (2005) A Time for change. *Human Resource Development International*, **8**, 257–264.

27 Parker, C. & Lewis, R. (1981) Beyond the peter principle: managing successful transitions. *Journal of European Industrial Training*, **5**, 17–21.

28 Kirkpatrick, D.L. (2009) *Evaluating Training Programs: The Four Levels*, 3rd edn. Berrett-Koehler, San Francisco.

29 Kirkpatrick, D.L. & Kirkpatrick, J.D. (2007) *Implementing the Four Levels*. Berrett-Koehler Publishers.

30 Cross SE. 2013 *A leadership model for the research university. 3rd International Conference on Leadership, technology and innovation management, Procedia - Social and Behavioural Sciences; 000-000, Elsevier Ltd. table*

计划性研究：构建和维持能力

Programmatic research: building and sustaining capacity

第24章

Chapter 24

David Taylor and Trevor Gibbs

（翻译：高田敬　　审校：吴红斌）

在你的评估之后，你将返回办公室并反思讨论情况。由于外部压力，你的工作重点越来越多地与教育有关，而且越来越难以跟上忙碌生活的步伐。你需要放弃一些任务，并考虑把你的时间和热情投向何方。最近你最感兴趣的事情就是你和学生的对话，你发现自己在想他们的想法是从哪里来的。你思考几天后意识到，在你的职业生涯中，最明显、最有趣的发展道路是医学教育研究。你不是白手起家的：你已经在医学教育文献上发表了几篇文章，在全国会议上展示了几篇文章，并且已经开始建立了一个对研究感兴趣的同伴网络，但是如何最好地有效利用你有限的时间呢？如果要开始这个过程，是成立一个新的研究小组，还是与和你有相似兴趣的研究活跃的同伴联合起来，或是单独行动？这些方法哪一个更好呢？

引言

研究是刺激的，甚至是有趣的，我们中的大多数人都非常有动机去了解更多我们感兴趣的事情和重要的事情。我们相信以动机和调查为基础的方法对于我们的日常工作生活来说习以为常。然而，这样做很容易陷入“一点研究”，常常被挤压在临床和（或）教学任务的夹缝中，而不是以创造长期可持续研究方案以建立对一个主题的知识与理解的方式工作。如果花太多的时间和精力重复别人已经完成的研究，这种习惯会进一步恶化。本章提供了指导，帮助读者考虑如何从做一项个人的研究转向在基于团队的可持续性的教育研究项目中领导或合作研究。我们从英国研究者的角度写作，但本章的信息可以迁移到所有的情境中。

制订研究思路：最初的步骤

发展一个研究项目很重要的开始点是确定主题、问题和要弥补的研究空白。这方面的一个例子是：“我的学生似乎总不会提前预习与我讲座相关的材料。这是为什么？我想知道这是否意味着他们不明白我在讲座中所说的”。研究问题可以集中在探索学生对预习阅读的态度，或确定预习中存在哪些障碍，或考虑是否有其他更有效的方法来教授相关主题。

从这里，研究的过程已经开始，但即使是在这个早期阶段，也可能会出现挑战。

通过查阅文献中关于你的主题或想法的证据，你可能会发现你的问题已经被回答过。更可能的是，现有证据可能部分地回答了你的研究问题，并确定了进一步研究的必要性。即使在你开始调查之前，这一步也会影响你的工作——你的研究正在成形，你在问问题、寻找答案，甚至是发现知识上的空白。在这一点上，你需要思考，这件事是否仍然让你感兴趣？文献中的空白是否符合你的研究兴趣、知识和能力？事实上，你还想进一步研究吗？它是不是在你的学术能力和时间限制之内？你是一个人做还是需要帮助？如果是后者，那么你希望与谁合作？谁拥有必需的知识和能力？这一时期个人建设性的考虑是研究中必不可少的第一步。无论你选择哪条路线，你都需要积极地投入到这个项目中。

一个有意义的研究计划会花费时间；它需要时间和精力、毅力和韧性。请记住，即使是最成功的研究人员也不一定总能成功地申请到研究经费，他们的论文也没有不经过修改就被接受。即使在早期阶段，基于现实期望的合理决策也有助于确保研究项目的长期可持续性。

如果你发现你的问题或想法没有得到解决，并且 / 或者还有其他问题要问，而且你仍然相信这是你想要寻求解决的，那么是时候开始一个完善的过程了。这包括围绕你的目的——你想发现什么——和目标——你将如何发现它，制订研究的结构。这在第 3 章中已详细讨论。在这个阶段，你可能还希望与你的同事讨论研究问题——几个人通常比一个人好——询问他们是否认为你的想法是具有密切关联、合乎逻辑、适当和可行的。你或许还希望与在其他地方工作的、对你在考虑的研究主题正在跟踪研究的个人或团体进行交流。

与他人联系很有帮助，这可能有很多原因，其中最重要的原因是在提交或准备中加深了解工作，这些工作的存在会影响你对研究问题的抉择。正如重复一项公开的研究没有意义一样，启动一项已经完成但在公共领域还没公开的研究也没有意义。更积极的是，有时与一个已建立的研究团队接触会导致协作，与同一领域工作的团队协同工作，形成“双赢”的局面。

在这一点上，你还应该仔细想想你的世界观（见 McMillan 所著的第 2 章）和你在哲学方法及与之相一致的方法论及工具上偏爱的工作方式（见 Cleland 所著的第 1 章）。仔细考虑这两个方面至关重要，例如，不应仅仅因为你以前有过使用某个特定数据收集方法的经验，而不是因为其适合于研究目的，就继续沿着该方法的道路走下去[1]。

这一阶段的研究，先确定一个疑惑点，然后确定问题，并思考形成一个研究焦点和问题的过程，这往往是一个漫长而富有创造性的阶段，也是一个重要的过程。在这个早期阶段，一个逻辑性的思考过程为你的研究提供了一个强有力的基础，同时也给出了为达到研究目的和目标可能需要做多少工作的提示[2]。

此外，仔细选择你的研究问题，还有以下三个额外益处：

- 通过仔细地思考和讨论，你可能最终会集中注意力于更精确和更窄范围的活动，在这些活动中，有更多合适的机会能真正了解正在进行的事情。

- 你将发展自己的个人专业知识。
- 仔细的计划和讨论通常意味着你探索研究“那又怎样”的价值，然后这种价值有能力转化或改变目前的知识状态。

从一个单一的研究问题转向一个研究方案，有四个相互重叠的要素支撑着一个成功和可持续的研究方案，包括主题焦点、来自他人的支持、资源以及团队成员的教育和培训。

主题焦点

在我们当前的研究环境中，最重要的事情之一是影响、是“那又怎样”这个因素、是一个可转化到现实世界的概念。确保影响或可转化能力的一种方法是确定存在一个支持研究计划的共同主题，当研究计划基于多个体、一个社区或地区的需要时，这一点更会成为可能——它变得有目的、有意义，其结果可能有效。例如，参照本书的其他章节，许多不同的计划都是根据需要而开发的，例如，如何在医学的申请人中进行最佳的辨别，或者如何最好地理解学习过程（参见本书中的许多章节，包括 Torre、Durning 以及 Leppinck 等人所著的章节）。

将个人的研究问题纳入对某一特定主题的共同研究框架，往往会增加该领域的成功机会，增加出版可能性，提高研究资助的可及性，从而提高长期可持续性。在一篇为纪念 Cees van der Vleuten 获得卡洛琳斯卡医学教育研究奖而写的文章中，他生动地描述了在他参加评估的案例中，关注焦点的研究计划在研究中的重要性，这样的研究计划因针对焦点而蓬勃发展，并在相关学科间建立了良好的合作关系（见下文）[3]。

事实上，大多数机构现在把研究集中在少数几个主题上。通过这种方式，研究机构，而不仅仅是个人，在某一特定领域发展了领先的声誉。这就保护了一个研究项目，使其在任何一个人离开后都不会崩溃，并吸引了其他有兴趣在此研究机构中从事相同项目的人前来。在某一领域拥有“业绩记录”或稳固的声誉对资金提供者非常重要，他们通常需要机构的专业知识和能力的证据来按时投入资金，并且进行预算估计。值得注意的是，任何研究小组的规模都不固定，这可能取决于当地环境和团队吸引资金支付专门研究人员的能力。任何一个课题组的规模都可能随着时间的推移而波动，这取决于正在进行的研究活动的数量。

选择主题并专注于研究项目至关重要。例如，在英国利物浦大学医学院（www.liverpool.ac.uk/medicine），医学院的教育研究组的成员对认识论、扩大入学机会、医学教育中最佳证据的应用和职业精神等感兴趣。通过讨论，他们决定将他们所有的研究兴趣放在与学生如何“成为”医生相关的“实践共同体”的框架下（见本书 Torre 和 Durning 论述的更多关于实践共同体的讨论）[4-10]。医学教育中的计划性研究有许多例子，仅举几例：荷兰马斯特里赫特大学的 Jeroen van Merrienboer 的学习与教学工作方案、英国阿伯丁大学的 Jennifer Cleland 的选拔与评估工作、加拿大大不列颠哥伦比亚大学的 Kevin Eva 的小型多重访谈（MMIs）工作。

支持

研究环境本身就是基础[11]，它必须鼓励思考和辩论，并支持研究活动。

支持机制通常分为两类：正式结构和个人支持。在正式结构方面，在许多机构中，研究人员在申请伦理审查和拨款之前，必须与其他人讨论他们的项目。这些内部同行评审制度对双方都有利。个体研究者需要清楚地表达他想做什么和为什么。例如，外部资金申请书越清晰地表述最终成果，才越有可能成功。

在连续性支持工作正式结束时，有一个导师很重要。导师是一个有足够经验和智慧的人，能够对研究人员给予指导和建议。有强有力的证据表明，指导是重要和有效的[12]，前提是指导者和被指导者之间有良好的关系，并且他们有相似的观点。一个强有力的导师关系有可能维持一个稳固的学习团体[13]。见 McKimm 和 O'Sullivan 在第 23 章中对教育研究中的指导进一步的讨论。

对人进行投资并鼓励参与教育研究的人获得适当的资格也很重要[3]。尽管在以前，许多从事医学和医学教育研究的人“在职”发展了他们的技能和知识，但目前的环境鼓励正式学习和获得认可资格。这在一定程度上是为了个人的发展，也有利于学习社区的更加专业化[14]。

也存在不太正式的支持体系。在研究小组会议、读书报告会、内部研究日或学术会议等上面呈现研究想法可能非常有帮助。听众提出的问题和回答可以揭示研究中的薄弱环节，并能够就如何取得研究进展提出建议。

个人层面的其他支持策略包括：

- 找到一个关键的朋友有很大的益处，他需要是一个可以坦诚、公开地交谈和分享想法的人[15]。你可能很幸运能在你自己的组织里找到这个人，或者你必须在外面寻找这样的人。他不需要是特别年长的人，只需要是一个能理解你的研究目标和原因的人。
- 第二个策略是养成定期写作的习惯[16]。这可能是一件痛苦的事情。但是，特别是如果你是不得不为团队撰写资助研究计划书和论文的人时，这是一个非常有用的习惯。我们中的一个人（DT）刚刚攻读完成了教育学博士学位（Ed.D），要求在两年的时间内每周提交大约 3000 个单词的作品。这种有规律的活动变成了习惯的养成[17]。因为对我们大多数人来说，写论文的行为实际上是“写研究报告”，在你持续写东西的过程中会有相当大的好处[18]。当你写作的时候，你会想到其他的想法，并且你会被鼓励去检查和复核来源。你也将有一份记录，据此进行反思，从而帮助提升你的理解[19]。能够在团队中分享文章，促进积极的讨论，并将彼此作为评审员，有助于巩固书面材料的质量。

成功所需的第三个要素是协作或采用协作方法。也许有些人可以独自去做，但我们中的大多数人发现，与同事、图书馆员、心理测量学家、心理学家、社会学家或那些从事教育研究但没有沉浸在医学教育领域的人一起工作是有帮助的。如前所述，正是团队而不是个人建立了一个项目研究[20]。而且，通过跨学科的工作，你可以从他人的角度看待事情，这在整体性理解方面很有帮助[21]。这有助于以多种方式提高研究质量，包括在理论上重要的内容和实际可行的内容之间达到适当的平衡[22-23]。第二个原因是，它鼓励人们从其他方向看待问题，并且因此导致了人们在审查中对问题具有更加全面的理解[21]。

最后，重要的是，持续跟进阅读在该领域最新的出版物，这有助于规划未来的研究。参加会议或研讨会是一种拓宽视野、挑战想法的很好的方式。需要警示的是：尽管旅行到更远更广阔的地方是一种建立自己网络的好方法，但重要的是要记住，在下一个走廊或大楼里可能就有人在与你思考相同的事情[24]。此外，从 TED Talks® 到 MedEdWorld（www.mededworld.org）中都有无数有用的在线资源。

资源

根本上讲，构建研究能力和维持可持续性需要资源。资源包括 IT 系统、图书馆和在线获取期刊及其他信息来源、设备、工作人员时间以及组织精神这样的无形资源，这些资源支持研究发展（见前文）。

在医学教育研究中，工作人员的时间是最重要、最昂贵的资源。实际上，在研究计划的初步阶段，项目可能依赖内部资源，如实习生、希望获得研究经验和（或）小额资金的学生。将想法发展成研究方案，进行可行性研究或试点研究（例如，少量的资金可以资助访谈或一些统计员的时间），甚至可以从其他任务中移用一些时间，以便你可以撰写资金申请书，这些都是非常有用的方法。在更大的机构有明确的研究任务，把自己的计划与该任务协调起来至关重要。这样做可以获得内部资金来源（资源）、培训和专业发展机会，以及组织内部的其他支持（例如系主任把你的一些教学任务分配给一个新的职员，让你自由地写一篇论文）。

然而，如今吸引外部资金资助至关重要。这并不容易——研究经费不足，因此获得资助的机会具有很强的竞争性。你还需要一份能够吸引外部资金的跟踪记录（并按时交付外部的资金项目从而进行预算），以便获取更大的资助。因此，明智的做法是从小处着手——作为合作者，而不是一项研究经费的主要申请人，然后作为一项小额经费的主要申请人，然后是一项较大的资助，再后作为一项大型跨国研究资助的共同申请人等。小额资金可能看起来不值得费劲地填写申请书和组建团队，但成功获得小额资金意味着你的工作质量足够高，对吸引外部兴趣和投资很重要。记住，每个人都必须从起点开始！

培训

构建研究能力的最后一个主要因素是教育和培训。开始学习研究的最佳时间是作为一名本科生——这是由欧盟资助的 MEDINE 2 项目得出的共识之一[25]。然而，医学等专业性职业学位课程必须满足严格的监管机构标准和要求，在正规课程中长期以来一直很难有用于培训研究的时间。在牢记这一点的同时，重要的是要创造机会，让学生在每一个尽可能的机会中接触研究过程（我们如何发现药物 A 在治疗慢性阻塞性肺疾病的后期阶段优于药物 B），并获取结果（指南中推荐药物 B）。这样做的一种方法是“学生选择的组成部分”，在英国用于各种目的，包括给予医学生探索研究的机会，使他们至少具备基本技能和知识（例如，如何搜索文献）[26]。吸引学生的因素是，参与研究过程可能会带来展示甚至出版的机会，并发展了通用的技能[27]。（我们的经验是，由于这些原因，学生们确实非常有动力从事研究。）此外，鼓励早期的研究活动有助于持续的活动，从而有助于能力建设：30% 的利物浦大学医学院学生（所有这些学生都进行了结构化的研究培训计划）在毕业后 5 年内继续完成了硕士课程。

有趣的是，Van der Vleuten[3] 将研究培训与实践共同体（CoPs）的概念进行了比较，因为研究可以由涉及各级研究人员的团体活动来共同完成，从本科生、对研究感兴趣的教职工到全职研究人员。研究性 CoPs 包含了果断、开放、支持、培育和指导的价值观，并且通过与主题研究计划保持密切联系，拓展了对某一特定领域的认知。

培训也意味着正式的教育计划。在医学教育方面，这些课程包括一系列项目，如从欧洲医学教育联盟（Association for Medical Education in Europe，AMEE）开办的医学教育课程的基本技能系列（http://www.amee.org/amee-intiatives#esme），到现在举办的很多的硕士和博士项目[28]。研究生候选人进行一项真正研究的需求鼓励了他们规划参与一个项目的机会，从而产生“双赢”局面，即学生在一个研究团队中获得一个好的项目，而研究团队则获得了一个热诚且积极的学生资源。

有一个可以运行当地的培训项目的地方非常重要，因为这些项目使忙碌的受训者们更容易参加，并具有情境性认知的优势（见本书中 Torre 和 Durning 所著的章节）。这些项目有助于在非常具体的地方背景下使实践与当前的研究保持一致[16,29]。它们还帮助人们超越当地研究环境的门槛[30]，使人们更有可能认识和认同当地的实践情境[24]，甚至可能选择加入该计划。

Hodges 最近详细地介绍了利用教师发展来培养研究能力的各种机会[31]。基本要素是帮助人们发展他们对事物的思考方式，而不是简单地为他们提供一套技能。在计划培训中，重要的是要认识到，即使是在一个运行良好的团队中，对理论问题也会有不同层次的理解和信心。研究环境应该使人们能够清楚地表达他们的理解，并在他们的同事理解产生差异时能意识到这些差异[3,32]。

研究培训和研究本身的投资是否产生影响取决于研究机构。有几种潜在的途径要去探索[33]，但在某些阶段，需要扩展 Kirkpatrick 模型（[34-35]；图 24.1），以纳入投资回报的考虑[36]。

鉴于我们在本章中的意图，投资的回报之一可能是实施或维持医学教育的某些变化，这最终有利于患者结局。例如，有越来越多的关于共享决策、共享决策如何提高医疗保健效果[37]，以及交流技能培训

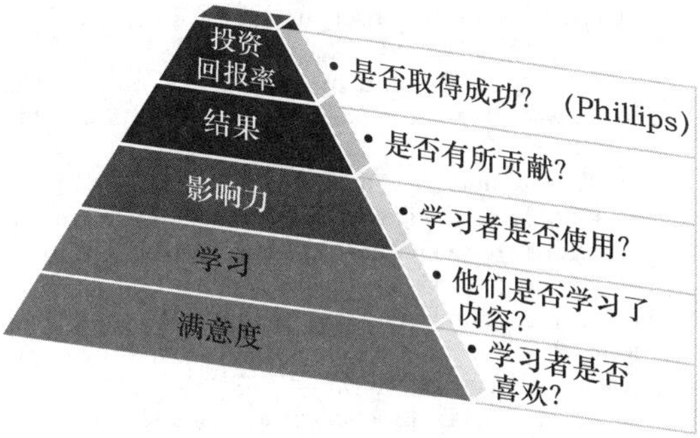

图 24.1　Kirkpatrick[33] 评估模型的修订版本

如何提高患者满意度和结局的文献[38-39]。这一终点可能不适用于所有的教育研究，但在这一点上，不应忽视。

小结

大多数参与研究的人都有强烈的动机去了解他们感兴趣的事情和重要的事情。然而，无论人们的意图有多好、个人有多热诚，一些研究都未能取得成果，不是因为想法或内容不够好，而是因为未能以确保长期有效性的方式规划研究项目。可持续性和长期有效性可以通过将研究从一个单独的活动转移到一个群体过程得以实现。对于那些面临这些挑战的人，一些引人入胜和鼓舞人心的现实是针对研究过程的研究文献越来越多。我们围绕着四个行动要素概述了建立基于团队的研究计划的重要性：主题焦点、支持、资源规划、培训和教育。这种方法可以促进成功，有助于确保研究实现目标。

实践要点

- 关于研究问题的早期和深入的共同讨论，在确保研究项目的可持续性上有重要作用。
- 团队研究方法通常比个人研究方法更为成功。
- 一个有效的研究团队通常包含各种专业知识和经验。
- 正式和“在职”培训对于确保良好的知识基础和为所有研究人员提供继续职业发展至关重要。
- 研究成果在现实生活实践中的可转化性（影响力）在获得赞誉和长期成功方面非常重要。

参考文献

1 Crites, G.E. *et al.* (2014) *Medical education scholarship: An introductory guide: AMEE Guide No. 89. Medical Teacher*, **36**, 657–674.
2 Donnon, T. (2013) Quantitative research methods in medical education. In: Walsh, K. (ed), *Oxford Textbook of Medical Education*. Oxford University Press, Oxford, pp. 626–637.
3 van der Vleuten, C.P.M. (2014) *Medical education research: a vibrant community of research and education practice*. *Medical Education*, **48**, 761–767.
4 Wenger, E. (1998) *Communities of Practice: Learning, Meaning, and Identity*. Cambridge University Press, Cambridge, New York, Melbourne, Madrid, Cape Town, Singapore, Sao Paulo, Delhi.
5 Kadushin, C. (2012) *Understanding Social Networks: Theories, Concepts and Findings*. Oxford University Press, Oxford, New York.
6 Maudsley, G. & Strivens, J. (2000) 'Science', 'critical thinking' and 'competence' for tomorrow's doctors. A review of terms and concepts. *Medical Education*, **34**, 53–60.
7 Maudsley, G., Williams, E.M. & Taylor, D.C. (2008) Problem-based learning at the receiving end: a 'mixed methods' study of junior medical students' perspectives. *Advances in Health Sciences Education: Theory and Practice*, **13**, 435–51.
8 Maudsley, G. & Taylor, D.C.M. (2009) Learning professionalism in a Problem-based curriculum. In: Creuss, R.L., Creuss, S.R. & Steinert, Y. (eds), *Teaching Medical Professionalism*. Cambridge University Press, New York, pp. 211–224.
9 Watmough, S.D., O'Sullivan, H. & Taylor, D.C.M. (2010) Graduates from a reformed undergraduate medical curriculum based on Tomorrow's Doctors evaluate the effectiveness of their curriculum 6 years after graduation through interviews. *BMC Medical*

Education, **10**, 65.
10 Garner, J. *et al.* (2010) Undergraduate medical student attitudes to the peer assessment of professional behaviours in two medical schools. *Education for Primary Care*, **21**, 32–37.
11 Arnold, L. (2004) Preface: Case studies of medical education research groups. *Academic Medicine*, **79**, 966–968.
12 Eby, L.T. *et al.* (2008) Does mentoring matter? A multidisciplinary meta-analysis comparing mentored and non-mentored individuals. *Journal of Vocational Behavior*, **72**, 254–267.
13 Stewart, R.W. *et al.* (2007) The new and improved learning community at Johns Hopkins University School of Medicine resembles that at Hogwarts School of Witchcraft and Wizardry. *Medical Teacher*, **29**, 353–357.
14 Reznick, R.K. (2014) Lessons learned in the pursuit of a dream. *Medical Education*, **48**, 768–775.
15 Baskerville, D. & Goldblatt, H. (2009) Learning to be a critical friend: from professional indifference through challenge to unguarded conversations. *Cambridge Journal of Education*, **39**, 205–221.
16 Zerubavel, E. (1999) *The Clockwork Muse: a Practical Guide to Writing Theses, Dissertations, and Books*. Harvard University Press, Cambridge, Massachusetts and London.
17 Lally, P. *et al.* (2010) How are habits formed: Modelling habit formation in the real world. *European Journal of Social Psychology*, **40**, 998–1009.
18 Badley, G. (2009) Academic writing as shaping and re-shaping. *Teaching in Higher Education*, **14**, 209–219.
19 Archer, M.S. (2012) *The Reflexive Imperative in Late Modernity*. Cambridge University Press, Cambridge.
20 Eva, K.W. & Lingard, L. (2008) What's next? A guiding question for educators engaged in educational research. *Medical Education*, **42**, 752–754.
21 Eva, K.W. (2009) Broadening the debate about quality in medical education research. *Medical Education*, **43**, 294–296.
22 Albert, M. (2004) Understanding the debate on medical education research: A sociological perspective. *Academic Medicine*, **79**, 948–954.
23 Albert, M., Hodges, B. & Regehr, G. (2007) Research in Medical Education: Balancing Service and Science. *Advances in Health Sciences Education*, **12**, 103–115.
24 Wenger-Trayner, E. *et al.* (2015) *Learning in landscapes of practice: Boundaries, identity and knowledgability in practice-based learning*. Routledge, Abingdon, New York.
25 Maerz, R., Dekker, F.W., van Schravendijk, C., O'Flynn, S. and Ross, M.T. (2013) Tuning research competencies for Bologna three cycles in medicine: report of a MEDINE2 European consensus survey. *Perspectives on Medical Education*, **2**, 181–195.
26 Riley, S. (2009) Student selected components (SSCs): AMME Guide No. 46. *Medical Teacher*, **31**, 885–894.
27 Bate, E., Hommes, J., Duvivier, R. and Taylor, D.C. (2013) Problem-based learning (PBL): Getting the most out of your students-Their roles and responsibilities: AMEE Guide No. 84. *Medical Teacher*, **36**, 1–12.
28 Tekian, A. & Artino, A. (2013) AM Last Page: Master's Degree in Health Professions Education Programs. *Academic Medicine*, **88**, 1399.
29 Irby, D.M. (2014) Excellence in clinical teaching: knowledge transformation and development required. *Medical Education*, **48**, 776–784.
30 Land, R., Cousin, G., Meyer, J.H.F. and Davies, P. (2005) Threshold concepts and troublesome knowledge (3): implications for course design and evaluation. In: Rust, C. (ed), *Improving Student Learning–equality and diversity*. Oxford Centre for Staff and Learning Development, Oxford.
31 Hodges, B. (2014) Faculty development for research capacity building. In: Steinert, Y. (ed), *Faculty Development in the Health Professions: A Focus on Research and Practice*. Springer-Science+Business Media, Dordrecht, pp. 79–96.
32 Taylor, D. & Hamdy, H. (2013) Adult learning theories: Implications for learning and teaching in medical education: AMEE Guide No. 83. *Medical Teacher*, **35**, e1561–e1572.
33 Spencer, J., Faculty development research: the "State of the Art" and future trends, In: *Faculty Development in the Health Professions: A focus on Research and Practice*, Y. Steinert, (ed) 2014, Springer Science+Business: Dordecht. p. 353-374.
34 Kirkpatrick, D.L. (1967). In: Craig, R. & Mittlel, I. (eds), *Evaluation of Training, in Training and Development Handbook*. McGraw-Hill, New York, pp. 87–112.
35 Steinert, Y., Mann, K., Centen, A., *et al.* (2006) A systematic review of faculty development initiatives designed to improve teaching effectiveness in medical education: BEME Guide No. 8. *Medical Teacher*, **28**, 497–526.
36 Phillips, J.J. (1996) ROI: The search for best practices. *Training and Development*, **50**, 42–47.
37 Leader, A., Desblabis, C., Braddock, C.H. 3rd, *et al.* (2012) Measuring informed decision making about prostrate cancer in primary care. *Medical Decision Making*, **32**, 327–36.
38 Clark, N.M., Gong, M., Schork, M.A. *et al.* (1998) Impact of education for physicians on patient outcomes. *Pediatrics*, **101**, 831–836.
39 Clark, N.M., Gong, M., Schork, M.A. *et al.* (2000) Long-term effects of asthma education for physicians on patient satisfaction and use of health services. *European Respiratory Journal*, **16**, 15–21.

结语

Conclusion

第25章

Chapter 25

Jennifer Cleland and Steven J. During

（译者：张丽媛　王　超　　审校：吴红斌）

编著《医学教育研究概论》（*Researching Medical Education*）的目的是为包括临床医学、护理和口腔医学在内的医疗卫生教育研究提供权威指南，从而提高这些领域的知识和理解。本书旨在搭建起理论与实践之间的桥梁，改善患者照护水平。

本书的章节来自当代医疗卫生领域（healthcare）的教育文献以及其他几个领域，包括教育学、专门知识（expertise）、心理学和社会学等。我们的目标是广泛地介绍与医学教育研究领域相关的概念框架、理论、研究设计、研究方法和方法论，并阐明它们在国际医学教育环境中的应用。通过与多个领域的明确联系，我们相信你正在阅读的这本书可以加强质量提升、能力建设和知识生成。在此，对《医学教育研究概论》一书的国际编委会成员表示感谢，感谢他们为本书中包含的理论、模型和方法提供指导。同时感谢他们在审稿过程中提供的帮助和对最终成书的指导。

本书的目标受众较为广泛，包括医学教育专业硕士及其导师、医学教育专业博士生及其导师、刚接触该领域并且缺乏研究经验的的人、先前在临床或生物医学领域具有研究经验但在医学教育研究领域缺乏研究经验的人，以及相关研究经验丰富并寻求新的思维方式和工作方式的研究人员。本书分为三个部分。第一部分为初入医学教育研究，根据研究的基本流程介绍了医学教育研究中的基本方法（定量和定性研究）、如何进行文献综述、医学教育研究中的理论、如何提出研究问题、研究计划与实施。第二部分广泛介绍了与医学教育和研究相关的理论、方法论和方法。我们通过每章中的小插图、多样的示例、实践要点和重要参考文献来强调理论、方法论和（或）方法的实践方面。本书的最后一部分为医学教育研究者开展相应研究提供实践指导，并期望你可以不止简单地“做研究”，还可以将研究工作推广，扩大你在自己领域的影响力。

我们交叉引用一些恰当的章节来向读者强调常见的术语和理解。我们相信，相关领域之间的这种交叉引用和融合是提升我们理解的关键，因此我们在此强调一些关键的联系。首先，就构建总体框架或统一的“宏观”理论而言，各章之间存在共性。一些章节明确提到社会建构主义，而后实证主义支持其他章节报告的研究。基于工作场所（医院）的教学和学习在医学教育实践中非常重要，这一重要性体现在许多不同章节中的中心地位。其他章节清楚地说明了从其他学科领域引入或借鉴的一些理论的应用，这些领域包括数学、教育学以及心理学和人类沟通学的一些细小分支。本书介绍的主题非常广泛，这有助于读者从将理论知识用于实践时理解不同主题之间的主要差异和相似之处，例如，研究“社会”相关问题的那些章节的共同点是什么，或者关注“个人”问题的那些章节的共同关注点是什么，以及这些方法在知识和现实的意义方面有什么不同。

所有章节不仅向读者展现了主题相关领域的知识，还阐述了研究各个主题的多种不同方式，从而说明构建研究计划的方法不止一种。重要的是，有几个章节强调，无论研究主题是什么，调整和思考世界观的重要基础或哲学、本体论和认识论、设计和方法都非常重要。这个基础的重要性在本书其他章节中也有所说明，这些章节展示了在为某一特定现象的理解和后续行动提供信息时，不同的理论视角或方法论路径可以如何被使用。

我们必须在此强调，任何一本书都不能涵盖适用于医学教育的所有理论和方法。例如，本书中几乎没有教育哲学相关知识；然而，这对于质疑医学教育的基础至关重要；例如，虽然福柯和其他哲学家[1]的相关理论在医学教育研究中越来越受欢迎，本书并未就权力与知识之间的关系以及这些关系如何被用作社会控制的形式进行深入探讨。本书也未详细研究历史、社会和文化因素对（目前）医学教育及其相关研究中被视为合法和有价值的现象的影响[2]。在理论方面，神经科学文献中的研究进展为理解学习和表现[3]的生物学机制提供了重要见解，而我们忽略了这一点。同样，本书几乎没有组织心理学和管理科学的理论知识在医学教育方面的应用[4]。

本书阐述了许多不同的数据收集方法，但同样，这些例子并未将所有数据收集方法包含在内。我们主张对定性研究方法感兴趣的读者也探索引导式行进（guided walk）[5]和创造性等方法，以更全面的方式[6]吸引参与者，而这些方法采用艺术、戏剧、诗歌等形式。那些持有定量世界观的人可能已经注意到，本书并未涵盖有关可信度和可推广性的理论。本书中也没有病例对照研究的例子，尽管在医学专业人员培训的研究中，病例对照研究的例子并不少见[7]。

虽然本书涵盖了一系列主题，从学生选拔到基于工作场所的学习、从动机到沟通，但与理论和方法一样，我们未能将所有被认为是医学教育研究中正统研究领域的主题包括在内。有关正式评估的研究课题内容庞大，可以被独立编写成一本书。同时，本书没有介绍课程变革的研究。此外，我们也非常清楚我们忽略了在线学习和在线研究的方法。

简而言之，如果某种理论、方法论或方法没有在《医学教育研究概论》中被提及，请不要认为它就没有潜在用处。此外，鉴于我们的领域总是从其他领域吸取知识并将继续这样做，因此了解其他学科的理论和方法的发展非常重要。在某一领域，比如社会学领域，某种相对主流的方法可能是恰当、新颖和原创的。

这给我们带来了一个问题，这个问题与本书的最后一部分非常相关：关于传播和发展你的研究项目。医学行业需要和教育研究共同进行合作研究。需要探索的许多疑问和问题并非只属于某一个特定领域。事实上，许多都是“巨大挑战”（比如扩大入学机会），需要我们获取不同领域和学科的知识，来理解甚至解决复杂的现实生活中的问题[8-9]。重要的是，除了多学科研究之外，我们还要强调跨学科研究。后者需要研究来自不同学科的不同研究问题，而前者则将不同学科的理论、见解和方法结合起来研究同一个问题[10]。然而，这种类型的合作并非总是容易——不同的学科有不同的假设、语言、方法和观点，以及不同的期刊、出版规范和标准[10-12]。我们都有过与教育领域的同事一起工作的经历，在经过一段时间明确目的的交叉谈话之后，我们经常意识到我们实际上是在说同一件事情，但我们使用的语言却非常不同。O’Sullivan[12] 等对医学教育中合作研究的收获和潜在缺陷提供了很有思想深度的概述，如果你想开展跨学科课题或研究项目，这是必不可少的阅读。最后，从实用角度出发，资助者喜欢并倾向于寻找多学科的合作研究。事实上，合适的团队是申请资助成功的核心特征。鉴于医学教育研究本质上是跨学科的——本书提供了许多来自全球各地的科学家、社会科学家和临床医生合作工作的例子——现在是时候进一步将我们领域中研究问题的观点多样化。

最后，如果没有国际编辑委员会成员、章节审稿人和章节作者的支持和努力，本书就不可能完成。本书汇集了非洲、亚洲、澳大利亚、欧洲以及北美洲和南美洲等各地同行的研究成果，可谓集全球之大成。

我们希望《医学教育研究概论》能够激发新思维和新思想，扩展读者的理解，并鼓励他们进一步探索这里介绍的新理论、模型、方法论和分析方法，以改进我们的工作。

参考文献

1 Oakeshott, M. (2000) *The Voice of Liberal Learning*. Liberty Fund, Indianapolis, IN, pp. 69.

2 Kuper, A. & D'Eon, M. (2011) Rethinking the basis of medical knowledge. *Medical Education*, **45**, 36–43.

3 Mareschal, D., Tolmie, A. & Butterworth, B. (2013) *Educational Neuroscience*. John Wiley and Sons Ltd., London, UK.

4 Venance, S.L., LaDonna, K.A. & Watling, C.J. (2014) Exploring frontline faculty perspectives after a curriculum change. *Medical Education*, **48**, 998–1007.

5 Moles, K. (2008) A walk in thirdspace: place, methods and walking. *Sociology Research Online*, **13**, 2.

6 Wiles R, Pain H, Crow G (2011) Innovation in qualitative research methods: a narrative review. *Qualitative Research*, **11**, 587–604.

7 Wayne, D.B., Didwania, A., Feinglass, J., Fudala, M.J., Barsuck, J.H. & McGaghie, W.C. (2008) Simulation-based education improves quality of care during cardiac arrest team responses at an academic teaching hospital. *Chest*, **133**, 56–61.

8 Committee on Facilitating Interdisciplinary Research, Committee on Science, Engineering, and Public Policy. National Academy of Sciences, National Academy of Engineering, and Institute of Medicine of the National Academies (2005) *Facilitating Interdisciplinary Research*. National Academies Press, Washington, DC. http://dels.nas.edu/resources/static-assets/bls/miscellaneous/NRCInterdisciplinaryResearch-Summary.pdf [accessed on 7 August 2014].

9 European Commission (2011). *Commission Staff Working Paper: Horizon 2020 – The Framework Programme for Research and Innovation: Impact Assessment*. SEC (2011) 1427 final.

10 Visholm A, Grosen L, Nom MT, Jensen RL. (2012) *Interdisciplinary research is key to solving society's problems*. Copenhagen, DEA. http://dea.nu/sites/dea.nu/files/Resume_Interdisciplinary%20Research.pdf [accessed 7 August 2014]

11 Gill, D. & Griffin, A.E. (2009) Reframing medical education research: let's make the publishable meaningful and the meaningful publishable. *Medical Education*, **43**, 933–935.

12 O'Sullivan, P.S., Stoddard, H.A. & Kalishman, S. (2010) Collaborative research in medical education: a discussion of theory and practice. *Medical Education*, **44**, 1175–1184.

中英文专业词汇对照表

A

ADDIE 模型　ADDIE model
案例研究　case study

B

本体论　ontological
本体论假设　ontological assumptions
变革型领导力　transformational leadership
变化最小通道原则　narrow limits of change principle
标准化病人　standardised patients，SPs
标准协议　standard protocols
博弈论　game theory

C

参与式行动研究　participatory action research
参与性实践　participatory practices
长时记忆　long-term memory

D

电子健康记录　electronic health record，HER
定量研究　quantitative research
定性研究　qualitative research
定性综合法　qualitative synthesis

F

发展工作研究协议　developmental work research protocols
发展性评价　developmental evaluation
反馈回路　feedback loop
分布式认知　distributed cognition
分散型领导力　distributed leadership
服务型领导力　servant leadership
符号互动论　symbolic interactionism
福柯话语分析　Foucauldian discourse analysis，FDA
复杂性理论　complexity theory

G

个体认知理论　individual cognitive theory
个体兴趣　individual interest
跟踪数据　trace data
工作记忆　working memory
工作样例效应　worked example effect
关联认知负荷　germane cognitive load
观察性学习　observational learning

H

合法的边缘性参与　legitimate peripheral participation，LPP
合理问题　legitimate problems
后人本主义　post-human/post-humanism
后实证主义　post-positivism
蝴蝶效应　butterfly effect
话语法　discursive approaches
话语分析　discourse analysis
环境组织与联结原则　environmental organising and linking principle
环状模型　circumplex model
灰色文献　grey literature
混沌理论　chaos theory
活动理论　activity theory
活动情绪　activity emotions

J

基于价值观的招录　values-based recruitment，VBR
基于问题的学习　problem-based learning，PBL
集体效能　collective efficacy
计划行为理论　theory of planned behavior，TPB
计划性研究　programmatic research

技术决定论　techno-determinism
建构主义　constructivism
健康信念模型　health belief model，HBM
健康行为理论　health behavior theories，HBTs
交互决定论　reciprocal determinism
交接报告单　handover report sheets
脚手架　scaffolding
教师发展　faculty development
教学设计　instructional design
教育惯习　educational inertia
结果情绪　outcome emotions
解释现象学　hermeneutic phenomenology
解释主义　interpretivism

K

科学与技术研究　science and technology studies，STS
刻意练习　deliberate practice，DP
客观结构化临床考试　objective structured clinical examinations，OSCEs
客观主义　objectivism
空间理论　spatial theories
跨专业教育　interprofessional education
扩大入学机会　widening participation，WP
扩大招生　widening access，WA

L

理性行为理论　theory of reasoned action，TRA
零假设　the null hypothesis

M

美国毕业后医学教育认证委员会　Accreditation Council for Graduate Medical Education，ACGME
美国医学院校协会　Association of American Medical Colleges，AAMC
模仿学习　mimetic learning
模拟学习环境　simulated learning environments，SLEs

N

内在认知负荷　intrinsic cognitive load

O

欧洲医学教育联盟　Association for Medical Education Europe，AMEE
偶发情绪　incidental emotions

P

批判教育学　critical pedagogy
批判性话语分析　critical discourse analysis，CDA
批判主义　criticalism
匹配理论　matching theory

Q

情境化认知　situated cognition
情境化学习　situated learning
情境判断测试　situational judgement test，SJT
情境兴趣　situational interest
情境型领导力　situational leadership
情绪控制价值理论　control-value theory of emotions
情绪信息模型　affect-as-information model
权变理论　contingency theories
群体身份认同　group identity

R

人格五因素模型　five-factor model，FFM
认识论　epistemological
认识论假设　epistemological assumptions
认知负荷理论　cognitive load theory
认知架构　cognitive architecture
认知任务分析　cognitive task analysis，CTA
认知学徒制　cognitive apprenticeship
弱势群体学生　under-represented students

S

三角互证　triangulation
伞式术语 / 概括性术语　umbrella term
社会动力　social dynamics
社会认同复杂性理论　social identity complexity theory
社会认知法　socio-cognitive approaches
社会认知理论　social-cognitive theory，SCT
社会文化理论　socio-cultural theory

社会文化学习理论 sociocultural learning theory
社会物质方法 sociomaterial approaches
社会物质理论 sociomaterial theory
生态型领导力 eco leadership
实践共同体 communities of practice，CoPs
实践共同体理论 communities of practice theory
实证主义 positivism
适应型领导力 adaptive leadership
四要素教学设计 4C/ID four-component instructional design
随机对照试验 randomised controlled trial，RCT
随机组合与生成原则 randomness as genesis principle

T

特质论 trait theories
替身访谈 interview to the double，ITTD
同一性混乱 identity diffusion
同一性获得 identity achievement
同一性延缓 identity moratorium
同一性早闭 identity foreclosure
拓展性学习 expansive learning

W

外科手术核查单 surgical checklists
外在认知负荷 extraneous cognitive load
微分析 microanalysis
文本分析 document analysis
文化历史活动理论 cultural historical activity theory，CHAT

X

吸引 - 选择 - 流失理论 attraction-selection-attrition，ASA
系统综述 systematic review
先验现象学 transcendental phenomenology
现实主义综述 realist reviews
效能分析 power analyses
协作型领导力 collective leadership
心智模型 mental models
心智能力 mental ability
新唯物主义 new materialism
信息处理理论 information processing theory，IPT
信息存贮原则 information store principle
行动者网络理论 actor-network theory
行为主义 behaviouralism
叙述法 narrative approaches
学习层级 learning hierarchy
学习分类法 taxonomies of learning

Y

亚组分析 sub-group analyses
研究生住院医师轮转 postgraduate residency rotations
研究文稿 research manuscript
演讲风格 presentation genres
医学教育研究 health professions education research
医学教育研究协会 Association for the Study of Medical Education，ASME
因果联系 casual connections
引用与重组原则 borrowing and reorganising principle
隐性特质策略 implicit trait policy，ITP
元人种志综述 meta-ethnography review
元认知 meta-cognition
元认知策略 metacognitive strategies
元叙事综述 meta-narrative reviews

Z

扎根理论 grounded theory
掌握性学习 mastery learning，ML
真诚型领导力 authentic leadership
整体情绪 integral emotions
整体任务模型 whole-task models
职业精神 professionalism
职业认同 professional identity
质量文化 quality culture
置信职业行为 entrustable professional activities，EPAs
中距理论 middle-range theories
主观主义 subjectivism
专业发展 professional development
专业行为表现法 expert performance approach
专业医学行为 expert medical performance
专业知识反转效应 expertise reversal effect
转化性学习 transformative learning
资源分配模型 resource allocation models

子技能　component skills
自分类理论　self-categorisation theory
自我调节　self-regulation
自我监督　self-monitoring
自我评估　self-assessment
自主学习　self-directed learning，SDL；self-regulated learning，SRL
自组织　self-organisation
综合目标　integrative goals
最近发展区　zone of proximal development，zope